地表起伏度对区域发展成本影响研究

苏维词　赵卫权　汪　剑等　著

科学出版社
北　京

内 容 简 介

本书主要针对我国地表起伏度大且地域差异明显，导致不同区域经济社会发展，生态建设，交通、水利等基础设施建设及防灾减灾等方方面面的成本存在显著差异的客观现实问题，从反映地表起伏程度和频率，以及综合反映地表起伏整体状况等不同视角构建地表起伏度指数，计算了全国31个省（区、市）和贵州、重庆、云南等地的部分县域地表起伏度指数，分别开展了地表起伏度与交通、水利等基础设施建设成本，与农业、林业（生态）等产业发展成本，与社会事业（人口、教育、医疗）发展成本，与水土流失、滑坡等防灾减灾成本，与政府运转成本及财政收支缺口等关系的分析研究，阐述地表起伏度对区域社会经济发展和生态建设等方面的影响，并提出财政、税收等方面的应对措施和建议。

本书可供地理、地质、生态环境、应用经济等相关专业研究生，国土开发与规划、区域经济、财政、投资管理等相关领域技术人员及政府相关部门管理人员参考。

审图号：GS 川（2023）155 号

图书在版编目(CIP)数据

地表起伏度对区域发展成本影响研究 / 苏维词等著. --北京：科学出版社，2025.3

ISBN 978-7-03-076111-8

Ⅰ. ①地⋯ Ⅱ. ①苏⋯ Ⅲ. ①起伏地—影响—区域发展—成本—研究—中国 Ⅳ. ①F127

中国国家版本馆 CIP 数据核字（2023）第 148650 号

责任编辑：郑述方　郑欣虹 / 责任校对：樊雅琼
责任印制：罗　科 / 封面设计：墨创文化

科学出版社 出版
北京东黄城根北街 16 号
邮政编码：100717
http://www.sciencep.com

成都锦瑞印刷有限责任公司印刷
科学出版社发行　各地新华书店经销

*

2025 年 3 月第 一 版　开本：787×1092　1/16
2025 年 3 月第一次印刷　印张：17 1/2
字数：415 000

定价：268.00 元

（如有印装质量问题，我社负责调换）

自　序

地表起伏及其影响是客观存在的。我国地域辽阔，高原、山地、丘陵、平原、盆地等地貌类型复杂多样，山地（含丘陵、高原）面积占比大（占全国陆地总面积的67%），地表起伏显著：既有平均海拔4000m以上的青藏高原和世界海拔最高的山峰珠穆朗玛峰，又有湖面低于海平面154m的新疆艾丁湖，我国陆地最大高差达9000多米，这种多山地、起伏巨大的地表形态对我国生产布局与经济发展、生态建设、防灾减灾、社会管理等方方面面均产生着重大影响。但全国不同地域（省域、县域等）地表起伏具体状况如何？对区域发展的影响究竟有多大？对这些问题则缺乏共性和系统性认识。为了精确刻画地表起伏形态，对比不同区域地表起伏差异，深刻认识自然国情和省（区、市）情、县情，定量分析地表起伏对区域社会经济发展、生态建设等的影响，本团队在2008~2015年相继开展了贵州、重庆、云南等地的县（区）域和全国31个省（区、市）地表起伏度计算，以及全国省域特殊地质地貌约束指数的计算，分析了地表起伏度和特殊地质地貌约束指数与区域发展成本、财政收支缺口的关系，初步量化了地表起伏度对区域发展成本的影响程度，为国家财政均衡性转移分配、省级财政对下级（县级）财政转移支付提供了一些科学测算依据。

本书通过总结梳理已有的地表起伏度相关研究成果，在基于海拔、高差、坡度、地表粗糙度等视角构建和计算地表起伏度的基础上，从反映地表起伏程度和起伏频率（如地表凹凸度、峰谷密度等）的视角重新构建了一套地表起伏度测算指标体系和相应的方法，以典型时段年份、典型工程为案例，开展了地表起伏度与区域经济社会发展、生态建设、防灾减灾成本的实证分析，揭示了地表起伏对区域发展的重大影响，并从财政、管理、政策等方面提出了相应的对策措施。

前　言

受地球内力（主要是地壳运动与岩浆活动）和各种外力（如流水、风化、溶蚀、冰川冻融、海蚀海积等）作用及人类活动的影响，地球表面的起伏形态各异、类型复杂多样，且不同地区差异极大。地球表面的这种起伏状态会对各类地表过程起着强烈的基础性控制作用，甚至影响地表系统中的能量交换过程与物质交换过程，对区域经济社会发展、生态建设、政府管理等带来重大影响。在地表起伏较大的地区，如我国西南的云南、贵州、四川及相邻的西藏、重庆、广西、陕西、甘肃、青海等省（区、市），这种影响表现得尤为明显。已故著名地理学家牛文元先生从"自然-社会-经济"复合系统和"人口-资源-环境-发展"四位一体的视角指出，研究地表起伏度对区域社会经济发展成本的影响有着重要的现实意义与长远的经济意义。因此，科学界定地表起伏形态的含义，测度地表起伏程度，分析研究或评估地表起伏对区域农林业发展、工业布局、城市建设、防灾减灾、社会管理、公共服务能力建设，以及区域交通、水利等基础设施布局与建设的影响，将有助于我们更好地了解国情、区情（省情、市情、县情等），更精确地了解地表起伏对区域经济社会发展成本（包括巩固拓展脱贫攻坚成果的成本、乡村振兴成本等）、生态建设成本等的影响大小，为国家或区域发展规划的制定、生产布局及财政转移支付等提供科学测算依据，具有重要的理论和现实意义。

我国地势西高东低，呈现明显的三级阶梯。其中，山区面积辽阔，山地（含丘陵和高原）面积约占全国陆地总面积的 67%（部分省份这一比例更高，如贵州省有"山国"之称，山地面积占全省总面积的 92.5%），地表起伏巨大，而且不同地区之间差异显著，这是导致我国区域发展不平衡的重要客观条件。统计数据显示，世界陆地平均海拔为 875m，而中国陆地平均海拔为 1495m，是世界陆地平均海拔的 1.7 倍，由此对区域发展成本产生较大影响：①中国实际的表面积高出在世界平均海拔时表面积的 1.6 倍，表面积大，意味着地表倾斜度、地表切割度、地表起伏度都较大，其结果是地表具有较大的非规整性，在此类地表上进行相应的基础设施建设，成本将大大增加。②部分地区海拔高，地表起伏大，与世界生物气候条件类似的地区相比，生境本底更脆弱，水土流失、滑坡、泥石流等生态破坏和山地环境灾害更容易发生，无论是自然作用还是人力作用，搬移运输的土石量都大大增加。据估算，中国每年由于海拔和地表起伏的影响，在自然与人力的共同作用下，要比世界平均水平运输土石量高出 160 亿 t（即高出世界平均水平 41.9%）。③高海拔和地表强烈切割的地区重力侵蚀大，因此，在基础设施建设时可能发生的滑坡、崩塌、泥石流等工程地质灾害的频度和强度也将相应加大，这将极大地增加区域开发成本（如边坡处理、防灾减灾等成本）。④根据生态环境应力指数，在世界陆地平均海拔的基础上，海拔每增加 100m，在其他条件（如地质条件、降水、经济社会发展水平等）大致类似的情况下，地表切割、起伏情况会加剧，相同区域开发的基础成本（即区域基础建设的成本）将增加 3.2%～3.4%，该指数也被称为"成本-高度递增率"。

本书得到贵州省财政厅科研项目"地表起伏度对贵州公共财政支出的影响研究""全国各省（区、市）地表起伏度计算及其对区域财政支出的影响研究""地质地貌条件对我国各省（区、市）重点行业发展的财政支出成本差异研究"等的支持。本书内容可分为两个模块。第一模块是地表起伏度概念及其测算：第 1 章地表起伏度概述、研究现状及趋势，主要由苏维词、赵卫权、杨吉、潘真真、郭晓娜完成；第 2 章地表起伏度计算方法及典型区域地表起伏度计算，探讨地表起伏度指标构建原则、方法和评价模型，据此计算了全国 31 个省（区、市）及贵州、云南、重庆等地各县域的地表起伏度，主要由赵卫权、周文龙、吴克华、苏维词、杨吉、潘真真等完成。第二模块是地表起伏度对区域重点行业发展的成本影响分析：第 3 章地表起伏度对交通、水利等基础设施建设成本的影响，基于部分典型省份或典型工程案例，研究地表起伏度与交通水利等基础设施建设的关系，其中交通部分主要由张贵平、苏维词、赵卫权、吕思思、郭晓娜等完成，水利部分主要由张贵平、苏维词、李安定、彭熙、潘真真等完成；第 4 章地表起伏度对农林业发展成本的影响，主要阐述地表起伏度对农业生产布局、经营方式、农业效益等，以及造林、营林、护林等林业建设成本的影响，其中农业部分主要由彭熙、李苇洁、谢元贵等完成，林业部分主要由李安定等完成；第 5 章地表起伏度对社会事业发展和居民消费成本的影响，主要阐述地表起伏度对教育及衣食住行等生活成本的影响，其中涉及教育的部分由彭熙完成，生活成本部分主要由谢元贵完成；第 6 章地表起伏度对防灾减灾成本的影响，主要阐述地表起伏与云贵川渝湘等典型省份的滑坡、地震等自然灾害，以及水土流失、石漠化的相关性，由龙秀琴、苏维词、李苇洁、吴克华、刘训美、潘真真、毛永琴、郭晓娜、王靖莹等根据相关资料整理完成；第 7 章地表起伏度对财政收支成本的影响，主要阐述地表起伏度与地方财政收支缺口的关系，以及不同地表起伏区，文化卫生等行业对财政转移的依赖度，主要由汪剑、赵卫权、张贵平、彭亚黎、易武英、吕思思等完成；第 8 章地表起伏度与人口及区域发展的相关性分析，以全国及重庆市、云南省为案例，主要阐述地表起伏度与人口分布及贫困性的相关性，由苏维词、杨雪婷、官冬杰、刘训美等完成；第 9 章地表起伏度与农业生产的相关性分析，一是探讨地表起伏度对重庆特别是三峡库区农业生产的影响，主要由杨吉、苏维词完成，二是分析贵州不同地表起伏区农业财政支出与农业生产的关系，主要由戚燕强、赵卫权等完成；第 10 章三峡库区（重庆段）地表起伏度与生态系统服务功能的相关性分析，探讨地表起伏度及地形因子对生态服务功能的影响，主要由郭晓娜、苏维词等完成。全书由苏维词、赵卫权、杨吉、汪剑统稿统修，重庆师范大学郭晓娜、潘真真、张军以参与部分统稿统修，书中涉及地图部分由贵州省第三测绘院孙耀鹏帮助核实和修改完善。

在研究及写作过程中，贵州省人大常委会原副主任傅传耀、李岷，中国科学院院士、中国地质调查局岩溶地质研究所袁道先研究员，贵州省财政厅石化清、晏婉萍及万艳、汪剑、朱昭林、罗环幸、林世荣、张永谦、杜曦、杜艳、张将红、杜聪慧等，贵州科学院林昌虎研究员，贵州省人民政府发展研究中心原主任王礼全研究员，贵州省旅游经济研究所肖进源研究员，贵州省委统战部六处原处长李立，贵州省发展和改革委员会朱明生研究员，重庆师范大学张军以教授、杨华副教授等，重庆交通大学官冬杰教授，贵州师范学院/重庆理工大学张凤太博士，云南财经大学朱锦余教授，贵州师范大学周忠发教授，中国科学院地理科学与资源研究所刘盛和研究员，北京师范大学地理科学学部方修琦教授等提出宝贵意见，特此致谢。

  本书示例涉及面广，湖南地表起伏与地质灾害、四川地表起伏与滑坡、汶川地震与地表起伏等资料引用了尹晓科、方琼、毕晓玲、陈志明、郁淑华、王庆安、王文杰、欧阳志云、方自力等学者的部分资料，中国地表起伏与水土流失和人口分布的相关性分析则引用了刘新华、封志明等学者的部分资料，特此说明并致谢。目前地表起伏度指标体系及计算方法尚未取得共识，其对社会、经济、生态建设的影响是复杂和多方面的，影响程度难以精确确定，其影响机制、影响路径及应对措施等都需要深入研究。由于作者水平有限，书中疏漏敬请指正。

目　录

第1章　地表起伏度概述、研究现状及趋势 ·· 1
　1.1　地表起伏度概述 ··· 1
　　1.1.1　地表起伏度概念 ··· 1
　　1.1.2　相关概念辨析 ·· 2
　1.2　地表起伏度研究现状及趋势 ··· 5
　　1.2.1　国外地表起伏度研究现状 ··· 5
　　1.2.2　国内地表起伏度研究现状 ··· 6
　　1.2.3　现状研究中存在的主要问题 ··· 10
　　1.2.4　研究趋势 ·· 11
第2章　地表起伏度计算方法及典型区域地表起伏度计算 ···················· 12
　2.1　地表起伏度指标及计算方法 ·· 12
　　2.1.1　地表起伏度指标因子 ·· 12
　　2.1.2　指标权重的确定 ·· 17
　　2.1.3　地表起伏度计算方法 ·· 20
　2.2　典型区域地表起伏度计算 ··· 25
　　2.2.1　全国31个省（区、市）地表起伏度计算 ···························· 25
　　2.2.2　贵州省县级地表起伏度计算 ··· 37
　　2.2.3　重庆市县级地表起伏度计算 ··· 41
　　2.2.4　云南省地表起伏度计算 ··· 55
第3章　地表起伏度对交通、水利等基础设施建设成本的影响 ············· 57
　3.1　地表起伏度对交通建设成本的影响 ·· 57
　　3.1.1　地表起伏度越大，高等级公路占比越低 ····························· 59
　　3.1.2　地表起伏度越大，交通建设成本越高 ································ 60
　3.2　地表起伏度对水利建设成本的影响——着重以贵州为例 ············ 71
　　3.2.1　贵州水利建设现状及其资金缺口情况 ································ 72
　　3.2.2　地表起伏度与贵州水利设施建设关联性分析 ······················ 74
第4章　地表起伏度对农林业发展成本的影响 ····································· 84
　4.1　地表起伏度对农业生产成本的影响 ·· 84
　　4.1.1　地形要素对农业生产的影响途径 ······································ 87
　　4.1.2　地表起伏度对耕地数量和质量的影响 ································ 88
　　4.1.3　地表起伏度对农业生产风险的影响 ··································· 92
　　4.1.4　地表起伏度对粮食产量的影响 ··· 94

4.1.5　地表起伏度对农田肥力的影响 …………………………………………… 95
　　　4.1.6　地表起伏度对农业生产机械化程度的影响 ……………………………… 97
　　　4.1.7　地表起伏度对农业经营方式的影响 ……………………………………… 99
　　　4.1.8　地表起伏度对农民收入的影响 …………………………………………… 101
　　4.2　地表起伏度对林业发展成本的影响 ……………………………………………… 103
　　　4.2.1　地表起伏度对林业建设成本的影响 ……………………………………… 104
　　　4.2.2　地表起伏度对贵州林业建设的影响 ……………………………………… 109

第5章　地表起伏度对社会事业发展和居民消费成本的影响 …………………………… 113
　　5.1　地表起伏度对教育的影响 ………………………………………………………… 113
　　　5.1.1　地表起伏度对教育发展成本的影响 ……………………………………… 114
　　　5.1.2　地表起伏度对教育资源共享及利用的影响 ……………………………… 115
　　　5.1.3　地表起伏度对教育机构自身能力提升及服务水平的影响 ……………… 117
　　　5.1.4　地表起伏度对教育均等化的影响 ………………………………………… 117
　　　5.1.5　地表起伏度对城镇居民人均教育支出的影响 …………………………… 118
　　　5.1.6　地表起伏度对教育文化程度的影响 ……………………………………… 119
　　5.2　地表起伏度对城乡居民消费成本的影响 ………………………………………… 119
　　　5.2.1　地表起伏度对食品消费的影响 …………………………………………… 122
　　　5.2.2　地表起伏度对衣着消费的影响 …………………………………………… 125
　　　5.2.3　地表起伏度对家庭设备用品消费的影响 ………………………………… 128
　　　5.2.4　地表起伏度对居住消费的影响 …………………………………………… 130
　　　5.2.5　地表起伏度对交通和通信消费的影响 …………………………………… 132
　　　5.2.6　地表起伏度对教育文化娱乐消费的影响 ………………………………… 135
　　　5.2.7　地表起伏度对医疗消费的影响 …………………………………………… 138

第6章　地表起伏度对防灾减灾成本的影响 ………………………………………………… 141
　　6.1　川渝地表起伏度与滑坡灾害的相关性分析 ……………………………………… 141
　　　6.1.1　重庆市地表起伏度与滑坡灾害分析 ……………………………………… 142
　　　6.1.2　四川省地表起伏度与滑坡灾害分析 ……………………………………… 149
　　6.2　贵州省地表起伏度与自然灾害的相关性分析 …………………………………… 153
　　　6.2.1　贵州省地表起伏度与气象灾害的相关性分析 …………………………… 153
　　　6.2.2　贵州省地表起伏与地质灾害的相关性分析 ……………………………… 154
　　　6.2.3　基本结论 …………………………………………………………………… 155
　　6.3　湖南省地表起伏度与地质灾害的相关性分析 …………………………………… 156
　　　6.3.1　湖南省地表起伏度的分布规律 …………………………………………… 157
　　　6.3.2　湖南省地表起伏度与地质灾害的关系分析 ……………………………… 159
　　　6.3.3　基本结论 …………………………………………………………………… 160
　　6.4　典型区域地表起伏度与水土流失的相关性分析 ………………………………… 161
　　　6.4.1　中国地表起伏度与水土流失的关系分析 ………………………………… 161

6.4.2　重庆地表起伏度与水土流失的关系分析 ·················· 163
　　　6.4.3　贵州省地表起伏度与水土流失的关系分析 ················ 180
　6.5　"5·12"汶川地震重灾区地表起伏度与其生态环境受损关联分析 ········ 183
　　　6.5.1　地质灾害分布与地表起伏度的对应关系 ··················· 184
　　　6.5.2　生态系统受灾严重区与地表起伏度的对应关系 ············ 184

第7章　地表起伏度对财政收支成本的影响 ······························· 186
　7.1　地表起伏度与政府财政收支关系的相关性分析 ······················ 188
　　　7.1.1　地表起伏度与人均财政收入相关性分析 ··················· 189
　　　7.1.2　地表起伏度与人均财政支出相关性分析 ··················· 190
　　　7.1.3　地表起伏度与人均财政收支缺口相关性分析 ··············· 190
　　　7.1.4　地表起伏度与中央财政转移支付强度的相关性分析 ········· 191
　　　7.1.5　地表起伏度与公益性资本均等化水平的相关性分析 ········· 192
　7.2　地表起伏度对公共服务设施的影响 ·································· 193
　　　7.2.1　地表起伏度对文化支出成本的影响 ······················· 194
　　　7.2.2　地表起伏度对医疗卫生支出成本的影响——以贵州为例 ····· 196
　7.3　下级政府对上级政府转移支付依存度与地表起伏度的关联度 ········· 197
　　　7.3.1　财政预算收支情况分析 ·································· 198
　　　7.3.2　地表起伏度对现有财政状况的影响分析 ··················· 200

第8章　地表起伏度与人口及区域发展的相关性分析 ······················· 204
　8.1　地表起伏度与人口的相关性分析 ···································· 204
　　　8.1.1　中国地表起伏度及其与人口的相关性分析 ················· 204
　　　8.1.2　云南省县域地表起伏度与人口的耦合研究 ················· 207
　　　8.1.3　重庆市地表起伏度及其与人口的相关性分析 ··············· 211
　8.2　地表起伏度与区域发展滞后的相关性分析 ··························· 214
　　　8.2.1　发展滞后指标分析 ······································ 215
　　　8.2.2　地表起伏度与农村发展滞后性的关系 ····················· 216

第9章　地表起伏度与农业生产的相关性分析 ····························· 219
　9.1　三峡库区（重庆段）地表起伏度与农业生产的关系 ··················· 219
　　　9.1.1　重庆市农业生产概况与数据处理 ·························· 219
　　　9.1.2　重庆市地表起伏度对农业生产的影响 ····················· 223
　　　9.1.3　结论与讨论 ··· 226
　9.2　地表起伏度对扶持农业生产支出的影响——着重以贵州为例 ·········· 227
　　　9.2.1　三种地表起伏分组类型对农业生产的影响 ················· 228
　　　9.2.2　三种地表起伏区财政支出和农业生产的关系 ··············· 230
　　　9.2.3　高地表起伏度对农业和县级人均财政支出的影响——以贵州为例 ····· 231
　　　9.2.4　贵州财政支农支出与农业发展的关系 ····················· 233
　　　9.2.5　基本结论 ··· 243

第 10 章　三峡库区（重庆段）地表起伏度与生态系统服务功能的相关性分析 245
10.1　生态系统服务的概念与内涵 245
10.2　生态系统服务功能的构成 246
10.3　数据来源与处理方法 248
10.3.1　数据来源及预处理 248
10.3.2　处理方法 248
10.4　三峡库区（重庆段）地表起伏度与生态系统服务价值计算与结果分析 250
10.4.1　三峡库区地表起伏度及空间分布特征 250
10.4.2　生态系统服务价值计算 252
10.4.3　地表起伏度与生态系统服务价值空间分布特征的耦合情况 253
10.4.4　地表起伏度对生态系统服务价值的影响 254
10.4.5　海拔对生态系统服务价值的影响 258
10.4.6　生态区位对生态系统服务价值的影响 259

参考文献 260

第 1 章　地表起伏度概述、研究现状及趋势

1.1　地表起伏度概述

1.1.1　地表起伏度概念

地表起伏度（relief degree of land surface，RDLS）研究最早起源于 1948 年苏联科学院地理研究所提出的割切深度，此后不同的学者从各自的研究角度出发，提出了多种地形起伏度的定义，例如，Niu 和 Harris（1996）考虑了全国地形起伏对生态环境脆弱的影响状况，将平地比重引入地形起伏度的公式中，并认为中国拥有着超过世界平均水平的地形起伏度；朱红春等（2005）认为地形起伏度能够反映宏观的地形状况，是研究区域内所有栅格中最大高程与最小高程的差值；刘新华等（2001）认为地形起伏度是指特定的地域上一定范围内最大的高程差；封志明等（2011）认为地形起伏度是指区域海拔和地表切割状况的综合表现。苏维词教授团队（苏维词和张贵平，2012；车家骧等，2013；刘训美，2014；杨吉和苏维词，2016）结合不同领域的应用研究，通过构建多种指标，对地表地伏度的概念在地形起伏度的基础上进行了拓展。

本书认为地表起伏度内涵有广义和狭义之分。广义的地表起伏度是指地球表面受到地壳运动和各种外营力作用的影响（其中地壳运动决定了地表起伏骨架，各种外力作用包括人类活动对地表起伏进行改造），形成极为复杂的地表起伏形态，包括地表起伏程度和地表起伏频率两个方面，二者相辅相成，共同刻画了地表起伏状况。其中，地表起伏程度可用研究区（或栅格单元）的平均海拔、相对高差、坡度、切割深度等指标来综合表示；地表起伏频率则通常用地表正负地形的凹凸比指数（或峰谷密度）、沟壑密度（河网密度或地表切割密度）等地貌因子来表示。地表起伏度也可直接用研究区的地表实际面积与相应平面面积（投影面积）的比值这一综合性指标来表示。从宏观尺度上讲，地表起伏度可作为描述地貌形态的指标，在欧洲国际地貌学和中国地理科学研究中经常用其作为地貌类型划分的客观依据，它能够较明确地反映出区域内的地貌分异规律。

目前，关于地表起伏度的概念及其计算方法、指标体系尚无统一的认识，拟定一套科学合理的指标体系及模型来表达地球自然表面及其起伏度，在实际操作过程中相当困难，因此相关领域的专家学者也从不同的角度提出了一些计算方案。概括起来，目前主要采用三种反映地面起伏的参数来确定研究区地表起伏度（非规整性）：①估算地表实际表面积同相应平面面积（以投影的概念或方式）之间的比值，即 3D/2D，也称为表面积指数或地表粗糙度；②估算地表隆起或地表高度频率的分布（"隆起频率"分布参数），通常用地表坡度、海拔、相对高差等来表示；③在研究范围（研究单元）内，实行近似于平面的分布比较和方向比较（平面分布参数）（云中雪，2010）。

1.1.2 相关概念辨析

由于不同学科、不同应用目的、不同背景的学者对地表起伏度的概念理解、研究视角各有不同,在地表起伏度与地形起伏度(地势起伏度)、地表破碎度、地形复杂度、地表粗糙度、地表切割度、地表形态指数、地形单元多样性指数等相关概念的理解和应用中可能存在误解和混用的情况,有必要澄清地表起伏度与各相关概念的联系和区别(表1.1)。

表1.1 地表起伏度与各相关概念的联系和区别

	相关概念	联系	区别
地表起伏度	地形起伏度(地势起伏度)	都在某种程度上或从某个视角反映地表的起伏程度及地貌形态	地表起伏度不仅反映地表的起伏程度,还反映地表起伏频率。地形起伏度(地势起伏度)只反映地表起伏程度
	地表破碎度		地表破碎度、地形复杂度通常作为对地表破碎程度、地表形态复杂程度进行综合量化的指标,计算方法较为复杂,其中地表破碎度包含地表起伏和切割状况,有重复之意
	地形复杂度		
	地表粗糙度		地表粗糙度是一个相对比较综合的指标,可以综合反映宏观研究区域地表起伏的总体情况,是地表起伏度计算方案中较常见的一种
	地表切割度		反映地表切割深度和密度,与河网水系发育密切相关,但在有些地区(如喀斯特峰丛洼地等地表水系不够发育的地区)难以真实反映地表的起伏状态
	地表形态指数		综合评价地表形态状况的量化指标
	地形单元多样性指数		主要反映地形的多样性而不是专指地表起伏状况

1)特殊地貌

特殊地貌是相对于常态地貌(即流水地貌)而言的,从地貌形成的外因看,常态地貌即主要通过水的侵蚀、搬运和堆积作用形成的地貌,在我国有广泛分布,中、东部地区发育特别典型。特殊地貌指的是除受流水作用影响外,不同区域还受到风蚀风积作用、冰川冻融作用和溶蚀作用等的影响,形成风成地貌、冰川冻土地貌和喀斯特地貌等,这些类型地貌主要分布在我国的西北部和西南部,囊括了青藏高原、内蒙古高原、黄土高原、云贵高原等四大高原及主要的大型褶皱山体,这类叠加了多种外力影响形成的特殊地貌区的地表起伏一般大于常态地貌区。

考虑行政区域的完整性,从宏观角度看,我国相对特殊地貌区及其所含省份可分为四类:①青藏高原高寒(冰缘)地貌区(主要包括西藏、青海和川西三个自治州及云南迪庆藏族自治州等);②西南喀斯特地貌区(主要包括贵州、广西、云南和川南、渝东南、湘西、鄂西及粤北等);③西北干旱半干旱风成地貌区(主要包括新疆、甘肃、宁夏、内蒙古及陕北部分地区);④黄土高原地貌区(主要包括山西、陕西大部及内蒙古鄂尔多斯一带)。这四大特殊地貌区与我国的青藏高原、云贵高原、内蒙古高原和黄土高原等四大高原及主要的大型山体（如天山、阿尔泰山、昆仑山、祁连山、唐古拉山、喜马拉雅山等）的空间分布基本一致。

我国特殊地貌区地域辽阔，生态地位重要，直接关系到我国的生态安全、国防安全、民族和谐与边疆稳定，也是共建"一带一路"的关键地带，区内矿产资源、水能资源、土地资源、生物资源、自然景观及人文旅游资源等优势明显，发展潜力大，是我国未来加快发展的重要支撑。但目前这一地区因受地层岩性复杂、构造活动频繁、断层发育，以及地形切割深、地表起伏大、地势（海拔）高、地震与地质灾害多、地质工程处理难度大等特殊地质地貌环境条件的影响，区域生态环境脆弱，水土流失及石漠化、沙漠化较突出，交通不便，生境条件较差，基础设施相对薄弱，区域经济社会发展相对滞后，生态建设成本高，特殊地貌又成为制约该地区经济社会发展和生态文明建设的重大约束因素。

2）地势起伏度

地势起伏度（relief amplitude，RA）也称地形起伏度、相对地势、相对高度，是指某一确定面积（区域）内最高点和最低点的高差。按照地貌发育的基本理论，某个区域内一种地貌类型存在一个使最大高差达到相对稳定的最佳统计单元，它是定量描述地貌形态、划分地貌类型的重要指标，是描述一个区域地形起伏状态的宏观性指标之一。地势起伏度是构造作用与地表剥蚀、侵蚀、堆积过程相互作用的结果，它反映了地表的切割剥蚀程度，可以深刻表征区域构造活动强度的差异，常常用于造山带、高原山脉等的发育演化特征研究；它也是导致水土流失的最直接的自然因素，不仅具有数学意义，而且具备土壤侵蚀和地貌学意义。其公式为

$$R = H_{\max} - H_{\min} \tag{1.1}$$

式中，R 为地势起伏度；$H_{\max}$ 为单位面积内最大高程值，$H_{\min}$ 为单位面积内最小高程值。

3）地表破碎度

地表破碎度是衡量地表平顺性、完整性的度量指标。贾兴利等（2012）、牛玉欣（2011）认为地表破碎与地貌形态及成因有关，是在多个地貌要素的综合作用下形成的状态，因此选取了地表起伏度、地表切割密度、地表切割深度3个单因素指标来表示地表破碎度，其公式为

$$B = HW_H + DW_D + LW_L \tag{1.2}$$

式中，B 为地表破碎度；H 为地表起伏度；D 为地表切割密度；L 为地表切割深度；W_H 为地表起伏度的权重系数；W_D 为地表切割密度的权重系数；W_L 为地表切割深度的权重系数。

牛叔文等（2014）将地表破碎度定义为评价单元内以特定厚度沿等高线等间距横切地表，切面上斑块数量的累计值与评价单元的面积之比。显然，累计的斑块数量越多，该评价单元的地表破碎度越大。对同一个单元而言，切面越多，反映的地表起伏变化越细。对不同的单元而言，相同等高线切面上的斑块数量能够反映地表破碎程度的差异。利用数字高程模型可以实现其计算，具体方法为

$$CE_3 = \frac{1}{S}\sum_{i=1}^{k} n_k \qquad (1.3)$$

式中，CE_3 为评价单元的地表破碎度；n_k 为第 k 级高程下土地斑块数量；S 为评价单元土地面积（km^2）。

4）地形复杂度

地形复杂度是描述地表崎岖程度和地形（地貌）类型多样性的非确定性指标，其定量化描述往往具有模糊性。就目前的研究来看，其计算方法多数采用几何方法和统计指标方法，其中统计指标方法主要包括地形起伏度、高程方差和标准差、空间自相关、等高线、河网密度、平均坡度坡向、局部高差、局部标准差、局部褶皱度和局部全曲率等。几何方法主要包括表面面积比、地表曲率、分形维、坡度坡向变率等。地形复杂度具有区域和局部双重特征，区域统计指标（如最大、最小、平均值、方差等）能从整体上反映研究区域的整体地形起伏和褶皱程度，但是无法精细刻画地形局部复杂程度，且计算较为复杂，而单一指标在刻画地表形态复杂程度时往往缺乏全面性、综合性，难以综合或准确反映地形复杂度。

5）地表粗糙度

地表粗糙度是从流体力学引进的一个重要参数，是现代地球表面各种物质流运动研究不可缺少的一个重要的概念，也是用来描述和反映地表较大区域范围内宏观特征的参数。

地表粗糙度作为反映地表形态的宏观指标之一，刻画了区域范围内一个地表单元的地势起伏的复杂程度，从宏观上描述了地形曲面特征，一定程度上反映了地质构造运动的幅度。

一个区域的实际表面积，随其表面不规整性的增大而增加。地表粗糙度反映了地表的起伏变化和侵蚀程度大小。在区域性研究中，地表粗糙度是衡量地表侵蚀程度的重要量化指标之一，地表粗糙度也可以用来反映地表的破碎程度，在研究水土保持、地质灾害及环境监测时也具有重要的意义。

6）地表切割度

地表切割度包括地表切割密度和地表切割深度，其中地表切割密度是指研究区内地表切割宽度面积之和占区域总面积的百分比，它主要与研究区域的大小、沟壑水系的发育程度有关，间接地反映了地貌的形态和成因；地表切割深度是指研究区内沟壑的平均切割深度，它反映地表水系的下切能力和地壳抬升状况，是地貌类型（尤其是农业地貌类型）及其制图的重要依据，两者都在一定程度上反映了地表的破碎程度。

7）地表形态指数

地表形态指数是综合评价地表形态状况的定量化指标。一般主要通过坡度、高程、地表粗糙度、切割深度等几个地形要素来确定，其计算公式为

$$D_i = \sum_{i=1}^{4} M_{il} \cdot K_l \qquad (1.4)$$

式中，D_i 为分区计算单元的地表形态指数；i 为计算单元数；M_{il} 为分区计算单元内影响要素的标度分值；K_l 为地形要素的权重；l 为影响因素的个数。D_i 值越大，说明地形越复杂，切割越强烈，地势起伏越大。

8）地形单元多样性指数

地形单元多样性指数指的是一种新的能够直接反映地面形态复杂多样的量化指标，即单位面积内的地形单元类型总数，它主要反映地形的多样性。它通过综合高程、坡度、坡位、坡向、汇流量和水系分布等要素特征划分地形单元类型，然后将提取出的各因子进行分类组合，划分出各目标单元的类型。地形单元多样性指数的计算主要采用窗口分析法，基于地形单元划分结果提取，其计算公式为

$$\text{TUDI}_i = \text{Variety}(a_1, a_2, \cdots, a_n) \tag{1.5}$$

式中，TUDI_i 为以第 i 个栅格为中心的窗口内的不同数值（地形单元类型代码）的个数；Variety 为窗口分析法中的集成统计方法；$a_1, a_2, \cdots, a_n$ 为窗口内各栅格的数值。

地形单元多样性指数不仅可以直接表现地面形态特征与变化，而且能够用于度量地表形态的复杂程度，高度浓缩了地面形态信息，为从微观到宏观分析地形信息提供了新途径。

1.2 地表起伏度研究现状及趋势

1.2.1 国外地表起伏度研究现状

国外关于地表起伏度的研究起步较早，地表起伏度的提取被作为绘制地貌图的一项重要过程和工作，并作为地貌形态分类的一个重要指标；同时随着经济的发展，全球性的生态环境问题越来越引起专家学者的重视，地表起伏度在区域人居环境、土地利用及生态环境保护（如水土保持等），特别是地貌制图等领域被作为一项重要评价指标，而得到广泛应用。

例如，在地貌制图方面，早在 20 世纪初，国外学者就已开始关于地表起伏度的研究工作。德国人约瑟夫（Joseph）于 1911 年首创以方格法用相对高度表示地表起伏状况（曹婉如，1950）。美国密歇根州土地经济调查局利用方格法根据单位面积的大小来计算相对高度，但网格的大小却不尽相同：有的以边长为 5km 的正方形网格作为统计单元；有的以面积为 100km² 的矩形网格作为统计单元；也有的是沿用地图上原有的经纬线，将地图分割成若干面积不等的梯形方格，求方格范围内最高点与最低点的高程差，最后绘制成图幅。Krebs（1922）最先用密度法绘制出了《德国南部相对地势图》。Smith（1935）绘制了《美国俄亥俄州相对地表图》，其中加入了地表起伏度的因素。1948 年，苏联科学院地理研究所认为一定区域内地表的切割深度就是地表起伏度；国际地理联合会也把地表起伏度作为绘制地貌图及进行地貌形态划分的一个重要指标。1975 年刊印出版的《1∶250 万欧洲国际地貌图》中以构造地貌为基础的陆地地貌图形里以同一色调的不同色阶划分了五个等级的地表起伏区。

在生态环境保护与评价方面，Kodagali（1988）探讨了中印度洋盆地的多金属结核空间分布与盆地地表起伏度的关系，结果显示盆地地表起伏度的高低同多金属结核的丰度有直接的关系。Pachauri 等（1998）对喜马拉雅山的山体状况进行了地表分类，分析了喜马拉雅山的滑坡机制，绘制成喜马拉雅山体滑坡的区域图，分析了山体滑坡的地质和地

貌原因，得出地表起伏度是山体滑坡的重要原因之一。Saha 等（2005）运用地理信息系统（geographic information system，GIS）技术及信息量（information value，InfoVal）和滑坡敏感系数（landslide nominal susceptibility factor，LNSF）两种方法进一步对印度喜马拉雅山的滑坡灾害进行了研究，综合考虑了相对地表起伏、岩性及土地覆盖等参数因子，并制作成滑坡敏感性专题地图，为印度区域灾害管理和发展规划提供了参考。Clerici 等（2006）对意大利北部亚平宁山脉进行了基于 GIS 自动化程序的滑坡敏感性映射研究，建立了密度值法滑坡分布模型，研究得出岩性、坡度和坡向、高程和地表起伏是影响亚平宁山脉滑坡灾害的主要因素。Fernandes-da-Silva 等（2010）以巴西东南部坎皮纳斯市都市区作为研究区域进行了地质地形环境评估和领土区划的制定研究工作，提出了一种低成本的卫星影像技术用于地形单位的划界。把地形（地表）起伏度作为一项基础性的因素运用到地形环境评估中，分析了巴西东南部土地不稳定性和地下水的脆弱性及其水污染的危害性。

综上所述，国外专家学者对地表起伏度的研究主要集中在地貌图的绘制、生态环境保护与评价、滑坡等山地灾害等几大领域里，地表起伏度是被当作其中的一项重要因素来为地貌制图和生态环境评价（如地表稳定性与山地灾害防治等）服务的；而关于地表起伏度的设定标准及基本计算模型等方面的详细研究较少，涉及的广度和深度有限，地表起伏度概念内涵（完整性）不够清晰，直接针对地表起伏度与区域内经济社会发展、产业布局、人口分布之间关系的研究涉及甚少，特别是地表起伏度与区域发展成本等方面的定量研究罕见报道。

1.2.2　国内地表起伏度研究现状

在我国较早对地表起伏度进行比较深入系统研究的学者是陈述彭先生，1947 年，陈述彭对贵州遵义附近的地表起伏度做了分析研究，拉开了我国专家学者对地表起伏度研究的序幕。部分专家学者开始对地表起伏度计算的统计单元（窗口）选择、计算方法模型的构建及不同尺度的典型区域地表起伏度的实证计算等进行了系列研究探索。同时，随着 GIS 技术及其应用的不断进步和完善，国家主体功能区战略、人口发展功能区战略的贯彻实施，以及区域发展规划中空间发展适宜性评价与优化（如不同尺度的国土空间规划与优化等），地表起伏度被作为国家级、省级层面等大范围描述地表起伏状况的一项重要的指标，在地貌专题图的绘制与分析、地质灾害预防与治理、水土流失划分与治理、人口分布状况与影响、生态环境保护与治理、主体功能区划分、国土空间开发等领域得到了越来越多的应用。本书仅就地表起伏度最佳统计单元（窗口）选择、计算方法模型及实证研究方面作一些简单的介绍。

1. 不同尺度下地表起伏度最佳统计单元

地表起伏度计算的尺度问题及研究区域最佳统计单元的大小问题是该领域研究的重点与核心。部分专家学者把整个中国作为研究对象，探究了中国地表起伏度的整体特征及中国地表起伏度的最佳统计单元；另一些学者选取了具有研究意义的案例区域对其起伏度特征进行了实证分析。

1) 基于全国尺度的中国地表起伏度最佳统计单元研究

涂汉明和刘振东（1990）运用模糊数学方法，编制出 1∶400 万的地貌图，采用 21km² 为地表起伏度分析最佳统计单元。涂汉明和刘振东（1991）阐述了地表起伏度的基本概念和基本原理，把中国地表起伏度分为七个起伏度等级并编制了中国地表起伏度图。

刘新华等（2001）基于我国 1∶100 万数字高程模型（digital elevation model，DEM）数据，经过统计分析得出基于该数据的我国地形起伏度最佳统计单元大小为 5km×5km。

刘爱利（2004）于 1∶100 万 DEM 数据统计分析后，认为 6.5km×6.5km 为我国地形起伏度最佳统计单元。

程维明等（2009）分析得出 1∶10 万、1∶25 万、1∶50 万、1∶100 万、1∶400 万比例尺数据分别对应 0.4km²、4km²、12km²、18km²、21km² 为我国地形起伏度最佳统计单元。

张伟和李爱农（2012）针对 SRTM 和 ASTERDEM 两种常用数据源，分别选择 4.72km² 和 3.20km² 作为地形起伏度适宜计算尺度，山地界定精度达 90%以上，且认为 DEM 数据分辨率越小，选择的地形起伏度适宜计算尺度（即最佳统计单元）越大，比例尺为 1∶400 万、1∶250 万、1∶25 万、1∶10 万的数据分别对应的适宜计算尺度分别为 21km²、16km²、4.41km²、0.4km²。

陈学兄等（2013）利用邻域统计分析法，在不同大小邻域窗口下对中国地形起伏度进行了提取，从而得出基于 90m×90m 的 SRTMDEM 数据的中国地形起伏度提取的最佳统计单元网格大小为 11×11。

2) 基于区域尺度的典型区域的地表起伏度最佳统计单元研究

唐飞等（2006）以准噶尔盆地为研究区，对其地表起伏度进行了分析，研究得出运用 4km² 的基本统计单元可以较精确地计算准噶尔地区地表起伏度。

郎玲玲等（2007）以福建省为研究区域，采用 1∶25 万和 1∶10 万两种 DEM 数据得出适宜计算尺度分别为 4.4km² 和 0.4km²。

张学儒等（2012）以青藏高原东部山区为研究区，基于高空间分辨率的 ASTER GDEM 数据，通过 AML（arc marco language）语言编程调用 ArcGIS 中用于邻域分析的 focal 函数，计算不同邻域尺度单元下地形起伏度，确定最佳统计单元为 5km²。

王志恒等（2014）以四川省低山丘陵区为研究区，根据地貌发育理论，应用累积和分析算法对"平均地形起伏度-分析窗口半径"曲线的突变情况进行分析，确定该区域地形起伏度提取的最佳统计单元半径为 1.1km。

不同专家从不同视角和不同尺度得出的地表起伏度最佳统计单元结果是有差异的，但有一个共同特点就是：计算依托的数据分辨率越低，地表起伏度最佳统计单元越大；分辨率越高，地表起伏度最佳统计单元越小。

2. 地表起伏度的计算方法多样

目前，地表起伏度在众多学术应用领域都得到了越来越广泛的关注，但对起伏度的定量化表示并不完全统一。当前地表起伏度主要计算方法见表 1.2。

表 1.2 地表起伏度计算方法

编号	名称	算法（公式）	量纲
1	局地高差法	$H_{max} - H_{min}$	m
2	局地标准差法	$Y_t = AL_t^\alpha K_t^\beta \mu$	m
3	改进的局地高差法	$Range / \sqrt{a}$	m
4	矢量法	$\dfrac{\sqrt{\left(\sum_{i=1}^{n} X_i\right)^2 + \left(\sum_{i=1}^{n} Y_i\right)^2 + \left(\sum_{i=1}^{n} Z_i\right)^2}}{n}$	rad
5	地表起伏度	$(\max(H) - \min(H))(1 - P(A)/A)$	m

表 1.2 所示的五种常见地表起伏度计算方法，各有优点和不足（详见第 2 章），基于此，本书探讨了面积比值法（3D/2D，也称为投影面积比法）、多因子评价法、多因子加权求和综合评价法、基于地表起伏程度和频率的综合评价法。

3. 地表起伏度相关应用研究

地表起伏是客观存在的，其影响是多方面的，我国以往关于地表起伏度的影响研究主要集中在以下几个方面。

1）在地貌制图中的地表起伏度研究

我国学者对地貌制图领域进行了较为系统和全面的研究，在研究过程中地表起伏度大都被作为地貌制图领域的重要影响因素加以考虑。例如，刘振东等（1990）阐述了编制大区域内较小比例尺地表起伏度图的技术和方法，研究了绘制地表起伏度图所采用的最佳方法是综合利用计算机和手工的方法。陈志明（1993）引进地表起伏度概念，调整了传统的地貌形态分类方案，绘制了《1∶4000000 全国地貌图》。岳健等（2009）讨论了中国数字地貌制图工作中存在的问题，强调了海拔和地表起伏度在划分地貌类型时的作用。

2）地表起伏度与区域地质灾害的相关性研究

地表起伏度的研究对地质灾害的预防与治理有重要意义。刘新华等（2001）基于全国 1∶100 万的栅格 DEM 数据，利用窗口分析方法，经过采样统计，确定中国水土流失地形起伏度的最佳分析单元为 5km×5km，由此提取了中国水土流失地形起伏度，制作了中国水土流失地形起伏度图，最后对中国水土流失地形起伏度进行适用性分析，并将其初步应用于中国潜在水土流失（危险性）评价。

郭芳芳等（2008）基于 ArcGIS 平台，利用 SRTM3-DEM 数据资料，选择鄂尔多斯及其周边为研究区，讨论并定量分析了地形起伏度和坡度，同时结合区域滑坡灾害调查资料，初步探讨了地形起伏度、坡度与滑坡灾害之间的相关性，这种相关性为区域滑坡灾害评价提供了新的思路，对区域防灾规划和灾害区预测具有重要的应用意义。

毕晓玲等（2011）以四川省滑坡发育地区作为研究对象，基于 ArcGIS 平台，结合区域滑坡灾害调查资料，初步研究了地形起伏度与滑坡灾害的相关性，并用信息量模型进行验证，在该基础上探讨了地形起伏度与区域滑坡灾害发生的规律，对制定区域防灾减灾方案及进行灾后救援与建设具有一定的参考价值。

刘冀彦等（2013）运用 GRAPES_Meso 模式对发生在陕西、四川的连续特大暴雨过程进行数值模拟，揭示海拔与地表起伏度均对降水有较大影响，在同样海拔的情况下，地表起伏度越大，越容易出现暴雨。

3）地表起伏度与区域人口分布之间关系的研究

地形起伏度作为影响人口分布的重要因素之一，在"胡焕庸线"现象中表现得很清楚。现在地表起伏度作为人居环境自然评价的一个重要指标，在小尺度人居环境自然评价方面具有较高的准确性和实际应用价值。封志明等（2007）运用 GIS 技术，采用窗口分析法提取了基于栅格尺度的中国地表起伏度，从比例结构、空间分布和高度特征三个方面分析了中国地表起伏度与人口分布状况的相关性，结果表明，全国绝大多数的人口居住在地表起伏度相对很小的地区。封志明等（2011）利用 ArcInfo 软件的 Grid、Zonal 等模块提取了全国县域尺度的地表起伏度并研究了其分布状况，研究得出地表起伏度的高低同人口分布的疏密存在着极强的关联性。

周自翔等（2012）基于关中-天水经济区栅格数字高程模型，采用窗口分析等方法，利用 ArcGIS 软件空间分析模块中的邻域分析，提取了基于栅格尺度的关中-天水经济区地形起伏度，并从比例结构、空间分布和海拔特征 3 个方面系统分析了关中-天水经济区地形起伏度的分布规律及其与人口分布的相关性，发现地形起伏度可以较好地反映关中-天水经济区的地形地貌特征，定量揭示了人口分布的空间规律性。

王永丽等（2013）在系统梳理国内外地形起伏度研究的基础上，确立了陕西省人居环境评价背景下的地形起伏度定义及其计算公式，采用窗口分析等方法计算和提取了陕西省地形起伏度；从比例结构、空间分布和海拔特征 3 个方面系统分析了陕西省地形起伏度的分布规律及其与人口分布的相关性；依据不同区域的地形起伏度的变化情况，对陕西省人居环境的自然适宜性进行了评价。

查瑞生等（2014）采用窗口分析和 ArcGIS 空间分析模块中的邻域分析，提取了重庆市南川区地形起伏度，从海拔、平地面积比例方面分析了南川区地形起伏度的空间分布特征，并利用回归分析法对南川区各乡镇平均人口密度与平均地形起伏度的相关关系进行了分析，最后对南川区人居环境地形适宜性做出了评价和分级。研究发现地形起伏度较高的地区人口较为稀疏，相反，地形起伏度较低的地区人口相对较为密集，南川区地形起伏度大致由西北向东南不断增大，而人口密度则明显表现为由西北向东南逐渐减小。

张婧和王国梁（2015）利用山西省数字高程模型和山西村落分布图，对忻州市乡村聚落空间分布与地形起伏度之间的关系进行了定量分析，发现村落分布密度与地形起伏度成反比，低起伏地形区的村落密度最高，中起伏地形区次之，高起伏地形区最低，即村落密度随着地形起伏度指数的增加而递减。

4）地表起伏度与农业生产的相关研究

我国农村地域广阔，山地面积占比大，农业生产受地表起伏度影响大。因此，关于地表起伏度与农业生产条件间的内在联系的相关研究较多。刘焱序和任志远（2012）运用改进的区域地形起伏度模型、成本距离模型、重心模型，定量分析了 1990～2009 年陕西省农村劳动力时空变化格局。结果表明,农村劳动力并非简单地持续从地形起伏高的地区往地形起伏低的地区移动,但地形起伏度作为农村劳动力分布的重要作用因素,其影响正有不断加强的趋势;经济因素与地形因素在整体上会拉动或推动人口格局变化,但在年尺度上表现出较强的波动性,地形起伏度越低、土地集约度越高,则区域非农化进程越快。

苏维词和张贵平(2012)相继完成贵州省地表起伏度和全国地表起伏度计算及其对区域(重点行业)发展成本的影响分析。彭熙等(2013)和张迅等(2013)以全国各省(区、市)地表起伏度的计算结果及农业数据为基础,研究地表起伏度对农业生产条件的影响。研究发现,随着地表起伏度的增加,居民不识字或识字很少的比例增加,耕地占总面积的比例减少,水田比例减小,人均耕地减少,农业机械化程度降低,农业灌溉条件变差,农业生产成本增大。

除此之外,张凡等(2010)研究发现地形起伏对贵州省土地利用的控制性较强,各种用地不能形成规模,彼此交叉分布,空间上垂直分异明显;受地形起伏影响,贵州省的土地利用/土地覆盖结构混乱,土地利用困难,利用率低,土地整理工作难度大。赵卫权等(2010)基于 DEM 数据提取贵州省地形起伏度,依据 TM 遥感影像数据的解译结果,运用 GIS 技术和景观格局分析软件包 Fragstats,对贵州省的景观空间格局随地形起伏度的分异特征进行了分析。李传华和赵军(2012)讨论了基于方向异性的地形起伏度的地理日照时数的计算,推导了关于地形起伏度的地理日照经验模型等。

1.2.3 现状研究中存在的主要问题

1. 指标体系不够完善

已有研究在计算地表起伏度时主要考虑海拔或单位面积(最佳统计单元)内的高差等指标因子,对地表起伏频率考虑不够,导致不能够完整地反映地表起伏状况,如图 1.1 所示。

图 1.1 反映地表起伏程度和起伏频率示意图

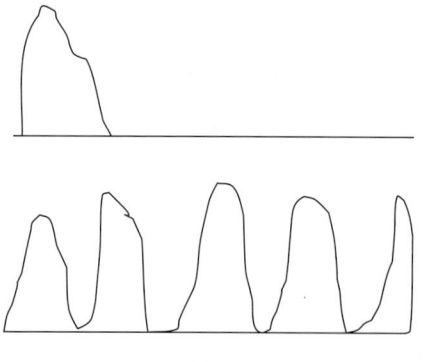

例如,用 90m SRTM-DEM 数据计算北京市最大相对高差为 2283m,基于 90×90 网格的平均相对高差为 160.62m

例如,用 90m SRTM-DEM 数据计算广西壮族自治区最大相对高差为 2107m,不及北京,但基于 90×90 网格的平均相对高差为 186.83m,高于北京

2. 研究方法比较单一

以往研究在依托地形起伏度数据确定最佳统计单元后,大多数采用邻域窗口分析提

取相关地形起伏的指标数据，研究和计算的思路简单明确，但计算出来的结果未能真实反映出小地貌（研究单元内）的轮廓。例如，我国江南丘陵地区常见的馒头状的小山丘、洼地等在较小比例尺或分辨率较低情况下，地形起伏的信息损失较大。

3. 应用研究领域有待拓展

已有研究主要集中在地表（地势）起伏度与地图制图、自然环境（或人居环境）评价与灾害防治、人口分布、农业生产等相关性分析，对交通、水利、林业、生态、城市建设、区域社会发展（教育、卫生等）与脱贫攻坚成果巩固拓展、乡村振兴、政府管理等涉及区域基础设施建设、经济社会发展和生态建设成本的影响研究方面比较薄弱，特别是地表起伏度对区域公共财政支出成本影响方面的研究罕见，缺乏对公共财政支出成本等方面的专题性研究和针对区域发展成本等方面的系统性定量成果。

1.2.4 研究趋势

1. 在地表起伏度指标研究方面兼顾地表起伏程度和起伏频率

从最初只考虑地表起伏程度的相对高差（切割深度）或相对高差与海拔，到逐步开始综合考虑反映地表起伏程度和频率的多个因子，如相对高差（栅格单元的高差或切割深度）、切割密度（沟壑面积比或河网密度）、地形凹凸比（正负地形比或峰谷密度等）、坡度、海拔等，从而可以更加精细地刻画地表起伏的状态。

2. 在地表起伏度计算与评价方面采用了一些新技术和评价方法

以 DEM 数据为基础，地表起伏度的计算方法从最初的在空间分析（spatial analysis）下使用栅格邻域统计（neighborhood statistics）工具，到采用 Focal 函数分别计算 DEM 的最大高程值和最小高程值，再将最大高程值和最小高程值进行差值运算，以及用创建渔网（create fishnet）工具确定计算的大小范围的栅格，用分区统计（zonal statistics）直接计算地形起伏度等。此外地表起伏度计算在数据来源多样化、分辨率提升、数据融合处理等方面得到了进一步改善。

3. 地表起伏度的相关应用领域研究得到拓展

地表起伏度是客观存在的，其影响涉及经济社会发展的方方面面，因此关于地表起伏度影响的相关研究已经涉及区域生产、生活、基础设施建设乃至政府运行管理等方面，尤其对重点行业、领域（如交通、水利、农业、林业与生态建设、城建、教育、政府管理、人居环境、乡村振兴等）支出成本的影响研究已受到有关学术界和政府部门的重视。

第2章　地表起伏度计算方法及典型区域地表起伏度计算

2.1　地表起伏度指标及计算方法

2.1.1　地表起伏度指标因子

地球表面的各种地貌形态，基本可以概括为高原、山地、丘陵、平原和盆地五种基本的地貌类型及其组合，其特征包括：都是由不同的地形点、线、面组成；都可以通过某些指标因子来表达（刻画）地表形态，如地表实际面积与投影面积之比（也称为表面积指数）、海拔、相对高差、坡度、坡向、峰谷密度、地表切割度（地表切割密度和地表切割深度）、地表破碎度等。如何科学选择指标体系并计算提取相关数据是地表起伏度研究的核心内容，其指标体系的构建是否合理决定了评价结果的准确性和可靠性的高低。

1. 地表起伏度指标选取原则

由于反映地表起伏状况的因子缺乏公认的统一指标体系或标准，在构建地表起伏度指标体系方面首先要确定评价指标选取的基本原则。由于影响地表起伏度的因素很多而且影响因子的作用效果不同，同时有些因子作用效果还具有交叉性、重复性，为明晰不同因子的影响差异，同时减少影响因子的遗漏和交叉重复，应遵循一定的原则，既要考虑全面反映影响地表起伏的各方面因子，又要优先选择对地表起伏状况影响较大而且在研究区域内变异程度较大、辨析度较高的因子，主要包括以下原则。

（1）科学性原则。选取的反映地表起伏状况的每一个指标，都要有明确的物理内涵和一定的地貌学意义，能够反映或刻画区域内地表的总体或某一方面的起伏特征。

（2）共性和个性原则。选取的地表起伏度指标因子要尽可能反映地表起伏的某些共性特征，便于在全国或区域范围内进行比较，如表面积指数。同时，又要考虑区域地貌差异，体现不同地貌类型区的主体差异。例如，青藏高原区，既是世界上平均海拔最高的高原，同时高原内部又有众多的大型山脉（如冈底斯山、唐古拉山等），通过海拔、相对高差、坡度等指标就可以较好地综合刻画高原整体及内部地貌形态差异；而江南丘陵更多的是起伏相对和缓的低丘，地表起伏程度不大，但起伏频率高，用峰谷密度、河网密度等可以更好地表达地表起伏形态的变化状况。又如，在贵州黔南喀斯特峰丛洼地、安顺峰丛盆地等典型喀斯特地区，地表崎岖破碎，地表水系不发育，用河网密度来反映地表的破碎度或起伏度就会失真，而用峰谷密度较为合理；在沟谷发育明显的黄土高原等地区，多用沟壑密度等指标，能较好地表示地表形态变化的实际状况。在部分丘陵地区、切割高地等地区，地表破碎较为明显，通常多用地表切割深度和切割密度等来表示区域地表的实际起伏形态；在地表崎岖破碎的喀斯特山区，可以用地表破碎度这一相对综合性指标来表示；在河道分布较密的交错纵横的平原低丘地区，则选用河网密度表示该类地区地表的地表形态。因此地表起伏度指标因子的选取要强调共性（便于区域的相互对比）和个性原则（便于突出区域特色）。

（3）完整性原则、主导因子原则和相异性原则。如前所述，反映地表起伏状况的指标因子较多，选择指标时，一方面，要尽可能考虑各种因子的影响，尽可能全面地反映地表形态的各种特征，坚持完整性、综合性原则；另一方面，由于影响因子较多，且有些因子作用或含义交叉，必须坚持主导因子原则，优先选择那些有明确科学含义且最能体现地表起伏状况的指标。同时这些指标中有部分指标的含义有交叉重叠，如地表切割深度与相对高差、河网密度与地表切割密度等，要坚持相异性原则，尽可能避免指标因子的重复。

（4）可操作性原则。要考虑数据资料的可获取性及量化处理的要求，同时应根据研究区域尺度（如全国尺度、省域尺度、县域尺度等）和研究的目标，科学地确定所需数据或影像资料的精度（或分辨率）。

2. 指标因子选择及物理意义

从反映地表起伏程度和地表起伏频率的内涵要求出发，根据上述原则，可考虑初步选择海拔、表面积指数、地表切割度、相对海拔高差、坡度、沟壑密度、河网密度、峰谷密度等因子作为地表起伏度指标。

1）海拔

地理学意义上的海拔是指地面某个地点或者地理事物高出或低于海平面的垂直距离，反映区域整体距离黄海平均海水面的高差。这是反映地势整体起伏的一个关键性指标，海拔越高，地表侵蚀剥蚀作用及水土流失作用越强；同时它也是地图编制和地貌类型划分的重要依据。

2）表面积指数（地表粗糙度）

表面积指数是指地表栅格单元的曲面面积与其在水平面上的投影面积之比。该指标也被确定为一个实际地理区域同一个相对应的平面之间的相似程度，即地表某一单元的曲面面积 $S_{曲面}$ 与其在水平面上的投影面积 $S_{水平}$ 之比，表面积指数用 R 表示，其公式为

$$R = S_{曲面} / S_{水平} \tag{2.1}$$

除非表面是平坦的，通常情况下表面积总是大于其水平投影面积。比较表面积与其水平投影面积可以表达或刻画坡度角的大小，两者的差异越大，则意味着坡度越大。

表面积指数是一个相对综合的指标，该指标可以粗略地综合反映研究区域地表起伏的总体情况，同一个地区，采用数据的比例尺越大、分辨率越高，则表面积指数值越大。

3）地表切割度

地表切割密度是地形、气候、植被、岩性、土壤、水文等因素综合影响的反映，能够很好地表征周围的自然环境。

地表切割深度是针对局部小范围内，地表垂直方向上割裂程度的表示量，通常用相对高差来表示，能够很好地反映出区域内的沟谷深度、相对高差。按照深浅可以划分为深切割、中切割、浅切割地形，是反映地貌类型（尤其是农业地貌类型及其制图）的重要依据，由于切割深度通常仅指沟谷中或山坡上的切割深度（负地形高差），在反映地表起伏度时采用适应范围更广（包括山顶、山坡、沟谷等地形要素，地形点两两之间）的相对高差指标更合理。

4）相对海拔高差

相对海拔高差，是指研究单元（如栅格单元等）内最高点与最低点的海拔之差，通常简称为相对高差（地势），是以前部分专家采用的狭义上的地表起伏度，是重要的地形表征因子之一，是地壳构造运动与地表剥蚀侵蚀（或溶蚀）过程相互作用的结果。它不仅可以反映地表的切割剥蚀程度，还可以表征区域内构造活动强度的差异状况，同时也是导致水土流失、滑坡、泥石流等山地灾害发生的最直接影响因素之一。因此相对高差对于研究区域地形特征具有重要的实践意义。

通过把研究区划分为若干研究单元（或栅格单元），分别求取各单元相对高差，再求和，就可以得到研究区内平均相对高差，它可以在一定程度上反映宏观区域内的地表起伏状况及特征，是定量描述地貌形态、划分地貌类型的重要指标因子之一。相对高差的计算公式为

$$\mathrm{RF}_i = H_{\max} - H_{\min} \tag{2.2}$$

式中，RF_i 为某个单元内相对高差；$H_{\max}$ 为研究单元内的最高海拔（最大高程）；$H_{\min}$ 为研究单元内的最低海拔（最小高程）。

相对高差比地表切割深度含义更广，前者具有包含后者的意义，因此在地表起伏度计算中，采用相对高差后一般不再采用地表切割深度指标。

5）坡度

坡度表示地球表面在某一点（处）的倾斜程度，能反映地面的起伏程度大小、起伏变化快慢（图 2.1）。通常用坡面的垂直高度 H 和水平距离 l 的比值的反切值来表示坡度 i，即

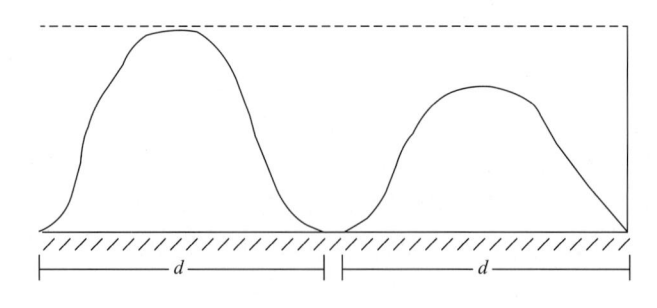

图 2.1 投影面积相同、地表起伏频率相同，但是坡度不同导致地表起伏程度有差异

坡度计算公式为

$$i = \arctan(H/I) \tag{2.3}$$

式中，i 为坡度；H 为坡面的垂直高度；I 为坡面的水平距离。

另外，坡度也可用高程增量与水平增量之比的百分数来表示。坡度是重要的微观地形因子之一，坡度的大小直接影响着地表的物质流和能量流的再分配，决定了边坡的稳定性，影响坡面（地表面）土壤的发育、植被的种类与分布，同时也制约着地表的土地利用类型与方式。

6) 沟壑密度

沟壑密度也称为沟谷密度或沟道密度，是指在一特定的区域内，地表单位面积内沟壑的总长度。沟壑密度是用来描述地表切割破碎程度的一个重要指标，它在很大程度上反映了地表的破碎程度，是气候、地形、岩性、植被、河流乃至人类活动等因素综合影响的反映，其公式为

$$D_S = \frac{\sum L}{A} \tag{2.4}$$

式中，D_S 为沟壑密度（km/km^2）；$\sum L$ 为样区内的沟壑总长度（km）；A 为该样区的面积（km^2）。一般来说，一定单位面积内的沟壑密度越大，表示其地表破碎程度越大，地表越破碎也说明其平均的坡度越大，因此地表土壤等物质的稳定性越小，这样就易形成地表径流，导致土壤侵蚀加剧，加重该单元的水土流失。由此可以看出，沟壑密度是地形发育阶段、降水量、地势高差、土壤渗透能力和地表抗蚀能力的一个极其重要的指标，是地形、气候、植被、岩土性质、水文、构造运动等综合因素影响的表现。沟壑密度对了解某一区域地形发育特征，以及监测该区域水土流失和规划水土保持都有着极其重要的意义。

7) 河网密度

河网密度又称为河流密度，指区域内干支流总长度与区域面积的比值，即区域单位面积内的河流长度，它表明了水系发育与河流分布疏密的程度，也是一个流域地貌及水系结构的重要标准，反映了一定流域水系分布的密度大小，其公式为

$$\rho = \frac{L}{A} \tag{2.5}$$

式中，ρ 为河网密度（km/km^2）；L 为区域内的干支流总长度（km）；A 为区域面积（km^2）。一般情况下，河网密度大的地区，水资源总量相对丰富，反之亦然。

河网密度是地貌学、水文学等学科的重要参数，在一定程度上反映了地壳的升降运动、降水、河流发育演化及地表的切割密度，在非喀斯特地区，尤其是类似中国中东部这种湿润半湿润的山地丘陵区，能较好地表征地表破碎情况。

8) 峰谷密度

峰谷密度是指特定区域内山峰密度和山谷密度的总称。山峰密度是指在单位面积内山峰的个数，它是区域地理环境、山岳形态划分的一个重要标志。山峰密度越大，

地表崎岖破碎程度越高。山峰越多，坡面的形态越复杂，引起坡面的稳定性越差，其公式为

$$M_d = \sum L / A \tag{2.6}$$

式中，M_d 为山峰密度（个/km²）；$\sum L$ 为样区内的山峰总个数（个）；A 为研究样区的面积（km²）。

山谷是指两座或两座以上山峰之间的低凹区域，包括洼地、谷地、岩溶山区坝子等。山谷密度是指单位面积内山谷（洼）地的个数。其公式为

$$V_d = \sum L / A \tag{2.7}$$

式中，V_d 为山谷密度（个/km²）；$\sum L$ 为样区内的山谷总个数（个）；A 为研究样区的面积（km²）。

山谷密度是反映地表破碎程度的一个重要指标，其大小反映了研究区域的地貌发育特征及凹凸起伏程度，它与山峰密度同为重要的地形因子，也是反映地表起伏频率的重要指标之一。

综上所述，选择表面积指数（地表粗糙度）、海拔、相对高差、坡度和峰谷密度作为地表起伏度计算的指标因子能够较全面地从各个方面反映地表起伏状况，其中表面积指数（地表粗糙度）是一个相对综合表征地表起伏度的指标因子，指标的物理含义明确，操作相对简便，计算方法可靠，可以单独作为地表起伏度计算的一个方案；海拔、平均相对高差、坡度这三个指标大体反映了地表起伏程度，而峰谷密度大致反映了地表起伏频率。切割度、沟壑密度、河网密度这三个指标实际上反映的都是地表的破碎程度，其中地表切割密度、沟壑密度、河网密度在流水地貌和黄土地貌区很典型，在冰川地貌、干旱地貌（如青藏高原、天山、内蒙古高原）等地区难以真实反映地貌的起伏状态；同时河网密度在我国西南广大的喀斯特地区也不够妥当，因为喀斯特地区具有地表地下二元地貌、水文地质结构，尽管降水充沛，但地表与地下水转化快，常出现盲谷和伏流，地下水系发育，特别是在桂西北、黔西南、黔南等喀斯特峰丛洼地区，地表十分破碎，但地表水系不发育，用河网密度不能真实反映地表破碎起伏情况，在上述这些地貌类型区，用峰谷密度更合适。至于地表切割深度，已经可以包含在相对高差指标中。因此，本书选取区域平均相对高差来代表地表切割深度。

3. 地表起伏度评价指标体系构建

基于指标因子选择及物理意义，地表起伏度评价指标体系构建主要考虑了两种方案。方案 1 采用综合表征地表起伏程度和起伏频率的相关指标，但指标存在某种程度的重复和交叉，为了便于在全国范围内进行对比分析，选取具有代表性、适用性的指标：研究区（若干栅格单元）的平均相对高差、坡度、平均海拔和峰谷密度；方案 2 选取了相对综合指标：表面积指数可以综合反映研究区域地表起伏度的总体情况（表 2.1）。

表 2.1　地表起伏度评价指标体系表

方案	指标		分指标	含义
方案1	地表起伏度指数	起伏程度	平均相对高差/m	主要表征区域平均纵向起伏程度，影响国土规模化开发和工程建设成本与布局、防灾减灾等
			坡度＞6°的面积占比/%	主要表征地表倾斜情况，影响国土规模化开发和工程建设成本与布局，防灾减灾等
			平均海拔	主要表征区域整体纵向起伏程度，影响工程建设成本等
		起伏频率	峰谷密度/（个/km²）	主要表征区域地表起伏频率，影响国土规模化开发和工程建设成本与布局等
方案2	地表起伏度综合性指数		表面积指数	综合表征地表起伏程度，影响国土规模化开发和工程建设成本与布局等

注：选择坡度＞6°的面积占比的依据：《第二次全国土地调查技术规程》（TD/T 1014—2007）。

2.1.2　指标权重的确定

目前常用的权重确定方法有客观赋权法（熵权法、相关性分析法、灰色关联分析法等）和主观赋权法（专家打分法等）。

1. 熵权法

熵权法是一种在综合考虑各因素提供信息量的基础上客观地计算指标权重的数学方法。在信息论的带动下，熵概念逐步在自然科学、社会科学及人体学等领域得到应用。在各种评价研究中，人们常常要考虑每个评价指标的相对重要程度。表示重要程度最直接和简便的方法就是对各指标赋予权重。按照熵思想，人们在决策中获得信息的数量和质量，是决策精度和可靠性大小的决定性因素，而熵就是一个相对理想的尺度。依据信息论的基本原理，信息是系统有序程度的度量，而熵则是系统无序程度的度量。因此，用系统熵可以反映其提供给决策者的信息量情况，系统熵也可以通过熵权法求得。在表征地球表面起伏状况的诸多影响因子中，各个因子的影响方式、影响大小及其效果并不十分明确，因此采用熵权法确定相关因子对地表起伏度的贡献是可行的。熵权法的基本原理如下。

（1）假设评价对象包括 n 个区域，反映其评价的指标有 m 个，分别为 r_i ($i=1,2,\cdots,m$)，并获得各区域各评价指标统计值，其矩阵设为

$$\boldsymbol{R}' = \left(r'_{ij}\right)_{m\times n} \quad (i=1,2,\cdots,m; j=1,2,\cdots,n) \tag{2.8}$$

式中，r'_{ij} 为第 j 个区域在第 i 个指标上的统计值。

（2）为了消除各指标之间单位的相互影响，对 $\boldsymbol{R}'$ 进行标准化，可以得到各指标标准化矩阵。由于经标准化后的数据 r_j 受 r'_{ij}、$\min_j |r'_{ij}|$、$\max_j |r'_{ij}|$ 的影响，因此可以采用极值法对统计数据进行标准化。假设标准化后的矩阵为 $\boldsymbol{R} = (r_{ij})_{m\times n}$，标准化公式为

$$r_{ij} = \frac{r'_{ij} - \min\limits_{j}|r'_{ij}|}{\max\limits_{j}|r'_{ij}| - \min\limits_{j}|r'_{ij}|} \times 10 \tag{2.9}$$

对统计数据进行标准化后就可以计算出各指标的信息熵。

(3) 第 i 个指标的熵 H_i 定义为

$$H_i = -k \sum_{j=1}^{n} f_{ij} \ln f_{ij} \quad (2.10)$$

式中，$f_{ij} = \dfrac{r_{ij}}{\sum_{j=1}^{n} r_{ij}}$，$k = \dfrac{1}{\ln n}$（假定：当 $f_{ij} = 0$ 时，$f_{ij} \ln f_{ij} = 0$）。

(4) 第 i 个指标的熵权 w_i 为

$$w_i = \dfrac{1 - H_i}{m - \sum_{i=1}^{m} H_i} \quad (2.11)$$

熵权法的优点在于其是根据某指标在各被评价对象之间的差异（即分辨能力）来确定权重的，从而降低了主观性，能较好地反映评价指标所含的信息量，可解决各指标信息量大、准确进行量化难的问题，在这方面比其他方法相对优越。但由于反映地表起伏的指标信息（大部分是基于 3S[①]技术提取获得）详细程度不一（受分辨率、比例尺、研究区栅格单元大小的影响），客观上熵权法也并非完美。

2. 相关性分析法

相关性分析是指对两个或多个具备相关性的变量进行分析，从而衡量某个变量与另一个（或一组）变量的相关密切程度，通常用相关系数来表示，相关系数越高，表示其关系越密切，影响越大，即权重越高。通过相关性分析确定权重的主要步骤如下。

(1) 正态分布的检验。以标准化后的数据为基础，利用 SPSS 软件中的非参数分析方法，判断数据是否符合正态分布。

(2) 相关系数的确定。如果数据符合正态分布，则选取皮尔逊（Pearson）系数（用于计算定距变量数据）；如果数据不符合正态分布，则选取斯皮尔曼（Spearman）系数（用于计算分类变量数据）。

(3) 判断相关性水平。通过比较相关系数绝对值的大小，进一步判断数据的相关性水平。

(4) 根据相关性大小确定指标因子的权重，如对人均国内生产总值（gross domestic product，GDP）、人均财政收入、人均财政缺口等与地表起伏因子的相关性分别进行分析，根据相关性大小及检验，确定各相关因子的权重等。

3. 灰色关联分析法

灰色关联分析法决策的思想是：首先，根据某个问题的实际情况确定理想的最优序列；其次，通过方案的序列曲线和几何形状与理想最优序列的曲线和几何形状的相似程度来判断两者之间的关联程度，曲线和几何形状越接近则说明其关联度越大，方案越接近理想最优，反之亦然；最后，依据关联度确定指标因子的权重。

---

① 3S 指地理信息系统（GIS）、遥感（remote sensing，RS）和全球定位系统（global positioning system，GPS）。

设有 n 个对象，每个对象有 m 项指标，对评价指标数据进行规范化处理，规范化后的数据为 $x_1, x_2, \cdots, x_m$。$x_i = [x_i(1), x_i(2), \cdots, x_i(n)]$，$i = 1, 2, \cdots, m$。令 x_0 为理想方案，则 x_0 与 x_i 关于第 k 个元素的关联系数为

$$\xi_i(k) = \frac{\min_i(\Delta_i(\min)) + \rho \max_i(\Delta_i(\max))}{|x_0(k) - x_i(k)| + \rho \max_i(\Delta_i(\max))} \tag{2.12}$$

式中，ρ 为分辨系数，一般为 $0 \sim 1$，通常取 0.5；$\xi_i(k)$ 为第 k 个的关联系数，$\min_i(\Delta_i(\min)) = \min_i\left(\min_k|x_0(k) - x_i(k)|\right)$，$\max_i(\Delta_i(\max)) = \max_i\left(\max_k|x_0(k) - x_i(k)|\right)$；第 i 个评价方案与理想方案的关联度为

$$\gamma_i = \sum_{k=1}^{m} w_k \xi_i(k) \tag{2.13}$$

运用灰色关联分析法求权重与相关分析法比较，前者具有直观、计算简便、无须比较序列、分布规律典型、数据量要求小等优点。

4. 专家打分法

制定地表起伏度指标因子及其对区域重点行业（领域）发展成本的影响调查表（表 2.2），征求相关领域专家意见，以多位咨询专家打分的平均值作为权重系数，对地表起伏度各指标因子对不同行业领域的影响程度（重要性）进行综合评价（打分）。

表 2.2　地表起伏度指标因子及其对区域重点行业（领域）发展成本的影响调查表示例

区域发展成本因子		区域发展成本										
		生产成本			生活成本				基础设施建设成本		政府公共服务	其他
地表起伏指标		工业	农业	林业（生态）	文化	教育	卫生	城建	生活消费品	交通	水利	政府运转及公共服务	灾害	其他
综合性指标	表面积比指数													
地表起伏程度	海拔													
	相对高差													
	地表切割深度													
	坡度													
地表起伏频率	峰谷密度													
	河网密度													
	地表切割度													
其他指标														

名词解释如下。①地表切割度：主要表示水平切割密度和垂直切割深度。水平切割

密度（或河网密度）以单位面积所包含的侵蚀网或沟道的长度值表示；垂直切割深度：通常可用沟谷深度表示，即以沟谷相对高差表示。②河网密度：单位流域面积内干支流的总长，反映流域水系分布的密度。③峰谷密度：即地表山峰（头）、谷地（洼地）面积占总面积的百分比。

专家打分：分值为 1.0~10.0 分，根据专家认为地表起伏指标对区域发展各方面成本的影响大小打分，影响大的打高分，影响小的打低分；同时也可以增加专家认为合理的表示地表起伏度的指标和区域发展成本因子。

2.1.3 地表起伏度计算方法

目前有关地表起伏度的计算方法并不统一，主要有局地高差法、高程标准差、投影面积比法、局部全曲率、矢量法、窗口分析法、多因子加权求和（积）法及其他等。

1. 局地高差法

局地高差法是指用某特定范围（研究区）内的高差来表示地形起伏状况，即最高海拔（即最大高程）与最低海拔（即最小高程）的差值（对于某个研究区而言，要根据要求和相关数据的精度或分辨率，把研究区划分为若干个网格单元或栅格单元，算出每个单元最高海拔与最低海拔之差再求和的均值）。该算法是比较普遍适用的算法，也相对简单。单个网格（栅格）单元的基本公式为

$$RDLS = H_{max} - H_{min} \tag{2.14}$$

或

$$RDLS = \frac{1}{m}\sum_{i=1}^{m}(h_{max} - h_{min}) \tag{2.15}$$

式中，RDLS 为地表起伏度；H_{max} 为研究区（或网格单元）的最高海拔；H_{min} 为相应区域的最低海拔；m 为将研究区划分的网格单元数量；h_{max} 和 h_{min} 分别为每个单元的最高海拔和最低海拔。

2. 高程标准差

标准差是一种平均数，反映了一组数值中某一数值与其平均值的差异程度，经常被用来评估一组数值的变化或波动程度。在测量学中，经常用标准差衡量误差分布的离散程度。因此，如果将数值换成某一区域的高程值，则对应的标准差就称为"高程标准差"。高程标准差的值越大，高程波动的范围就越大，地形也就越不平坦，可以用高程标准差来衡量地形的起伏程度。

设某区域的高程值为 $h_1, h_2, \cdots, h_m$（均为实数），则该区域的地形起伏程度表示为

$$RDLS = \sqrt{\frac{1}{m}\sum_{i=1}^{m}\left(h_i - \bar{h}\right)^2} \tag{2.16}$$

式中，RDLS 为地表起伏度；$\bar{h} = \frac{1}{m}\sum_{i=1}^{m}h_i$；$m$ 为某区域高程值个数。RDLS 值越大，地表起伏度越大。

由于高程标准差计算理论上用到了研究区域内所有点的高程值,相比研究区域内最大高程值和最小高程值之差的方法,仅仅用到两个点的高程值,标准差方法更能综合反映这一区域的地形起伏真实状况,而且能够反映出地形的局部起伏变化。

3. 投影面积比法

投影面积比法是指实际地表面积与相应平面(以投影的概念或方式)之间的比值,公式为

$$\text{RDLS} = 3D/2D \quad \text{或} \quad \text{RDLS} = S_L/S_D \tag{2.17}$$

式中,RDLS 为地表起伏度;3D 为实际地表面积;2D 为投影面积;S_L 为地表曲面面积;S_D 为投影面积。

4. 局部全曲率

局部全曲率(local total curvature,LTC)是指刻画地表沿各个方向的平均曲率,反映局部窗口地形的平均突变程度,其表达式为

$$C = (r^2 + 2s^2 + t^2)^{1/2} \tag{2.18}$$

$$r = f_{xx} = \partial^2 z / \partial x^2 \tag{2.19}$$

$$t = f_{yy} = \partial^2 z / \partial y^2 \tag{2.20}$$

$$s = f_{xy} = \partial^2 z / \partial xy \tag{2.21}$$

式中,r 为 x 方向二阶偏导数;t 为 y 方向二阶偏导数;s 为 x、y 方向偏导数。

5. 矢量法

地表起伏度在一定程度上与坡度有着密切的关系,因此可采用矢量法通过对坡度、坡向进行三角函数运算,得到垂直于地形表面每个像元的单位向量,再对 3 个方向上的分量求取平方和并开平方得到起伏度,单位为弧度(rad)。

$$\text{RDLS} = \frac{\sqrt{\left(\sum_{i=1}^{n} X_i\right)^2 + \left(\sum_{i=1}^{n} Y_i\right)^2 + \left(\sum_{i=1}^{n} Z_i\right)^2}}{n} \tag{2.22}$$

式中,X_i、Y_i、Z_i 这 3 个变量可分别由坡度 s 弧度和坡向 a 得到,其计算公式为

$$X_i = \sin s \cdot \cos a \tag{2.23}$$

$$Y_i = \sin s \cdot \sin a \tag{2.24}$$

$$Z_i = \cos s \tag{2.25}$$

6. 窗口分析法

窗口分析法又称为邻域分析法,是计算地表起伏度较为普遍的一种方法,指对栅格数据系统中的一个、多个栅格点或全部数据,开辟一个有固定分析半径的窗口,并在该窗口内进行极值、差值、均值等一系列统计计算,或与其他层面的信息进行必要的复合,从而实现栅格数据有效的水平方向扩展分析。

分析窗口的类型有矩形分析窗口、圆形分析窗口、环形分析窗口、扇形分析窗口等。矩形分析窗口以目标栅格为中心，分别向周围 8 个方向扩展一层或多层栅格，从而形成 3×3、5×5、7×7……的矩形分析区域（可以根据需要改变）。圆形分析窗口以目标栅格为中心，按指定的内外半径构成环形分析窗口。扇形分析窗口以目标栅格为起点，按指定的起始与终止角度构成扇形分析窗口。栅格分析窗口内的空间数据的统计分析类型一般包括均值、最大值、最小值、总和、范围、主要变量等。

1）窗口分析步骤

（1）选择实验样区，并计算各实验样区的地形特征因子。

（2）分别对各个实验样区，将分析区域设置为 3×3～199×199 的一系列分析尺度，得到各个分析区域尺度的地形起伏度值。

（3）通过人工判别法、最大高差法和最大高差-面积比法判定各个实验样区的最佳分析区域，判定不同地区、不同地貌类型和最佳分析区域的关系。

（4）研究地表起伏度和地形特征因子之间的关系。

2）确定最佳统计单元

窗口分析法的关键是确定最佳统计单元，即分析计算确定一个特定面积，能恰到好处地反映研究对象地貌体的完整性，并在一定范围内具有较强的代表性，即普适性。确定一个最佳分析区域是地表起伏度提取算法中的核心步骤和决定区域地形起伏度提取效果和有效性的关键。确定最佳统计单元的主要方法为：均值变点分析、应用累积和突变点分析法。最佳统计单元的确定要坚持以下两个原则。

（1）统计单元、起伏度与完整性原则。任一地貌类型中，以某一山体上任意一点为圆心，随着该圆面积的扩大，圆中最高点与最低点高差不断增加，起初圆只包含山体的一部分，高差增加很快；但当圆将整个山体包括时，高差增加一定值，这时，随着圆面积的再增加，高差增加不大。定义高差变化率由大变小的点所对应的面积为统计单元，所对应的高差为起伏度。这一统计单元内的起伏高度，就恰到好处地反映了这一山体的地势起伏状况。显然，每一个山体都有一个统计单元存在，且这一个统计单元内的高差也是唯一的。在同一地貌类型中，显然单个山体的统计单元与该山体的水平投影面积相吻合，也与山体基准相吻合。这样以统计单元内的高差反映山体的地势起伏符合山体完整性原则。

（2）最佳统计单元、地势起伏度和普适性原则。统计单元内的高差只能反映单个山体的地势起伏。而在广泛采样的基础上，统计所有样点的统计单元和起伏度，取频率最高的那个面积组，并以该组某一特征为代表，作为最佳统计单元，该面积所对应的高差为平均起伏度，也是地势起伏度。这样，最佳统计单元的高差就具有一定的代表性，即具有了概率统计上的区域普适性。

7. 多因子加权求和（积）法

1）综合考虑海拔、坡度和表面积指数的加权求和法

选用地形参数构建综合评价模型对各省（区、市）的地表起伏度进行综合评价。综合评价指数为

$$ITCI = 1/[IT/RD(100-MP)] = (W_1 \times IT + W_2 \times RD)/\{W_3 \times [(100-MP)/100]\} \quad (2.26)$$

式中，ITCI 为地表起伏度综合评价指数；IT 为该省（区、市）的表面积指数；RD 为该省（区、市）的平均海拔指数；MP 为各省（区、市）坡度大于 6°的土地面积占比；W_1、W_2、W_3 为各个因子的权重。

该方法考虑了地表起伏的整体高程和起伏情况，但没有反映不同单元内部高差及起伏频率。

2）综合考虑海拔、平均相对高差、平均坡度和表面积指数的加权求和（积）法

$$RDLS_i = \sum h_i/H \times [(Max(h_i)-Min(h_i))/(Max(H)-Min(H))] \times P_i \times S_i \quad (2.27)$$

或

$$RDLS_i = (1/K) \times \sum_{j=1}\{K_1 \times h_i/H + K_2 \\ \times [(Max(h_i)-Min(h_i))/(Max(H)-Min(H))] + K_3 \times P_i + K_4 \times S_i\} \quad (2.28)$$

式中，$RDLS_i$ 为第 i 个研究区的地表起伏度；h_i 和 H 分别为研究区第 i 个单元和整个研究区的海拔，表示海拔指数；$(Max(h_i)-Min(h_i))/(Max(H)-Min(H))$ 为研究区第 i 个单元和整个研究区的最大海拔高差比值，表示海拔高差指数；P_i、S_i 分别为研究区第 i 个单元的平均坡度指数和表面积指数；$j=1,2,\cdots$，为不同地表起伏度影响因子；K_j 为 j 因子的权重。

该方法清晰明了，既从总体上考虑了地表起伏状况（表面积指数）及海拔，又从具体研究单元的平均高差和坡度上描述了地表起伏细节的变化差异。考虑的指标体系比较全面系统地反映了地表起伏的整体情况（如起伏状况和整体海拔高差）和具体差异（如坡度、地表切割深度等）；缺点是表面积指数在某种程度上涵盖了坡度和相对高差的部分特征，指标因子含义或计算结果有一定的重叠。

3）基于地表起伏程度和起伏频率的多因子综合评价法

多因子综合评价法是通过综合考虑地表起伏程度和起伏频率而得出的地表起伏度。本书主要选取峰谷密度作为反映地表起伏频率的因子，地表起伏的程度主要选取坡度、平均海拔、相对高差等因子。

8. 其他相关学者提出的有关地表起伏度的计算方法

（1）Niu 和 Harris（1996）考虑了全国各地地表起伏度对生态环境脆弱性的影响因素，把平地比重引入地表起伏度的公式中（简称平地比重法）。其公式为

$$RDLS = [(Max(h)-Min(h))/(Max(H)-Min(H))] \times (1-P(A)/A) \quad (2.29)$$

式中，RDLS 为地表起伏度；$Max(h)$ 为研究地区的最高海拔；$Min(h)$ 为研究地区的最低海拔；$Max(H)$ 为全国陆地最高海拔；$Min(H)$ 为全国陆地最低海拔；$P(A)$ 为地区平地所占面积；A 为地区总面积。

（2）封志明等（2007）将 500m 作为中国基准山体高度，在式（2.29）的基础上更新了计算模型。其公式为

$$RDLS = (Max(H) - Min(H)) \times (1 - P(A)/A)/500 \qquad (2.30)$$

式中，RDLS 为地表起伏度；Max(H)和 Min(H)分别为区域内的最高海拔与最低海拔（m）；$P(A)$为区域内的平地面积（km²）；A 为区域总面积；500 表示我国的中低山的基准海拔为 500m。

（3）杜鹏和王利（2010）根据人口发展功能区规划提出的计算人居环境适宜性评价中要求的地表起伏度计算公式，以辽宁省大连市及其内部各区（市、县）为例做了进一步改进，使其适合较小区域内的地形起伏度分析，并便于同周边区域或者在较大的地理区域内进行比较。其公式为

$$RDLS = ALT/Avg(H) + [(Max(H) - Min(h)) \times (1 - P(A)/A)]/(Avg(H) - Avg(h)) \qquad (2.31)$$

式中，ALT 为以某一栅格单元为中心一定区域内的平均海拔（m）；Avg(H)为区域平均海拔；Max(H)和 Min(h)分别为该区域最高海拔和最低海拔（m）；$P(A)$为区域内平地面积（km²）；A 为区域总面积；Avg(H)–Avg(h)为区域内平均高差。

总体上看，以上几种起伏度算法均可用于描述地表起伏变化的宏观趋势，但不同的算法在微观上存在一定的差异。通过不同算法的频率分布与特征统计的对比、不同研究样区中不同算法与坡度进行的相关性比较，以及不同算法信息量差异的计算可知：①在大部分地区，高程标准差、局地高差法、RUGN 法是 3 种较为实用的起伏度提取算法，且计算方便，但反映地表起伏的一些信息（如起伏频率等）容易遗漏；其他相关学者提出的有关地表起伏度的计算方法在地形较为复杂的区域有较好的适用性，在起伏度较小的平原地区效果不够理想，这主要是由于这些方法在 1000m 分辨率时将高差≤30m 的地区视为平地，从而在平原地区难以详细鉴别地形起伏形态（微地貌形态），起伏度提取失真，该类方法主要适用于地表起伏相对复杂的丘陵山地等地区，且计算区域不宜过小；②投影面积比法和矢量法在提取起伏度时，表面纹理尚可，但内部结构往往在小值区域分布较为密集，提取精度存在一定的不确定性，尤其是投影面积比法，在研究区域较大时会造成较大的地形起伏信息损失，如黔中安顺—平坝一带的丘峰、广西桂林的峰林平原上的小孤峰等信息容易损失；③窗口分析法较清晰直观、易于分析，且具有较高的科学性和准确性，但地表起伏度最佳分析窗口的确定极为关键且较为复杂，在研究全国或省域尺度的地表起伏度时难以找到一个适合各省（区、市）的统一的最佳窗口；④多因子加权求和（积）方法，科学意义简明易懂，方法直观，但表示起伏度的指标因子（特别是表面积指数）具有一定的综合性，在反映地表起伏特征方面对其他因子有一定覆盖性。

总之，局地高差法、投影面积比法、牛文元创立的平地比重法等，科学意义明确，方法简单，但对地表信息表达有较多遗漏，难以精确反映地表起伏的侧面（如坡度、高差等地表起伏各个影响因子指标）；窗口分析法清晰直观，方法思路成熟，有较高科学性，但对不同（区域）单元进行对比分析时，难以确定一个最佳统计单元；基于地表起伏程度和起伏频率的多因子综合评价法，指标的科学物理意义明确，能较细致地刻画地表起伏的各个侧面，但各个地表起伏因子指标（内涵）之间有一定重复性。

2.2 典型区域地表起伏度计算

刘新华等（2001）利用窗口分析方法，确定中国水土流失地形起伏度的最佳统计单元大小为5km×5km，提取了中国水土流失地形起伏度；封志明等（2007）运用GIS技术，采用窗口分析法提取了基于栅格尺度的中国地表起伏度；封志明等（2011）利用ArcInfo软件的Grid、Zonal等模块提取了全国县域尺度的地表起伏度。这些提取方法简明、科学含义明确，但没有充分考虑地表起伏频率，如坡度、峰谷密度等（图2.2）。

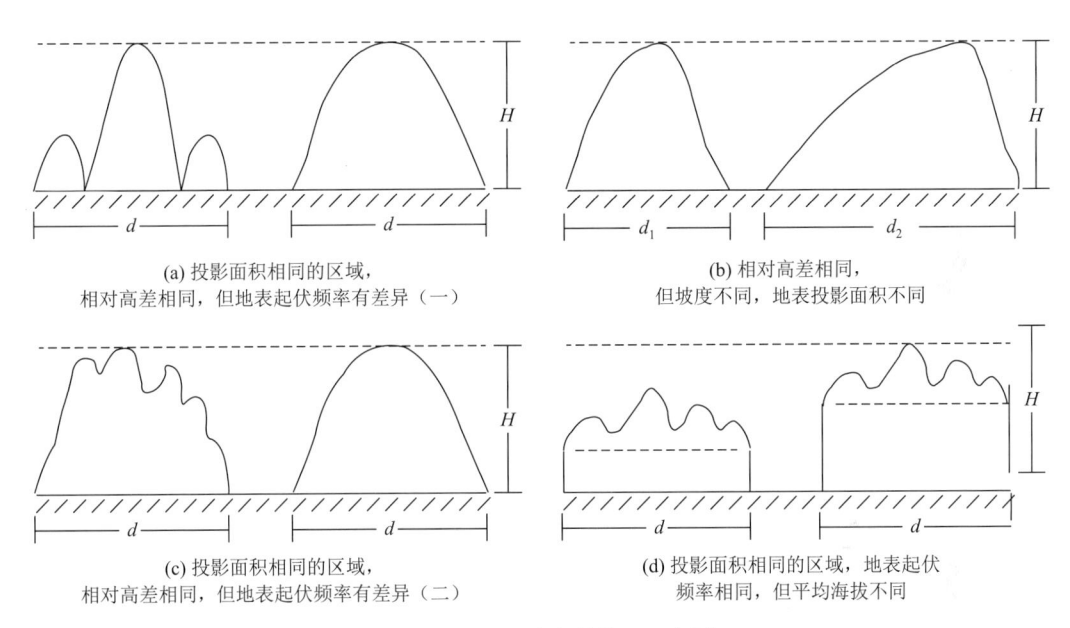

(a) 投影面积相同的区域，相对高差相同，但地表起伏频率有差异（一）

(b) 相对高差相同，但坡度不同，地表投影面积不同

(c) 投影面积相同的区域，相对高差相同，但地表起伏频率有差异（二）

(d) 投影面积相同的区域，地表起伏频率相同，但平均海拔不同

图2.2 不同地表起伏情况示意图

本书将采用不同方法对全国31个省（区、市）[①]及部分典型地区的地表起伏度进行计算。

2.2.1 全国31个省（区、市）地表起伏度计算

中国地处亚欧大陆东部、太平洋西部，地域辽阔、地貌类型复杂多样，地形起伏巨大，并深刻影响社会经济发展与生态建设等方方面面的成本与工程布局。区位、气候、地貌（地形起伏）等自然条件的差异，导致不同区域的人文、经济方面也各有特点。

1. 投影面积比法

投影面积比是指地表实际面积同投影面积（以投影的概念或方式）之间的比值，如图2.3所示，计算公式为

---

① 不含港澳台数据，后同。

$$\text{RDLS} = S_L / S_D \tag{2.32}$$

$$S_L = \iint_D \left(1 + f_x^2 + f_y^2\right)^{\frac{1}{2}} \mathrm{d}x\mathrm{d}y \tag{2.33}$$

式中，RDLS 为地表起伏度；S_L 为地表实际（曲面）面积；S_D 为投影面积；D 为积分区间；f_x 为对函数 f 求 x 的偏导数；f_y 为对函数 f 求 y 的偏导数。利用 ArcMap 中的 3D 分析工具（3D analyst tool）模块，用地表分析（functional surface）中的表面体积（surface volume）工具，计算地表面积（3D）和投影面积（2D），即得地表起伏度。

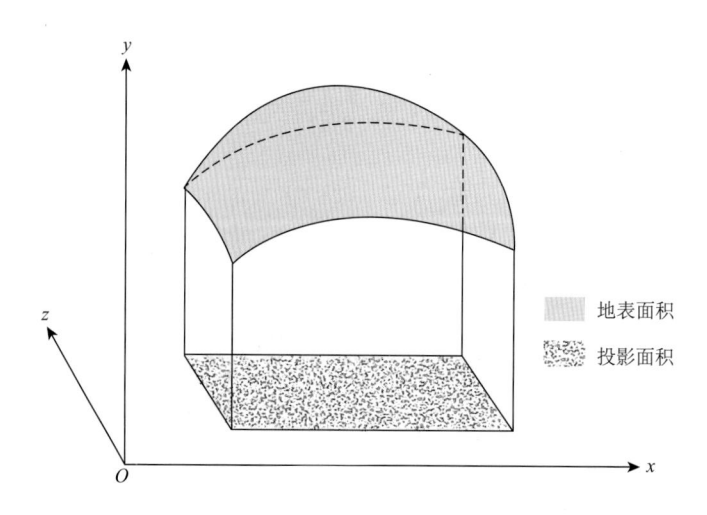

图 2.3 地表起伏度计算示意图

采用空间分辨率为 90m 的 DEM 数据，通过投影面积比法，计算得出 31 个省（区、市）的地表起伏度，计算出各省（区、市）地表起伏度之间的相对值，再进行标准化，公式为

$$\text{LX} = \frac{\text{DB}_j - 1}{\text{DB}_{\max} - 1 \times 100} \tag{2.34}$$

式中，LX 为标准化后的地表起伏度；DB_j 为第 j 个省（区、市）的地表面积与投影面积比；1 为理想化状态下地表面积与投影面积比；$\text{DB}_{\max}$ 为各省（区、市）中的地表面积与投影面积比的最大值。

根据表 2.3 的计算结果，采用自然断点法将全国 31 个省（区、市）的地表起伏度分为五个等级，其中四川省、云南省、贵州省、重庆市为Ⅰ级；陕西省、福建省、西藏自治区、广西壮族自治区为Ⅱ级；湖北省、浙江省、北京市、湖南省、山西省、甘肃省、广东省、江西省为Ⅲ级；青海省、新疆维吾尔自治区、河北省为Ⅳ级；宁夏回族自治区、吉林省、海南省、辽宁省、安徽省、河南省、内蒙古自治区、黑龙江省、山东省、天津市、江苏省、上海市为Ⅴ级。

表 2.3　基于投影面积比法的全国 31 个省（区、市）地表起伏度

省（区、市）	等级	地表起伏度 表面积指数	地表起伏度 标准化值
四川	Ⅰ级	1.3464	100.00
云南	Ⅰ级	1.3260	94.11
贵州	Ⅰ级	1.2809	81.09
重庆	Ⅰ级	1.2789	80.51
陕西	Ⅱ级	1.2655	76.65
福建	Ⅱ级	1.2600	75.06
西藏	Ⅱ级	1.2437	70.35
广西	Ⅱ级	1.2338	67.49
湖北	Ⅲ级	1.1946	56.17
浙江	Ⅲ级	1.1858	53.64
北京	Ⅲ级	1.1850	53.41
湖南	Ⅲ级	1.1819	52.51
山西	Ⅲ级	1.1687	48.70
甘肃	Ⅲ级	1.1646	47.52
广东	Ⅲ级	1.1601	46.23
江西	Ⅲ级	1.1532	44.23
青海	Ⅳ级	1.1402	40.47
新疆	Ⅳ级	1.1250	36.09
河北	Ⅳ级	1.1105	31.91
宁夏	Ⅴ级	1.0852	24.60
吉林	Ⅴ级	1.0760	21.94
海南	Ⅴ级	1.0607	17.52
辽宁	Ⅴ级	1.0590	17.03
安徽	Ⅴ级	1.0583	16.83
河南	Ⅴ级	1.0433	12.50
内蒙古	Ⅴ级	1.0368	10.62
黑龙江	Ⅴ级	1.0223	6.45
山东	Ⅴ级	1.0192	5.54
天津	Ⅴ级	1.0062	1.79
江苏	Ⅴ级	1.0027	0.78
上海	Ⅴ级	1.0001	0.02

从图 2.4 中可以看出，全国地表起伏度总体呈现西部大于中部、中部大于东部和南部大于北部的态势。地表起伏度最大的省（区、市）主要集中在云贵川及其周边地区，其

表面积指数均在 1.2 以上，例如，贵州省是 1.2809，云南省是 1.3260，四川省是 1.3464；而相较之下，地表起伏度最小的省（区、市）则主要集中在华东及华北地区，分布在第三阶梯，如天津市是 1.0062，江苏省是 1.0027，上海市是 1.0001。

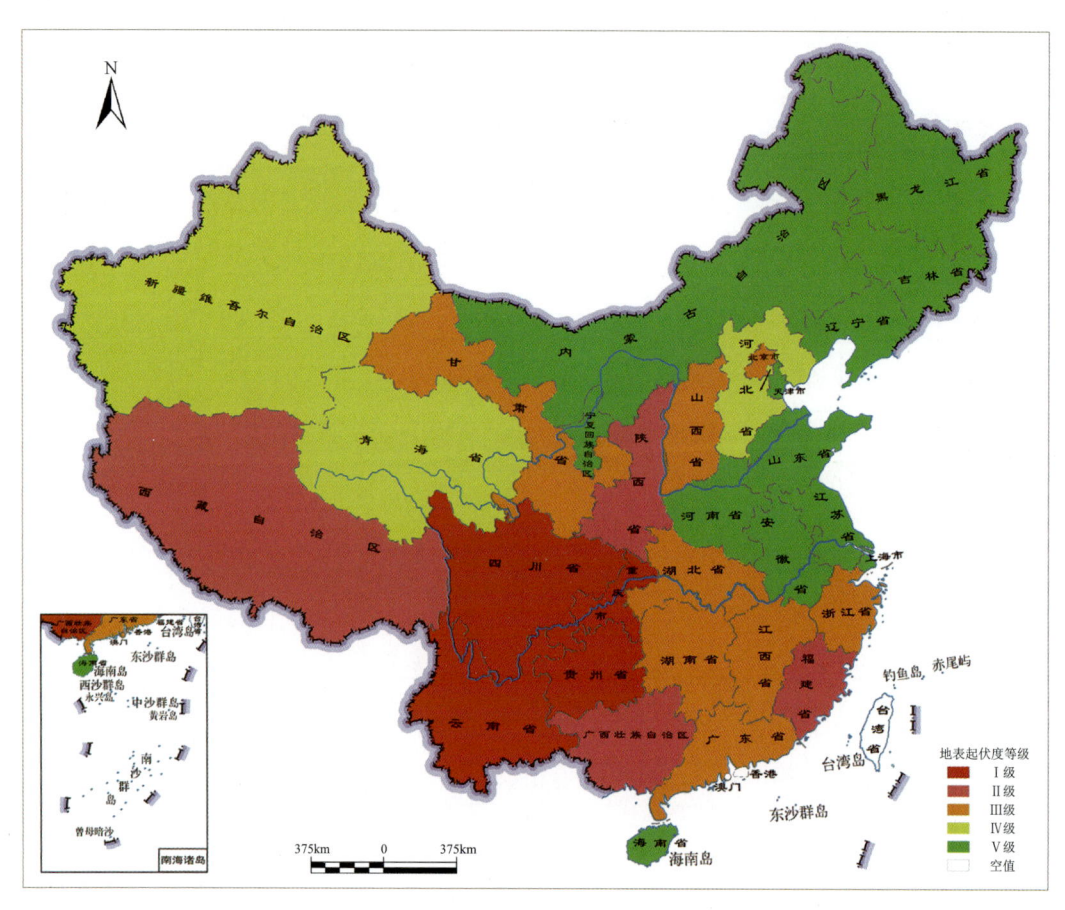

图 2.4　全国 31 个省（区、市）地表起伏度等级图（采用投影面积比法）

注：香港、澳门、台湾资料暂缺，下同。

2. 邻域分析法

邻域分析法又称为窗口分析法，是一种局部运算的空间分析，涉及一个中心单元和一组环绕单元，根据中心单元和环绕单元的栅格数值为中心单元位置生成一个新的函数值或邻域统计量，即输出栅格图中每个格子的值均是输入栅格图中对应格子邻域单元的函数。该方法的相关概念在 2.1.3 节已有详细介绍，下面将该方法运用于以下案例。

陈学兄等（2016）以陕西省 90m×90m 的航天飞机雷达地形测绘使命（shuttle radar topography mission，SRTM）DEM 数据为基础，首先利用邻域统计分析法{矩形邻域选取 2×2、3×3、4×4、…、35×35 共 34 个不同大小的邻域窗口，圆形邻域窗口选取 20 个 [邻域半径 R（单元格数量，个）为 2~21]}对陕西省地形起伏度进行提取，其次统计不同矩形窗口和圆形窗口下的各种地形起伏度类型所占面积比例,再次运用均值变点分析法计算最佳统计单元,最后完成陕西省地形起伏度分级图的绘制,并对地形起伏度特征进行了分析。姜瑾斐等(2021)以山东省 SRTM 数据为基础,分别设置 3×3、5×5、7×7、9×9、…、47×47、49×49、51×51 的矩形窗口,利用 ArcGIS 软件的邻域分析得到不同窗口大小下的地形起伏度和平均起伏度,利用 ArcGIS 软件的邻域分析功能和均值变点分析法确定 136.89 万 m² 为最佳统计单元面积,提取了山东省地形起伏度并绘制了分级图。

3. 多因子加权求和(积)法

1)综合考虑平均海拔、坡度和表面积指数的加权求和法

选用地形参数构建综合评价模型对全国 31 个省(区、市)的地表起伏度进行综合评价(表 2.4,图 2.5)。其中,表面积指数较为综合(但比较笼统)地反映了地表起伏的总体情况,平均海拔反映了研究区的基底(起点)高低,坡度则反映了地表起伏总体格局中局部或细微的倾斜变化,一定程度上反映了研究单元内部起伏程度,但对起伏频率考虑略有不足(图 2.2)。地表起伏度综合评价指数计算公式为

$$\text{ITCI} = \text{IT} \cdot \text{RD} / 100 \times (1 - \text{MP}) \tag{2.35}$$

式中,ITCI 为地表起伏度综合评价指数;IT 为该省(区、市)的表面积指数;RD 为该省(区、市)的平均海拔;MP 为全国 31 个省(区、市)坡度大于 6°的土地面积占比。

表 2.4 基于多因子加权求和(积)法的全国 31 个省(区、市)地表起伏度(一)

省(区、市)	表面积指数	MP/%	平均海拔/m	综合评价 ITCI	等级	
云南	1.3260	91.68	1882.30	299.99		
四川	1.3464	84.45	2583.14	223.66	Ⅰ	
贵州	1.2809	91.95	1110.38	176.68		
西藏	1.2437	64.18	4726.32	164.10		
青海	1.1402	49.65	4049.72	91.71	Ⅱ	
陕西	1.2655	78.79	1128.18	67.31		
重庆	1.2789	82.85	733.01	54.66		采取自然断点法进行归类,按照 ITCI 从大到小依次划分为Ⅰ、Ⅱ、Ⅲ、Ⅳ、Ⅴ五个等级
甘肃	1.1646	51.87	2098.88	50.79		
山西	1.1687	71.42	1126.87	46.08	Ⅲ	
福建	1.2600	86.16	485.39	44.19		
新疆	1.1250	31.36	1940.55	31.81		
宁夏	1.0852	41.27	1567.69	28.97		
广西	1.2338	72.79	393.79	17.86		
内蒙古	1.0368	20.66	1014.06	13.25		
湖南	1.1819	64.58	358.49	11.96	Ⅳ	
湖北	1.1946	54.18	435.71	11.36		
河北	1.1105	41.43	547.58	10.38		

续表

省（区、市）	表面积指数	MP/%	平均海拔/m	综合评价		
^	^	^	^	ITCI	等级	
浙江	1.1858	62.84	322.74	10.30	IV	采取自然断点法进行归类，按照ITCI从大到小依次划分为Ⅰ、Ⅱ、Ⅲ、Ⅳ、Ⅴ五个等级
北京	1.1850	52.97	368.09	9.27	^	^
江西	1.1532	59.21	249.47	7.05	^	^
吉林	1.0760	36.72	409.72	6.97	^	^
广东	1.1601	60.74	217.66	6.43	V	^
黑龙江	1.0223	25.79	313.50	4.32	^	^
辽宁	1.0590	33.69	247.29	3.95	^	^
河南	1.0433	25.38	251.88	3.52	^	^
海南	1.0607	29.4	194.67	2.92	^	^
安徽	1.0583	22.53	128.03	1.75	^	^
山东	1.0192	10.93	97.61	1.12	^	^
天津	1.0062	22.24	17.08	0.22	^	^
江苏	1.0027	1.51	15.61	0.16	^	^
上海	1.0001	4	2.79	0.03	^	^

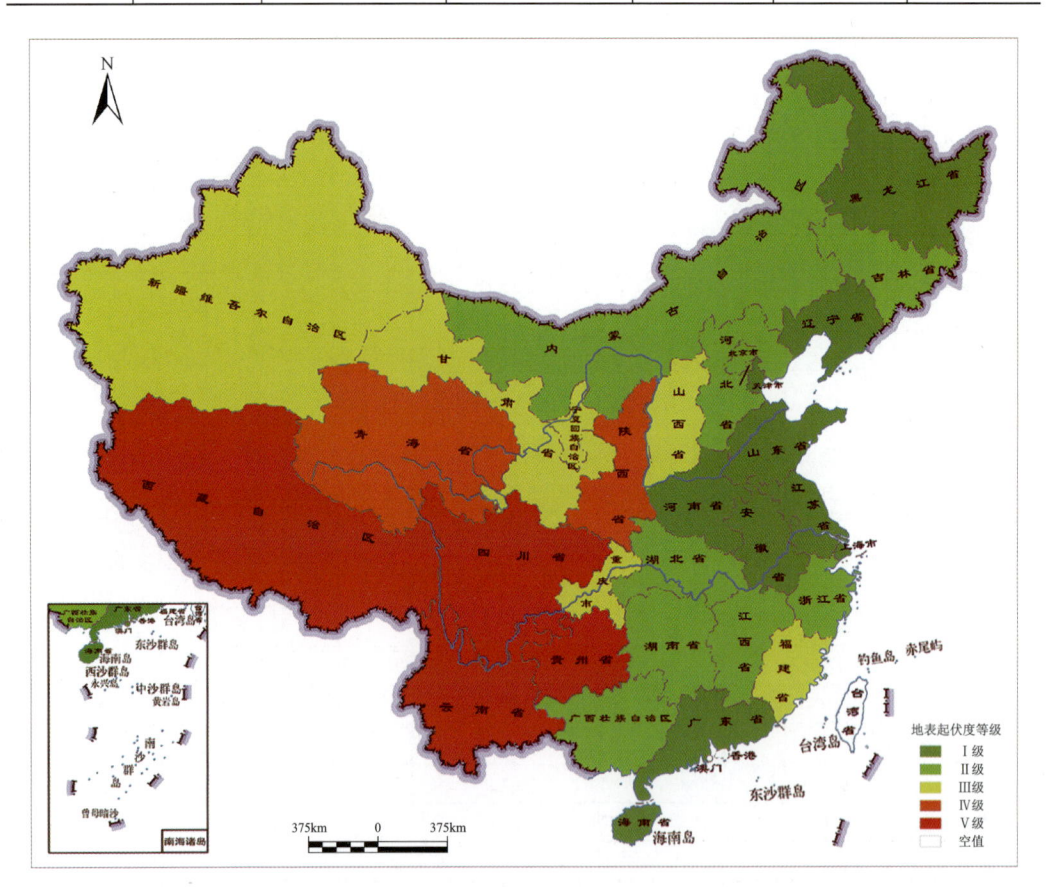

图 2.5 基于多因子加权求和（积）法的全国 31 个省（区、市）地表起伏度等级图（一）

根据地表起伏综合评价结果（表2.4和图2.5），全国地表起伏度总体呈现西部大于中部，中部大于东部的态势。地表起伏度最大的省（区、市）主要集中在云贵川地区和青藏高原，其地表起伏度综合评价指数均在160%以上，而地表起伏度最小的省（区、市）则主要集中在东部及东北地区，其地表起伏度综合评价指数除浙江是10.30%以外，全部集中在10%以下。

2）综合考虑平均相对高差、坡度和表面积指数的加权求和法

选用表面积指数、（最佳统计单元内）平均相对高差、坡度3个地形参数，以专家打分的平均值作为权重系数，对各省（区、市）的地表起伏度进行综合评价（该方法从宏观上反映了地表起伏变化的总体格局，从研究单元内部反映了地表坡面起伏变化的快慢和频率，但难以反映对不同区域地形基底的高低差异）。通过对专家打分进行处理得到3个参数的权重系数分别为：表面积指数0.3109、平均相对高差0.3479、坡度0.341。计算过程中对各因子的数值进行极值标准化处理。

$$\text{ITCI} = \sum_{i=1}^{Z} W_i X_i \tag{2.36}$$

式中，Z为因子数量；W_i为各因子权重；X_i为各因子取值。在此评价过程中选用平均相对高差而非相对高差，因为只有平均相对高差才能准确反映一个地区的高差分布状况（表2.5和图2.6）。

表2.5 基于多因子求和（积）法的全国31个省（区、市）地表起伏度综合评价（二）

省（区、市）	表面积指数	MP/%	平均相对高差/m	综合评价 ITCI	等级
四川	1.3464	84.45	332.88	0.97	I
云南	1.3260	91.68	305.12	0.95	I
贵州	1.2809	91.95	232.81	0.84	I
重庆	1.2789	82.85	255.21	0.82	I
陕西	1.2655	78.79	212.37	0.75	II
西藏	1.2437	64.18	234.54	0.70	II
广西	1.2338	72.79	186.83	0.67	II
福建	1.2600	86.16	87.28	0.64	II
浙江	1.1858	62.84	190.64	0.60	II
山西	1.1687	71.42	149.09	0.57	III
湖南	1.1819	64.58	161.47	0.57	III
北京	1.1850	52.97	160.62	0.53	III
湖北	1.1946	54.18	140.70	0.52	III
广东	1.1601	60.74	144.16	0.52	III
甘肃	1.1646	51.87	156.87	0.50	III
青海	1.1402	49.65	154.43	0.47	III
江西	1.1532	59.21	54.51	0.41	III

采取自然断点法进行归类，按照ITCI从大到小依次划分为I、II、III、IV、V五个等级

续表

省（区、市）	表面积指数	MP/%	平均相对高差/m	综合评价 ITCI	等级
河北	1.1105	41.43	105.08	0.36	
宁夏	1.0852	41.27	90.45	0.32	
吉林	1.0760	36.72	86.70	0.29	IV
新疆	1.1250	31.36	51.21	0.28	
辽宁	1.0590	33.69	80.53	0.26	
海南	1.0607	29.40	85.06	0.25	采取自然断点法进行归类，按照ITCI从大到小依次划分为Ⅰ、Ⅱ、Ⅲ、Ⅳ、Ⅴ五个等级
安徽	1.0583	22.53	65.19	0.20	
河南	1.0433	25.38	53.70	0.18	
黑龙江	1.0223	25.79	66.05	0.18	
内蒙古	1.0368	20.66	56.51	0.16	V
天津	1.0062	22.24	9.13	0.09	
山东	1.0192	10.93	29.83	0.08	
江苏	1.0027	1.51	3.71	0.01	
上海	1.0001	4.00	0.70	0.01	

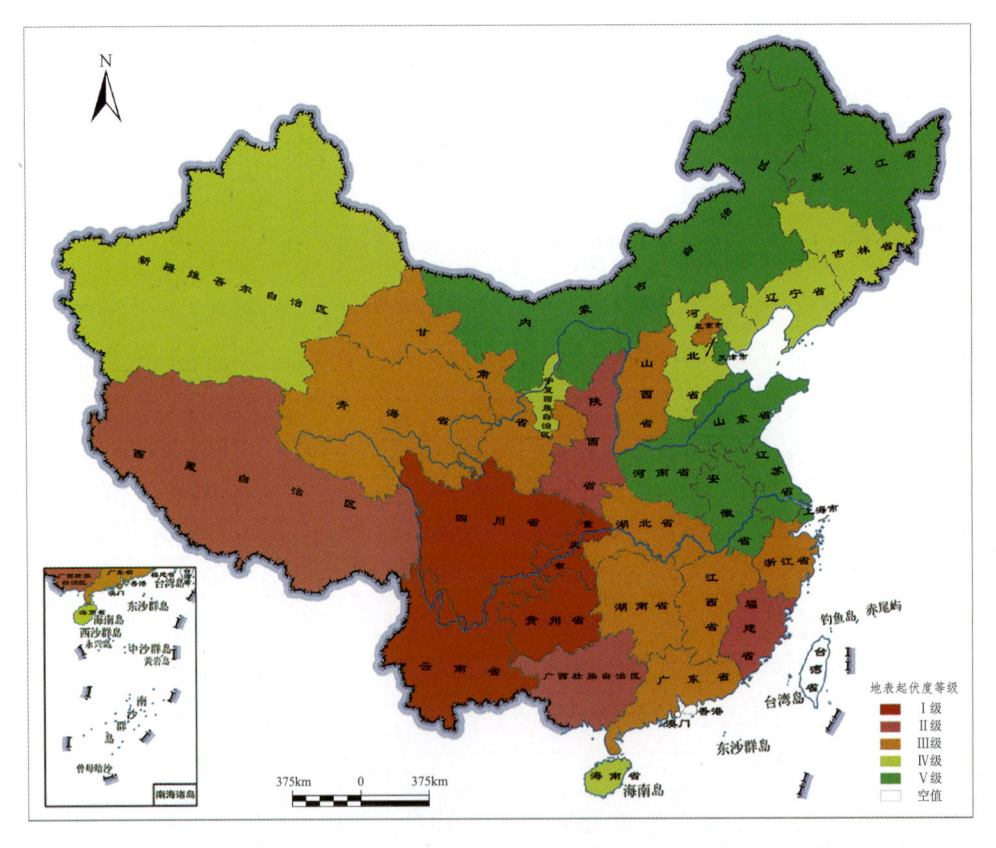

图2.6 基于多因子加权求和（积）法的全国31个省（区、市）地表起伏度等级图（二）

从表 2.5 和图 2.6 可以看出，全国地表起伏度最大的省（区、市）主要分布在西南地区，其次是西北和中部地区，地表起伏度较小的省（区、市）主要分布在东部和东北地区。

无论是从表面积指数还是从综合因素考虑，云贵川藏等西南地区都是我国地表起伏度最大的地区。

3）综合考虑平均海拔、平均相对高差、坡度、表面积指数的加权求和法

该方法不仅从整体上综合反映了研究区域的地表起伏总体格局（表面积指数）、研究区域的基底高程差异（平均海拔），而且还反映了研究区内部地表坡面起伏变化的快慢和程度（平均相对高差、坡度），因此是一种较全面、科学地计算地表起伏度的方法。

各指标权重根据人均 GDP 与各地表起伏影响因子的相关性大小确定，经分析：表面积指数坡度大于 6°的面积占比（%）、平均相对高差（m）、平均海拔与 GDP 呈负相关，相关性系数分别为 0.464、0.470、0.479、0.456，经过计算得到基于平均海拔、平均相对高差、坡度、表面积指数的各省（区、市）地表起伏度综合指数如表 2.6 与图 2.7 所示。

表 2.6　基于多因子加权求和（积）的全国 31 个省（区、市）地表起伏度综合评价（三）

省（区、市）	表面积指数	MP/%	平均相对高差/m	平均海拔/m	综合评价 ITCI	等级
四川	1.3464	84.45	332.88	2583.14	1.7846	I
云南	1.3260	91.68	305.12	1882.30	1.7045	I
西藏	1.2437	64.18	234.54	4726.32	1.6986	I
贵州	1.2809	91.95	232.81	1110.38	1.5065	I
重庆	1.2789	82.85	255.21	733.01	1.4549	II
陕西	1.2655	78.79	212.37	1128.18	1.4044	II
青海	1.1402	49.65	154.43	4049.72	1.3958	II
广西	1.2338	72.79	186.83	393.79	1.2514	II
甘肃	1.1646	51.87	156.87	2098.88	1.2337	II
山西	1.1687	71.42	149.09	1126.87	1.2306	II
福建	1.2600	86.16	87.28	485.39	1.1975	III
浙江	1.1858	62.84	190.64	322.74	1.1769	III
湖南	1.1819	64.58	161.47	358.49	1.1454	III
北京	1.1850	52.97	160.62	368.09	1.0872	III
广东	1.1601	60.74	144.16	217.66	1.0772	III
湖北	1.1946	54.18	140.70	435.71	1.0757	III
宁夏	1.0852	41.27	90.45	1567.69	0.9959	III
新疆	1.1250	31.36	51.21	1940.55	0.9432	III
江西	1.1532	59.21	54.51	249.47	0.9402	III
河北	1.1105	41.43	105.08	547.58	0.9311	III

采取自然断点法进行归类，按照 ITCI 从大到小依次划分为 I、II、III、IV、V 五个等级

续表

省（区、市）	表面积指数	MP/%	平均相对高差/m	平均海拔/m	综合评价 ITCI	等级	
吉林	1.0760	36.72	86.70	409.72	0.8512		
辽宁	1.0590	33.69	80.53	247.29	0.8033		
海南	1.0607	29.40	85.06	194.67	0.7836		
内蒙古	1.0368	20.66	56.51	1014.06	0.7658	IV	采取自然断点法进行归类，按照ITCI从大到小依次划分为I、II、III、IV、V五个等级
黑龙江	1.0223	25.79	66.05	313.5	0.7315		
河南	1.0433	25.38	53.70	251.88	0.7154		
安徽	1.0583	22.53	65.19	128.03	0.7124		
天津	1.0062	22.24	9.13	17.08	0.5953		
山东	1.0192	10.93	29.83	97.61	0.5811	V	
江苏	1.0027	1.51	3.71	15.61	0.4934		
上海	1.0001	4.00	0.70	2.79	0.4858		

注：坡度、平均相对高差、平均海拔等三个单因子归一化处理时，最大省（区、市）单因子取1，最小省（区、市）单因子 = 最小值/最大值。

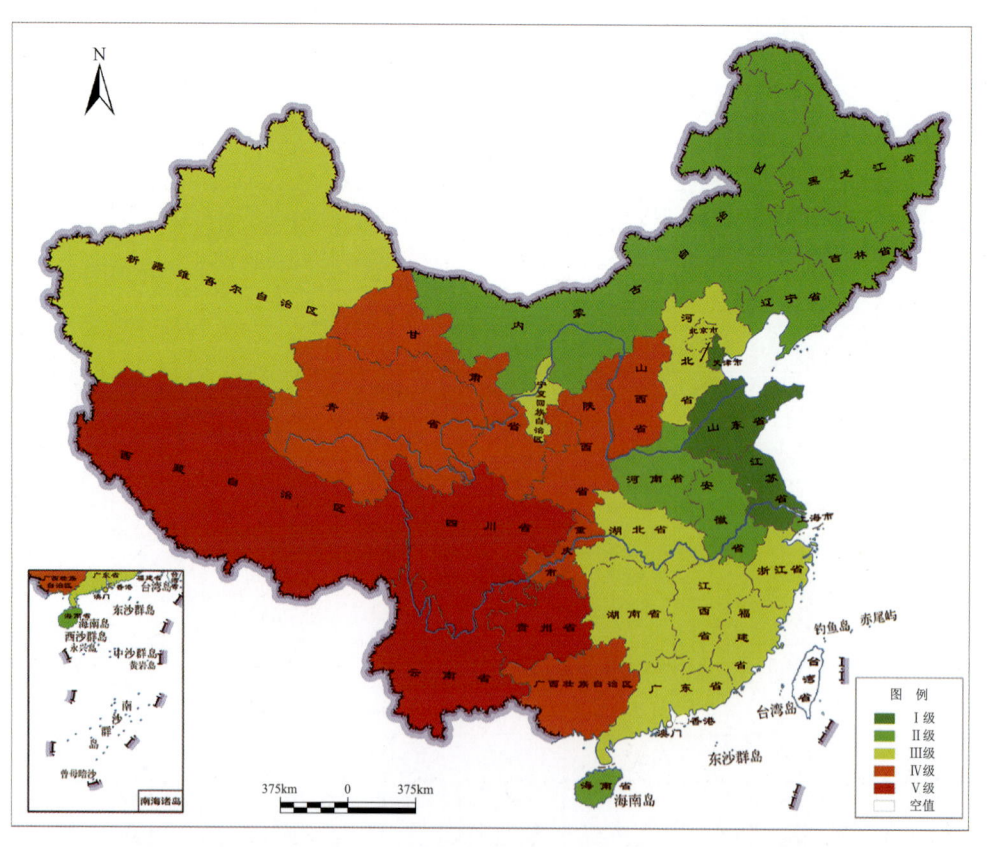

图 2.7 基于多因子加权求和（积）的全国31个省（区、市）地表起伏度等级图（三）

4）基于地表起伏程度和起伏频率的多因子综合评价法

多因子综合评价法是通过地表起伏各影响因子与区域经济发展水平之间的相关性分析，结合各地貌因子之间的自相关分析，选择有区别且影响较大的因子作为地表起伏度计算因子，最后选取坡度、平均海拔、平均相对高差、峰谷密度这四个因素（其中前三个反映起伏程度，峰谷密度反映起伏频率），确立其权重，最后对地表起伏度进行综合评价。

将坡度、平均海拔、平均相对高差、峰谷密度与人均 GDP、人均财政收入、人均财政缺口等社会经济指标进行相关性分析，发现这些反映地表起伏度的指标因子与人均 GDP 关系最密切，根据其相关系数大小确定指标权重（表 2.7），计算出全国 31 个省（区、市）地表起伏度综合评价指数值（表 2.8）。

表 2.7 地形起伏指标与人均 GDP 的相关性

指标	坡度大于 6°的面积占比/%	平均相对高差/m	峰谷密度/（个/km^2）	平均海拔/m
相关系数	−0.474	−0.481	−0.468	−0.456
权重	0.2523	0.2560	0.2490	0.2427

表 2.8 基于多因子加权求和（积）的全国 31 个省（区、市）地表起伏度综合评价（四）

省（区、市）	平均海拔（各省份相对值）/%	MP/%	平均相对高差/m	峰谷密度/（个/km^2）	综合评价 ITCI	等级
贵州	3.8265	91.95	232.81	0.73	6.5409	
四川	8.9018	84.45	332.88	0.28	6.3643	Ⅰ级
云南	6.4866	91.68	305.12	0.38	6.3412	
西藏	16.2874	64.18	234.54	0.24	6.0093	
重庆	2.5260	82.85	255.21	0.46	5.5034	
陕西	3.8878	78.79	212.37	0.49	5.3703	Ⅱ级
青海	13.9558	49.65	154.43	0.25	4.8449	
山西	3.8833	71.42	149.09	0.37	4.3789	
广西	1.3570	72.79	186.83	0.36	4.3035	
湖南	1.2354	64.58	161.47	0.43	4.1437	
福建	1.6727	86.16	87.28	0.40	4.0994	
甘肃	7.2330	51.87	156.87	0.27	4.0736	Ⅲ级
浙江	1.1122	62.84	190.64	0.27	3.8012	
北京	1.2685	52.97	160.62	0.29	3.4080	
湖北	1.5015	54.18	140.70	0.30	3.3867	
广东	0.7501	60.74	144.16	0.25	3.2980	
宁夏	5.4024	41.27	90.45	0.32	3.2900	
江西	0.8597	59.21	54.51	0.25	2.6607	Ⅳ级
河北	1.8870	41.43	105.08	0.20	2.5551	
新疆	6.6874	31.36	51.21	0.12	2.3324	Ⅴ级
吉林	1.4119	36.72	86.70	0.19	2.2347	

续表

省（区、市）	平均海拔（各省份相对值）/%	MP/%	平均相对高差/m	峰谷密度/（个/km²）	综合评价 ITCI	等级
辽宁	0.8522	33.69	80.53	0.19	2.0288	
内蒙古	3.4946	20.66	56.51	0.17	1.8425	
海南	0.6709	29.40	85.06	0.06	1.5407	
黑龙江	1.0804	25.79	66.05	0.11	1.5150	
河南	0.8680	25.38	53.70	0.15	1.5096	V级
安徽	0.4412	22.53	65.19	0.13	1.4040	
天津	0.0589	22.24	9.13	0.01	0.5911	
山东	0.3364	10.93	29.83	0.02	0.5405	
上海	0.0096	4.00	0.70	0.00	0.0612	
江苏	0.0538	1.51	3.71	0.00	0.0266	

从表 2.8 和图 2.8 中可以看出，基于地表起伏度和起伏频率的综合计算得到的地表起伏度最大的三个省份为贵州、四川、云南，与投影面积比法及其他方法计算得到的地表起伏度的结果基本相同，属于同一个档次，只是顺序上有所变化，整体呈现出：西南地区高，并向周边逐渐降低，到华北平原一带最低。利用基于地表起伏度和起伏频率综合计算出贵州和西藏的地表起伏度排名比用投影面积比法计算出的结果排名靠前，原因是贵州山区的峰谷密度较大（充分反映贵州"地无三尺平"的地表特点），西藏的平均海拔偏高，这与实际情况更加吻合。

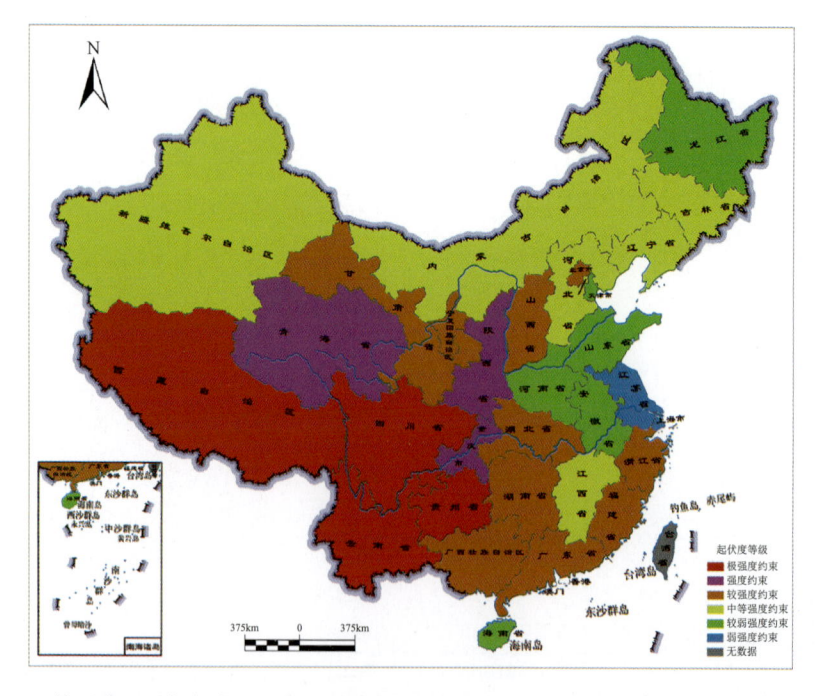

图 2.8 基于多因子加权求和（积）的全国 31 个省（区、市）地表起伏度等级图（四）

综上，采用地表实际面积与投影面积之比求取地表起伏度（表 2.3），方法简单，物理意义明确，缺点是不能反映细节。引起地表起伏度变化的因子究竟是坡度、高差，还是起伏频率等，无法确定。同时不能反映研究区的整体基座高度（平均海拔）；采用基于地表起伏程度和起伏频率的多因子综合评价方法（表 2.6 和表 2.8），则较好地克服了上述问题，能反映地表起伏的具体细节，是一种指标物理意义明确、能比较精准计算地表起伏度的方法，但缺点是部分指标的物理含义有一定的重复。

2.2.2 贵州省县级地表起伏度计算

贵州省简称贵或黔，地处中国西南腹地（24°37'N~29°13'N，103°36'E~109°35'E），与重庆市、四川省、湖北省、湖南省、云南省、广西壮族自治区相接，是典型的内陆山区省份，自古就有"地无三尺平"之说，这是贵州省自然省情的一个基本特征和表现，但"地无三尺平"究竟如何衡量和刻画？除了民间说的"九山半水半分田"这种描述外，一直以来并没有一个科学量化的定论。本书通过投影面积比法，采用空间分辨率为 30m 的 DEM 数据，计算出贵州省 88 个县（市、区）的地表起伏度（表 2.9），再将其进行标准化处理。根据表 2.9 的计算结果，将贵州省 88 个县（市、区）的地表起伏度分为五个等级（图 2.9）。

表 2.9 贵州省县级地表起伏度（表面积指数）

县（市、区）	等级	地表起伏度	
		表面积指数	标准化值
望谟县		1.3844	100.00
罗甸县		1.3826	99.53
剑河县		1.3778	98.28
雷山县		1.3658	95.16
册亨县		1.3653	95.03
紫云县		1.3595	93.52
桐梓县		1.3574	92.98
赤水市	Ⅰ级	1.3474	90.37
习水县		1.3449	89.72
印江县		1.3382	87.98
江口县		1.3379	87.90
水城区		1.3370	87.67
道真县		1.3367	87.59
台江县		1.3348	87.10
沿河县		1.3327	86.55
荔波县	Ⅱ级	1.3289	85.56
丹寨县		1.3275	85.20

续表

县（市、区）	等级	地表起伏度 表面积指数	地表起伏度 标准化值
从江县	II级	1.3227	83.95
晴隆县	II级	1.3215	83.64
务川县	II级	1.3207	83.43
榕江县	II级	1.3197	83.17
绥阳县	II级	1.3122	81.22
关岭县	II级	1.3119	81.14
仁怀市	II级	1.3076	80.02
平塘县	II级	1.3058	79.55
万山区	II级	1.3054	79.45
正安县	II级	1.3045	79.21
纳雍县	II级	1.3014	78.41
三都县	II级	1.3014	78.41
赫章县	II级	1.2903	75.52
镇宁县	II级	1.2893	75.26
德江县	III级	1.2851	74.17
石阡县	III级	1.2811	73.13
镇远县	III级	1.2786	72.48
六枝特区	III级	1.2780	72.32
碧江区	III级	1.2771	72.09
贞丰县	III级	1.2770	72.06
兴义市	III级	1.2749	71.51
七星关区	III级	1.2725	70.89
安龙县	III级	1.2685	69.85
普安县	III级	1.2679	69.69
松桃县	III级	1.2663	69.28
三穗县	III级	1.2642	68.73
盘州市	III级	1.2611	67.92
锦屏县	III级	1.2610	67.90
施秉县	III级	1.2564	66.70
凯里市	III级	1.2563	66.68
都匀市	III级	1.2530	65.82
独山县	III级	1.2520	65.56
贵定县	III级	1.2515	65.43
思南县	III级	1.2509	65.27
黎平县	III级	1.2486	64.67
织金县	III级	1.2481	64.54

续表

县（市、区）	等级	地表起伏度 表面积指数	地表起伏度 标准化值
长顺县	Ⅲ级	1.2473	64.33
岑巩县	Ⅲ级	1.2465	64.13
惠水县	Ⅲ级	1.2445	63.61
麻江县	Ⅲ级	1.2438	63.42
余庆县	Ⅲ级	1.2431	63.24
钟山区	Ⅳ级	1.2318	60.30
大方县	Ⅳ级	1.2317	60.28
金沙县	Ⅳ级	1.2309	60.07
开阳县	Ⅳ级	1.2297	59.76
威宁县	Ⅳ级	1.2293	59.65
天柱县	Ⅳ级	1.2268	59.00
黄平县	Ⅳ级	1.2253	58.61
播州区	Ⅳ级	1.2244	58.38
凤冈县	Ⅳ级	1.2243	58.35
湄潭县	Ⅳ级	1.2231	58.04
普定县	Ⅳ级	1.2196	57.13
龙里县	Ⅳ级	1.2170	56.45
福泉市	Ⅳ级	1.2128	55.36
瓮安县	Ⅳ级	1.2104	54.73
息烽县	Ⅳ级	1.2005	52.16
兴仁市	Ⅳ级	1.1939	50.44
乌当区	Ⅳ级	1.1876	48.80
黔西市	Ⅳ级	1.1788	46.51
云岩区	Ⅳ级	1.1772	46.10
修文县	Ⅴ级	1.1710	44.48
红花岗区	Ⅴ级	1.1697	44.15
汇川区	Ⅴ级	1.1695	44.09
清镇市	Ⅴ级	1.1671	43.47
玉屏县	Ⅴ级	1.1433	37.28
西秀区	Ⅴ级	1.1406	36.58
平坝区	Ⅴ级	1.1390	36.16
花溪区	Ⅴ级	1.1357	35.30
南明区	Ⅴ级	1.1229	31.97
白云区	Ⅴ级	1.1053	27.39
观山湖区	Ⅴ级	1.0932	24.25

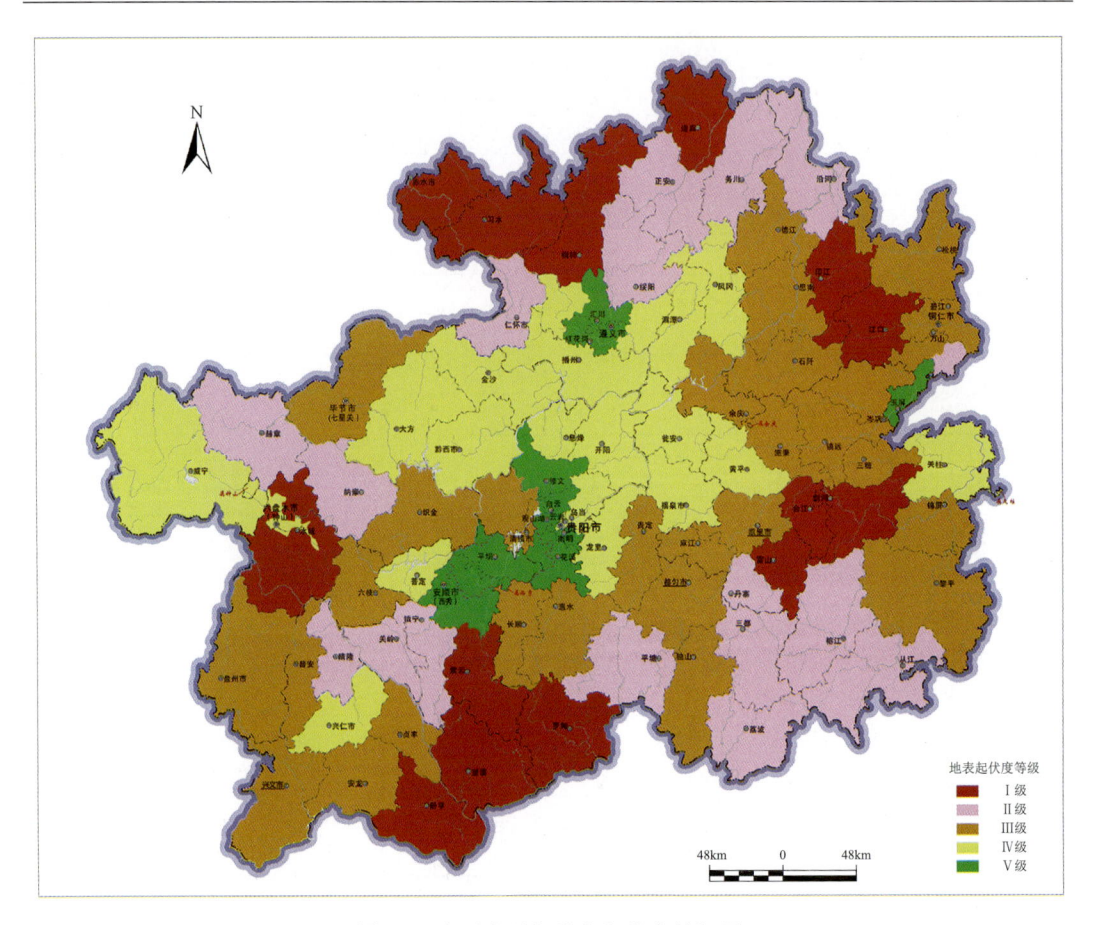

图 2.9　贵州省县级地表起伏度等级图

Ⅰ级：共 14 个县（市、区），分别是望谟县、罗甸县、剑河县、雷山县、册亨县、紫云县、桐梓县、赤水市、习水县、印江县、江口县、水城区、道真县、台江县。

Ⅱ级：共 17 个县（市、区），分别是沿河县、荔波县、丹寨县、从江县、晴隆县、务川县、榕江县、绥阳县、关岭县、仁怀市、平塘县、万山区、正安县、纳雍县、三都县、赫章县、镇宁县。

Ⅲ级：共 27 个县（市、区），分别是德江县、石阡县、镇远县、六枝特区、碧江区、贞丰县、兴义市、七星关区、安龙县、普安县、松桃县、三穗县、盘州市、锦屏县、施秉县、凯里市、都匀市、独山县、贵定县、思南县、黎平县、织金县、长顺县、岑巩县、惠水县、麻江县、余庆县。

Ⅳ级：共 19 个县（市、区），分别是钟山区、大方县、金沙县、开阳县、威宁县、天柱县、黄平县、播州区、凤冈县、湄潭县、普定县、龙里县、福泉市、瓮安县、息烽县、兴仁市、乌当区、黔西市、云岩区。

Ⅴ级：共 11 个县（市、区），分别是修文县、红花岗区、汇川区、清镇市、玉屏县、西秀区、平坝区、花溪区、南明区、白云区、观山湖区。

贵州省地表起伏度指数总体较大，与其他省份相比，排名靠前（表 2.3），而贵州省内各个县（市、区）的地表起伏情况如图 2.9 所示，可以看出贵州省的地表起伏度大致是从中心位置向四周不断增大；中间（长江与珠江分水岭及周边地带）地表起伏较小，如贵阳市观山湖区是 1.0932、白云区是 1.1053；省境周边地表起伏较大，如望谟县是 1.3844、罗甸县是 1.3826、册亨县是 1.3653、赤水市是 1.3474、道真县是 1.3367 等，这符合贵州是云贵高原向广西、湖南、川渝低山丘陵过渡区的特点；内部的梵净山、雷公山区周边几个县（市、区）地表起伏较大，如台江县、剑河县、雷山县等地表起伏度指数均在 1.33 以上。

2.2.3 重庆市县级地表起伏度计算

重庆市地处中国西南部（28°10'N~32°13'N，105°17'E~110°11'E），东邻湖北省、湖南省，南靠贵州省，西接四川省，北连陕西省。地貌以丘陵、山地为主，其中山地面积占 76%，是典型的内陆山水城市，素有"山城"之称，境内山水纵横交错，地貌类型复杂多样、地表起伏程度大。

地表起伏度计算采用的是空间分辨率为 30m、投影为 WGS84_UTM 的 ASTER GDEM V2 全球数字高程数据。ASTER GDEM 数据产品基于先进屋载热发射和反辐射计（advanced spaceborne thermal emission and reflection radiometer，ASTER）数据计算生成，是目前唯一覆盖全球陆地表面的高分辨率高程影像数据。V1 版 ASTER GDEM 数据自 2009 年 6 月 29 日发布以来，在全球对地观测研究中得到广泛应用，2015 年 1 月 6 日，ASTER GDEM V2 全球数字高程数据正式发布，该数据在 V1 版的基础上改进，比 V1 版更加精确。

1. 基于表面积比的重庆市地表起伏度

采用投影面积比法，计算得出重庆市 40 个县（区）的地表起伏度（表 2.10），再将其进行标准化。根据表 2.10 的计算结果，将重庆市县级地表起伏度分为五个等级（图 2.10）。

表 2.10 重庆市县级地表起伏度

县（区）	等级	地表起伏度	
		表面积指数	标准化值
城口县	I 级	1.2275	100.00
巫溪县		1.2207	96.99
巫山县	II 级	1.1774	77.97
奉节县		1.1478	64.97
云阳县	III 级	1.1342	58.99
武隆区		1.1316	57.82
开州区		1.1257	55.25

续表

县（区）	等级	地表起伏度 表面积指数	地表起伏度 标准化值
酉阳县	Ⅲ级	1.1242	54.59
黔江区	Ⅲ级	1.1216	53.44
彭水县	Ⅲ级	1.1211	53.21
石柱县	Ⅲ级	1.1197	52.63
万盛经济技术开发区	Ⅲ级	1.1173	51.53
秀山县	Ⅲ级	1.1043	45.86
南川区	Ⅲ级	1.1030	45.26
万州区	Ⅳ级	1.0950	41.77
綦江区	Ⅳ级	1.0923	40.55
丰都县	Ⅳ级	1.0910	40.00
涪陵区	Ⅳ级	1.0695	30.54
江津区	Ⅳ级	1.0661	29.06
忠县	Ⅳ级	1.0649	28.53
巴南区	Ⅳ级	1.0647	28.44
渝北区	Ⅳ级	1.0623	27.40
梁平区	Ⅳ级	1.0592	26.00
北碚区	Ⅳ级	1.0565	24.84
江北区	Ⅳ级	1.0544	23.93
长寿区	Ⅳ级	1.0503	22.12
渝中区	Ⅳ级	1.0503	22.10
南岸区	Ⅳ级	1.0500	21.97
大渡口区	Ⅴ级	1.0392	17.24
垫江县	Ⅴ级	1.0389	17.10
合川区	Ⅴ级	1.0366	16.08
沙坪坝区	Ⅴ级	1.0364	16.02
双桥经济技术开发区	Ⅴ级	1.0330	14.52
铜梁区	Ⅴ级	1.0327	14.37
璧山区	Ⅴ级	1.0316	13.90
永川区	Ⅴ级	1.0306	13.47
九龙坡区	Ⅴ级	1.0303	13.34
大足区	Ⅴ级	1.0293	12.86
潼南区	Ⅴ级	1.0271	11.92
荣昌区	Ⅴ级	1.0183	8.03

注：双桥经济技术开发区和万盛经济技术开发区已于2011年分别合并到綦江区和大足区。

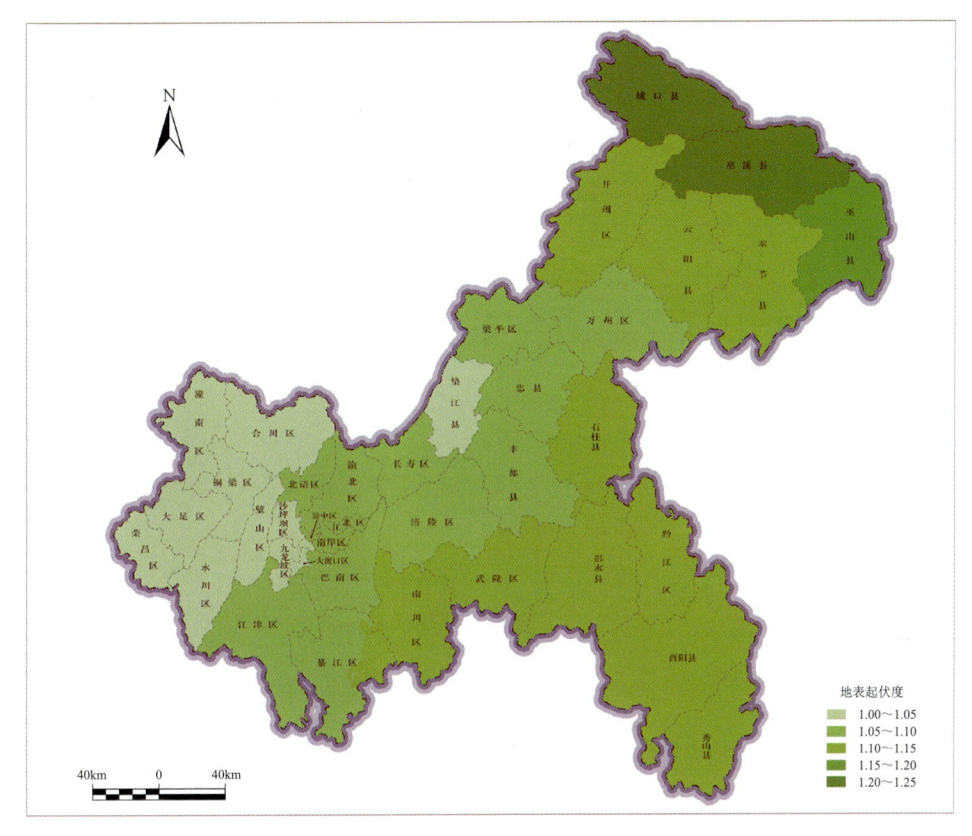

图 2.10 重庆市县级地表起伏度分级图

Ⅰ级：有 2 个县，分别是城口县和巫溪县。
Ⅱ级：有 1 个县，巫山县。
Ⅲ级：有 11 个县（区），分别是奉节县、云阳县、武隆区、开州区、酉阳县、黔江区、彭水县、石柱县、万盛经济技术开发区、秀山县、南川区。
Ⅳ级：有 14 个县（区），分别是万州区、綦江区、丰都县、涪陵区、江津区、忠县、巴南区、渝北区、梁平区、北碚区、江北区、长寿区、渝中区、南岸区。
Ⅴ级：有 12 个县（区），分别是大渡口区、垫江县、合川区、沙坪坝区、双桥经济技术开发区、铜梁区、璧山区、永川区、九龙坡区、大足区、潼南区、荣昌区。

重庆市 40 个县（区）中地表起伏度最大的是城口县、巫溪县、巫山县，其地表起伏度分别为 1.2275、1.2207、1.1774；最平整的是荣昌区、潼南区、大足区，其地表起伏度分别为 1.0183、1.0271、1.0293。由此可见，重庆市地表起伏度最大的区域在东北部，最平整的区域在西部。

2. 基于邻域分析的重庆市地表起伏因子提取及分析

1）相对高差

首先，确定最佳统计单元。

研究某一区域相对高差的关键步骤是确定最佳统计单元，即最佳统计单元的面积可以恰好反映地貌体的完整性，并在一定范围内具有较强的代表性。基于 ASTER GDEM 数据，利用 ArcGIS 10.0 软件的空间分析模块中的邻域分析和栅格计算工具计算网格单元 $n\times n$（3×3、4×4、…、60×60）的相对高差，结果如表 2.11 所示。

表 2.11　网格单元面积与相对高差关系

网格大小	3×3	4×4	…	25×25	26×26	27×27	…	59×59	60×60
面积/万 m²	9	16	…	625	676	729	…	3481	3600
相对高差/m	1476	1529	…	1864	1921	1947	…	2313	2313

由表 2.11 知，相对高差与网格单元面积的关系符合逻辑斯谛曲线。基于上述数据计算相对高差的最佳统计单元，利用 SPSS 17.0 软件对上述相对高差和网格单元面积进行对数拟合，得出拟合方程为 $y = 166.62x + 923.439$，$R^2 = 0.883$，拟合效果通过统计学检验，网格单元面积与相对高差对应关系拟合曲线如图 2.11 所示。

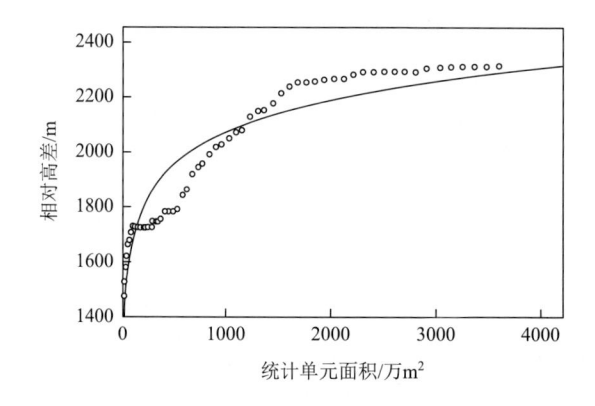

图 2.11　网格单元面积与相对高差对应关系拟合曲线

通过人工作图判断法和最大高差法可以确定合适的网格大小，以此作为最佳统计单元。最大高差法原理是：在样本集 (i, j) 中，样点 i 在 j 面积处的高差变化值 dH 为 $dH_j = \Delta H_j - \Delta H_{j-1}$，比较 i 点对应的所有 dH_j，取最大 dH_j 所对应的 j 点为拐点，拐点所对应的面积即为最佳统计单元。利用 Excel 软件统计计算知，该拐点位于 26×26 网格（即面积为 6.76km²）所对应的高差变化值最大。因此，重庆市 1∶50 万 DEM 研究区域内的相对高差计算的最佳统计单元取值为 6.76km²。

其次，提取相对高差（狭义地表起伏度的一种）。

在提取相对高差之前：①需要对所有数据进行预处理，即投影变换和重采样。投影方式采用阿伯斯（Albers）等积圆锥投影，通过重采样将 DEM 数据栅格转换为 100m×100m 的网格，数据预处理可以确保输出的图形是统一的投影方式与精度；②基于 ArcGIS 10.0 软件中的邻域分析工具提取重庆各县（区）在 6.76km² 栅格窗口下高差的最大值和最小值；③利用地图代数的栅格计算器工具计算相对高差并统计其平均值，其中计算窗口内相对高差＝最大值−最小值，利用邻域分析统计相对高差栅格图层的平均值。经上述步骤得出，基于 6.76km² 栅格窗口下的重庆市县级平均相对高差，见表 2.12。

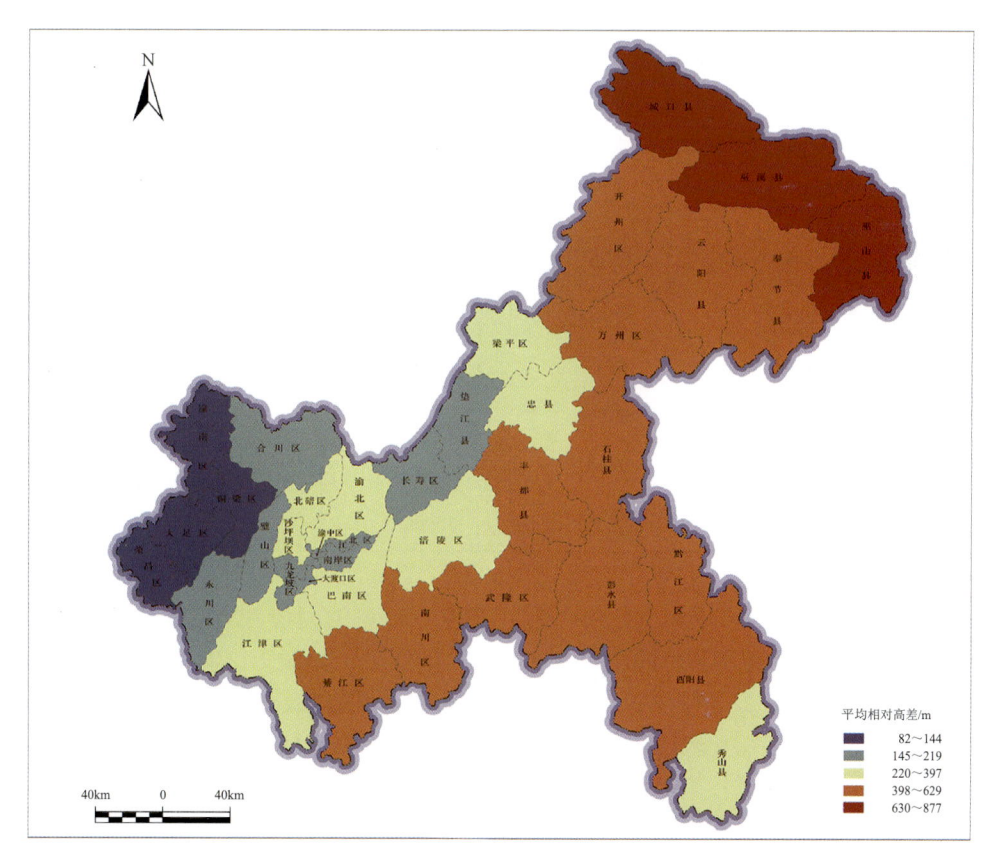

第 2 章　地表起伏度计算方法及典型区域地表起伏度计算

表 2.12　重庆市县级平均相对高差　　　　　　　　　　　　　（单位：m）

县（区）	平均相对高差	县（区）	平均相对高差	县（区）	平均相对高差
万州区	441	梁平区	269	奉节县	621
丰都县	458	武隆区	629	巫山县	745
九龙坡区	158	永川区	182	巫溪县	872
云阳县	549	江北区	183	巴南区	293
北碚区	308	江津区	297	开州区	569
南岸区	213	沙坪坝区	361	彭水县	557
南川区	461	渝北区	258	忠县	302
合川区	169	涪陵区	352	酉阳县	474
垫江县	179	渝中区	144	铜梁区	118
城口县	877	潼南区	103	长寿区	219
大渡口区	162	璧山区	197	黔江区	510
大足区	133	石柱县	482	荣昌区	82
綦江区	439	秀山县	397	—	—

最后，为了进一步将重庆市各县（区）平均相对高差直观表现，利用 ArcGIS 10.0 软件将各县（区）平均相对高差赋值在地图上，如图 2.12 所示。

图 2.12　重庆市县级平均相对高差

结合表 2.12 和图 2.12 可以看出，渝东北和渝东南各县（区）的平均相对高差最大，重庆主城和其周边各县（区）及渝西经济走廊平均相对高差较小。

2）坡度

坡度表示地表单元陡缓的程度，坡度的变化往往会引起一系列地形因子的相关变化，是滑坡发生的必要条件和最关键因子，坡度提取是利用 ArcGIS 软件空间分析（spatial analysis）的表面分析（surface analysis）下的坡度（slope）工具，结果以坡度百分比来表示，形成坡度图。首先借助 ArcGIS 10.0 软件的坡度分析工具，基于重庆市 1∶50 万 DEM 数据提取重庆市各县（区）的坡度图，其次利用重分类工具以 6°为分界点将坡度分为 2 类，最后根据各个县（区）分类后的属性表计算坡度大于 6°的面积占比。重庆市县（区）级坡度大于 6°的面积占比见表 2.13。

表 2.13 重庆市县（区）级坡度大于 6°的面积占比结果

县（区）	坡度大于 6°的面积占比	县（区）	坡度大于 6°的面积占比	县（区）	坡度大于 6°的面积占比
万州区	0.8722	梁平区	0.1359	大足区	0.3465
丰都县	0.8677	武隆区	0.9337	奉节县	0.9474
九龙坡区	0.3996	永川区	0.3370	巫山县	0.9495
云阳县	0.9355	江北区	0.5914	巫溪县	0.9561
北碚区	0.6887	江津区	0.6208	巴南区	0.7213
南岸区	0.909	沙坪坝区	0.4140	开州区	0.8852
南川区	0.8276	渝北区	0.6694	彭水县	0.9236
合川区	0.4570	涪陵区	0.7423	忠县	0.7414
垫江县	0.3833	渝中区	0.4718	酉阳县	0.9081
城口县	0.9823	潼南区	0.3438	铜梁区	0.3682
大渡口区	0.5208	璧山区	0.3979	长寿区	0.4885
綦江区	0.8653	石柱县	0.9070	黔江区	0.9096
荣昌区	0.1643	秀山县	0.8364	—	—

为了进一步直观表示重庆市各县（区）坡度大于 6°的面积占比，利用 ArcGIS 10.0 软件将各县（区）坡度大于 6°的面积占比赋值在地图上，如图 2.13 所示。

结合表 2.13 和图 2.13 可以看出，坡度大于 6°的面积占比较大的县（区）主要分布在渝东南和渝东北，其次为重庆主城 9 个区，渝西经济走廊各县（区）坡度大于 6°的面积占比最小。

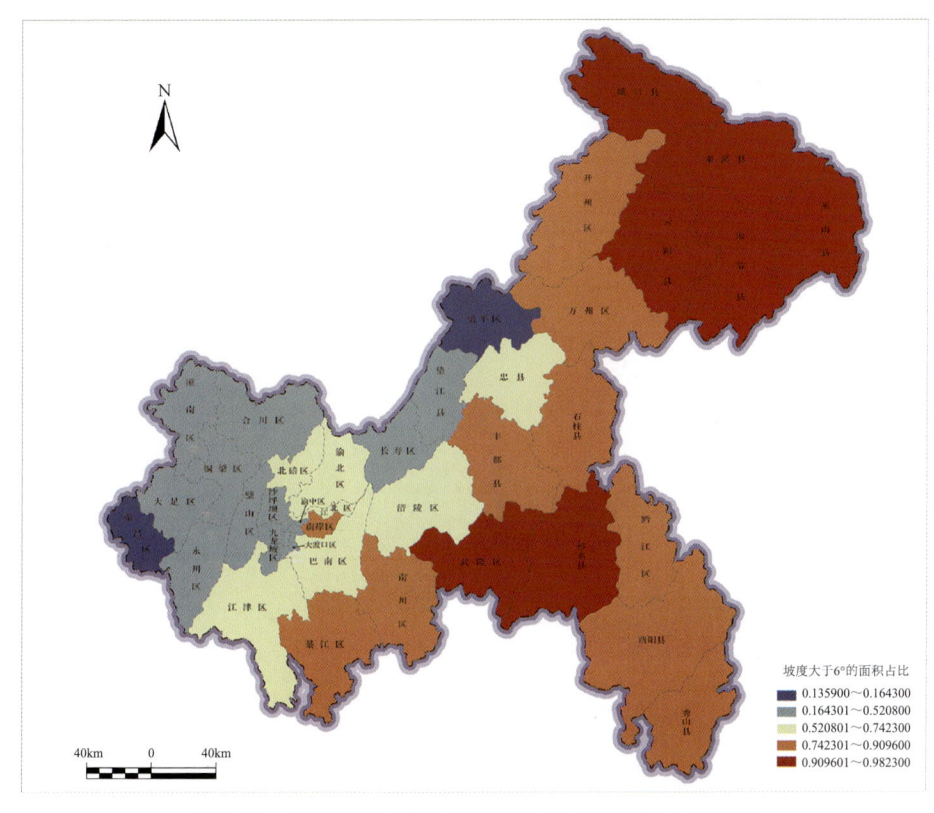

图 2.13 重庆市县（区）级坡度大于 6°的面积占比结果

3）表面积指数（地表粗糙度，狭义地表起伏度的一种表达）

借助 ArcGIS 10.0 软件中 3D 分析的表面积工具，采用 ASTER GDEM 数据提取重庆市各县（区）的表面积和投影面积。然后根据式（2.1）计算重庆市县（区）级表面积指数，其分布情况见表 2.14。

表 2.14 重庆市县（区）级表面积指数统计结果

县（区）	表面积指数	县（区）	表面积指数	县（区）	表面积指数
万州区	1.0786	梁平区	1.0440	奉节县	1.1250
丰都县	1.0758	武隆区	1.1148	巫山县	1.1529
九龙坡区	1.0210	永川区	1.0210	巫溪县	1.2165
云阳县	1.1053	江北区	1.0312	巴南区	1.0463
北碚区	1.0451	江津区	1.0554	开州区	1.1141
南岸区	1.0303	沙坪坝区	1.0249	彭水县	1.1060
南川区	1.0879	渝北区	1.0382	忠县	1.0522
合川区	1.0244	涪陵区	1.0536	酉阳县	1.1047
垫江县	1.0229	渝中区	1.0246	铜梁区	1.0224
城口县	1.2216	潼南区	1.0180	长寿区	1.0271
大渡口区	1.0258	璧山区	1.0246	黔江区	1.1143
大足区	1.0207	石柱县	1.1051	綦江区	1.0777
荣昌区	1.0101	秀山县	1.0903	—	—

为了进一步直观表示重庆市各县（区）表面积指数，利用 ArcGIS 10.0 软件将各县（区）表面积指数赋值在地图上，如图 2.14 所示。

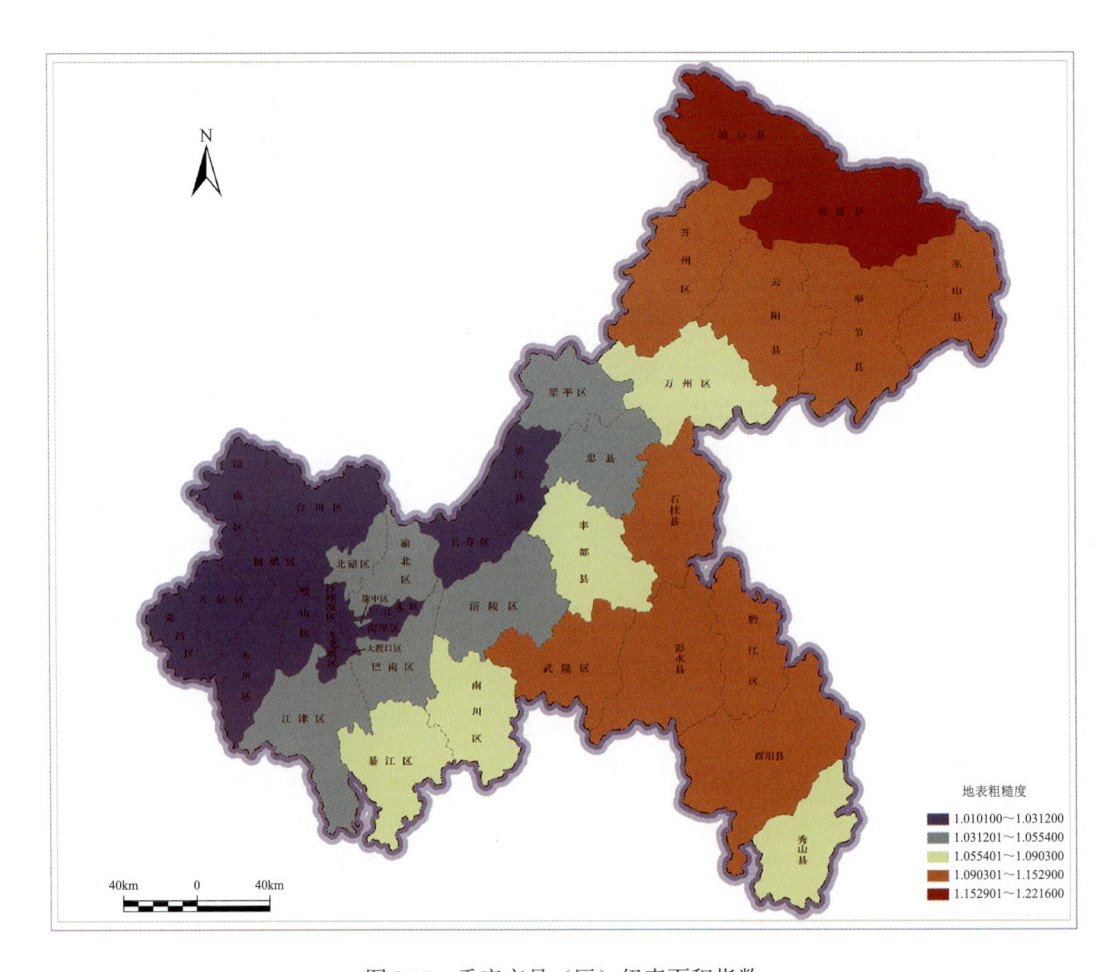

图 2.14　重庆市县（区）级表面积指数

结合表 2.14 和图 2.14 可以看出，渝东北和渝东南各县（区）的表面积指数较大，重庆主城和其周边各县（区）及渝西经济走廊表面积指数较小。

4）沟壑密度

制作沟壑密度图借助 ArcGIS 10.0 软件中的水文分析工具完成。常规沟壑密度图的制作流程主要包括水流方向的确定、洼地填平、汇流累积矩阵的生成及沟谷网络的生成，最后根据公式计算沟谷密度。在计算沟谷密度之前需要将栅格沟谷网络进行矢量化，在 ArcGIS 10.0 软件的水文分析工具集中通过水系至特征或者是空间分析工具集中的栅格计算可以得到矢量形式的沟谷网络图。然后使用空间分析工具集中的密度工具计算可以得到沟谷密度分布图。依据上述步骤，可以计算重庆市县（区）级沟壑密度，结果见表 2.15。

表 2.15　重庆市县（区）级沟壑密度　　　　（单位：km/km²）

县（区）	沟壑密度	县（区）	沟壑密度	县（区）	沟壑密度
万州区	0.9306	梁平区	0.9292	奉节县	0.9196
丰都县	0.9609	武隆区	1.0031	巫山县	0.922
九龙坡区	0.9858	永川区	0.7884	巫溪县	0.9422
云阳县	0.8755	江北区	0.9529	巴南区	0.9464
北碚区	0.9582	江津区	1.0320	开州区	0.9073
南岸区	0.9265	沙坪坝区	0.9602	彭水县	0.9462
南川区	0.9306	渝北区	0.9302	忠县	0.9336
合川区	0.9493	涪陵区	0.2789	酉阳县	0.9789
垫江县	1.0107	渝中区	0.9373	铜梁区	0.9905
城口县	0.8927	潼南区	1.0036	长寿区	0.9165
大渡口区	0.8129	璧山区	0.8885	黔江区	0.9292
大足区	0.9731	石柱县	0.9765	荣昌区	0.9544
綦江区	0.9398	秀山县	0.8833	—	—

为了进一步直观表示重庆市各县（区）沟壑密度，利用 ArcGIS 10.0 软件将各县（区）沟壑密度赋值在地图上，如图 2.15 所示。

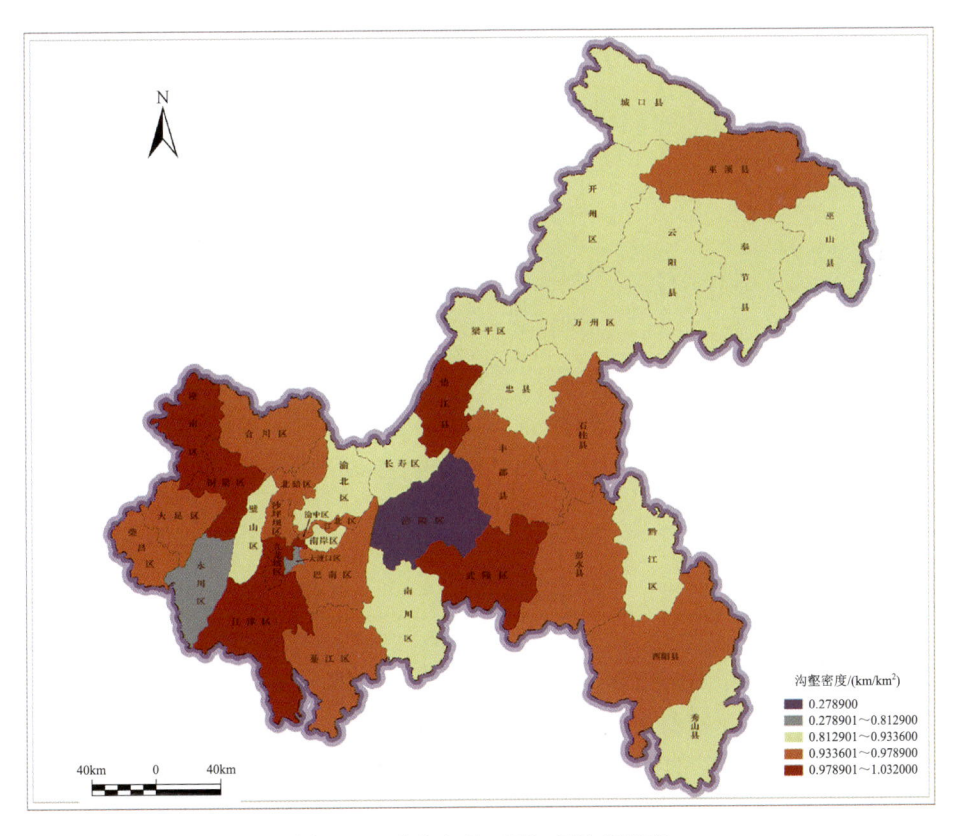

图 2.15　重庆市县（区）级沟壑密度

5）山峰密度

首先，需要提取局部范围内的最高点：基于邻域分析工具提取研究区域内最大栅格矩阵数据，并且将其最大值与原始 DEM 相减，等于零的区域则为山顶点潜在的位置。其次，提取矢量最高点分布图：利用 ArcGIS 10.0 软件中的转换工具，先将提取的山顶点潜在位置图层转为面状矢量栅格最高点图，再利用数据管理工具中的要素转点将其转为点状矢量栅格最高点图。然后，提取实际山顶点的分布范围图：先基于空间分析中的等值线工具提取等高距，再由要素转面工具将等高线转为面状高程分布带，接下来提取独立自封闭高程带，该区域内不包含任何高程分带，此区域即为实际山顶点的分布区域图。最后，提取实际山顶点的分布图：利用分析工具里面的相交工具，对点状矢量最高点图和面状山顶点分布区域图做交集运算，即可获取实际山顶点的分布图。依据上述步骤，计算重庆市县（区）级山峰密度，具体结果见表 2.16。

表 2.16 重庆市县（区）级山峰密度 （单位：个/km^2）

县（区）	山峰密度	县（区）	山峰密度	县（区）	山峰密度
万州区	1.5210	梁平区	2.2031	奉节县	1.5426
丰都县	1.4815	武隆区	1.2240	巫山县	1.2517
九龙坡区	1.8101	永川区	2.4695	巫溪县	1.4650
云阳县	1.1579	江北区	2.8272	巴南区	2.3093
北碚区	1.9988	江津区	2.2104	开州区	1.4135
南岸区	1.8725	沙坪坝区	2.1214	彭水县	1.6989
南川区	1.9673	渝北区	4.8968	忠县	2.1651
合川区	2.5545	涪陵区	1.9838	荣昌区	2.8748
垫江县	2.9362	渝中区	0.8368	酉阳县	2.3667
城口县	1.0631	潼南区	3.5884	铜梁区	3.8848
大渡口区	2.6696	璧山区	2.6261	长寿区	2.2648
大足区	2.8721	石柱县	1.6669	黔江区	2.0276
綦江区	1.6177	秀山县	2.0970	—	—

为了进一步直观表示重庆市各县（区）山峰密度，利用 ArcGIS 10.0 软件将各县（区）山峰密度赋值在地图上，如图 2.16 所示。

结合表 2.16 和图 2.16 可以看出：山峰密度以渝西走廊最大，该地区属于四川盆地东部典型的低山（方山）丘陵区。

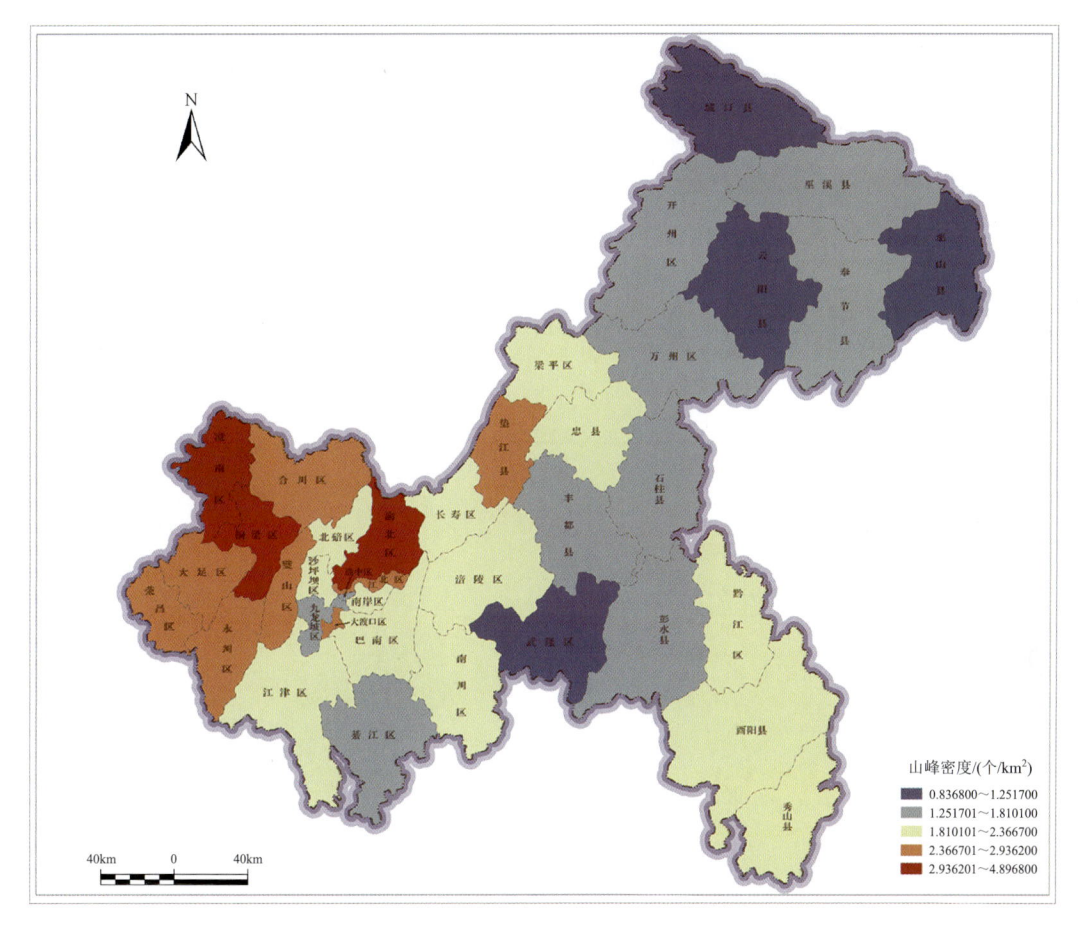

图 2.16 重庆市县（区）级山峰密度

6）山谷（洼地）密度

山谷点数提取方法大致和山峰顶点的提取方法相同，唯一不同的是第一步中邻域分析提取的是最小栅格矩阵数据，然后将原始 DEM 与最小值相减，等于零的部分则为山谷点的潜在位置。依据上述步骤，计算基于 DEM 的重庆市县级山谷密度，具体结果见表 2.17。

表 2.17 基于 DEM 的重庆市县（区）级山谷密度　　　　　　（单位：个/km²）

县（区）	山谷密度	县（区）	山谷密度	县（区）	山谷密度
万州区	0.9349	梁平区	1.0427	奉节县	1.0199
丰都县	0.8622	武隆区	0.8388	巫山县	0.8120
九龙坡区	0.6342	永川区	1.1498	巫溪县	0.0282
云阳县	0.7460	江北区	1.7588	巴南区	1.2176
北碚区	0.0135	江津区	1.2336	开州区	0.9666
南岸区	0.6345	沙坪坝区	0.6094	彭水县	1.2267

续表

县（区）	山谷密度	县（区）	山谷密度	县（区）	山谷密度
南川区	1.2780	渝北区	2.733	忠县	1.2006
合川区	0.9265	涪陵区	1.1182	荣昌区	1.1794
垫江县	1.4991	渝中区	0.1395	酉阳县	1.6266
城口县	0.7608	潼南区	1.1179	铜梁区	0.0557
大渡口区	1.5556	璧山区	0.9438	长寿区	0.9962
大足区	0.9224	石柱县	1.2176	黔江区	1.3963
綦江区	0.9796	秀山县	1.3518	—	—

为了进一步直观表示重庆市各县（区）山谷密度，利用 ArcGIS 10.0 软件将各县（区）沟壑密度赋值在地图上，如图 2.17 所示。

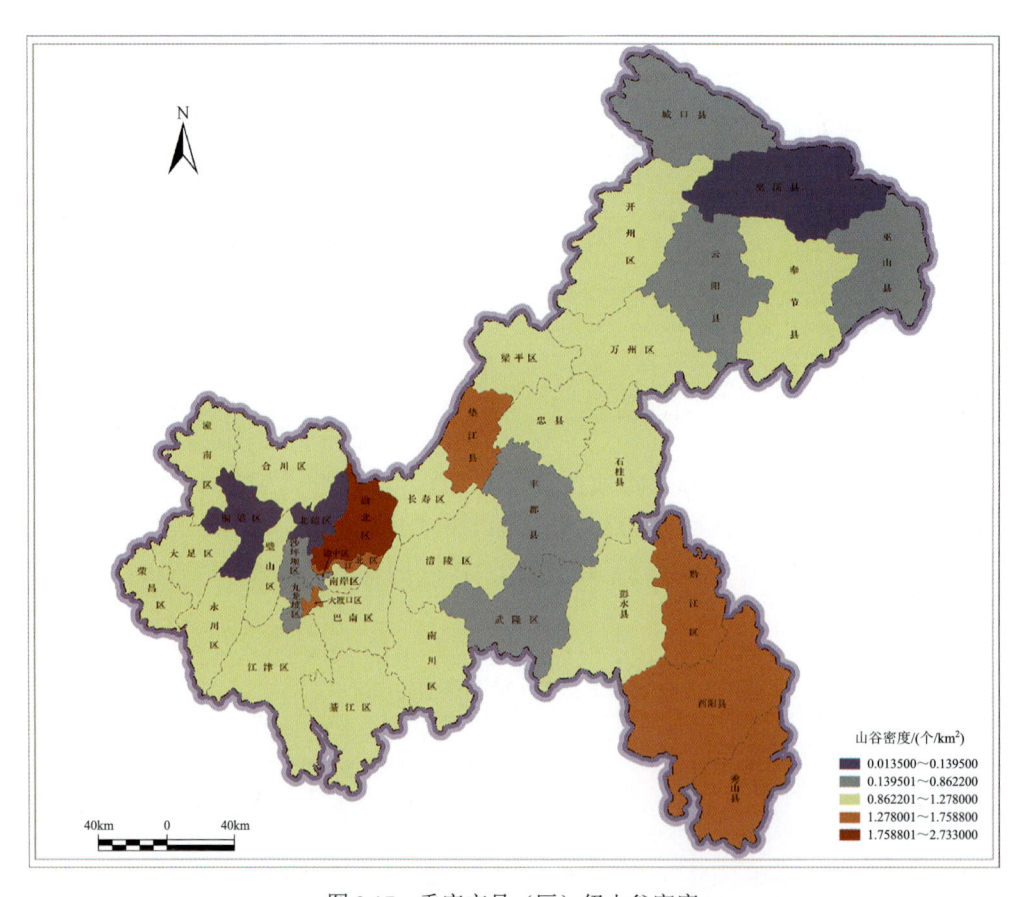

图 2.17 重庆市县（区）级山谷密度

从图 2.17 看出：山谷密度以渝北区、垫江县及喀斯特地貌（洼地、谷地）发育的渝东南地区最高。

3. 基于地表起伏程度和起伏频率的重庆市地表起伏度计算与分析

1）熵权法确定权重

采用熵权法对影响重庆市地表起伏的各个因子进行赋权，利用熵权法确定地表起伏度的 6 个指标因子的权重，具体如表 2.18 所示。

表 2.18 重庆市地表起伏度各指标因子熵权值

指标因子	平均相对高差	坡度大于 6°的面积占比	表面积指数	沟壑密度	山峰密度	山谷密度
熵权值	0.1192	0.3269	0.2436	0.0257	0.1557	0.1289

2）地表起伏度结果

通过地表起伏度各指标因子的权重，计算出重庆市各县（区）地表起伏度综合指数，见表 2.19。

表 2.19 重庆市县级（区）地表起伏度综合指数

县（区）	综合指数	县（区）	综合指数	县（区）	综合指数
城口县	16.3557	綦江区	9.6427	垫江县	5.6426
巫溪县	13.7196	开州区	9.5501	梁平区	5.5968
武隆区	12.3501	万州区	8.9168	璧山区	5.5371
巫山县	11.6348	丰都县	8.8366	潼南区	5.4441
石柱县	11.6251	涪陵区	8.4369	永川区	5.1723
渝北区	11.4558	江津区	8.0529	合川区	4.8993
秀山县	10.8406	江北区	7.2541	长寿区	4.6149
奉节县	10.4939	忠县	6.5821	大足区	4.4725
云阳县	10.1909	巴南区	6.4324	铜梁区	3.8985
黔江区	10.1205	沙坪坝区	5.9759	九龙坡区	3.6425
酉阳县	10.1054	南岸区	5.8853	荣昌区	3.0324
南川区	9.9504	北碚区	5.8289	渝中区	2.2583
彭水县	9.8154	大渡口区	5.7358	—	—

为了进一步直观表示重庆市各县（区）地表起伏度，利用 ArcGIS 10.0 软件将各县（区）地表起伏度赋值在地图上，如图 2.18 所示。

由表 2.19 和图 2.18 可知，渝东北、渝东南的各县（区）地表起伏度较大，相比较而言，位于渝西经济走廊的各县（区）的地表起伏度较小，说明该区域地势相对较为平缓。

具体来讲，重庆市 38 个县（区）中地表起伏度最大的是城口县、巫溪县、武隆区，其地表起伏度综合指数分别为 16.3557、13.7196、12.3501；最平整的是渝中区、荣昌区、九龙坡区，其地表起伏度综合指数分别为 2.2583、3.0324、3.6425。由此可见，重庆市地表起伏度最大的区域在东北部，最平整的区域在主城区及渝西走廊。按照自然断点法划分：地表起伏度综合指数小于等于 4.4725 的县（区）有 5 个，分别是渝中区、荣昌区、九龙坡区、铜梁区、大足区；大于等于 4.6149 小于等于 5.8853 的县（区）有 10 个，分别是南岸区、北碚区、大渡口区、垫江县、梁平区、璧山区、潼南区、永川区、合川区、长寿区；地表起伏度综合指数大于等于 5.9759 小于等于 8.9168 的县（区）有 8 个，分别是万州区、丰都县、涪陵区、江津区、江北区、忠县、巴南区、沙坪坝区；地表起伏度综合指数大于等于 9.5501 小于等于 12.3501 的县（区）有 13 个，分别是武隆区、巫山县、石柱县、渝北区、秀山县、奉节县、云阳县、黔江区、酉阳县、南川区、彭水县、綦江区、开州区；地表起伏度综合指数大于等于 13.7196 的县（区）有 2 个，分别是城口县、巫溪县。

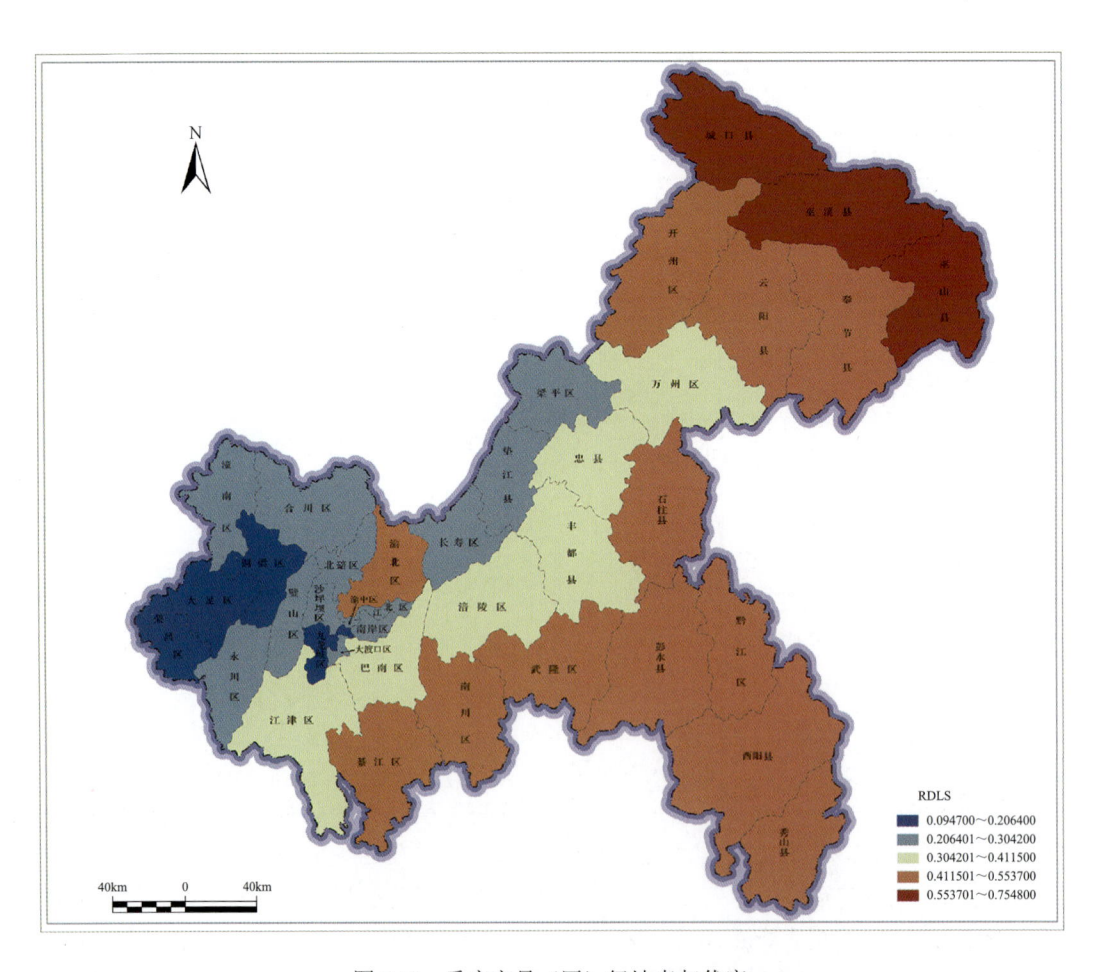

图 2.18　重庆市县（区）级地表起伏度

2.2.4 云南省地表起伏度计算

以云南省为研究对象，选择分辨率为 90m 的 DEM 数据，窗口大小为 11×11，利用邻域分析法，按以下四步计算地表起伏度。

（1）提取窗口内平均海拔。打开 ArcGIS 10.0 软件后，添加云南 DEM 数据，在空间分析工具中选取邻域分析模块中的焦点统计工具，选择分析窗口形状，再输入设置窗口的大小，计算窗口内的平均海拔，生成平均海拔的栅格数据层 ALT。

（2）计算最大高程和最小高程的差值。利用焦点统计工具分别调用最大值（MAXIMUM）函数、最小值（MINIMUM）函数，得出最大高程和最小高程的新的栅格数据层，再运用栅格计算器对两个栅格数据层进行差值运算，直接输入公式 $X = (\text{Max}(H) - \text{Min}(H))$ 计算，得出的最大高程和最小高程的差值仍是栅格数据层。

（3）提取平地面积。研究中的平地面积和非平地面积是根据坡度的大小来定义的，将坡度小于等于 5°的区域定义为平地，其他为非平地。首先基于数字高程模型，在空间分析工具中运用 Slope 工具提取坡度，得到坡度数据层，计算出坡度小于等于 5°的平地栅格数据，将平地栅格数据进行重分类，然后设置非平地的值为空值（nodata），运用邻域分析工具焦点统计中的总和（SUM）函数统计窗口（11×11）内的平地像元个数，再除以所选取的窗口内像元总数（即 121），即可得到平地比例 $P(A)/A$，最后利用栅格计算输入公式 $(1-P(A)/A)$，即可计算出非平地比例。

（4）计算地表起伏度。将上述所提取的各因子代入式（2.37）中，运用栅格计算，得到云南省地表起伏度的一般特征及其规律：

$$\text{RDLS} = \frac{\text{ALT}}{1000} + \frac{(\text{Max}(H) - \text{Min}(H)) \times \left(1 - \dfrac{P(A)}{A}\right)}{500} \tag{2.37}$$

式中，RDLS 为地表起伏度；ALT 为一定区域内的平均海拔（m）；$\text{Max}(H)$ 为区域内的最高海拔（m）；$\text{Min}(H)$ 为区域内的最低海拔（m）；$P(A)$ 为区域内的平地面积（km^2）；A 为区域总面积。计算过程中将海拔为 500m 看作一个基准山体的高度，地表起伏度是 1 的几倍则表示起伏了几个基准山体的高度，地表起伏度若小于 1，则表明海拔是低于 500m 的一个基准山体的起伏。

利用 ArcGIS 10.0 软件的空间布局视图，以地表起伏度计算结果为基础，输出云南地表起伏度空间分布图（图 2.19），从图中可知，云南省地表起伏度为 0.082~7.378，最大值与最小值差异显著，空间布局整体走向为西北高于东南，北部高于南部，滇中地区居中，云南省各州市地形起伏度为 1.56~4.36，最高值分布在云南省西北部，如迪庆藏族自治州、怒江傈僳族自治州、丽江市北部，最低值分布在滇南地区，如西双版纳傣族自治州、德宏傣族景颇族自治州。表 2.20 是云南省地表起伏度主要统计因子。由表 2.20 可以看出，地表起伏度大，则相对高差大、坡度大，地表起伏度随着平均海拔的升高而逐渐增大，平均海拔越高，地形起伏度越大，反之亦然，表现出很强的规律性。

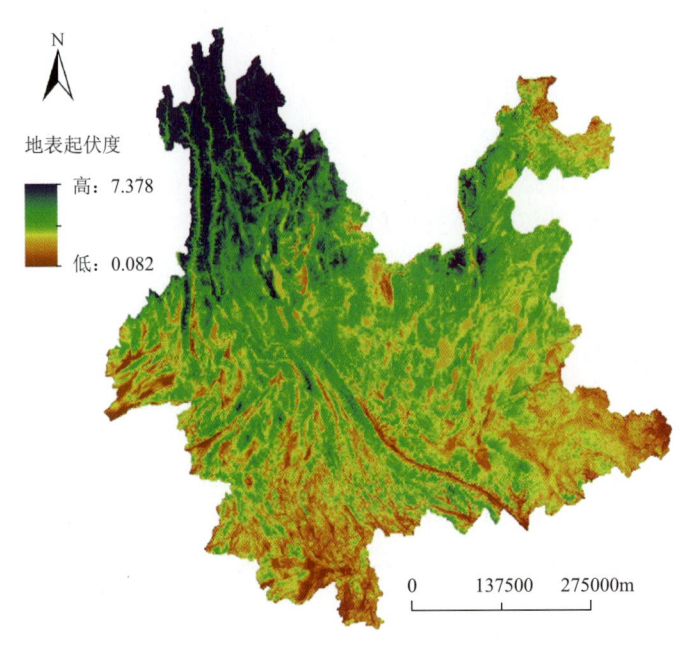

图 2.19 云南省地表起伏度（基于邻域分析）

表 2.20 基于邻域分析的云南地表起伏度主要统计因子

地表起伏度值域	平均海拔/m	坡度/（°）	相对高差/m
0.082～1.713	81～1236	0～8.25	0～162
1.713～2.342	1236～1771	8.25～15.88	162～280
2.342～3.086	1771～2392	15.88～23.52	280～407
3.086～4.087	2392～3269	23.52～32.74	407～577
4.087～7.378	3269～5538	32.74～77.88	577～1827

中国各省份之间及典型省（市）（如贵州、重庆、云南等）内部各县域之间地表起伏度差异很大，这是因为中国不同区域（不同省份）地貌差异很大，而西南地区又是我国地形地貌类型最复杂多样的区域，地表起伏形态异质性强，各省份内部地表起伏差异极大，导致同一个省份内部县域之间地表起伏度差异巨大。除了不同省份县域之间地表起伏度客观上存在差异，不同省（区、市）之间各县域地表起伏度也差异悬殊；更重要的是在计算典型省份各县域地表起伏度时采用的数据源及精度不同（如贵州省各县域数据源分辨率是 30m，云南是 90m 等）和方法不一（有些是局地高差法，有些是表面积指数，有些是基于地表起伏程度和频率的综合指数），因此得出的云贵渝不同典型省份县域地表起伏度指数差异很大，这些典型省份的县域地表起伏度指标只有省域内的相对意义，即在各个省域内比较相对大小才有意义。不同省份县域之间地表起伏度的横向比较，则需要在数据源及其精度、采用的指标和计算方法一致的情况下才有意义。

第3章 地表起伏度对交通、水利等基础设施建设成本的影响

3.1 地表起伏度对交通建设成本的影响

要想富，先修路，交通建设是一个国家或区域经济社会发展的重要先决条件。我国近些年来交通建设取得了巨大成绩。例如，2015年全国铁路通车里程达到12.1万km，比上年增长8.2%，其中高铁通车里程超过1.9万km，全国铁路固定资产投资完成8238亿元；公路建设完成投资13312亿元，同比增长7.0%，其中，高速公路通车里程超过12万km，完成投资6347亿元，普通国省道、农村公路分别完成投资4264亿元和2701亿元，分别增长11.9%和12.5%。交通条件的改善极大推进了我国经济社会的快速发展。"十二五"期间，我国每年交通建设投入占财政支出的比例均在6%以上。例如，2010年我国交通建设的投入为5488.47亿元，占财政支出的6.12%；2011年我国交通建设的投入为7497.80亿元，占财政支出的6.86%；2012年我国交通建设的投入为8196.16亿元，占财政支出的6.51%；2013年我国交通建设的投入为9348.82亿元，占财政支出的6.67%；2014年我国交通建设的投入为10400.42亿元，占财政支出的6.85%等。交通建设是一项投入大、受益时间长的基础工程。影响交通建设成本或投入的因素较多，其中地形地貌条件（特别是地表起伏度）直接影响道路的桥隧比和施工难度，是影响交通建设成本最主要的客观因素。以贵州省境内的公路为例，不同区段高速公路每公里投资额差异较大（表3.1）。

表3.1 贵州省内地表起伏度标准化值与高速公路每公里投资额

高速公路项目名称	地表起伏度标准化值（基于表面积指数）	每公里投资额/万元	动工年份
惠兴高速/惠水—兴仁	63.61	7586	2009
厦蓉高速/清镇—织金	64.54	5425	2010
杭瑞高速/思南—遵义	65.27	6503	2011
杭瑞高速/遵义—毕节	70.89	7676	2008
沪昆高速/镇宁—盘州	75.26	6769	2003
杭瑞高速/织金—纳雍	78.41	8712	2012
厦蓉高速/榕江—都匀	83.17	9791	2008
厦蓉高速/黎平—榕江	83.17	9096	2009
杭瑞高速/毕节—都格	87.67	8993	2012
厦蓉高速/毕节—生机	70.89	9084	2009
铜大高速/铜仁—大龙	72.09	6678	2009

续表

高速公路项目名称	地表起伏度标准化值（基于表面积指数）	每公里投资额/万元	动工年份
松铜高速/铜仁—松桃	72.09	11374	2014
德沿高速/德江—沿河	86.55	10163	2011
江瓮高速/江口—石阡—瓮安	87.90	10120	2012
贵瓮高速/贵阳—瓮安	54.73	12562	2012
务正高速/务川—正安	83.43	12797	2012
独平高速/平塘—独山	79.55	11231	2013
惠罗高速/惠水—罗甸	99.53	12078	2013

从表 3.1 分析可知，贵州高速公路在不同地表起伏度下，随地表起伏度增大，平均每公里投资额也相应增加（考虑时间造成的物价指数差异）。贵州山多坡陡，修建高速公路的地段地表起伏度较大，造成贵州高速公路投资成本高，每公里投资额大多超过 6000 万元，不少在 9000 万元以上。主要原因是当地喀斯特地貌发育，多溶洞暗流等，体现出山多、坡陡、地表崎岖破碎、地形起伏大等特点。贵州省境内山高谷深，沟壑纵横，特殊的地形地貌决定了贵州交通发展的复杂性和艰巨性。从表 3.2 可以看出，无论是高速公路还是国省道，贵州的交通建设成本都居高不下。

表 3.2 贵州省及部分省（区、市）等级公路建设成本投入比较

省（区、市）	高速公路（四车道）						国省道（二级公路）			
	概况	规模/km	概算/亿元	平均/(万元/km)	最高/(万元/km)	最低/(万元/km)	概况	规模/km	概算/亿元	平均/(万元/km)
贵州	已/在建	1436	1019	7096	10200	3200	在建	—	—	1300
	2008年规划	519	338	6513	10200	5200	在建项目	938	79	842
云南	2005年起建	1248	590	4728	9200	2450	昭通2008/13	670	12.20	182
湖南	"十一五"规划	2488	1010	4059	8200	2800	"十一五"规划	6000	292.0	487
广西	2006～2020年规划	5590	1500	2683	5700	2300	武宣—平南二级公路	67.13	3.64	542
四川	规划	6900	2750	3986	7400	2600				
重庆	规划	1049	432.0	4118	—	—	重庆彭务二级公路（境内）	58.0	3.50	603
吉林	规划	1778	379.0	2132	—	—				
辽宁	铁岭朝阳高速	541	145.0	2680	—	—	104国道长石岭青岭拓宽工程			
浙江	已建	319.91	107.61	3364	6500	3000		10.40	0.70	677

注：根据 2011 年公开资料汇总数据。

3.1.1 地表起伏度越大，高等级公路占比越低

我国地势西高东低，呈三级阶梯，不同地区地表起伏度差异显著，造成不同地区高等级公路占比差异巨大：地表起伏度小的东部地区，高等级公路占比最高，普遍在80%以上，其次是中部地区，而地表起伏度大的西部地区高等级公路占比则大部分在80%以下。但"十一五"以来，在国家相关部委的大力支持下，中西部地区高等级公路、铁路、机场等交通基础设施建设发展加快，并已取得显著成绩，高等级公路、高速铁路里程总量少、占比小的状况逐步改善（表3.3），与中东部的差距已经缩小。例如，贵州2015年底实现了"县县通高速"的目标，成为西部第一个和全国第九个"县县通高速"的省份。

表3.3 2011年部分省（区、市）公路建设情况比较

省（区、市）	高速公路里程/km	高速公路占比/%	高等级公路（含高速）占比/%
辽宁	3300	3.172284	84.25778
北京	912	4.272263	99.10058
天津	1103	7.274286	100
浙江	3500	3.131263	96.51446
山东	4350	1.865432	99.24439
上海	806	6.669977	100
江苏	4122	2.707443	94.65737
广东	5049	2.647281	90.38296
海南	660	2.880084	96.45662
福建	2652	2.872555	79.79571
重庆	1861	1.569643	70.52344
四川	3009	1.062245	77.99928
贵州	2022	1.281206	50.46445
云南	2746	1.280043	77.30743
西藏	—	—	61.65779
甘肃	2343	1.89416	74.12689
青海	1133	1.762601	77.73958
陕西	3803	2.502204	91.75385
新疆	1459	0.94038	67.24847
宁夏	1306	5.329307	97.42512
广西	2754	2.625633	83.22703
内蒙古	2874	1.785149	91.89478

续表

省（区、市）	高速公路里程/km	高速公路占比/%	高等级公路（含高速）占比/%
湖北	4006	1.882988	92.34067
河南	5196	2.098656	77.23911
湖南	2649	1.140876	85.6639
山西	4005	2.970892	97.17673
江西	3603	2.457172	78.06141
安徽	3009	2.012238	95.89929
黑龙江	3708	2.383156	79.78045
吉林	2252	2.454389	91.32027

数据来源：《2011年中国统计年鉴》。

3.1.2 地表起伏度越大，交通建设成本越高

地表起伏度影响道路修建过程中挖填土石方的工作量、桥梁和隧道架设的工程量及其施工难度，地表起伏度越大，挖填土石方的工程量越大，架设的桥梁与打通的隧道也越多，桥隧比越高，施工难度也越大。表现在：地表相对高差大的地区，坡度大，沟壑纵横，地势陡峭，在这样的区域建设交通线路，尤其是高速公路，必然是挖高填低，依山开道，穿山凿隧，过沟架桥，加上特殊地貌（如喀斯特地貌、冰川冻融地貌）的复杂性，使得建设成本远高于低地表起伏度区域（表3.4）。

表3.4 2011年部分典型省（市）已建成高速公路建设投资情况

省（市）	地表起伏度标准化值（基于地表起伏程度和起伏频率的综合指数）	每公里投资额/万元
贵州	100	8076
云南	96.95	7592
四川	97.3	7120
甘肃	62.28868	6487
重庆	84.14228	6437
浙江	58.1209	6178
湖北	51.77409	5671
福建	62.67648	5604
湖南	63.36183	5356
江西	40.67612	4706
吉林	34.16166	4489
黑龙江	23.16242	4106

由表 3.4 可以看出，贵州每公里高速路投资额达到 8076 万元，高于国内大部分省（区、市）。结合表 3.4 计算出的全国各省（区、市）地表起伏度情况看，地表起伏度高的省份高速公路单位长度建设平均成本要高于地表起伏度低的省份。云贵川是国内地表起伏度较高的三个省份，平均每公里投资额明显高于其他大部分省份。具体到云贵川内部来看，贵州平均每公里投资额高过云南、四川，主要原因是云南和四川的高速公路分别集中布局在滇东、滇中和四川盆地，地势比贵州平缓，而地势起伏度巨大的云南横断山区和川西三个自治州（阿坝藏族羌族自治州、甘孜藏族自治州、凉山彝族自治州）地广人稀，基础设施工程布局相对较少，高速公路所占比例不大。贵州则因人口密度较大且分布均匀，高速公路比较均匀地布局在全省各地，包括地表起伏度高的六盘水、纳雍、赫章等地（如杭瑞高速六盘水段、毕节段等），也有地表起伏度相对平缓的黔中地区（如沪昆高速贵阳—安顺段、贵遵高速等）。贵州高速公路几乎都在崇山峻岭中穿行，高速公路的平均桥隧比和单位长度的平均投资额要高于四川和云南。

图 3.1 显示，地表起伏度标准化值与高速公路每公里投资额呈现出高度正相关，R^2 值达到 0.8375。西南地区由于特殊地形地貌发育，地表起伏度大，其高速公路投资相比于中东部地区要高很多，其中，贵州高速公路的单位长度投资额高出中东部地区 30%~84%。从图 3.2 中分析可知，地表起伏度标准化值每增加 10，高速公路每公里投资额约增加 400 万元，因此，地表起伏度是公路投资的一个重大影响因素。

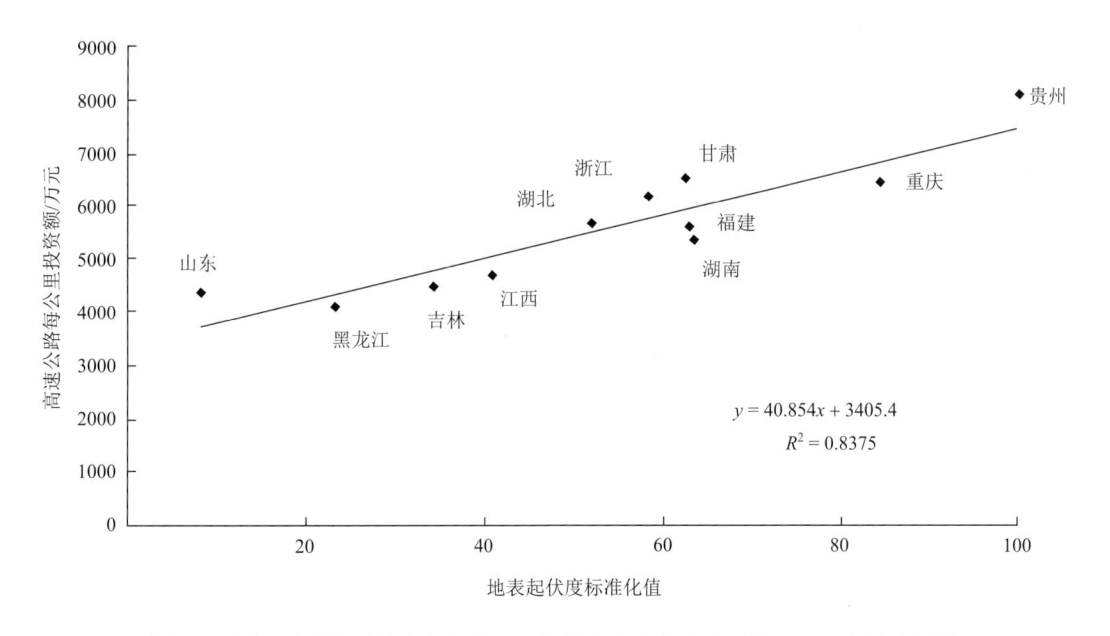

图 3.1 国内典型省份地表起伏度标准化值与高速公路每公里投资额相关性分析
（截至 2011 年高速公路数据）

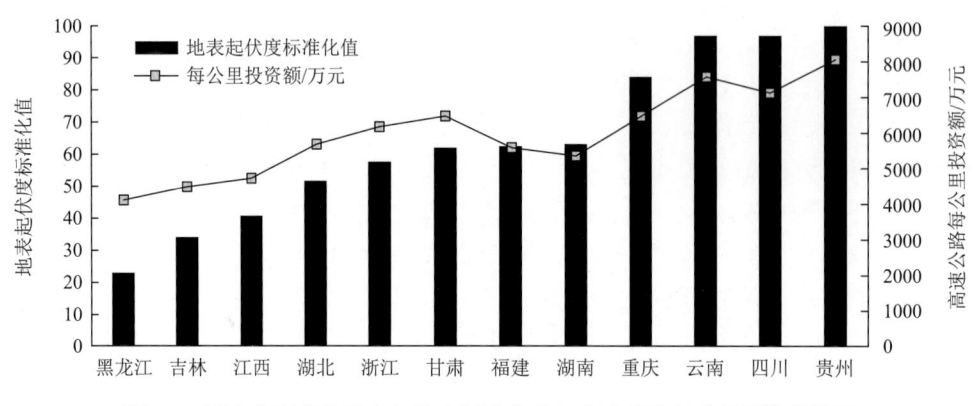

图 3.2 国内典型省份地表起伏度标准化值与高速公路每公里投资额比较

1. 沪昆高速（G60）比较

上海—昆明高速公路，简称沪昆高速，中国国家高速公路网编号为 G60，起点在上海，途经杭州、金华、衢州、上饶、鹰潭、南昌、宜春、萍乡、株洲、湘潭、邵阳、怀化、贵阳、安顺、六盘水、曲靖，终点在昆明。整个线路由上海经浙江、江西、湖南、贵州至云南昆明，贯穿贵州东、中、西部，是建设较早的高速公路。根据采集整理的数据（表 3.5），对比选取了途经江西、湖南、贵州、云南等境内相关路段的每公里投资额进行相关分析，结果如图 3.3 所示。

表 3.5　沪昆高速地表起伏度标准化值与投资成本（2011 年数据）

路段	地表起伏度标准化值（基于地表起伏程度和起伏频率的综合指数）	每公里投资额/万元
江西段	29.98	4614
湖南段	46.69	4461
贵州段	73.70	6174
云南段	71.45	5704
平均	—	4900

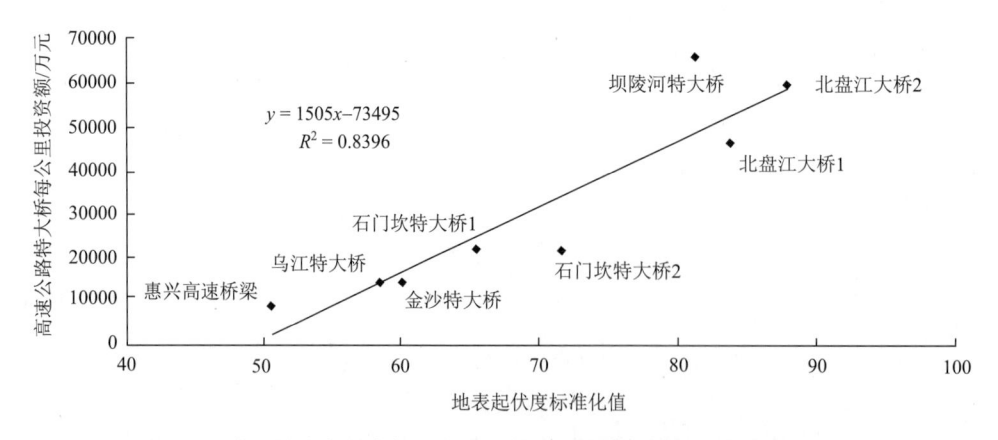

图 3.3　贵州地表起伏度标准化值与高速公路特大桥每公里投资额比较

$y = 1505x - 73495$
$R^2 = 0.8396$

从表 3.5 可以看出，沪昆高速在不同省份之间随地表起伏度标准化值增大，每公里投资额也在增加。大约在 3200 万元基础上，地表起伏度标准化值每增加 10，每公里投资额增加 357 万元。其中也可以看出，贵州段的平均投资额高于其他路段，为其他路段的 1.1～1.4 倍。贵州地表起伏度大于江西、湖南，故其每公里投资额高于此两省。主要原因是贵州大部分地区属于喀斯特地貌，地形破碎，河流切割严重，山陡且多为石头山或土石山，地质灾害多，是全国唯一没有大平原支撑的农业和农村人口占比较大的省份。云南虽然整体地表起伏度（特别是海拔）不低于贵州，但沪昆高速主要分布在曲靖—昆明一线的滇中东地区，这一段的地表起伏度相对低于贵州。

2. 厦蓉高速（G76）比较

厦门—成都高速公路，简称厦蓉高速，中国国家高速公路网编号为 G76，为国家骨干高速公路，起于福建厦门，经福建漳州、龙岩，江西瑞金、赣州，湖南郴州、道县，广西兴安，贵州黎平、榕江、都匀、贵阳和毕节，以及四川泸州、内江，止于四川成都，是我国西南腹地通往东南沿海地区的重要通道，全长 2144km。根据采集整理的数据（表 3.6），对比选取了途经江西、湖南、贵州、四川等境内相关路段的每公里投资额进行相关分析，地表起伏度标准化值与桥梁比关联性结果如图 3.4 所示。

表 3.6　厦蓉高速地表起伏度标准化值与投资成本

路段	地表起伏度标准化值（基于地表起伏程度和起伏频率的综合指数）	每公里投资额/万元
江西段	29.98	4602
湖南段	46.69	6378
贵州段	73.70	8758
四川段	71.71	6617
平均		6629

注：厦蓉高速段基本同时设计分段施工，为同一项目，此处可不考虑由于施工时间对成本差异的影响。

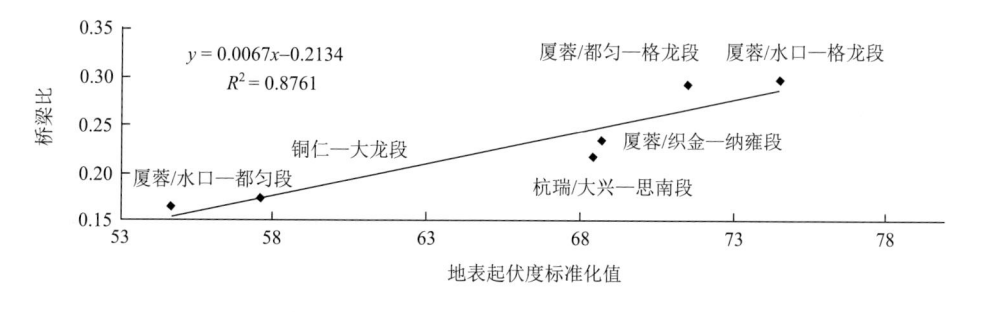

图 3.4　地表起伏度标准化值与桥梁比关联性

从表 3.6 可知，厦蓉高速在不同省份之间随地表起伏度增大，每公里投资额整体也增加，呈线性正相关关系，拟合度比较高，地表起伏度标准化值每增加 10，平均每公里投资额增加 951 万元。从表 3.6 中也可以看出，贵州段平均每公里投资额高达 8758 万元，高于其他路段，为其他路段的 1.3~1.9 倍。其投资成本之高，与该公路所穿越区域地表起伏度较高的现状相吻合。厦蓉高速运行在四川境内，主要经过泸州、内江，属于丘陵平原地区，与厦蓉高速穿越湖南地段情形类似，虽然四川地表起伏度标准化值达到 71.71，但这是包含了地表起伏度很大的川西三州山地在内的平均数，而厦蓉高速穿越的泸州、内江、成都片区，其地表起伏度大致与湖南相当；而贵州全境无平原分布，公路穿越崇山峻岭，开洞架桥，工程量大，桥隧比很高，其中贵州黔南州三都县境内段桥隧比接近 100%。故贵州段高速公路每公里投资额高于四川、湖南、江西。

3. 杭瑞高速（G56）比较

杭州—瑞丽高速公路，简称杭瑞高速，中国国家高速公路网编号为 G56，是中国高速公路网中的一条重要的东西横线，全线途经杭州、黄山、景德镇、九江、黄石、咸宁、岳阳、常德、吉首、铜仁、遵义、毕节、六盘水、曲靖、昆明、楚雄、大理、瑞丽等城市，总长约 3404km。它起于浙江杭州，经安徽、江西、湖北、湖南、贵州，终于云南瑞丽，贯穿贵州东、北、西北部。根据采集到的数据进行整理，对比选取了途经江西、湖南、贵州、云南等相关路段的每公里投资额进行相关分析，结果如表 3.7 所示。

表 3.7 杭瑞高速地表起伏度标准化值与投资成本

路段	地表起伏度标准化值（基于地表起伏程度和起伏频率的综合指数）	每公里投资额/万元
江西段	29.98	4614
湖南段	46.69	7681
贵州段	73.70	8270
云南段	71.45	7798

从表 3.7 可见，杭瑞高速在不同省份之间随地表起伏度标准化值增大，每公里投资额也增加，呈线性正相关关系，拟合度比较高，大约在 3262 万元基础上，地表起伏度标准化值每增加 10，每公里投资额增加 836 万元。从表 3.7 中也可以看出，贵州段平均每公里投资额高达 8270 万元，也高于其他路段，为其他路段的 1.1~1.8 倍。选取的路段，只有江西省地表起伏度标准化值相对较低，每公里投资额不足 5000 万元，其他几个省地表起伏度标准化值都相对较高，每公里投资额远远超过 5000 万元。贵州段投资成本最高，与该公路穿越区域的地表起伏度高的自然情况正好吻合。

综上，贵州省交通建设成本高的原因有以下几点。

1）地表起伏度大的山区，地质条件越复杂，成本越高

中国地表起伏度大的地区主要位于中西部高原山区，尤其是云贵川藏等片区，这些地区山坡（高原斜坡）现阶段仍受重力、流水、岩溶、晚近期构造、地震等综

合作用影响，加之人类的各类工程活动，坡体形态还在不断演变，坡体稳定性相对较差。地表起伏度大的高原山区，往往地质构造活跃、地层岩性复杂，滑坡、泥石流、突水、塌陷、岩崩等不良地质现象多发频发，这些不良地质现象处理成本高，建设周期长。

2）路基高、起伏大、挖填土石方工程量大，成本高

地表起伏度大的西部地区，海拔较高，河（沟）谷深切，大部分路基建设处于相对高差较大的区域；路基高，地表破碎，削坡填谷、挖高填低，加上线路布局需要裁弯取直等，极大增加了路基填挖土石方工程量和建设成本。加上西南山区（如贵州）多数为岩石地基施工，破石开挖等工程工期长，效率低，又要强化防塌方、滑坡、山洪侵害的护坡设施和桥涵设施建设，导致投资成本高于大部分其他省区。

从图3.2所示部分省份高速公路平均每公里投资额比较中可以看出，云贵川等西南地区的高速公路每公里投资额远高出中东部地区，其每公里投资额在全国处于高位，该地区地表起伏度大的自然特性决定了其较高的每公里投资额。

3）路况险、施工难度大

地表起伏度大的地区，山多坡陡。例如，贵州地表平均坡度为17.78°，山地丘陵面积占全省总面积的92.5%。许多交通道路建设工程布局在崇山峻岭中，工程的开挖、岩土及材料的运输、人员及设备的进出与施工等难度极大，加上岩溶、冻融作用、边坡稳定性等影响也增加了施工难度，从而大大增加了建设成本。

4）桥涵多，跨度大，隧道长，特大桥密度大，桥隧比高

地表起伏度大的山区道路建设，涵洞数量多，大中小桥梁密集，特大桥密度大、跨度大，隧道多且长，桥梁比、隧道比、桥隧比高。

（1）地表起伏度越大，大型、特大型桥梁越多，建设成本越高。

地表起伏度越大的区域，沟谷（河谷）或山体切割越深，高速公路建设中修建特大型与大型桥梁所占比例越大，桥梁尤其是大型和特大型桥梁每公里投资额远高于一般路段。以特大型桥梁为例，贵州与国内其他省份部分典型特大桥每公里投资额对比数据整理分析如表3.8所示。

表3.8 国内部分典型特大桥投资额对比（2011年）

项目名称	所在区域	地表起伏度标准化值（基于表面积指数）	每公里投资额/万元
崇启长江公路大桥	上海市	0.02	14872
泰州长江公路大桥	江苏省	0.78	15086
九江长江公路大桥	江西省	44.23	17777
宁波象山港公路大桥	浙江省	53.64	14249
乌龙江特大桥	福建省	75.06	15319
大宁河大桥	重庆市	80.51	46990
北盘江大桥1	贵州省	83.64	46078
北盘江大桥2	贵州省	87.67	59005
坝陵河特大桥	贵州省	81.14	65574

从表 3.8 数据可以看出，贵州的特大桥每公里投资额明显高于其他省份。而特大桥每公里投资额是一般路段（以平均每公里投资额 5000 万元计算）的 2.8～13.1 倍。其差异之大，源于大桥所在区段实际的沟谷跨度与深度，沟谷跨度越大越深，对桥梁的建造结构要求越高。在山区一些超大跨度、深度的区段，跨度长达上千米，中间无法建造桥墩，只能建造大跨径悬索斜拉式钢桥，其造价特别高。例如，沪昆高速贵州镇宁至盘州胜境关段（关岭县境）的坝陵河特大桥，全桥长 2257m，投资达 14.8 亿元，平均每公里投资额 6.56 亿元，采用的就是这种桥梁结构。类似这种结构的桥梁在贵州境内多条高速公路包括二级公路上均可见。对于某些山沟河谷，即便能修建特大型和大型桥梁，桥墩高度也达到数百米，对桥梁的结构要求很高，一般要采用"连续钢构＋T 梁"结构桥等建设方案，其造价很高，且在这类山区建桥往往建设施工难度极高。从贵州省内情况看，也体现出这一特点，贵州部分特大桥单位投资表如表 3.9 所示。

表 3.9　贵州部分特大桥单位投资表

项目名称	地表起伏度标准化值(基于表面积指数)	每公里投资额/万元
龙生特大桥	37.28	9844
惠兴高速桥梁	50.44	9114
乌江特大桥	58.38	14463
金沙特大桥	60.07	14379
石门坎特大桥 1	65.43	22078
马岭河特大桥	71.51	21538
坝陵河特大桥	81.14	65574
北盘江大桥 1	83.64	46078
北盘江大桥 2	87.67	59005

贵州地表起伏度标准化值与高速公路特大桥投资呈显著的线性正相关关系（图 3.3），相关系数很高。以贵州为案例测算分析，相当于地表起伏度标准化值每增加 10，特大桥每公里投资额要增加约 1.51 亿元。

（2）地表起伏度越大，桥隧比越高，成本越高。

仍以贵州为例，根据对国内部分省（区、市）高速公路桥梁比进行分析，贵州高速公路的桥隧比处于国内各省份前列，贵州也被赋予"中国桥梁博物馆"之称。例如，"十二五"时期修建的厦蓉（厦门至成都）高速贵州境内（平均地表起伏度标准化值为 81.09）的黎平县水口至贵阳龙洞堡段约 288km，桥梁比为 0.1646%、隧道比为 0.3237%，桥隧比合计 0.4883%，平均造价是 8766 万元/km，其中贵阳至都匀段 80 多公里路程，全线桥梁长度约 30km，其中特大桥 4 座；隧道长度约 21km，其中长隧道 9 座，桥梁、隧道长度占线路总里程的 63.75%，单位投资额平均高达 9267 万元/km。而厦蓉高速江西段（平均地表起伏度标准化值为44.23）全长486.978km，平均造价4602万元/km，只相当于贵州段平均数的52.5%。

首先，从贵州省境内部分县域地表起伏度标准化值与桥隧比关系进行分析。根据对表3.10所述数据的分析，地表起伏度标准化值与桥梁比（图3.4）、隧道比（图3.5）、桥隧比（图3.6）存在拟合系数达0.78以上的相关性。

表3.10 贵州部分高速路段桥隧投资与地表起伏度关系

项目名称	地表起伏度标准化值	桥梁比	隧道比	桥隧比	每公里投资额/万元
厦蓉/水口—都匀—贵阳	54.69	0.1646	0.3237	0.4883	8766
铜仁—大龙	57.57	0.1726	0.0199	0.1925	6469
杭瑞/大兴—思南段	68.38	0.2158	0.2169	0.4327	8923
厦蓉/织金—纳雍段	68.68	0.2333	0.1381	0.3714	8672
厦蓉/都匀—格龙段	71.48	0.2927	0.3839	0.6766	9973
厦蓉/水口—格龙段	74.50	0.2969	0.2848	0.5817	9096

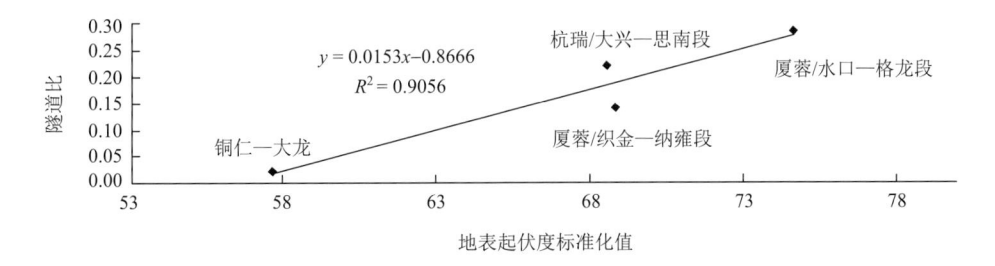

图3.5 地表起伏度标准化值与隧道比关联性

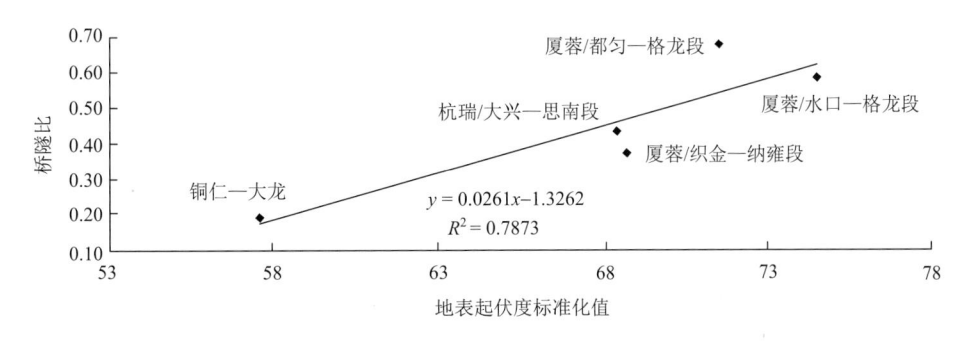

图3.6 地表起伏度标准化值与桥隧比关联性

从图3.4～图3.6可见，首先，地表起伏度与桥梁比、隧道比和桥隧比呈现线性正相关关系，拟合系数分别为0.8761、0.9056和0.7873。

其次，从地表起伏度与投资额关系来看，根据对上述数据的分析，桥梁比、隧道比、桥隧比与每公里投资额存在的关联性如图3.7～图3.9所示。

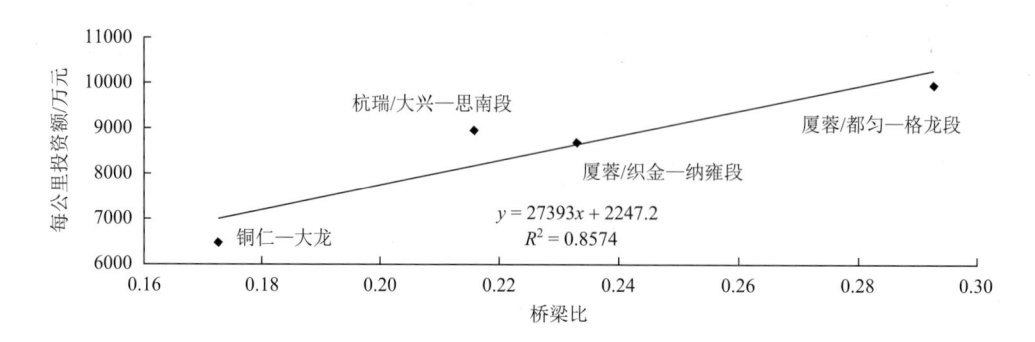

图 3.7　投资额与桥梁比关联性

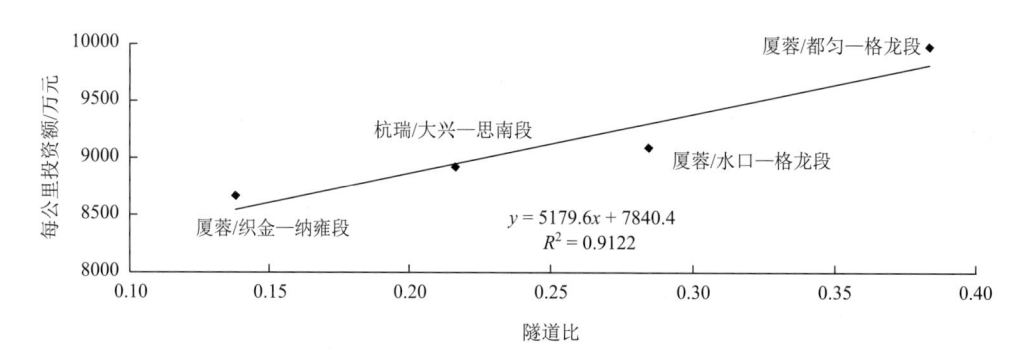

图 3.8　投资额与隧道比关联性

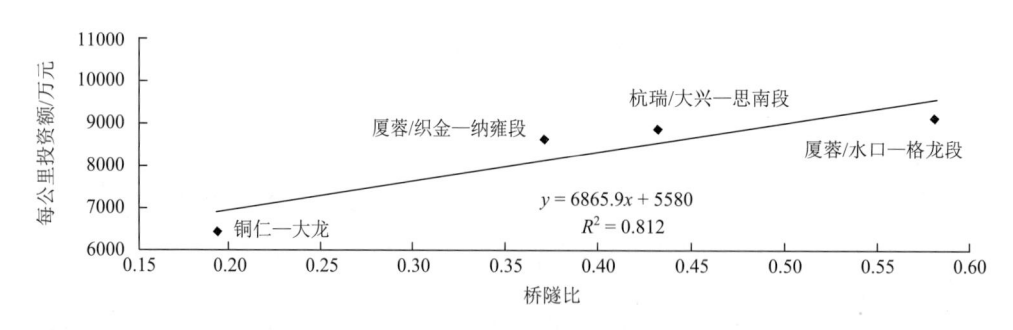

图 3.9　投资额与桥隧比关联性

从图3.7至图3.9分析可见，桥梁比、隧道比、桥隧比与投资额均呈正相关关系，拟合系数分别为0.8314、0.9122和0.812，从关系式中可以推测，桥梁比每增加0.1，每公里投资额将增加约2739万元；隧道比每增加0.1，每公里投资额将增加约518万元；桥隧比增加将导致投资额显著增加。

案例表明，地表起伏度越大的区域，桥连桥、隧连隧、桥隧紧相连，桥梁比、隧道比、桥隧比也就越高，公路建设投资额相应也越高。这就是公路工程建设领域常说的"金桥银隧"的投资建设特性。高速公路建设成本高的原因主要在于在高地表起伏度区域，桥梁中特大型桥、大型桥的占比相对较高，特长隧道、长隧道的占比也较高，成本剧增也就可以解释了。由于隧道数据采集受限，相关详细分析有待进行，但从个案分析，隧道投资也高于一般路段 1.5~2.5 倍。隧道建设成本不仅与地表起伏度存在相关性，还与所在岩性、地质构造等有关。贵州多喀斯特地貌，地质构造复杂，工程凿岩成本及喀斯特塌陷、突水等特殊地质现象（地质灾害）处理成本等较高，需要增加额外成本支出。

5) 地表起伏度影响交通线路的分布，加大修路工程量

我国交通线路密度分布情况与我国地势西高东低密切相关，交通线路密度第三阶梯最大，第二阶梯次之，第一阶梯最小，表现出西部稀疏、东部稠密的特征，交通线路疏密与地表起伏度呈明显的反相关关系，从侧面说明地表起伏度对交通工程布局及建设的影响程度。地表起伏度影响交通线路的分布：首先，平原地区交通线路分布密集，多种交通方式并存，而地表起伏度大的地区，交通线路稀疏，交通方式也单一；其次，平原地区交通线路呈网状分布，走向平直，密度大。而山区地形使得交通线路修建工作困难，需要绕过各种障碍物，很多线路区段在布局上呈"之"字分布，盘山路多见，有的还要建隧道、高架桥，从而增加了修建成本。此外，修建交通线路还要考虑到沿河谷、村庄分布，避免经过沼泽，尽量少占好地（耕地），处理好农田水利设施和城镇的关系，线路尽量依山就势沿山间盆地、河谷或等高线修筑，使得这些地区比平坦地区的直线布局施工增加了不少工作量。

6) 维护成本高，但投入资金不足，管养标准低

交通设施维护成本，是指为巡视检测、保养、维护和维修交通线路及依附于其上的配套建筑设施（包括管理站点、通信设施、通电设施、仪器仪表、指示路牌等）而引起的支付费用。交通线路及依附于其上的其他设施建设完成投入使用后，交通线路设施要常年暴露在大自然中，遭受风雨冰冻等自然环境的作用，线路路基、路面或轨道、轨道连接零件、路面连接处、桥梁和路面连接处等设施的技术状态会发生变化，有些特殊路面、轨道及路面和轨道的连接设施，受车辆载荷作用或地表沉降的影响，会发生较大破损和磨损；而埋入地下的管道、通信、通电等设施，则会受潮湿、气温、氧化、压力等因素的影响，其物理性质、化学性质也会发生变化，这些都会给交通线路的安全性和稳定性带来隐患，有时会威胁到交通线路的正常运行。为避免或降低交通线路及其附属设施技术状态变化给线路运行效率和安全带来的影响，需要对交通线路及其附属设施进行定期和不定期的巡查、检测、保养、维修等维护活动，在西南山区特别是高寒山区，冰雪及各种山地环境灾害较平原地区多频发，导致这些交通设施的巡查、维修和正常运行会产生较高的成本。

从全国视角看：高起伏山区易受极端气候与灾害影响，以及强烈的风化剥蚀作用、冻融作用、喀斯特作用、流水冲刷、冻雨等影响，路面、高填土路基较易受损变形，边坡稳定性差，工程或自然因素引发的次生灾害多发频发，管护成本高。而且有些省份自身财力不足，投资能力弱，工程建设标准偏低、管养资金不足，实际养护标准也

较低。以贵州为例,山间雨水较多,空气湿度大,道路易出现塌方、湿滑、凝冻,对路面或路基损害极大,通行隐患较多,加上坡陡弯急,路面较窄,视线不良,极易引发较大交通事故,还容易对交通设施造成事故性损害;不少路段路基高、路况险,管护成本高。从贵州省与其他丘陵平原省份比较来看,贵州公路的设施配套相对欠完备,建设中不仅有路基路面、桥隧等设施工程投入,还有较多的护坡护基工程投入,这使得建设投资加大,在维护上,易毁损导致维护成本也高。因为应有的管护投入成本较高,但贵州经济发展相对滞后,自身财力不足,所以实际投入管护的资金较少,部分国道、省道特别是县乡村公路仅维持低标准的管护运行,其管护路面不仅填补坑洞较多,且路面质量较低,维系时间也短,不利于行车安全。根据《贵州省地方交通统计资料(2009)》整理分析,贵州公路的管养支出明显低于国内多数省份(图 3.10)。其中,以大修支出为例,贵州高速公路每公里年维护支出仅 163 万元,远低于云南的 487 万元,广西的 467 万元;而普通公路每公里维护费则相对较多,这与贵州普通公路更易受到毁损有关。

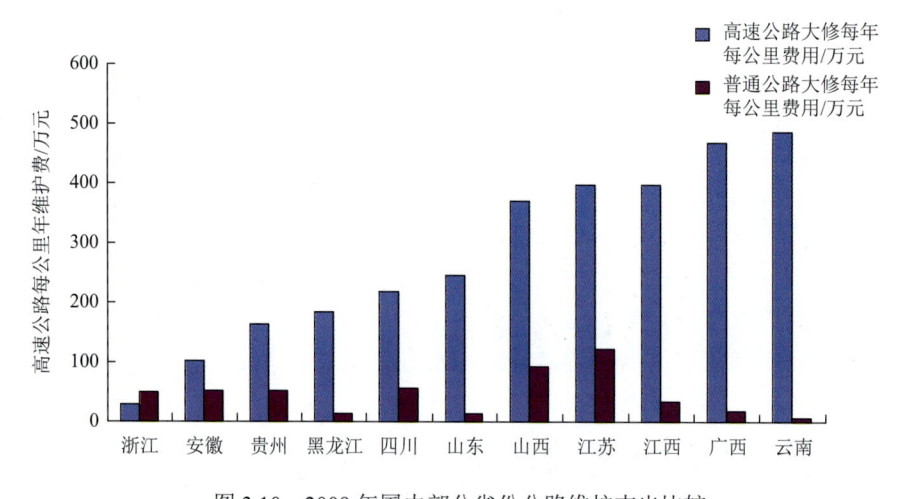

图 3.10 2009 年国内部分省份公路维护支出比较

地表起伏度大的地区自然条件复杂多样,对区域交通网的建设和发展具有十分明显的影响,其中地形地势对自然条件和交通建设的影响最为深刻,修建在世界屋脊上的川藏公路最为典型(图 3.11)。西南山区地形地势起伏很大,且碳酸盐岩分布广泛,在湿热的亚热带气候条件下发育了典型的喀斯特地貌。滇、黔、桂三省区是世界著名的喀斯特地形区,虽然风景奇异而秀丽,但地形崎岖,交通不便,出行的时间成本和交通费用很高。尤其是贵州境内,峰林、峰丛林立,地表破碎,人称"地无三尺平",交通成本高的影响尤为突出。综上所述,地形条件给本区交通建设带来极大障碍,修建公路要克服许多天然屏障,工程十分艰巨。此外,西南地区地壳构造运动活跃,在降雨等诱发因子作用下滑坡、泥石流等地质灾害频发多发,也给本区交通线路的建设和维护带来很大困难。

图 3.11 穿越在世界屋脊上的川藏公路

总之，地表起伏度大的地区，不仅修路成本高，而且维护费用也比较高，加上这类地区财政收入与支出矛盾突出，提高了这些地区发展的难度。国家需要加大对地表起伏度大的地区的财政支持力度，通过交通等基础设施建设改善，夯实欠发达地区发展的基础，促进脱贫成果巩固拓展及乡村振兴战略的实施推进与区域经济协调发展。

3.2 地表起伏度对水利建设成本的影响——着重以贵州为例

水是人类文明赖以生存和发展的基础，是经济社会发展的战略性资源。自古以来，人类择水而居，文明沿河而兴。在现代社会，水作为基础性的自然资源和战略性的经济资源，是人类生存和发展必不可少的资源，更是经济社会可持续发展和人类文明进步的战略性、基础性的核心资源。社会经济的发展和人民生活质量的提高，加上水污染状况和极端天气的增多，以及水利投入不足、水利工程布局不够合理、管理粗放等，导致全球绝大多数地区的水资源供需矛盾日趋突出，因此加大水利建设投入、合理布局水利工程、提高水利工程管护水平等措施具有重要的现实意义。

中国作为一个水资源短缺的国家，水利建设一直受到国家重视，但过去欠账较多，其中，1949~1978 年水利基建投资占全国基建投资的 2.3%~10.9%，1979 年以来，虽然水利投资占比有所增加，但 2015 年前水利基础设施建设仍然是我国经济社会持续发展的一个薄弱环节。当前我国旱涝灾害仍然时有发生，人畜用水、生产用水和生态用水问题在极端天气日趋增多的背景下尚未完全解决，尤其在偏远地区和分散居住的乡村，水利基础设施还不牢固，因此加大水利建设资金投入、夯实水利工程基础设施建设既是拉动经济发展的需要，也是弥补过去欠账较多、提高我国水资源保障能力的现实需求。由于水利建设资金投入需求大，且不同区域水利建设的成本差异显著，水利工程建设必须统筹考虑、科学布局，精确测算不同区域水利建设成本，提高水利建设工程的投入产出效率。本章着重以贵州为案例，从地表起伏度的视角，对我国（贵州省）水利建设成本的空间差异及其与地表起伏度的关系进行剖析。

3.2.1 贵州水利建设现状及其资金缺口情况

地表起伏度大的地区，水利建设成本高、财政支出压力大，主要原因是地表面积大（多山地少平地）、地势相对高差大（山高谷深）、地块分割频度大（地形破碎）、坡度较大（荒山陡坡多，宜耕地少，水田更少）等，水利工程施工难度大，提水扬程高，村落和耕地分散导致储水输水难度大，输配水管网长、管护成本高，灌溉分散、效率低等；加上地表起伏度大的地区，其经济状况一般落后于气候条件类似的低山丘陵区、平原区，财政收入少，因而表现出：水利基础设施的建设和施工难度大、投资成本高，水利工程的运行成本高，百姓承受能力低，地方政府配套资金投入不足，水利建设的资金缺口大、欠账较多。以贵州为例，地表起伏对水利建设的影响主要体现在如下方面。

1. 水利设施相对滞后，不能适应贵州经济发展需要

"十五"以来，尤其是"十二五"以来，贵州水利建设有了突破性发展，2011～2015年，全省每年水利投入均在170亿元以上，每年水利建设投入相当于甚至高于1949～1978年的总和，但由于历史欠账较多，水利基础设施建设仍然相对滞后，尚不能完全保障贵州的经济发展与人们生活所需，社会经济发展和生态建设还面临着如下水安全问题。

（1）2010年，贵州农村尚有1300万人面临饮水安全问题，经过几年的努力，饮水安全问题得到明显解决或改善，但截至2015年底仍然有400多万农村人口存在不同程度的饮水困难，到2018年，基本解决全省农村人口的饮水安全问题，但由于极端天气日趋频繁，加上贵州农村居住分散，农村饮水困难问题会在局部地区再次出现。

（2）城镇供水压力大，有四分之一的乡镇、村寨存在供水设施不足等问题，农村水利设施配套较差，农业靠天吃饭问题在贵州许多山区还比较严重。例如，羊场片区有8000多亩（1亩≈666.67m^2）望天水田，光热资源十分丰富，山塘水库也有水，但缺乏"最后1公里"通往农田的灌溉水网（水渠），不仅这8000多亩耕地靠天吃饭，而且具有丰富的光热资源能满足秋冬蔬菜种植（稻-菜两季）的土地利用规划也因缺乏水源保障难以实施，农民增收有难度。

（3）现有部分水利设施老化失修、防洪抗旱抗灾能力弱，水环境保护设施滞后，工业废水废渣、重金属、农药化肥、农村养殖等污染问题在部分地区还较突出。

（4）水土流失、喀斯特石漠化问题仍较突出，截至2011年，贵州石漠化面积高达302.4万hm^2（1hm^2 = 10^{4}m^2），占全省面积的近17.17%，潜在石漠化面积大，与国家生态文明先行试验区的要求还有差距，提升水土保持率，加强水土保持和生态建设任务仍然艰巨。

2. 维持水利工程建设及运转的资金缺口大

地表起伏度大使得修建水利工程的成本增加，加上贵州自身财力不足，过去很长一段时间内水利建设资金缺口大，建设资金主要依赖中央投入。例如，"十五"期间，实际只完成投资额122.79亿元，比规划168.7亿元少45.91亿元（表3.11），缺口资金占规

第 3 章　地表起伏度对交通、水利等基础设施建设成本的影响

表 3.11　贵州"十五"水利基础设施建设分项投资完成及差额情况调查分析表

项目名称	"十五"期间规划投资 中央/亿元	"十五"期间规划投资 地方/亿元	"十五"期间规划投资 其他/亿元	"十五"期间规划投资 合计	"十五"期间完成投资 中央/亿元	"十五"期间完成投资 地方/亿元	"十五"期间完成投资 其他/亿元	"十五"期间完成投资 合计	"十五"期间投资差额与投资规划比较 中央 金额/亿元	中央 比例/%	地方 金额/亿元	地方 比例/%	其他 金额/亿元	其他 比例/%	合计 金额	合计 比例/%
新增有效面积	30.27	21.17	6.63	58.07	10.32	11.67	5.33	27.32	−19.95	−66	−9.50	−45	−1.30	−20	−30.75	−53
新增出洼面积	3.75	1.62	—	5.37	0.30	0.30	—	0.60	−3.45	−92	−1.32	−82	0	0.0	−4.77	−89
新增节水灌溉	5.25	4.75	—	10	0.63	0.23	—	0.86	−4.62	−88	−4.52	−95	0	0.0	−9.14	−91
解决农村饮水困难	8	5	—	13	11.91	3.74	—	15.65	3.91	49	−1.26	−25	0	0.0	2.65	20
水土保持治理	20	10	—	30	3.50	1.12	0.13	4.75	−16.50	−83	−8.88	−89	0.13	—	−25.25	−84
防洪工程	10.64	2.85	—	13.49	5.35	1.96	20.67	27.98	−5.29	−50	−0.89	−31	20.67	—	14.49	107
病险水库治理	6.40	1.60	—	8	3.63	1.86	—	5.49	−2.77	−43	0.26	16	0	0.0	−2.51	−31
地方水电	—	6.77	24	30.77	2.09	1.04	37.01	40.14	2.09	209	−5.73	−85	13.01	54	9.37	30
合计	84.31	53.76	30.63	168.7	37.73	21.92	63.14	122.79	−46.58	−55	−31.84	−59	32.51	106	−45.91	−27

划的 27%；其中，中央实际完成 37.73 亿元，占规划 45%，地方实际完成 21.92 亿元，仅占到规划的 41%。随着一批大中型骨干水源工程和农田水利工程的建成，这些工程的运行维护资金缺口可能会加大。

3. 贵州农业用水及农村生活用水资金缺口较大

贵州农业人口占比大，因地表起伏度较大，贵州山区的住户和耕地分散，山高水低、田（土）高水低。在饮水方面，分散居住的部分农户主要依靠修建小水池、小泵站、小水渠、小水窖、小塘坝五小工程，其水质较差、生活用水成本也大大增加，2015 年时农村居民生活人均日用水量仅为 63L（据《2015 年贵州省水资源公报》）占全国农村居民生活人均日用水量标准（80L）的 79%，仅从量上来看，相当于全省农村饮水困难人口一年缺水约 3000 万 m^3；由于存在饮水困难或临时饮水困难的人口主要分布在比较偏远的山区，集中供水难以解决或成本过高，若按分散供水方式解决这个问题，根据当时贵州劳动力和建材成本折算，修建一个 $30m^3$ 的小水窖需要投入 7448.254 元，其中包括管网的开挖与铺设等，每立方米需要投入 248 元，3000 万 m^3 生活（人饮）用水量共需投入 74.5 亿元（尚未考虑极端天气变化背景）。同时在水质改善方面，居住在贵州山区（尤其是深山区、石漠化山区、高寒少数民族地区）分散村落的居民除了最原始的加热外，很少自行采取其他水质净化措施进行处理。

从农业用水来看，由于地表崎岖破碎，加上喀斯特渗漏严重，除少部分坝子、盆地外，贵州大部分山区的地表径流一部分快速流入深切河谷，一部分快速进入地下深层，地表可方便开发利用的雨水径流资源短缺，农业灌溉难以保证，2013 年全省有效灌溉面积为 131.76 万 hm^2（1976.4 万亩），按户籍农村人均有效灌溉面积约 0.68 亩，而同期全国农田有效灌溉面积为 9.52 亿亩，按户籍农业人口 9 亿人计算，人均有效灌溉面积为 1.05 亩，此外贵州人均保灌的水浇地面积仅约 0.3 亩（全国平均值为 0.5 亩），贵州省农业用水缺口较大。

3.2.2 地表起伏度与贵州水利设施建设关联性分析

"十一五"规划中后期，随着"滋黔工程"、"烟水配套工程"、黔中水利枢纽工程，尤其是《贵州水利建设生态建设石漠化治理综合规划》出台实施，贵州迎来了水利建设快速发展期。但受制于贵州山区地表起伏度大、耕地和居民点分散等特点，贵州除了修建了必要的大中型骨干水源工程外，还修建了众多的小微型（含个别中型）水利设施；这些设施缓解了农村用水难的局面，尤其是喀斯特地貌突出的区域，对保障分散居住的农村村民生产生活用水发挥了很大作用，但这些小微型水利设施建设却凸显出建设成本较高的特点，反映在水库主坝、总支干渠、水库总库容、小水窖单方投资额，单个水利项目投资额，水利项目工程量单方投资额等与地表起伏度存在较高的内在关联性。

1. 地表起伏度与水库主坝单方投资额的关联性分析

依据对贵州部分水库主坝单方投资额的分析（表 3.12）可知，地表起伏度综合评价指数标准化值与水库主坝单方投资额有较高的关联关系（图 3.12），$R^2 = 0.6138$。在地表起伏度较大的区域（如习水县），水库主坝单方投资额远远大于地表起伏度相对较小区域（余庆县、黔西县、天柱县、长顺县等）。这主要是由于地表起伏度较大的区域，材料运输成本、施工成本都较高，同时地表起伏度大的地区多分布在岩溶地貌区，岩土工程性质复杂，石方工程、防水库渗漏工程等量大，单方投资额高。

表 3.12 贵州部分水库主坝单方投资额分析

项目名称	县（市）	地表起伏度综合评价指数标准化值（多因子综合）	地表起伏度标准化值	主坝工程量/m³	投资额/万元	水库主坝单方投资额/(万元/m³)
天柱鱼塘水库	天柱县	29.73	54.79	11.138	2432.50	218.40
余庆团结水库	余庆县	11.73	49.08	9.22	637.39	69.13
习水东风水库	习水县	50.08	88.19	34.600	46500.00	1343.93
长顺猛坑水库	长顺县	27.6	73.76	3.363	2550.77	758.48
高车水库	福泉市	32.07	43.86	3.503	2163.00	617.47
息烽鱼简河水库	息烽县	33.13	44.43	21	4433.00	211.10
花山水库	石阡县	46.96	57.10	3.03	2250.07	742.60
黔西附廓水库	黔西县	31.32	37.36	51.35	1952.00	38.01

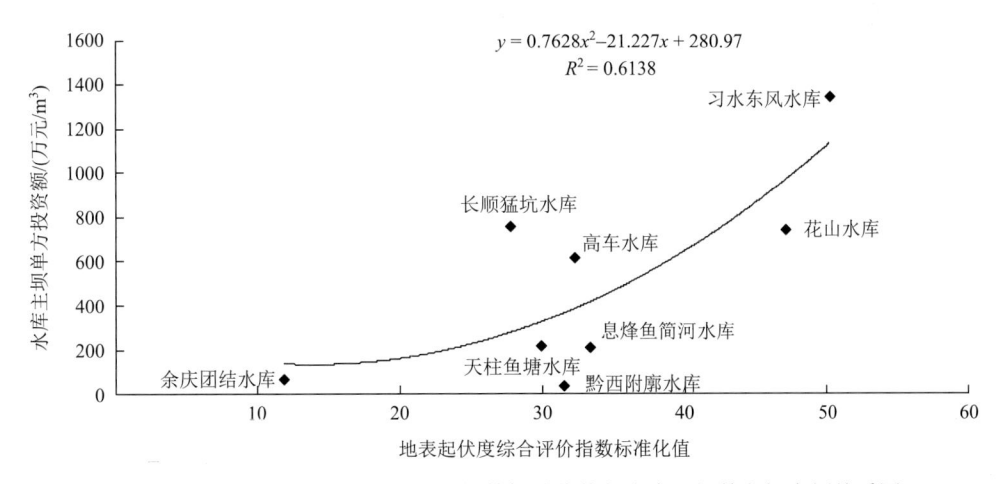

$$y = 0.7628x^2 - 21.227x + 280.97$$
$$R^2 = 0.6138$$

图 3.12 贵州地表起伏度综合评价指数标准化值与水库主坝单方投资额关系图

2. 地表起伏度与水库总支干渠投资的关联性

根据相关数据测算分析，总干渠、支干渠的每公里投资额与地表起伏度也呈现较高的关联性，同样在地表起伏度较大区域呈正相关关系（图 3.13 和图 3.14）。其原因在于，上述区域的总支干渠建设中受到不同地质岩性、地貌等环境影响因素干扰限制较多，在地表起伏度较高区域，水渠建造会涉及较高密度的引水渡槽架设和涵洞建设，工程量加大，投资额相较一般水渠要高。因此，地表起伏度越大，水库总支干渠投资越高。

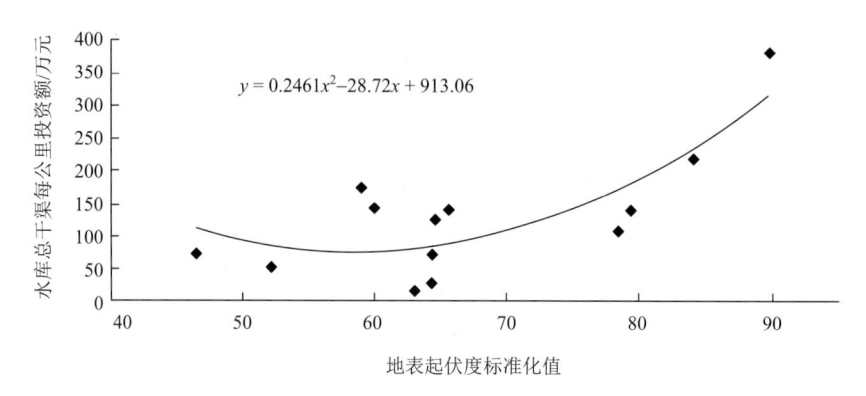

图 3.13　贵州地表起伏度标准化值与水库总干渠投资关系图

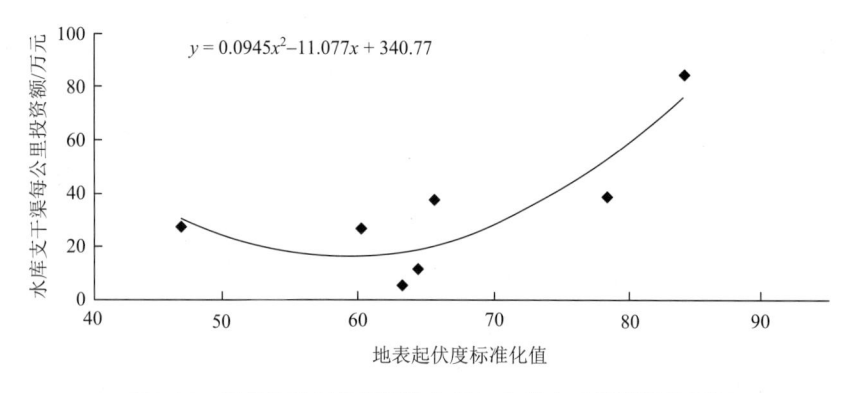

图 3.14　贵州地表起伏度标准化值与水库支干渠投资关系图

3. 地表起伏度与水库总库容单方投资额的关联性

根据对国内部分省（区、市）2011~2015 年地表起伏度与水库建设成本的典型案例进行分析，地表起伏度与水库总库容单方投资额呈较高的线性正相关关系（$R^2 = 0.81$），见表 3.13 和图 3.15。其中，贵州水库建设的平均总库容单方投资额在国内处于较高水平，单方投资额达 11.70 元/m^3，是多数省（区、市）的 1.4~3 倍（内蒙古为 3.95 元/m^3，辽宁为 4.12 元/m^3）。地表起伏度较大的区域，总库容单方投资额也相对较高，陕西单方投资额达 7.21 元/m^3，重庆达 6.46 元/m^3。在地表起伏度较小的区域，总库容单方投资额相对较低。例如，地表起伏度较小的山东，总库容单方投资额为 4.23 元/m^3。区域水库总库容单方投资额与地表起伏度呈正相关关系，地表起伏度越大，水库总库容单方投资额越高。

表 3.13 国内部分省（区、市）地表起伏度综合指数与典型水库总库容单方投资额的相关性关系

序号	省（区、市）	水库数/座	地表起伏度综合评价指数（多因子综合）	总库容/万 m³	总投资/万元	单方投资额/元	建成年份
1	山东	10	0.0609	18223	77000	4.23	2005~2011
2	黑龙江	3	0.1707	66900	289880	4.33	2005~2011
3	内蒙古	2	0.2076	10407	41110	3.95	2005~2011
4	辽宁	3	0.2286	169800	699900	4.12	2005~2011
5	江西	4	0.2998	107810	545400	5.06	2005~2011
6	福建	2	0.4619	17700	144000	8.14	2005~2011
7	陕西	5	0.6051	18241	131600	7.21	2005~2011
8	重庆	7	0.6201	105179	679000	6.46	2005~2011
9	贵州	16	0.7370	24767	289850	11.70	2005~2011

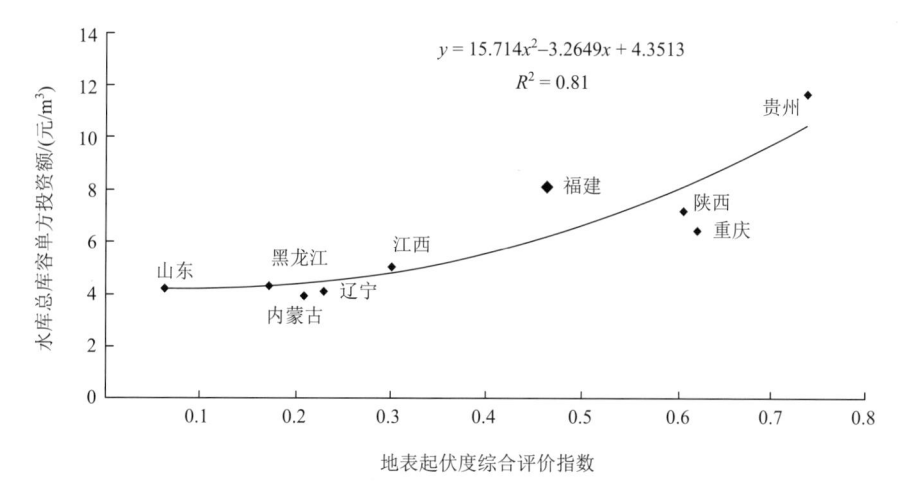

$$y = 15.714x^2 - 3.2649x + 4.3513$$
$$R^2 = 0.81$$

图 3.15 地表起伏度综合评价指数与水库总库容单方投资额关系图

4. 地表起伏度与小水窖单方投资额的关联性

根据对贵州 10 个县（市）的小水窖建设投资进行的分析，小水窖单方投资额均值都较高，其根源在于大多数山区村落分散，难以集中供水，只能依靠建立小水窖解决用水问题，建设中需要涉及大量土石开挖和窖体夯实硬化防渗处理，导致单位造价相对较高。因此，地表起伏度大的地区，投资相对较高（表 3.14）。

表 3.14 贵州典型县（市）地表起伏度标准化值与小水窖单方投资额分析

县（市）	地表起伏度标准化值（多因子综合）	小水窖单方投资额均值/（元/m³）
黔西县	37.36	118.80
兴仁市	42.51	120.45
普定县	49.14	126.50
贞丰县	62.13	132.00
兴义市	65.03	126.59

续表

县（市）	地表起伏度标准化值（多因子综合）	小水窖单方投资额均值/（元/m³）
赫章县	66.09	136.13
关岭县	73.63	143.00
册亨县	74.36	135.30
水城县	78.18	131.07
紫云县	100	139.70

从小水窖单方投资额均值差异分析（图3.16）可知，除个别县（市）（兴义市、册亨县、水城县）外，地表起伏度越大的区域，小水窖的单方投资额均值在整体趋势上越高，差异倍率在25%以内。

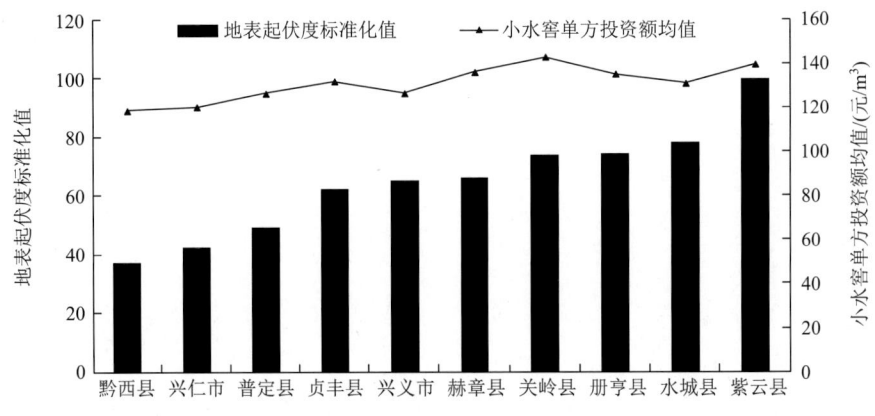

图3.16 贵州不同县（市）地表起伏度标准化值与小水窖单方投资额均值差异分析

5. 地表起伏度与单个水利项目投资额的关联性分析

根据国内典型省份地表起伏度综合评价指数与2011年、2012年单个水利项目投资额进行分析（表3.15，图3.17和图3.18）可知，地表起伏度综合评价指数与单个水利项目投资额呈明显的负相关关系。例如，天津的地表起伏度综合评价指数较低（为0.09），但平均单个水利项目投资额却较高。2011年，天津单个水利项目投资额为16219.42万元，2012年为15872.25万元。贵州、云南、西藏等地区的地表起伏度综合评价指数较高，单个水利项目投资额却较低，如贵州省的地表起伏度综合评价指数较高（为0.84），2011年单个水利项目投资额仅为1781.26万元，2012年为2075.33万元。从图3.17和图3.18反映的结果也可以看出，单个水利项目投资额与地表起伏度综合评价指数负关联度较高，2011年$R^2=0.6477$，2012年$R^2=0.5694$。由此可知，山区和平原地区的水利项目投资存在明显差异，平原地区地形地貌难以成库，很多平原地区必须人工开挖塘库；山区虽然有自然成塘成库的地形，但位置与水源、生产生活的空间需求不一定匹配；同时山区水利设施建设具有数量多、分布零散、建设规模小、单个投资额度小的特征，过去山区的水利建设未得到应有的重视而滞后，长期欠账。因此，在水利设施建设中，应区别山区与平原丘陵区域的差别，了解自身的特点，谋划布局、因地制宜，大中小微兼顾。

表 3.15 国内典型省（区、市）地表起伏度综合评价指数与单个水利项目投资额分析

省区市	地表起伏度综合评价指数	2011 年单个水利项目投资额/万元	2012 年单个水利项目投资额/万元
上海	0.01	15708.29	8964.74
江苏	0.01	12823.27	12155.52
天津	0.09	16219.42	15872.25
黑龙江	0.18	10018.27	7139.81
山东	0.08	7565.02	6107.12
安徽	0.20	9390.19	10738.32
内蒙古	0.16	14375.43	11310.10
吉林	0.29	14790.17	6664.46
辽宁	0.26	15331.68	13044.22
河北	0.36	14309.03	8836.26
新疆	0.28	14266.25	9812.79
浙江	0.60	9062.74	11087.62
江西	0.41	13256.60	13148.71
广东	0.52	9596.04	10390.97
湖北	0.52	7041.63	4453.93
宁夏	0.32	6459.58	10494.65
山西	0.57	5699.38	12250.37
福建	0.64	2725.80	1356.52
广西	0.67	3134.13	1621.86
湖南	0.57	1915.10	3387.87
青海	0.47	2339.36	2144.54
甘肃	0.50	6999.51	6895.59
重庆	0.82	5213.18	5307.90
四川	0.97	10798.17	5302.37
西藏	0.70	5877.62	5300.52
贵州	0.84	1781.26	2075.33
云南	0.95	4753.93	5116.98

数据来源：《中国水利年鉴 2012》《中国水利年鉴 2013》。

6. 地表起伏度与水利项目工程量单方投资额的关联性分析

根据地表起伏度综合评价指数与水利项目工程量单方投资额进行分析（表 3.16 和图 3.19～图 3.22）可知，地表起伏度综合评价指数与水利项目工程量单方投资额呈较高的正相关关系，地表起伏度综合评价指数与 2011 年、2012 年水利项目工程量单方综合投资额关联度较高，其 R^2 值分别为 0.6186、0.5740。这里的综合投资指年度水利项目的

建安投资（指年度水利项目的建筑工程与安装工程投资）、设备器具购置、其他投资等，工程量方为土方、石方和混凝土体积合计。

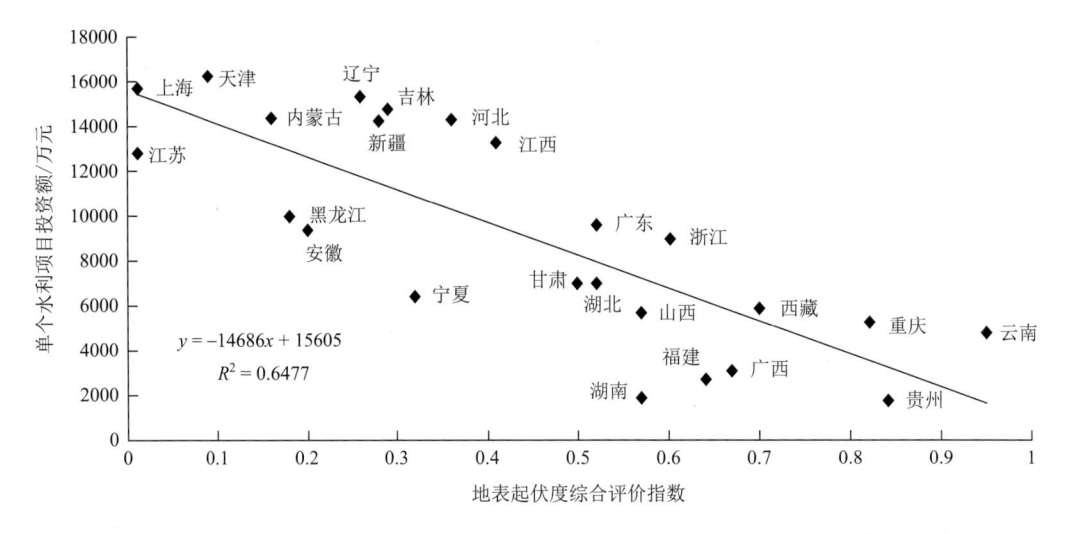

图 3.17　全国部分省份地表起伏度综合评价指数与 2011 年单个水利项目投资额关系图

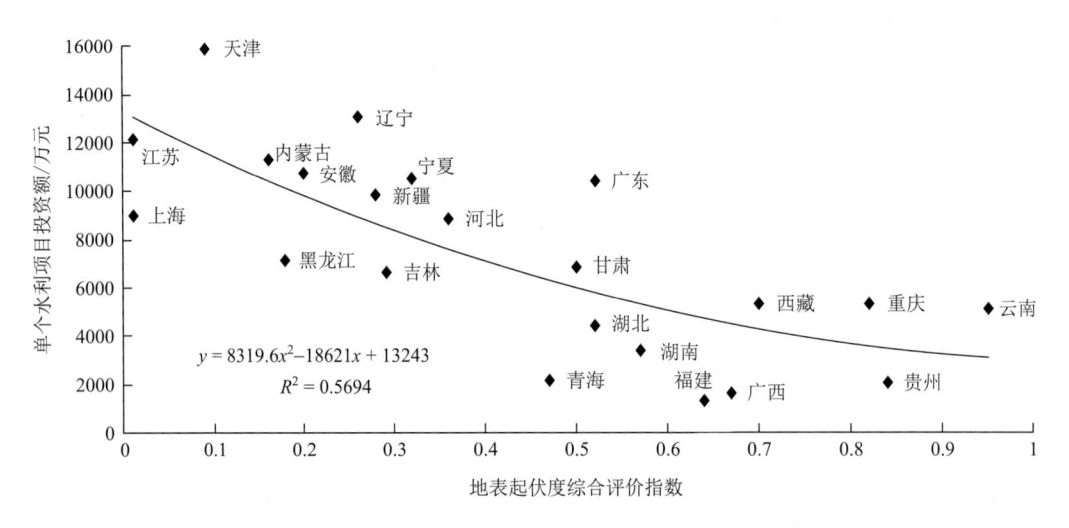

图 3.18　全国部分省份地表起伏度综合评价指数与 2012 年单个水利项目投资额关系图

从图 3.20 和图 3.22 可知，地表起伏度综合评价指数与水利项目单方建安工程投资额也呈现较高的正相关关系，其 R^2 值分别为 0.6393、0.5150。结果表明，地表起伏度综合评价指数越大，地理特征越复杂，重山区特征越突出，水利建设将增大土石方、混凝土工程量及施工难度，从而加大投资成本。表 3.16 表明：地表起伏度综合评价指数大的重山区的水利项目建设单方成本为平原丘陵区域的 2~3 倍，有的甚至达到 5 倍，例如，贵州、云南、四川等山区的水利项目单方建设成本明显高于河南、河北等平原地区，即地表起伏度综合评价指数越大的区域（重山区），水利项目的单方工程造价越高。

表 3.16　地表起伏度综合评价指数与水利项目工程量单方投资额分析

省市区	地表起伏度综合评价指数	2011年水利项目工程量单方综合投资额/元	2011年水利项目单方建安工程投资额/元	2012年水利项目工程量单方综合投资额/元	2012年水利项目单方建安工程投资额/元
河南	0.18	68.50	45.44	79.30	53.99
内蒙古	0.16	49.50	38.55	44.40	34.80
吉林	0.29	50.97	46.21	88.88	87.00
河北	0.36	61.85	43.46	88.98	61.93
新疆	0.28	62.88	46.96	75.51	60.16
江西	0.41	86.56	73.29	67.25	52.02
湖北	0.52	211.63	46.69	95.59	45.21
宁夏	0.32	32.38	31.67	31.90	31.09
山西	0.57	121.61	63.57	110.88	63.90
福建	0.64	161.11	126.49	121.23	104.35
青海	0.47	70.62	60.02	63.71	60.08
甘肃	0.50	32.07	32.07	30.93	24.90
重庆	0.82	133.73	103.36	183.06	140.38
四川	0.97	165.00	141.15	121.80	96.44
西藏	0.70	137.00	132.32	189.94	161.79
贵州	0.84	246.53	190.44	229.16	206.66
云南	0.95	120.80	108.08	173.38	148.67
辽宁	0.26	65.32454	48.48197	154.1921	81.49347
浙江	0.60	168.8771	123.2649	170.2734	122.6357
湖南	0.57	153.9587	138.5264	273.65	222.77

数据来源：《中国水利年鉴2012》《中国水利年鉴2013》。

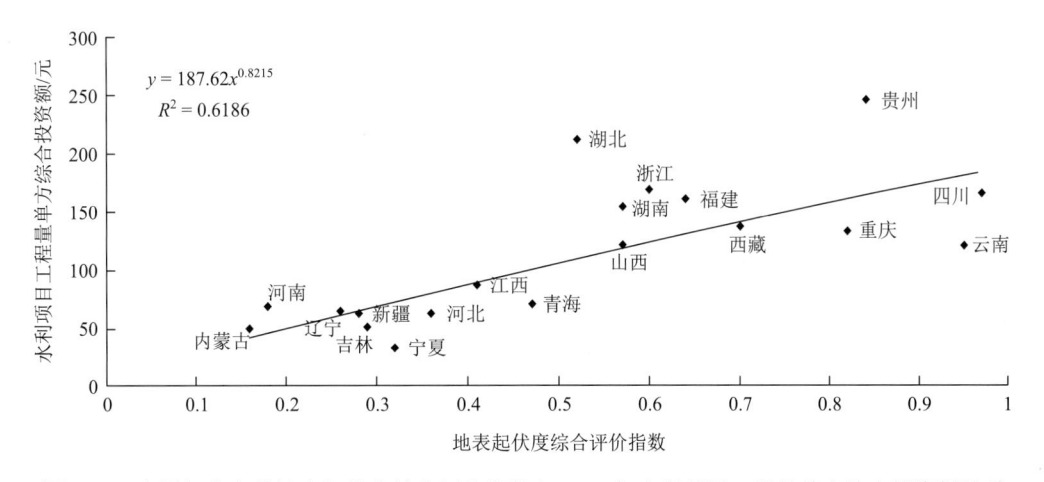

图 3.19　全国部分省份地表起伏度综合评价指数与2011年水利项目工程量单方综合投资额关系

拟合方程：$y = 187.62x^{0.8215}$，$R^2 = 0.6186$

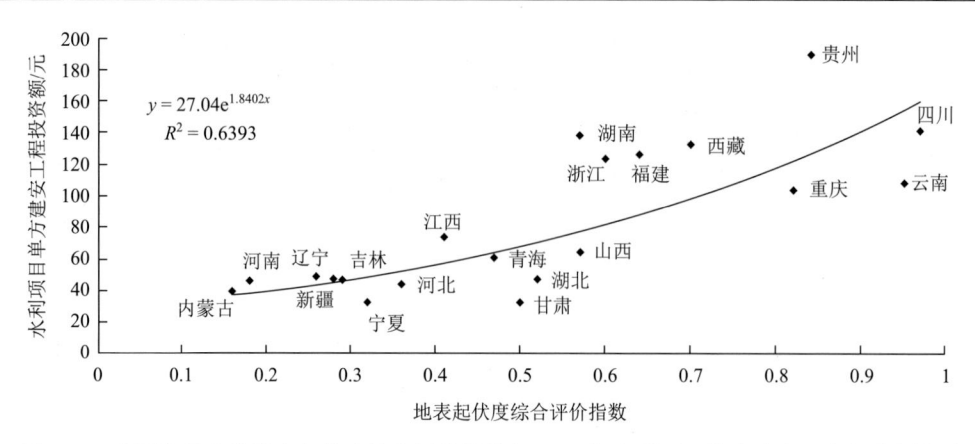

图 3.20　全国部分省份地表起伏度综合评价指数与 2011 年水利项目单方建安工程投资额关系

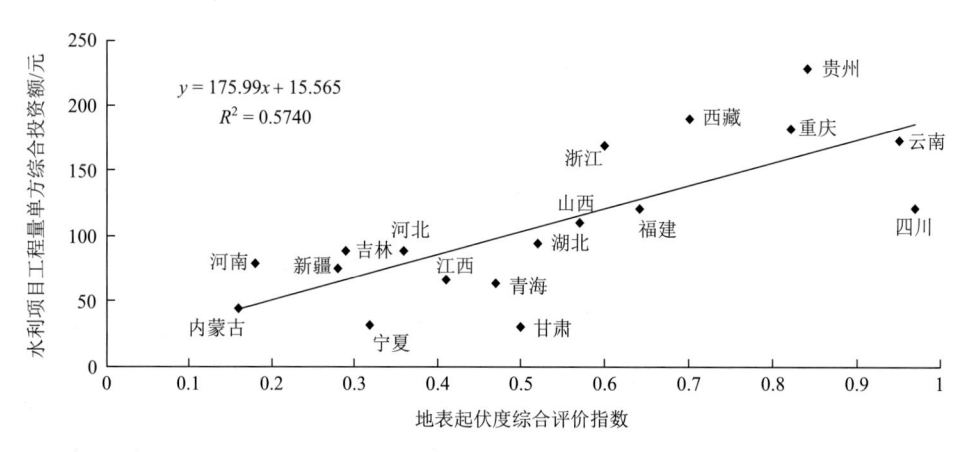

图 3.21　全国部分省份地表起伏度综合评价指数与 2012 年水利项目工程量单方综合投资额关系

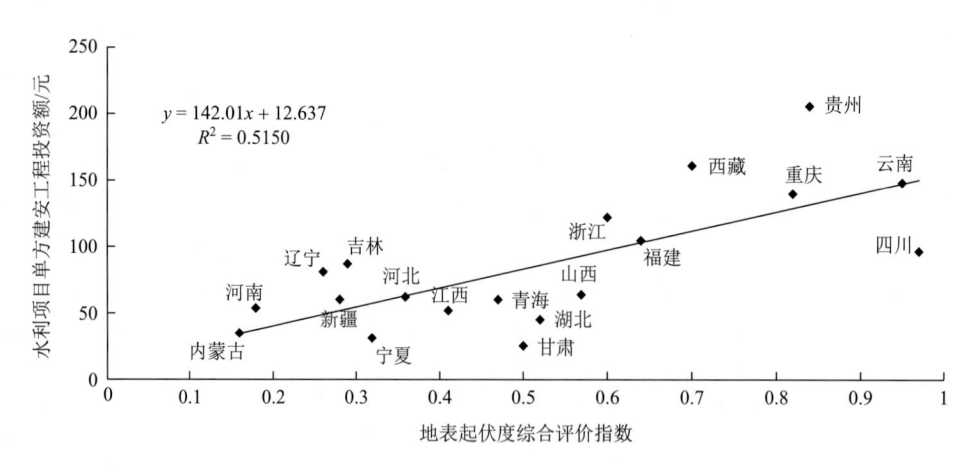

图 3.22　全国部分省份地表起伏度综合评价指数与 2012 年水利项目单方建安工程投资额关系

7. 基本结论

综上所述，地表起伏度与水利设施建设有比较明显的相关关系，相关系数或拟合

系数 R^2 位于 0.5～0.8，一般而言，地表起伏度越大的区域，水利项目建设投资成本越高。

（1）地表起伏度越大的区域，水库主坝单方投资额越高。地表起伏度与水库主坝单方投资额呈现较高关联度，其 R^2 值为 0.6138。地表起伏度大的地区水库主坝单方投资额远远大于地表起伏度相对较小区域。

（2）地表起伏度越大的区域，水库总库容单方投资额也越高。在分析的样本水库中，地表起伏度与水库总库容单方投资额之间呈正相关关系，其相关系数 R^2 值达到 0.81。这表明，在不同地理环境区域，随地表起伏度增大，水库总库容单方投资额随之增大。地表起伏度越大的区域，小水窖单方投资额也越高。基于对贵州 10 个县（市）的小水窖建设投资分析，小水窖单方投资额均较高且比水库总库容单方投资高出很多，其根源在于大多数山区只能依靠建立小水窖解决分散用水问题，建设涉及大量土石开挖、窖体夯实硬化防渗处理、水窖建筑材料的零散运输等，导致造价相对较高。

（3）地表起伏度越大的区域，单个水利项目投资额越低。基于 2011 年和 2012 年全国水利建设相关资料，单个水利项目投资额与地表起伏度呈现一定的负相关关系，其关联度较高，R^2 值在 0.5694～0.6477。这一现象表明山区水利设施建设具有数量多、小型化、分布散、投资相对零散的特征，因此在水利设施建设中，应区别山区与平原丘陵区域的差别，了解自身的特点，谋划布局、因地制宜，大中小微兼顾。

（4）地表起伏度综合评价指数越大的区域，水利项目工程量单方综合投资额越高且地域差异明显。地表起伏度综合评价指数与 2011 年、2012 年水利项目工程量单方综合投资额呈较高的正相关关系，其 R^2 值分别为 0.6186、0.5740；与水利项目单方建安工程投资额也呈现较高的正相关关系，其 R^2 值分别为 0.6393、0.5150。通过对样本水利工程项目的分析，地表起伏度综合评价指数越大的区域（贵州、云南、重庆等），地表环境条件越复杂，山区特征越突出，水利项目建设中将增大土石方、混凝土工程量及施工难度，从而加大投资成本，单方成本多数是平原丘陵区域的 2～3 倍，有的甚至达到 5 倍。从区域上分析，地表起伏度综合评价指数与水利项目工程量单方综合投资额呈明显的地域差异，反映出西部高于中、东部的特征。结合这些区域的水文环境特点可知，东部区域（如江苏、浙江）水网发达，西部区域（如云南）多属山区，两者均反映出较高的单方造价。从单方综合投资额与单方建安工程投资额相互比较可知，东部区域比西部区域的差异更大，表明东西部间水利项目工程量单方综合投资额还受到较多非自然因素的影响（如水库规模、用水需求的大小和城乡需水差异、劳动力及材料成本等）。

贵州属于典型的重山区，地表起伏度大，贵州山区水利设施建设具有高成本投入的特点，水库建设单方投资是我国中东部平原低丘地区的 1.5～3 倍。

第4章 地表起伏度对农林业发展成本的影响

4.1 地表起伏度对农业生产成本的影响

地表起伏度与农业生产的关系非常密切，直接影响土地的利用方式和农作物的生长。研究地表起伏度对农业的影响，可为农业用地分配与结构优化、农作物布局、农田基本建设布局等提供参考依据。

平原地区地表起伏度最小，易于灌溉和机耕，所以平原自古以来就是农业生产的重要基地。丘陵地区地表起伏度较小，适宜农垦和经济林种植，适合发展多种经营，也是重要的农业发展区，但主要问题是机耕较困难，水土流失严重，引水灌溉难度较大。山区地表起伏度较大，农耕地面积小，耕地零散，灌溉困难，因此相对适合发展林业、牧业或混农林牧业。高原地区因为地理位置和海拔及气候条件的差异，农业利用条件也相差比较大。

中国既是一个山地大国，也是农业大国。中国山区（含山地、高原、丘陵）面积约占陆地总面积的 2/3，山区人口占全国人口的近 1/2，农业人口占比相对较大。据统计，我国山区粮食产量占全国的 55%以上，油料产量约占 49%。山区农业经济的发展潜力巨大，在我国国民经济发展和乡村振兴中占有十分重要的地位。然而，长期以来，山区农业生产的发展受到包括地表起伏度在内的地理条件、耕作制度、种植规模等因素的影响，山区农业生产依然以人、畜力为主，机械化水平与平原相比严重滞后，成本高，效率低，许多地区地处偏远，交通闭塞。这些地区的农业大多还处于自给自足阶段，2014年山区超过一半的农村人口属中低收入群体，山区人均 GDP 不足长江中下游平原地区的 50%。山区多属欠发达地区，经济发展滞后，农业投入不足，导致水利、灌溉等农业基础设施落后、道路条件差。虽然财政支农扶持农业生产，有利于巩固农业的基础地位，有利于促进农业发展，有利于改善"三农"问题，在改善农业生产条件和为农业生产服务方面发挥了重要作用，但我国的财政支农难以满足山区现代农业高质量发展所需，农业实际投入与现代农业发展要求相比仍存在较大的差距。特别是一些地表起伏度较大的地区，农业基础设施薄弱，农业生产条件较差，抗击旱涝灾害的能力弱，导致山区，尤其是山地，农业生产水平低，农村经济发展落后，要发展山地现代农业、山地特色农业，仍需对其进行较多投入。

本章主要讨论地表起伏度与农业生产的一般关系，其中地表起伏度的数据来源于第 2 章，农业指标数据来源于《中国统计年鉴》，见表 4.1。

第4章 地表起伏度对农林业发展成本的影响

表4.1 2009年我国各省（区、市）地表起伏度与农业生产指标数据

省（区、市）	表面积指数	坡度大于6°的面积占比/%	平均海拔/m	平均相对高差/m	峰谷密度/（个/km²）	耕地面积占陆地国土面积的比例/%	人均耕地面积/hm²	水田占耕地比例/%	成灾面积占耕地面积的比例/%	成灾面积占受灾面积的比例/%	粮食单产/（t/hm²）	平均每人占有粮食/kg	水土流失治理面积占耕地面积的比例/%	化肥施用量粮食播种面积/（kg/hm²）	农业机械总动力/万kW	机电灌溉面积占有效灌溉面积的比例/%	农村居民纯收入/（元/人）
四川	1.3464	84.45	2583.14	332.88	0.28	12.26	0.28	49.00	11.72	43.59	4.98	391.40	1.03	386.33	4.96	10.70	4462.1
云南	1.3260	91.68	1882.30	305.12	0.38	15.40	0.36	26.60	11.81	42.99	3.75	346.00	0.86	408.09	3.56	11.77	3369.3
贵州	1.2809	91.95	1110.38	232.81	0.73	25.47	0.37	33.00	8.96	51.54	3.91	307.80	0.67	289.81	3.58	7.39	3005.4
重庆	1.2789	82.85	733.01	255.21	0.46	27.12	0.34	49.20	7.92	35.76	5.10	399.20	1.01	409.06	4.33	27.63	4478.4
陕西	1.2655	78.79	1128.18	212.37	0.49	19.69	0.46	26.40	14.10	46.76	3.61	300.30	2.26	578.49	4.53	64.80	3437.6
福建	1.2600	86.16	485.39	87.28	0.40	10.95	0.21	84.50	9.62	48.12	5.42	184.40	1.08	980.50	8.83	15.61	6680.2
西藏	1.2437	64.18	4726.32	234.54	0.24	0.29	0.39	74.50	5.53	37.74	5.34	313.80	0.11	277.45	9.91	2.08	3531.7
广西	1.2338	72.79	393.79	186.83	0.36	17.48	0.26	51.20	11.12	41.35	4.77	302.60	0.45	747.51	6.18	17.88	3980.4
湖北	1.1946	54.18	435.71	140.70	0.30	25.08	0.47	59.80	11.41	29.12	5.75	404.00	0.95	848.10	6.55	59.05	5035.3
浙江	1.1858	62.84	322.74	190.64	0.27	18.86	0.29	80.50	12.65	52.48	6.12	153.20	1.25	725.53	12.41	72.47	10007.3
北京	1.1850	52.97	368.09	160.62	0.29	13.78	0.35	79.20	4.32	66.67	5.51	72.30	2.21	609.81	11.72	92.82	11668.6
湖南	1.1819	64.58	358.49	161.47	0.43	17.88	0.20	78.20	16.52	34.30	6.05	454.00	0.76	482.59	11.49	43.45	4909
山西	1.1687	71.42	1126.87	149.09	0.37	25.94	0.64	22.10	30.30	68.77	2.99	275.50	1.26	331.46	6.55	75.39	4244.1
甘肃	1.1646	51.87	2098.88	156.87	0.27	10.26	0.63	22.10	14.36	35.57	3.31	344.30	1.68	302.55	3.91	35.31	2980.1
广东	1.1601	60.74	217.66	144.16	0.25	15.90	0.18	74.00	6.68	29.39	5.18	137.10	0.48	918.65	7.74	34.87	6906.9
江西	1.1532	59.21	249.47	54.51	0.25	16.93	0.32	86.20	23.24	48.59	5.56	453.50	1.53	376.74	11.88	31.09	5075
青海	1.1402	49.65	4049.72	154.43	0.25	0.75	0.44	34.10	13.64	46.25	3.73	184.80	1.50	290.17	7.16	12.95	3346.2
新疆	1.1250	31.36	1940.55	51.21	0.12	2.50	0.97	95.00	18.86	62.54	5.80	537.10	0.10	780.97	3.64	51.26	3883.1
河北	1.1105	41.43	547.58	105.08	0.20	32.68	0.41	58.00	26.75	62.48	4.68	415.10	1.02	508.65	16.07	97.54	5149.7
宁夏	1.0852	41.27	1567.69	90.45	0.32	21.36	0.85	36.60	11.47	34.70	4.12	548.20	1.78	429.31	6.34	39.57	4048.3

续表

省（区、市）	表面积指数	坡度大于6°的面积占比/%	平均海拔/m	平均相对高差/m	峰谷密度/(个/km²)	耕地面积占陆地国土面积的比例/%	人均耕地面积/hm²	水田占耕地比例/%	成灾面积占耕地面积的比例/%	成灾面积占受灾面积的比例/%	粮食单产/(t/hm²)	平均每人占有粮食/kg	水土流失治理面积占耕地面积的比例/%	化肥施用量/粮食播种面积/(kg/hm²)	农业机械总动力/万kW	机电灌溉面积占有效灌溉面积的比例/%	农村居民纯收入/(元/人)
吉林	1.0760	36.72	409.72	86.70	0.19	29.52	1.07	13.90	29.45	61.03	5.56	898.90	0.64	393.43	3.62	88.56	5265.9
海南	1.0607	29.40	194.67	85.06	0.06	21.45	0.32	55.10	11.96	72.50	4.36	218.40	0.04	1013.01	5.44	7.52	4744.4
辽宁	1.0590	33.69	247.29	80.53	0.19	27.99	0.59	19.60	25.31	47.61	5.09	368.60	1.53	427.64	5.25	90.82	5958
安徽	1.0583	22.53	128.03	65.19	0.13	41.03	0.36	48.50	5.58	15.23	4.65	500.50	0.37	473.54	8.92	85.83	4504.3
河南	1.0433	25.38	251.88	53.70	0.15	47.44	0.29	48.70	13.41	35.59	5.57	569.80	0.56	649.24	12.39	80.75	4807
内蒙古	1.0368	20.66	1014.06	56.51	0.17	6.04	1.28	28.00	33.44	50.10	3.65	819.60	1.48	316.00	4.05	99.53	4937.8
黑龙江	1.0223	25.79	313.50	66.05	0.11	26.01	1.52	12.00	26.46	42.33	3.82	1137.80	0.39	174.61	2.88	98.26	5206.8
山东	1.0192	10.93	97.61	29.83	0.02	47.94	0.38	62.00	15.73	50.47	6.14	457.10	0.61	672.68	14.74	92.20	6118.8
天津	1.0062	22.24	17.08	9.13	0.01	39.02	0.57	61.20	10.88	81.36	5.10	130.00	0.10	848.01	13.49	96.98	8687.6
江苏	1.0027	1.51	15.61	3.71	0.00	46.41	0.53	75.30	8.25	32.67	6.13	419.40	0.22	652.50	8.00	92.66	8003.5
上海	1.0001	4.00	2.79	0.70	0.00	38.71	0.51	99.40	3.28	50.00	6.30	63.90	0.00	651.84	4.07	100.00	12482.9

4.1.1 地形要素对农业生产的影响途径

地表起伏度是地貌形态特征的一个重要综合指标。反映地形地貌特征要素的很多指标如坡度、海拔、相对高差、地表切割度等都是表征地表起伏度的因子,但地貌特征要素的含义更广,如坡向、走向等,它们都与农业生产的关系非常密切。地貌或地表是农业生产的场所,控制着水、热的分配与地表物质的移动,对农业生产有多方面的影响,具体如下:①影响农业生产基地布局与建设,规模较大的农作物商品基地一般布局在地表起伏度比较小的地区;②影响农作物经营方向和模式,高海拔温湿地区适合喜凉作物,一年一季,低海拔湿润地区适合水稻等热作,一年两季等;③影响农业生产规模效益,地表起伏度小的地区适合规模化种植,地表起伏度大的地区只能分散种植;④影响农业生产成本,平坦地区适合机械化操作,水土流失较轻,灌溉、施肥、管理等也较方便,土地整治成本、土地和农作物的管护养护成本较低,而地表起伏度高的地区则相反;⑤地表起伏度还影响耕地质量、水旱地比例等。本书具体阐述海拔、坡度、相对高差等对农业生产的影响。

1. 海拔对农业生产的影响

各种农作物生长需要一定的自然条件,随着海拔升高,空气越来越稀薄,对地面辐射的吸收少,保温作用减弱,气温、积温随海拔升高下降,且同一座山,随着海拔升高,白昼变长,日照增加。海拔每升高 100m,气温一般降低 0.6℃;当海拔上升到某一极限时,某些农作物就不能生长,农作物布局和耕作制度也会受到影响[图 4.1(a)]。海拔不同,作物安全生育期不同,适宜的品种也不同,生产一季或两季的情况也不同[图 4.1(b)]。不同区域的自然条件、社会经济条件不同,形成各自的农作物种植模式和分布格局。

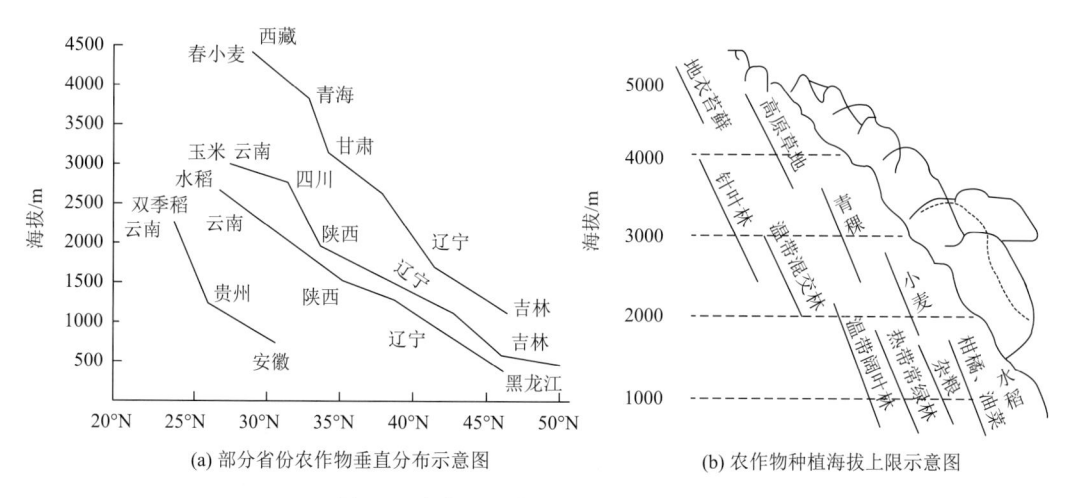

(a) 部分省份农作物垂直分布示意图　　(b) 农作物种植海拔上限示意图

图 4.1　海拔和纬度与农业生产的关系图

20世纪80年代，在丽江地区，随着平均海拔的增加，大春粮作占比相应增加，在2000m左右达到最大的种植占比；然后随着海拔的增加，粮作占比又随之下降。海拔1500～2500m地带，大春粮作占比大于80%，是当前丽江地区粮作的主要产区。海拔不仅影响粮食耕作占比，而且影响粮食产量。在丽江海拔2000～2400m地带，冬小麦丰产潜力非常大；蚕豆的单产在海拔1800m处最高，而海拔高于2600m后，由于冬季冻害及春季晚霜危害，单产则很低而且不稳。

2. 坡度对农业生产的影响

坡度严重影响水土流失，影响耕地的质量、数量及其分布，进而全方位影响农业生产。不同的作物对耕地的坡度要求不同，且农业用地方式、农业机械化和农田水利建设与坡度也有密切的关系。农业用地方式必须考虑坡度的大小，对于农耕地一般要求坡度在15°以内，15°～20°为修筑梯田的坡度范围，25°以上的坡地原则上应退耕作为林、牧用地。地面坡度还会直接影响农业机械化。一般坡度在8°以下机引犁可以工作，坡度再增大，耗油量就会增加，耕作质量下降。另外，坡度还直接影响排灌水平和工程设计。当坡度大于2°时，进行地面灌溉就比较困难；对于排水，坡度在3°以下易产生排水不畅的现象，要注意修建排水系统以防涝害，小于1°的田面易成涝灾，必须修建排水渠系。

除降雨外，坡耕地的坡度、土壤厚度和耕作方式是影响坡耕地水土流失的重要因素。对坡度在15°以上的坡耕地，要因地制宜地对其实行以增厚土壤、降缓坡度、治理水系和修建配套水池为中心的工程改造；对坡度15°以下的坡耕地，通过网格式垄作、覆盖栽培及平衡施肥、顺坡耕作等农耕措施，不仅能显著控制坡耕地的水土流失，达到水土保持的目的，而且也能明显提高农作物产量，进而保证农户在参与水土保持工作中得到经济收益，提高农户参与水土保持工作的积极性。

发展山高坡陡地区农业生产，需要付出比平坝和低山坡缓地区多几倍的努力，以及更多的人力、物力和财力，才能取得相同或相近的经济效益。

3. 相对高差对农业生产的影响

相对高差影响地表水、土、热等资源的分布和再分配。一方面，相对高差（切割度）通过影响热量（温度、积温等）分异，为立体农业的发展创造了条件；另一方面，地表相对高差过大，导致地块分散，可耕地资源减少，会造成农业规模化种植和机械化操作困难；同时，相对高差过大容易产生水土流失和喀斯特石漠化问题、土层变瘠薄、保水保肥能力下降、土壤墒情变异、农地抗旱涝灾害能力减弱等，此外还导致农田水利基础设施建设困难、成本高，增加农地耕作难度等。

4.1.2 地表起伏度对耕地数量和质量的影响

地表起伏度直接影响耕地类型、耕地面积比例、人均耕地面积、农业人口密度和粮食播种面积等，对耕地数量和耕地质量都产生了不可忽视的影响。

1. 地表起伏度对耕地数量的影响

将全国 31 个省（区、市）耕地面积占本省份总面积的比例与地表起伏度标准化值进行回归分析（图 4.2），可知随地表起伏度标准化值增大，耕地面积占总面积比例不断减小，呈现负相关性。从图 4.3 可知，耕地面积占本省份总面积比例也随着坡度的增加而减小，当坡度大于 6°的土地面积占比在 0%～20%时，耕地面积比例随坡度变化的速率较大；当坡度大于 6°的土地面积占比大于 20%时，耕地面积比例随坡度变化的速率较小。这是由于当坡度增大到一定程度时，坡地耕作困难，只能以退耕还林还草的方式保持水土，耕地面积占本省份总面积比例随坡度的增大缓慢减少，但却不能接近零，因为即使坡度很陡，仍然有部分农户需要以耕种为生（在地表坡度较陡的中西部山区省份尤为突出），图 4.3 中曲线缓慢下降逐步趋于稳定。

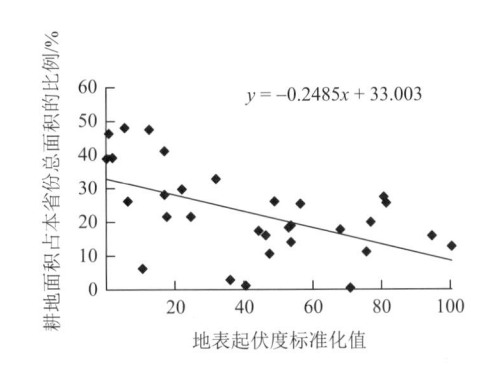

图 4.2　2009 年 31 个省（区、市）地表起伏度标准化值与耕地面积占本省份总面积比例的关系图

图 4.3　2009 年 31 个省（区、市）耕地面积占本省份总面积与地表坡度大于 6°土地面积占比的关系

将耕地面积占本省份总面积比例分别与坡度、平均海拔和平均相对高差进行相关性分析，得出相关系数依次为-0.60、-0.73 和-0.56，说明耕地面积占本省份总面积比例受地区海拔的影响最大，从图 4.4 可以看出当平均海拔在 0～1000m 时，耕地面积占本省份总面积的比例随海拔升高下降得很快；当平均海拔大于 1000m 时，耕地面积占本省份总面积的比例随海拔变化的速率较小。

其次是地表坡度（图 4.3），耕地面积占本省份总面积的比例在地表坡度大于 6°土地面积占比低于 20%时下降较快（地表起伏比较平缓的省份），随坡度增长呈下降趋势。而当地表坡度大于 6°土地面积占比高于 20%后，耕地面积占本省份总面积的比例下降缓慢，这是因为即使像贵州这样地表陡峻的山区省份，仍有一部分农户靠种地为生，耕地面积占总面积的比例下降较慢。

最后是相对高差，从图 4.5 可以看出，当平均相对高差为 0～50m 时，耕地面积占本省份总面积的比例随平均相对高差的增加而急速下降；当平均相对高差大于 50m 时，耕地面积占本省份总面积的比例随平均相对高差变化的速率较小，说明在海拔大于 1000m 或相对高差大于 50m 时，海拔和相对高差对耕地面积占本省份总面积的比例的影响开始下降。除此之外，峰谷密度与耕地面积占本省份总面积的比例的相关性低，故未作详细分析。

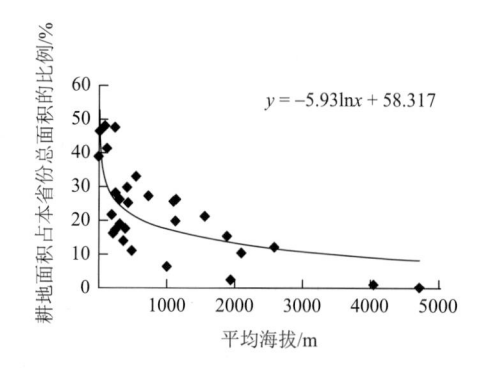

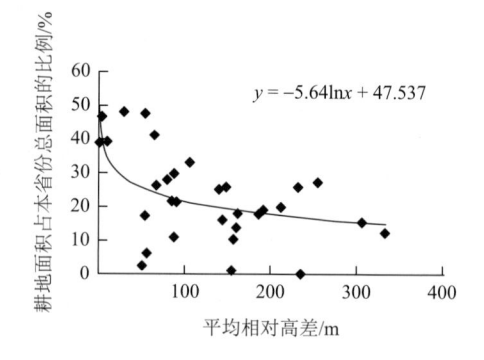

图 4.4　2009 年全国部分省份耕地面积占本省份总面积的比例与平均海拔的关系

图 4.5　2009 年全国部分省份耕地面积占本省份总面积的比例与平均相对高差的关系

人均耕地面积与地表起伏度也具有类似关系。将人均耕地面积与地表起伏度标准化值进行线性回归分析，发现人均耕地面积随地表起伏度标准化值的增大而减小，其相关系数为-0.45（图 4.6）。这是由于地表起伏度较大的地区，多是山区，可耕地资源少，且农业人口占总人口比例大，人均耕地面积少。将人均耕地面积分别与坡度、平均海拔、平均相对高差和峰谷密度进行回归分析，发现人均耕地面积与坡度关系比较密切，其相关系数为-0.44（图 4.7）。

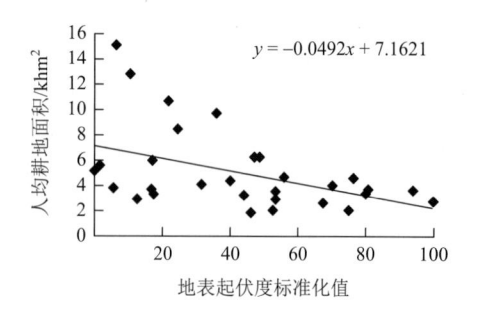

图 4.6　全国部分省份地表起伏度标准化值与人均耕地面积的关系

图 4.7　全国部分省份人均耕地面积与坡度大于 6°的土地面积占比的关系

高地表起伏度地区比低地表起伏度地区农业播种面积减少速度慢。从表 4.2 可以看出，除中低地表起伏度地区（东北等粮食主产区外），全国 2009 年农业播种面积比 1990 年少，粮食播种面积增加比例表现为Ⅰ类区＞Ⅱ类区＞Ⅳ类区，且播种面积Ⅲ类区＞Ⅳ类区，即呈现出高地表起伏度地区粮食播种面积减少的速度明显比低地表起伏度地区慢。这说明高地表起伏度地区传统农业仍然占较大比例，其经济发展方式转型难，农业经济增长速度比低地表起伏度地区要慢。而低地表起伏度地区（主要分布在我国沿海地区）第二、第三产业发展快，非农产业发展占用耕地较多，土地利用转型显著。例外的是，在 1990~2009 年，我国部分粮食主产省份受国家粮价保护收购价格政策的影响，以粮食为主要作物的农耕地播种面积有所增加。

表 4.2　全国不同地表起伏度地区粮食播种面积增减情况

	Ⅰ类区（高）	Ⅱ类区（较高）	Ⅲ类区（中低）	Ⅳ类区（低）
1990 年面积/khm²	22400.20	22606.80	49947.40	18511.50
2009 年面积/khm²	20368.10	20026.20	52665.20	15926.10
增加值/khm²	−2032.10	−2580.60	2717.80	−2585.40
增加比例/%	−9.07179	−11.41515	5.44132	−13.96645

2. 地表起伏度对耕地质量的影响

由于高地表起伏度地区地表坡度一般较大，山体的大小、数量也呈现复杂的态势，坡耕地占比大，水资源利用困难，因此，理论上地表起伏度大的区域水田及水浇地的比例小、旱地多（表 4.1）。

由图 4.8 可以看出，随着地表起伏度标准化值的增大，灌溉条件变差，水田面积占耕地面积的比例在减小（除京津沪、青藏等非传统农区及个别样本数据异常外，下同），其相关系数为−0.59。这是由于高地表起伏度地区地表坡度一般较大，坡耕地占比大；单一地块面积小，耕地分散，水源条件差，高地表起伏度地区耕地中水田的比例小，旱地多；水浇地的比例减少，农业生产潜力小，严重影响了耕地质量，给农业生产增加了风险。加上农村人口占总人口的比例与地表起伏度标准化值呈正相关（图 4.9），高地表起伏度地区农民人均可分配的水田面积占耕地面积的比例比低地表起伏度地区少。

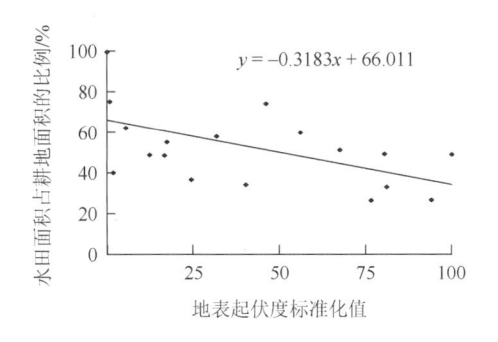

图 4.8　全国农业占比较大省份地表起伏度标准化值与水田占耕地面积的比例关系

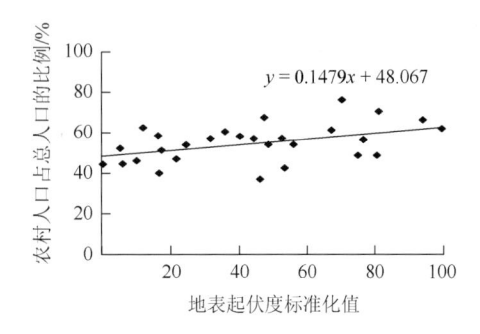

图 4.9　全国部分省份地表起伏度标准化值与农村人口占总人口的比例关系

综上，坡度深刻影响耕地的数量、质量（包括水旱地的比例）、分布、耕作的难易程度等。以贵州为例（表 4.3）：贵州全省地表平均坡度为 17.79°，15°以上的坡耕地占比达到 47.3%，其中 25°以上的占 17.9%（第二次全国国土调查数据），因此贵州耕地以无灌溉设施的旱耕地为主，面积为 326.52 万 hm²（4898 万亩），占 71.6%；有灌溉设施的耕地面积为 129.73 万 hm²（1946 万亩），仅占 28.4%。由于贵州耕地以坡耕地为主，地块分散（全省万亩大坝只有 47 个，实际上一些大坝已经转化成非农用地了），耕地瘠薄，根据国家耕地质量 15 个自然等级标准，在未进行高标准基本农田建设之前，贵州省没有 1~7 等级的上等、中上等级耕地，8等级、9等级耕地也只有652万亩（属于贵州省的优质耕地），不到耕地面积的10%，全省80%以上的耕地属于质量较差的中下等级耕地。

表4.3 贵州省耕地分坡度面积表

项目	总数	平地	坡耕地			
		≤2°	2°~6°	6°~15°	15°~25°	>25°
耕地面积/hm²	4562517	230987	545659	1625205	1342160	818507
耕地面积/万亩	6844	346	818	2438	2013	1228
占比/%	100	5.1	12.0	35.6	29.4	17.9

可以说，地形条件造成贵州耕地总体呈现出坡耕地多、坝区耕地少、中低产耕地多、优质耕地少的"两多两少"态势。

4.1.3 地表起伏度对农业生产风险的影响

由于不同地表起伏区域，农业生态环境和生产条件的脆弱性、风险性不同，农业受灾、成灾能力方面也有所差异，以2009年全国农业与灾害方面的统计数据为例，地表起伏度对农业生产风险的影响具有如下特点（图4.10和图4.11）。

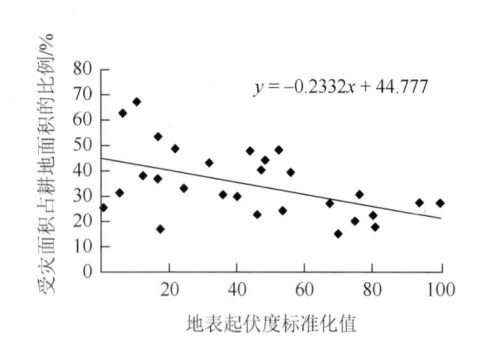

图4.10 全国部分省份地表起伏度标准化值与受灾面积占耕地面积的比例关系

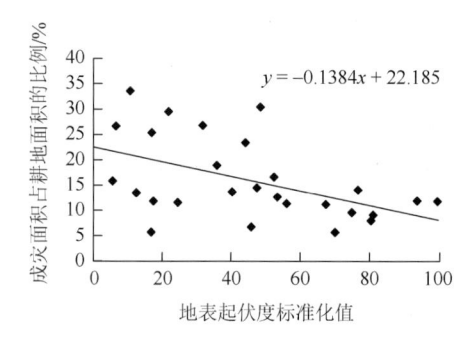

图4.11 全国部分省份地表起伏度标准化值与成灾面积占耕地面积的比例关系

（1）受灾面积占耕地面积的比例与地表起伏度呈负相关，即越平缓的省份，农业受灾面积比例一般越大。从图4.10和图4.11可以得出，农业受灾面积占耕地面积的比例随地表起伏度标准化值增大而减小，其相关系数为–0.49；成灾面积占耕地面积的比例随地表起伏度标准化值增大而减小，其相关系数为–0.48。这就说明虽然坡度大、高差大的区域极易发生滑坡、泥石流等自然灾害，但坡度大、高差大的地区耕地以旱地为主，受水旱灾害影响反而较小；而地势平坦的农业主产省份，反而易涝易旱。

（2）成灾面积占受灾面积的比例随地表起伏度标准化值增大而增加，图4.12显示成灾面积占受灾面积的比例随地表起伏度标准化值的增加而增加，其相关系数为0.52，说明地表起伏度高的地区一旦受灾就很容易成灾，从而导致农业收入减少，农业风险增大。

原因是高地表起伏度地区山高坡陡,抵御自然灾害的能力弱,一旦发生水旱灾害则极容易受灾,给农业生产造成较大损失。如图4.13所示,成灾面积占受灾面积的比例也与坡度大于6°的土地面积占比呈正相关(相关系数为0.62)。成灾面积占受灾面积的比例除了与坡度、地表起伏度有关外,还与峰谷密度有一定的相关性,如图4.14所示,峰谷密度大的地区成灾面积占受灾面积的比例较大,其相关系数为0.48。

(3)再具体分析洪涝灾害与地表起伏度的关系。从图4.15可以看出,随着地表起伏度标准化值的增大,洪涝成灾率(洪涝成灾面积除以洪涝受灾面积)有增大趋势。这说明高地表起伏度的地区,农田水利基础设施差,防洪与灌溉抗旱能力弱,下雨时因地表坡度陡、地表径流汇集快,易形成洪涝灾害;干旱时因地势起伏大,地下水埋藏深,取水抗旱难度大;加上地表起伏度大的地区土层瘠薄,土壤储水保水能力差,容易出现易涝易旱的情况。但贵州、云南等地表起伏度很大的喀斯特地貌发育区域略有不同。例如,贵州地表起伏度标准化值高达81.09,洪涝成灾率仅有21.43%,这是因为贵州、云南等喀斯特地貌发育区有严重的地漏现象,故洪涝成灾率较湖南、江西等省份反而略轻。

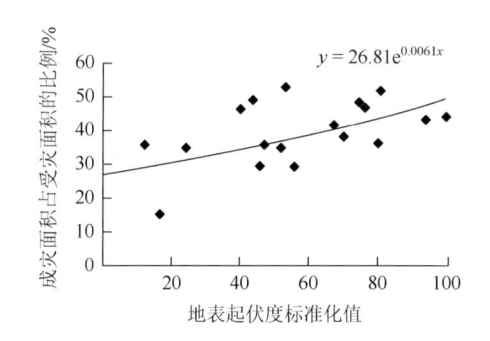

图4.12 耕地成灾面积占受灾面积的比例与地表起伏度标准化值的关系

图4.13 耕地成灾面积占受灾面积的比例与地表坡度大于6°的土地面积占比的关系

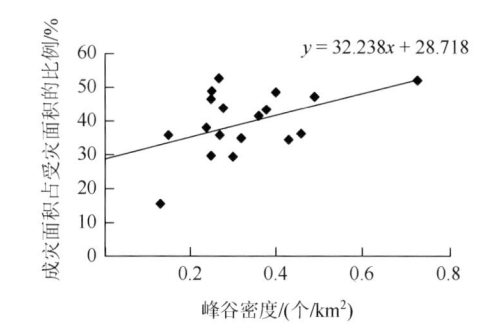

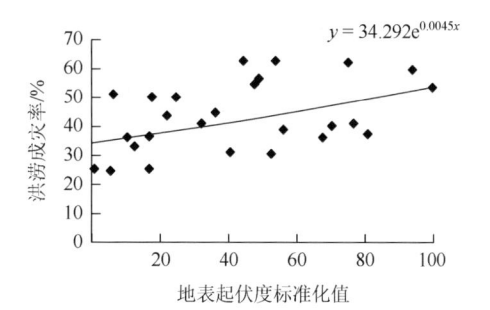

图4.14 耕地成灾面积占受灾面积的比例与峰谷密度的关系

图4.15 地表起伏度标准化值与洪涝成灾率的关系

由图4.16可知,洪涝成灾率与坡度大于6°的土地面积占比呈正相关,其相关系数为0.52;而随峰谷密度的增加,洪涝成灾率也有增大趋势(图4.17)。但洪涝成灾率显然受地表坡度的影响更大一些,受峰谷密度的影响相对小一些。

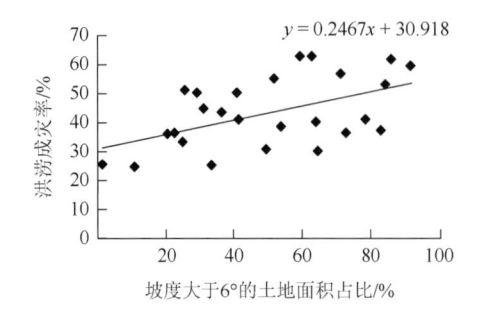

图 4.16　2009 年部分省份洪涝成灾率与地表坡度关系图

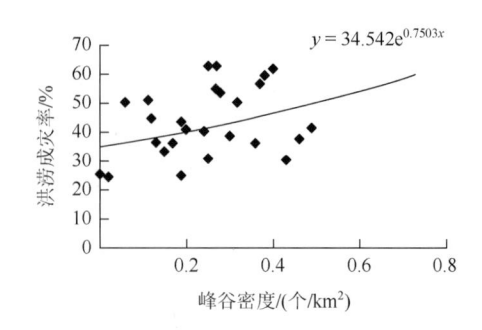

图 4.17　2009 年部分省份洪涝成灾率与峰谷密度关系图

4.1.4　地表起伏度对粮食产量的影响

中国山区面积占比较大，受地表起伏度影响，多数山区土壤侵蚀较严重，土地相对贫瘠，粮食单产低、效益差。高起伏地区农民对农业生产缺乏积极性，而农业种植的特点是广种薄收，耕作方式较粗放，品种多而杂，有部分农民甚至只管种和收，缺乏大田管理环节，农业生产仍处于较原始状态，"篮子装不下，车子装不满"，没有规模，缺乏市场竞争力，农田水利基础设施建设滞后，加上住户分散，交通不便，农业生产成本较高，产量低而且不够稳定。

图 4.18 表明，粮食单产随地表起伏度标准化值增加而减少。受地表起伏度影响，高地表起伏度地区山高坡陡，交通困难，农业种植方式原始、农业成本（包括运输成本与人工成本）提高，劳动力投入增大，农业灾害风险增加，因而粮食单产低而不稳，农业比较效益低下，农户生产积极性受到较大影响；农民对农业生产缺乏积极性，农业种植广种薄收，耕作方式落后，这样的现状必然进一步影响作物单产的提高。

同时，高地表起伏度地区土地贫瘠、优质耕地面积占总面积的比例小，水浇地占比低，导致单位面积产量低（图 4.18），且该类地区农村人口占总人口的比例随地表起伏度标准化值的增加而增加（图 4.9），人均粮食产量随地表起伏度标准化值增加而显著降低（图 4.19），故高地表起伏度地区人均粮食产量低。

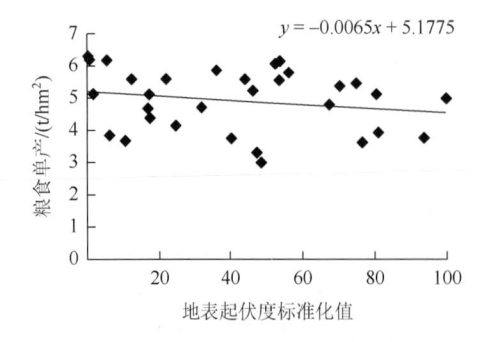

图 4.18　地表起伏度标准化值与粮食单产的关系

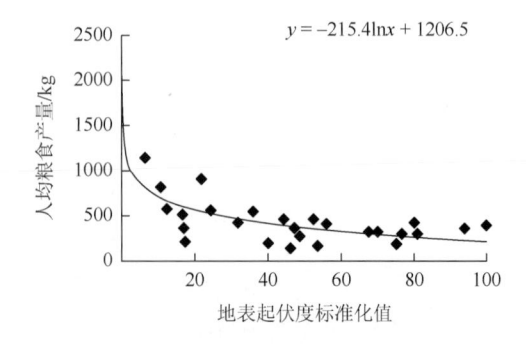

图 4.19　地表起伏度标准化值与人均粮食产量的关系

4.1.5 地表起伏度对农田肥力的影响

在农业生产过程中，粮食产量不仅直接受到地表起伏度的影响（如与降水条件类似的平原地区相比，高海拔山区产量低，坡耕地单产比平地单产低等），还受气候、耕种方式、种子品质、病虫害、土壤肥力等多种因素的影响，其中农田肥力是影响粮食产量的重要因素，而与地表起伏状况密切相关的水土流失会带走土壤中大量的养分和水分，直接或间接影响土壤（农田）肥力。要得到相同的产量就必须针对土壤肥力的缺失状况，有针对性地施用一定量的化肥。

如图 4.20 所示，高地表起伏度地区往往山高坡陡，容易发生滑坡、崩塌等自然灾害，抵御自然灾害的能力弱。在雨水冲击的作用下，地表膨胀，表层松动。在重力的作用下，地表土壤随水流动容易流失，为保持水土，不得不对其进行治理，因而，高地表起伏度地区产生水土流失的面积和治理面积均比较大，相关系数为 0.52。

为了进一步了解地表起伏度各个单因子与水土流失情况的关系，分别将坡度、平均海拔、平均相对高差和峰谷密度这四项指标与水土流失治理面积占耕地面积比例进行对比分析，得出水土流失与坡度、平均相对高差和峰谷密度存在线性关系，即地表起伏度越大，水土流失治理面积所占比例（即耕地的水土流失治理率）越高，水土流失越严重。其中，水土流失治理面积占耕地面积比例与坡度大于 6°的土地面积占比指标的相关系数是 0.53（图 4.21），而与平均相对高差和峰谷密度的相关系数分别是 0.47 和 0.51（图 4.22 和图 4.23）。

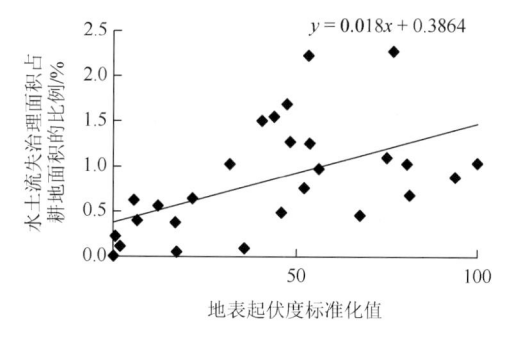

图 4.20 部分省份地表起伏度标准化值与耕地水土流失治理率关系

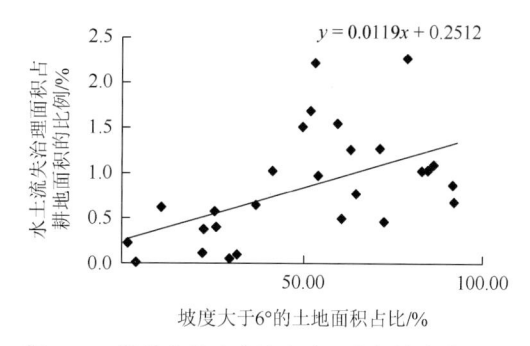

图 4.21 部分省份水土流失治理率与坡度大于 6°的土地面积占比的关系

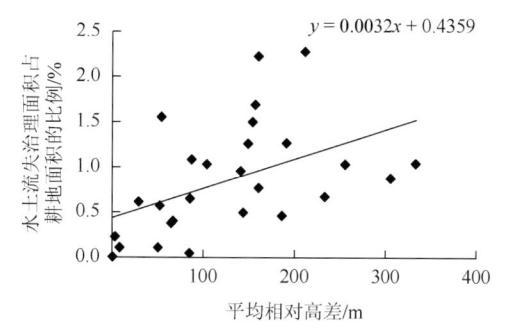

图 4.22 部分省份耕地水土流失治理率与平均相对高差的关系

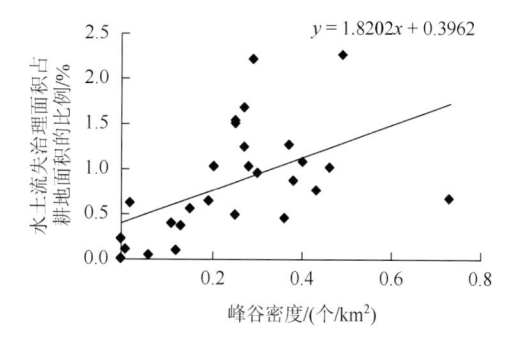

图 4.23 部分省份水土流失治理率与峰谷密度的关系

要保住作物单产,单位播种面积的化肥施用量随地表起伏度标准化值的增加而增大(图 4.24),其相关系数为 0.65。说明高地表起伏度地区耕地以坡地为主,水土流失量大,土壤养分也随之流失,要保证农业生产和作物产量就必须投入更多的化肥,否则单位面积产量将大大降低;另一方面,投入更多化肥,不仅导致土壤板结、耕地质量降低,而且导致农业生产成本的增加,农民扩大生产的积极性受到抑制,因此化肥使用量增加难以持续。

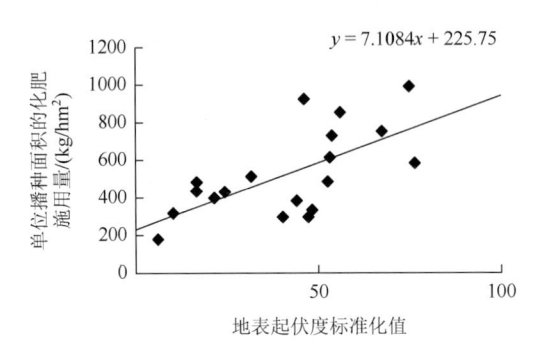

图 4.24　部分省份地表起伏度标准化值与单位播种面积的化肥施用量的关系

为了深入了解地表起伏度如何影响化肥施用量,分别将坡度、平均海拔和峰谷密度这三项指标与单位播种面积化肥施用量进行相关性分析,结果表明,化肥施用量与坡度的相关性最大,其次是峰谷密度和平均海拔;随着坡度大于 6°的土地面积占比不断增大,单位播种面积的化肥施用量不断增加,其相关系数为 0.59(图 4.25);峰谷密度越大,单位播种面积化肥施用量越多(图 4.26),这是由于坡度大和峰谷密度大的地区水土流失强度相对较大,水土流失面积比例较高,需要施用更多的化肥来提高土地肥力,从而提高粮食产量;平均海拔高的地区,大多属于高原或中高山区,人类活动的扰动作用相对较小,高原面上的水土流失不一定严重,同时平均海拔高的地区,农业生产以畜牧业为主,耕地占比小,而且农业耕作方式较原始、生产效率较低,农户更多保留了传统的农耕方式,化肥使用量反而较少,海拔与化肥使用量成反比(图 4.27),化肥需求量就少,但相关性较低,说明高原面上的农耕活动以传统农耕为主,现代农耕、化学农耕程度相对较低。

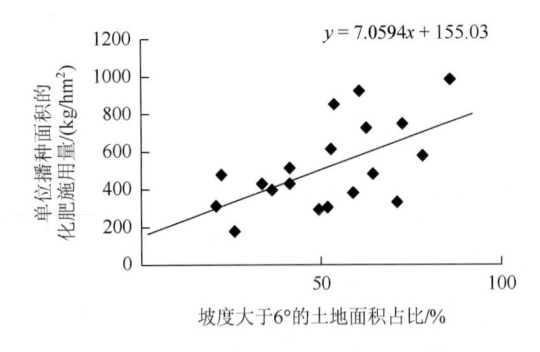

图 4.25　部分省份单位播种面积的化肥施用量与坡度大于 6°的土地面积占比的关系

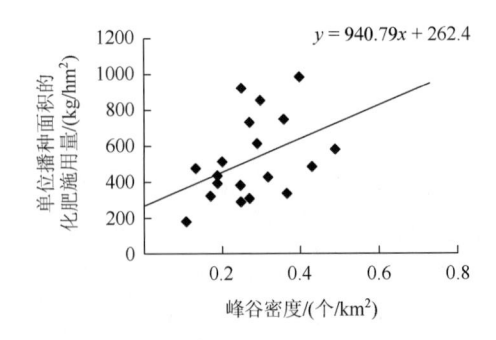

图 4.26　部分省份单位播种面积的化肥施用量与峰谷密度的关系

$$y = 554.44e^{-2\times10^{-4}x}$$

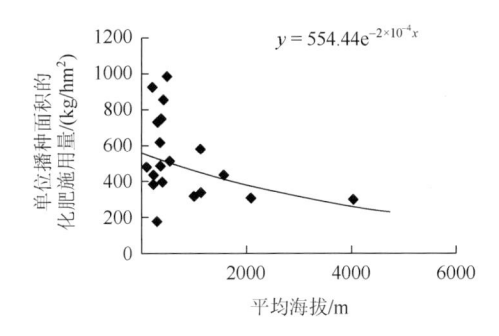

图 4.27　部分省份单位播种面积的化肥施用量与平均海拔的关系

4.1.6　地表起伏度对农业生产机械化程度的影响

地表起伏度直接影响田块的规模及其完整性、连续性和耕作的便利性，也会影响农业生产机械化、现代化程度，如机电排灌的能力和现代大中型机械的使用等。可通过农业机械总动力、机械灌溉面积、有效灌溉面积等相关指标与地表起伏度标准化值的相关关系来阐述。

从图 4.28 可知，单位耕地面积的农业机械总动力随地表起伏度标准化值的增加而减少，其相关系数为-0.59，主要表现为高地表起伏度地区单位面积农业机械的数量少、动力弱，且以小型机械为主。

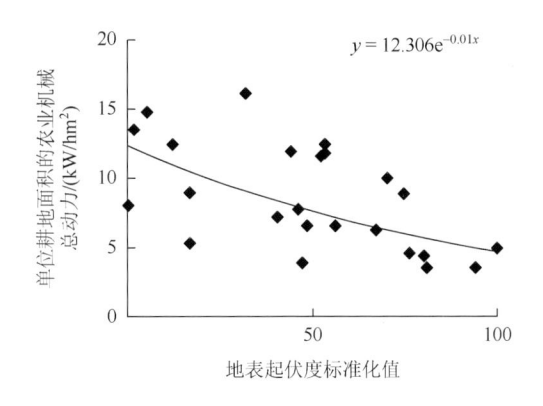

$$y = 12.306e^{-0.01x}$$

图 4.28　部分省份地表起伏度标准化值与单位耕地面积农业机械总动力的关系

图 4.29～图 4.31 分别反映地表起伏各因子（坡度、平均相对高差和峰谷密度）与农业机械总动力的相关关系，以全国省级面板数据为单元，研究计算得我国省级地表起伏度与相应省份单位耕地面积的农业机械总动力呈负相关关系，其中与平均相对高差的相关系数最大，为-0.62（图 4.30），与峰谷密度和坡度的相关系数分别为-0.59 和-0.56（图 4.31 和图 4.29）；但与平均海拔的相关性弱，这说明单位耕地面积的农业机械总动力受平均相对高差影响最大，其次是峰谷密度和坡度，且都是负相关。

还可得出，在地表起伏度较大的地区，平均相对高差大、峰谷密度大、坡度大，农田播种、耕作和收割时不能大规模地实现机械化操作，只能依靠人工，导致农业机械总动力小。

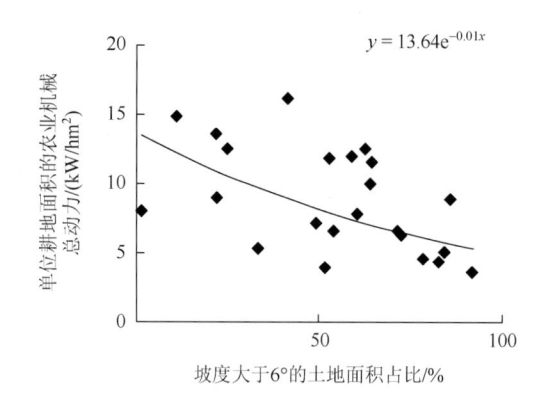

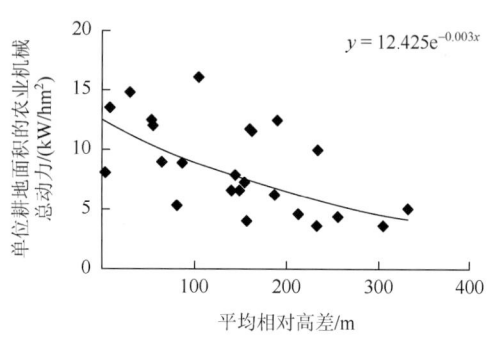

图 4.29　部分省份单位耕地面积的农业机械总动力与坡度大于 6°的土地面积占比的关系

图 4.30　部分省份单位耕地面积的农业机械总动力与平均相对高差的关系

机电灌溉面积占有效灌溉面积的比例（机电灌溉率）随地表起伏度增加而明显减小，其相关系数为−0.72（图 4.32），高起伏度地区机电灌溉率多在 10%～30%，而低起伏度区域则达到 80%～100%，基本实现全部机电灌溉。

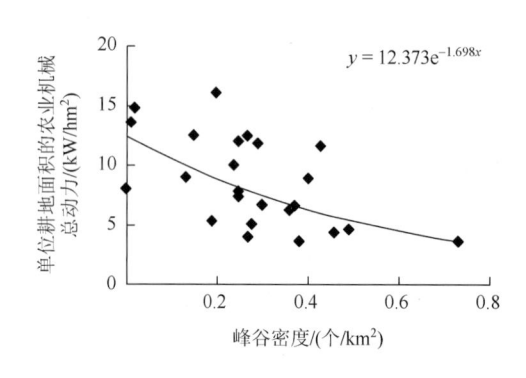

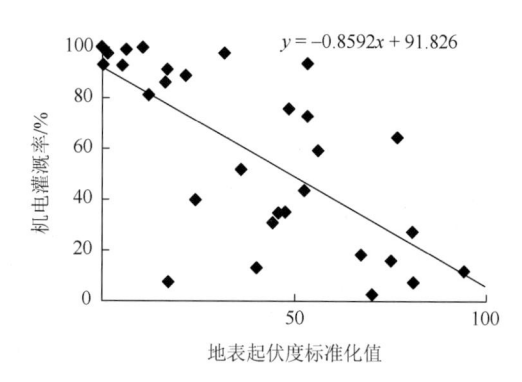

图 4.31　部分省份单位耕地面积的农业机械总动力与峰谷密度关系

图 4.32　部分省份地表起伏度标准化值与机电灌溉率的关系

经过计算得到机电灌溉率与地表坡度大于 6°的土地面积占比这个指标的相关性最大（图 4.33），即地表坡度大于 6°的土地面积占比越大，机电灌溉率越小，其相关系数为−0.70；其次是平均海拔对机电灌溉率的影响，表现为平均海拔较高的地区机电灌溉率低，其相关系数为−0.65（图 4.34）；平均相对高差和峰谷密度与机电灌溉率的相关性低于前两者（图 4.35 和图 4.36），其相关系数分别为−0.64 和−0.55。

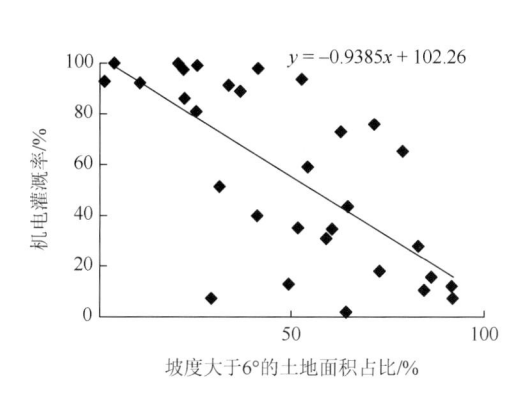

图 4.33　部分省份机电灌溉率与坡度大于 6°的土地面积占比的关系图

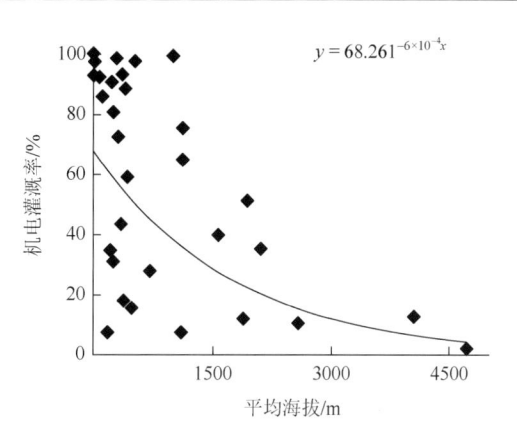

图 4.34　部分省份机电灌溉率与平均海拔的关系图

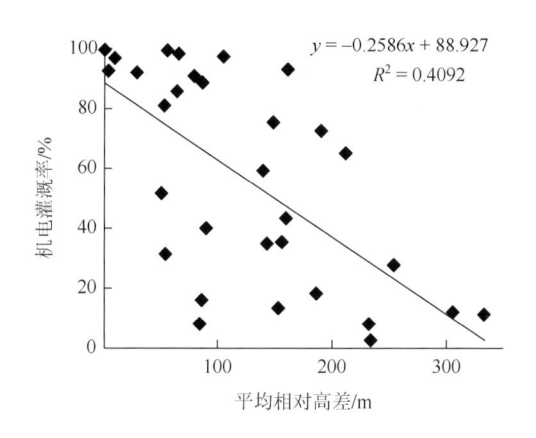

图 4.35　部分省份机电灌溉率与平均相对高差的关系图

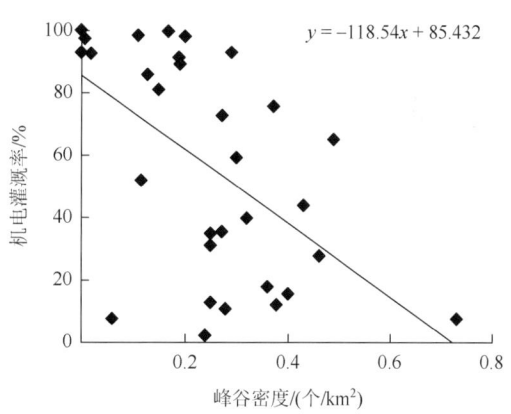

图 4.36　部分省份机电灌溉率与峰谷密度的关系图

机电灌溉率与地表起伏度及其具体单个地表起伏度因子（如坡度、平均相对高差、平均海拔、峰谷密度）均呈负相关，其原因是地表起伏度大的地区，地表破碎，地块规整性小，人口居住比较分散，道路弯多路窄，农机具在乡村间转移的难度大，现代中大型机械无法进场作业，田间作业基本上只能依靠手工劳动或小型机械作物，使得农业种植难以形成规模，生产效率的提高受到严重制约，有些山区农业至今仍处于自然、半自然经济状态，农业的现代化程度低。例如，以 2009 年每千公顷播面平均装备农业机械总动力（单位：万 kW）为例，低地形起伏度区域（平原地区）为 45.54kW，远高于高地形起伏度区域（山区）5.67kW。随着全国各地区基础设施均等化水平的不断提升，这一差距会不断缩小，不过在较长时期内仍会存在客观差异。

4.1.7　地表起伏度对农业经营方式的影响

虽然目前难以精确定量分析地表起伏度对地面土被单块面积大小及其连续性所产生

的影响，但地形起伏度增加必然导致地表破碎崎岖，坡耕地占比增加，地块小，连续性和规整性差，旱地多而水田、水浇地少，因而山区农户土地经营生产规模小，机械化程度低。这既不利于农田基本建设的投入，也难以采用机械化手段进行耕作和管理，不利于精耕细作、集约经营及科学技术的推广，土地经营难度加大，规模效益差。以中国三种主要的旱地粮油作物——小麦、玉米、油菜为例，对比分析地表起伏度指数与三种作物成本（包括人工成本、化肥成本、总成本及成本利润率）的关系，发现：随着地表起伏度的增加，人工成本等各项成本均呈不同程度的增加，导致总成本增大，且化肥使用量随地表起伏度的增加而增加，成本利润率均呈现下降趋势，说明地表起伏给农业生产造成较大的不利影响，制约农业规模化发展及其效益。

地表起伏度大，相同的田间作业则需投入较多的劳动力数量，且劳动的强度也较大，高地表起伏度地区人工投入相对较大，农业生产材料的运输等也相对困难，因而导致农业生产成本增加。图 4.37 对全国不同小麦生产区的生产成本（包括人工成本）进行分析，发现高地表起伏度地区的人工成本较高，成本利润率较低，即同样的生产成本产生的利润不同，地表起伏度标准化值每增加 10，成本利润率降低 5%左右，甚至部分高地表起伏度地区出现亏损状态。

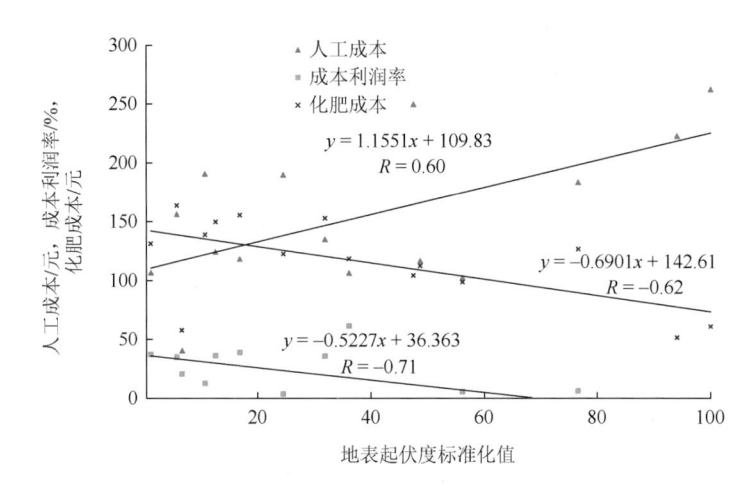

图 4.37 全国部分省份地表起伏度标准化值与小麦成本及利润的关系图

通过对 2009 年全国油菜主产区的分析得出，随着地表起伏度的增加，全国不同油菜生产区的生产成本（包括人工成本和总成本）均呈递增趋势，且地表起伏度标准化值每增加 10，人工成本增加约 12 元，总成本增加 18 元，其他成本（包括物质与服务费用及土地成本）相对增加较小，说明人工成本是高地表起伏度地区生产成本高的主要原因。

从图 4.38 中的玉米成本情况看，随着地表起伏度标准化值增加，人工成本和总成本也在不断增加，成本利润率不断降低，其增减速度与油菜种植情况相似，即地表起伏度标准化值每增加 10，成本利润率降低 5%，但由于玉米良种的推广和前些年国家对玉米保底收购政策支撑，2005~2015 年玉米种植尚未出现亏损现象。

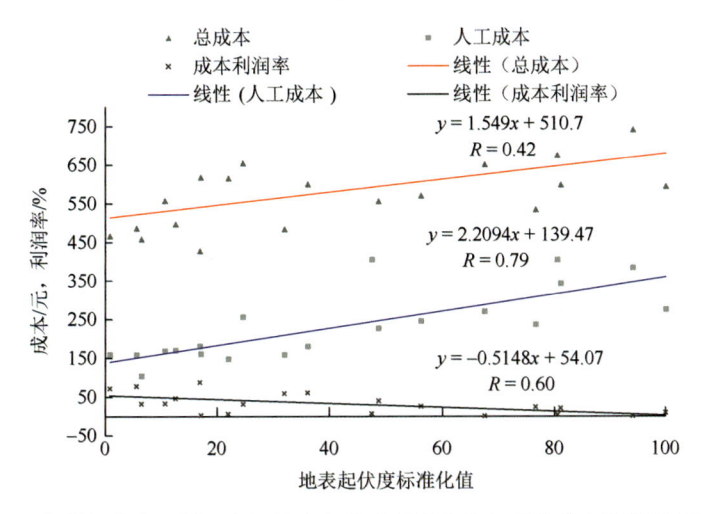

图 4.38　全国部分省（区、市）地表起伏度标准化值与玉米成本及利润率关系图

综上，小麦、玉米、油菜的人工成本、化肥成本、总成本及成本利润率均与地表起伏度密切相关；随着地表起伏度增加，三种主要农作物种植生产的人工成本和总成本均不同程度地增加，成本利润率降低，且增加和减少的速度相当，说明地表起伏给耕地生产造成较大的不利影响，影响农业种植的积极性，制约农业发展。

4.1.8　地表起伏度对农民收入的影响

对地表起伏度标准化值和农民人均纯收入进行相关分析，得出地表起伏度标准化值越大，农民人均纯收入越低，它们之间呈显著的负相关关系（图 4.39）。2013 年我国平原地区农民年人均纯收入一般在 8000~11000 元，浙江、江苏、上海等地则达到 1.4 万~2 万元，而山区（如贵州、四川和云南）仅 5000~8000 元。

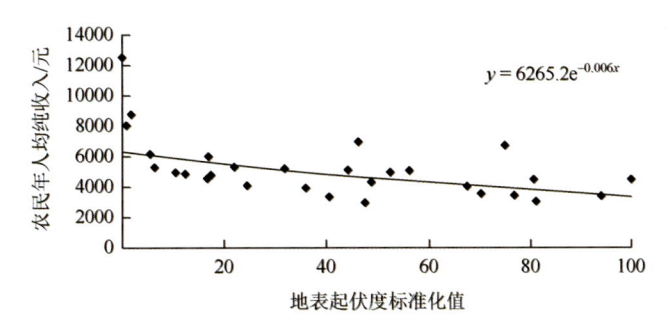

图 4.39　部分省（区、市）地表起伏度标准化值与农民年人均纯收入的关系（除个别农业人口占比很小的省份）

基于省际面板数据，将农民年人均纯收入与地表坡度大于 6°的土地面积占比进行相关性分析（图 4.40），得出二者呈显著的负相关关系，说明地表坡度大于 6°的土地面积占比越大的地区农民年人均纯收入越低。同理，将农民年人均纯收入与平均海拔进行相关性分析，得出平均海拔越低的地区，其农民年人均纯收入越高（图 4.41），相关系数为 –0.61。

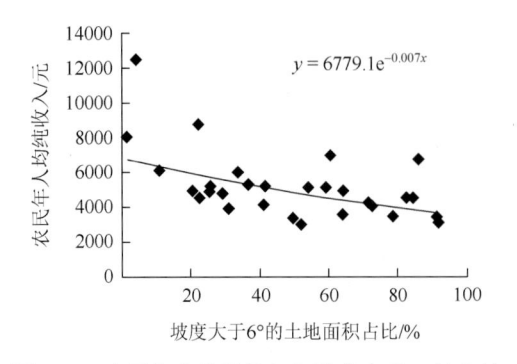

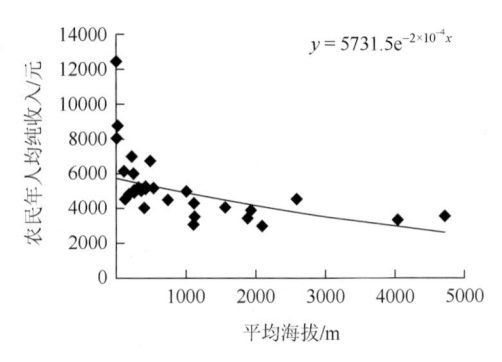

图 4.40　农民年人均纯收入与坡度大于 6°的土地面积占比的关系

图 4.41　农民年人均纯收入与平均海拔的关系

将农民年人均纯收入与平均相对高差进行相关性分析（图 4.42），得出相关系数为 −0.64，说明平均相对高差越大的地区农民年人均纯收入越低。同理，将农民年人均纯收入与峰谷密度进行分析，得出峰谷密度越低的地区，其农民年人均纯收入越高（图 4.43），相关系数为−0.62。

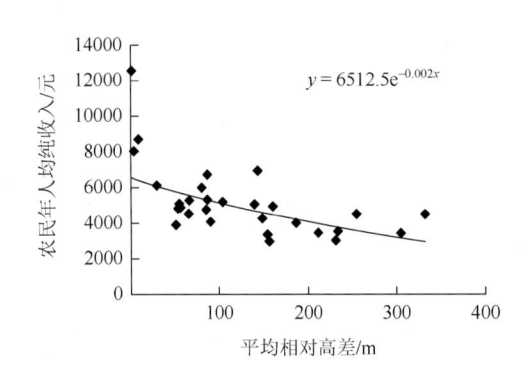

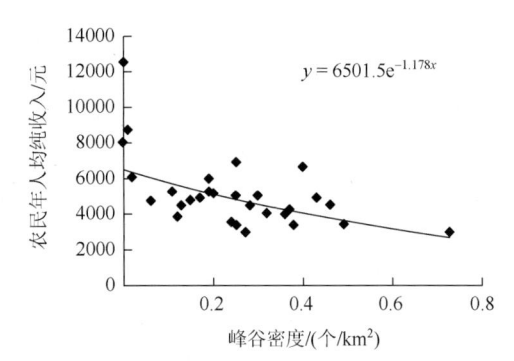

图 4.42　部分省（区、市）农民年人均纯收入与平均相对高差的关系

图 4.43　部分省（区、市）农民年人均纯收入与峰谷密度的关系

可见，农民年人均纯收入受坡度、平均海拔、平均相对高差和峰谷密度的影响，其中平均相对高差对农民年人均纯收入的影响最大，其次是峰谷密度和平均海拔。

综上所述，结合前期研究和野外实地调研，发现地表起伏度对农耕生产的影响主要表现在以下几个方面。

（1）直接影响可耕地面积。地表起伏度大的区域，直接表现为山大沟深，自然条件比较恶劣，水源条件差，可耕地资源少，荒山荒坡面积占比大；在耕地当中，旱地特别是旱坡耕地面积占比大，水田面积占耕地面积比例小，耕地资源量少且质差。基于全国省际面板数据分析：地表起伏度标准化值每增加 10%，则耕地面积占总面积的比例减少 2.46%，水田面积占耕地面积的比例约下降 3.2%，人均耕地面积减少约 0.06hm^2。

（2）直接影响耕地生产条件。由于地势起伏大，地表破碎，人口居住分散，道路弯多路窄，农机具使用难度大，中大型机械更是无法进场作业，单位面积农业机械的数量少、总动力小，生产效率难提高，现代化程度低，机电排灌面积占总灌溉面积的比例明显减小，高起伏度地区仅在 10%~30%，远远低于低起伏度地区的 80%~100%。

（3）影响农业灾害的面积与程度。高起伏度地区山高坡陡，土层浅薄，生态环境脆弱，抵御自然灾害能力弱，单个水库平均库容小。一旦发生水旱灾害则极容易受灾，受灾面积占成灾面积的比例大，造成农业减产，效益降低，1978 年以来我国农作物绝收面积波动变化。

（4）影响农业生产成本与产出。地势起伏大，相同的田间作业仍需投入较多的劳动力数量，且劳动强度大，高地表起伏度地区人工投入相对较大，农业生产材料及采收的运输困难，因而导致农业生产成本相对较高，成本利润率低。

4.2 地表起伏度对林业发展成本的影响

林业是国民经济的重要组成部分之一，林业通过木本粮油、林果、木质原料等林产品，支持和服务于国家或地区粮食安全和能源安全、生态安全；担负着森林生态系统、湿地生态系统、荒漠生态系统的维护和修复及生物多样性保护的重要公益性职能；同时产生巨大的生态效益、经济效益和社会效益，承担着建设林业生态体系、林业产业体系和生态文化体系的历史重任。随着生态文明建设的推进，林业发展的重要性更加凸显。

国家对林业建设（或林业生态建设）一直高度重视，出台多种政策，加大对林业建设的投入等，如《国务院关于完善退耕还林政策的通知》（国发〔2007〕25 号）、《国务院办公厅关于切实搞好"五个结合"进一步巩固退耕还林成果的通知》（国办发〔2005〕25 号）、《国务院办公厅关于进一步推进三北防护林体系建设的意见》（国办发〔2009〕52 号），以及 2008 年开始实施的石漠化综合治理工程等。在投入方面，"十五"期间我国投入 2120 亿元加强林业建设；"十一五"期间，投入林业建设资金达 2979 亿元；"十二五"期间仅第二期天然林保护工程就投入 2000 多亿元；"十三五"期间，林业建设投入进一步加大。例如，2016 年国家又新增 1000 多万亩退耕还林工程计划，其中贵州因为地表起伏度大，25°以上应退未退陡坡耕地面积还有 1228 万亩，因此国家这次新增退耕还林指标有约三分之一（457 万亩）在贵州省。

林业建设成绩斐然，例如，森林面积由第一次全国森林资源清查的 1.22 亿亩增加到第八次森林清查的 2.08 亿亩，40 年间森林覆盖率由 12.7%增长到 21.63%，活立木蓄积量由 95.32 亿 m^3 增长到 164.33 亿 m^3 等。此外，造林工程逐步推进如表 4.4 和图 4.44 所示。

表 4.4　1995~2014 年全国造林面积　　　　（单位：万 hm^2）

年份	面积	年份	面积	年份	面积	年份	面积
1995	521	2000	511	2005	364	2010	591
1996	492	2001	495	2006	384	2011	600
1997	435	2002	777	2007	391	2012	601
1998	481	2003	912	2008	535	2013	609
1999	490	2004	560	2009	626	2014	530

数据来源：《中国林业统计年鉴》。

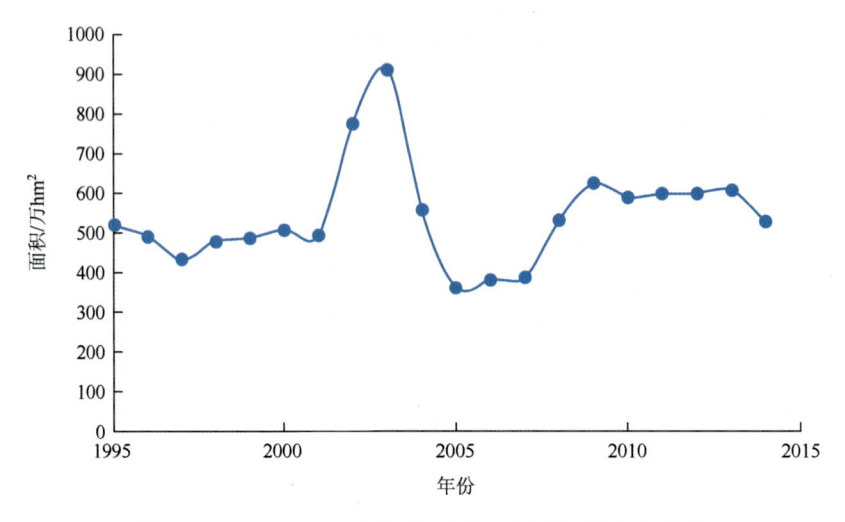

图 4.44　1995～2014 年造林工程年度实施面积变化趋势

尽管林业建设成效显著，但也还存在不少问题，如林业发展地域不平衡，林业经营管理比较粗放、林业投入产出比较低、林分结构比较单一、森林生态系统服务功能较差、生态修复治理与生物多样性保护任务还很繁重等，所有这些问题除了认识、管理等人为因素外，还深受地质岩性、气候、地形地貌等自然条件的影响，本节着重探讨地表起伏度对我国林业建设成本的影响。

4.2.1　地表起伏度对林业建设成本的影响

林业建设包括很多方面，如工程造林、低效林改造、封山育林（管护）、退耕还林还草、天然林资源保护工程、苗圃建设、山水林田湖草沙系统治理等及其配套设施建设。由于各省份的区位、自然条件和林业发展情况不同，国家对林业的财政投入有差异；同时不同省份因各地经济发展水平、产业结构、地理位置及地质地貌（如岩性、地表起伏度等）不同，其投入成本也有差异，体现在种苗费、运输费、肥料投入、劳动力成本（如整地成本、管护成本）等方面。

1）地表起伏度对造林成本的影响

一般来说地表起伏度越大，运输费、人工费等越高，相应的造林成本就会增加。

以 2009 年各省造林面积、投资额为基础数据，计算其造林成本。其中，造林面积为荒山荒（沙）地造林面积与有林地造林面积之和，荒山荒（沙）地造林面积按造林方式来分，包括人工造林、飞播造林、无林地和疏林地新封；有林地造林面积包括林冠下造林、飞播营林、有林地与灌木林地新封。共选择四川、贵州、广西等地表起伏度大小不同、造林面积较大的 13 个省（区、市），对造林成本进行相关分析。各样本省（区、市）的地表起伏度标准化值与造林成本见表 4.5，由表 4.5 可以看出地表起伏度标准化值越大，造林成本越高。在这些样本省份当中，西南地区造林成本普遍较高，中部平原及东部沿海地区造林成本相对较低。

表 4.5 地表起伏度标准化值与造林成本统计表

省（区、市）	地表起伏度标准化值	造林成本/（万元/hm²）
四川	100.00	0.58
贵州	81.09	0.43
广西	67.49	0.41
湖北	56.17	0.40
浙江	53.64	0.32
山西	48.70	0.36
甘肃	47.52	0.37
江西	44.23	0.26
新疆	36.09	0.28
河南	12.50	0.28
内蒙古	10.62	0.23
江苏	0.78	0.10
上海	0.02	0.18

从图 4.45 可知，地表起伏度标准化值与造林成本（万元/hm²）呈二项式相关关系，即 $y = 8\times10^{-6}x^2 + 0.003x + 0.1715$，$R^2 = 0.882$。随着地表起伏度标准化值的增加，其造林成本也不断增加。地表起伏度标准化值对造林成本产生影响，其原因是地表起伏度大的区域完成相同的工作需要投入较多的劳动力，运输较困难、造林难度大、无机械化作业等，增加了造林成本。

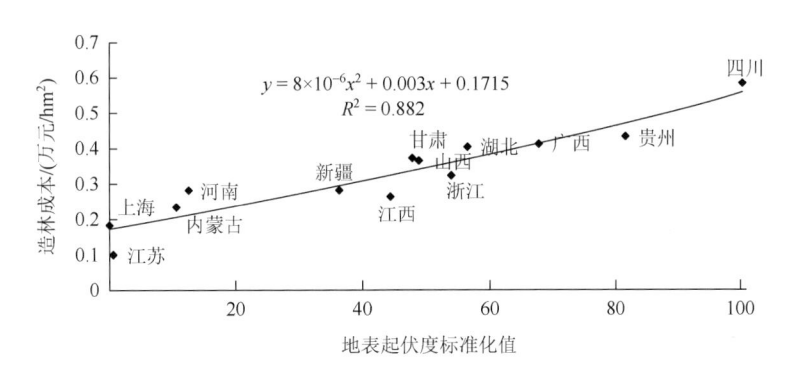

图 4.45 我国造林大省地表起伏度标准化值与造林成本相关分析图

2）地表起伏度对退耕还林区域选择的影响

大于 25°的坡耕地种植作物，不仅产量低，还会造成大量的水土流失，所以，陡坡地一般不宜垦种庄稼。在作物种植布局方面，国内外都对坡耕地有严格的要求。例如，美国、加拿大、英国、法国等的农耕地坡度大都在 12°以下，这样的坡度有利于大型机器耕作、喷灌、化学除草等实施。因为大于 12°的坡地不方便机器运作，所以在发达国家，对大于 12°的陡坡地一般提倡造林种草。我国人多地少，对垦殖坡度要求较宽松，原则上只要求坡度在25°以上才退耕还林还草。实际上25°以上的陡坡地，不仅机耕困难，就连人、畜耕作也很不方便。从防止水土流失的角度看，对地面坡度也需要有一个要求。相关资料证明，在同等暴雨强度下，坡度越大，坡面越长，水土及养分流失越严重。据中国科学院水利部水土保持研究所观测，雨滴溅起的土粒高度可达50cm，向下移动的水平距离可达1m，坡度越大这种侵蚀现象越严重，如果遇上较大暴雨，就会发展成为强烈的面蚀和沟蚀；所以，陡坡地不宜作为农地，需要根据实际情况进行退耕还林还草。

退耕还林指从保护和改善生态环境的立场出发，将易造成水土流失的坡耕地（特别是25°以上陡坡耕地）有计划、有步骤地停止耕种，按照适地适树的原则，因地制宜地植树造林，恢复森林植被和草地。退耕还林工程建设包括两方面的内容：一是坡耕地退耕还林；二是宜林荒山荒地造林。国家实行退耕还林资金和粮食补贴制度，按照核定的退耕还林面积，在一定期限内无偿向退耕还林者提供适当的粮食、种苗造林费和现金（生活费）补助。

3）大于25°的坡耕地面积对林业生产成本的影响

从实施西部大开发战略开始，国家就实施了规模庞大的退耕还林工程计划（仅2000~2004年共完成退耕还林面积超过3000万亩），实施地点分布在全国25°以上的坡耕地上，尤其西部地区最为集中。

西部地区包括重庆、四川、贵州、云南、西藏、陕西、甘肃、青海、宁夏、新疆、内蒙古和广西12个省（区、市）。从地表起伏度（综合评价指数值）来看，这12个省（区、市）有9个排在前10位，也就是说这9个省（区、市）地表起伏度都较大。从2000年统计数据来看，全国涉及坡耕地退耕还林、还草的中西部省份有17个。坡度在25°以上耕地面积为7852万亩，占全国大于25°坡耕地总面积的86%，而贵州省最多，其面积为1347万亩，其次是四川省，为988.95万亩。到2014年，贵州省大于25°的坡耕地面积还有1228万亩，四川省为583.4万亩。坡耕地面积越大，需投入该部分的林业生产建设总成本越高，难度越大。

4）地表起伏度对退耕还林工程投资成本的影响

退耕还林工程建设包括退耕地造林（生态林、25°以上坡耕地退耕、严重沙化耕地退耕）、配套荒山荒（沙）地造林、无林地和疏林地新封、退耕地种（育）草、退耕地粮食补助资金及生活费兑现、种苗费等。本书选择贵州、重庆、陕西、湖南、江西等11个退耕还林面积大的省份进行地表起伏度与造林成本的相关分析。研究对象的地表起伏度标准化值、退耕还林工程投资成本见表4.6，由表4.6可以看出地表起伏度标准化值越大，退耕还林工程投资成本越高。

表4.6 地表起伏度标准化值与退耕还林投资成本统计表

省（区、市）	地表起伏度标准化值	退耕还林工程投资成本/（万元/hm²）
贵州	81.09	7.12
重庆	80.51	6.03
陕西	76.65	6.00
湖北	56.17	5.75
湖南	52.51	3.34

续表

省（区、市）	地表起伏度标准化值	退耕还林工程投资成本/（万元/hm²）
江西	44.23	2.98
青海	40.47	2.19
新疆	36.09	2.05
宁夏	24.60	2.36
安徽	16.83	2.34
河南	12.50	1.70

数据来源：《中国林业统计年鉴》(2000年)。

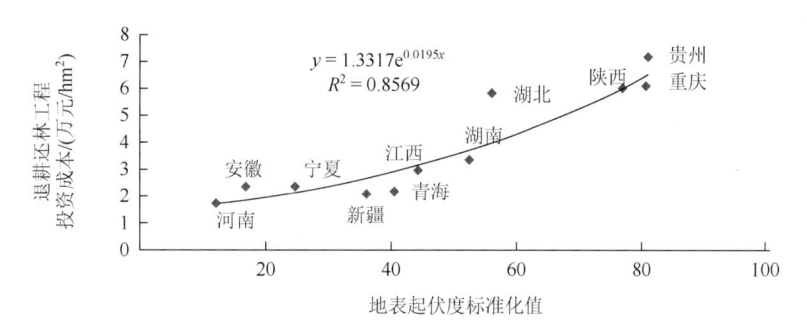

从图 4.46 可知，地表起伏度标准化值与退耕还林工程投资成本存在指数函数变化关系。随着地表起伏度标准化值的增加，退耕还林工程投资成本增大。其主要原因是地表起伏度越大的省份，坡耕地面积相对较多，大于 25°的坡耕地也较多，在实施退耕还林还草时，增加了劳动力、运输成本，并且坡度大时，土层比较瘠薄、保水保土保肥能力低、造林难度较大等，从而增加退耕还林的成本。其相关函数方程为 $y = 1.3317e^{0.0195x}$，$R^2 = 0.8569$。由此可以看出，地表起伏度越大，退耕还林工程投资成本越高，特别是在贵州山区，很多农户分散居住生活在山上，人们的活动空间也在山区，相当比例的耕地都是坡耕地，甚至大于 25°的坡耕地也比较普遍，并且土被不连续，无法机械化作业，很多地方石漠化面积大，属于石旮旯土，造成可利用土地面积低，造林成活难度加大，退耕还林工程投资成本增加。当地表起伏度标准化值增加 10 时，其退耕还林工程投资成本大约增加 1.3317 万元/hm²。

图 4.46 地表起伏度标准化值与退耕还林工程投资成本相关分析图

5) 地表起伏度对中、幼龄林抚育成本的影响

中、幼龄林抚育包括除草、松土、间作、施肥、灌溉、排水、去藤、修枝、抚育采伐、栽植下木等管护工作。

以部分退耕任务重的样本省份为例，地表起伏度与中、幼龄林抚育成本呈正相关：地表起伏度标准化值越大，中、幼龄林抚育成本越高（表 4.7）。西南地区中、幼龄林抚育成本在每亩 600 元以上，中部河南省中、幼龄林抚育成本在每亩 100 元以下，地表起伏度相差越大的地区，中、幼龄林抚育成本也相差很大。

表 4.7 地表起伏度与中、幼龄林抚育成本统计表

省份	地表起伏度标准化值（表面积指数）	地表起伏度标准化值（多因子综合评价指数）	中、幼龄林抚育成本/（元/hm²）
四川	100	123.38	921.34
贵州	81.09	107.69	636.66
重庆	80.51	70.54	840.97
湖北	56.17	33.42	211.75
湖南	52.51	8.56	203.40
青海	40.47	6.02	331.51
河南	12.50	3.52	70.35

数据来源：《中国林业统计年鉴》（2000 年）。

分别选择表面积指数与多因子综合评价指数作为地表起伏度标准化值，分别与 2009 年中、幼龄林抚育成本进行相关性分析。结果表明：以表面积指数表征的地表起伏度标准化值与中、幼龄林抚育成本呈正相关（图 4.47），地表起伏度标准化值越大，对中、幼龄林抚育成本越高。其相关性方程为 $y = 10.418x - 170.49$，$R^2 = 0.8195$。

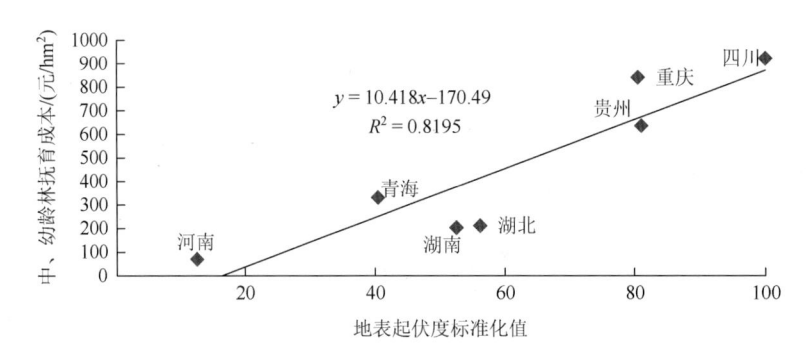

图 4.47 地表起伏度标准化值（表面积指数）与中、幼龄林抚育成本相关分析图

基于多因子综合评价指数的地表起伏度标准化值与中、幼龄林抚育成本关系也呈正相关，其相关性方程为 $y = 5.9384x + 159.85$，$R^2 = 0.7836$（图 4.48）。

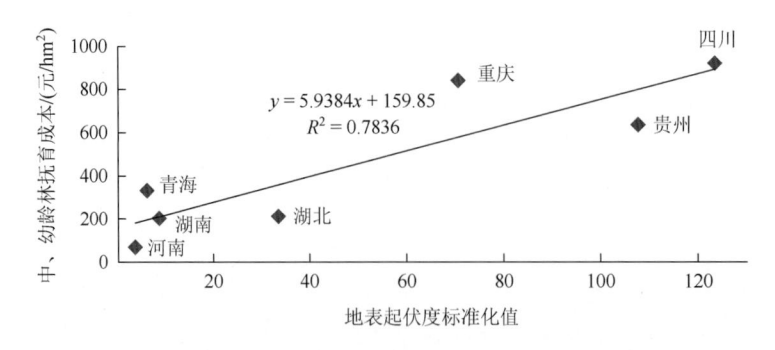

图 4.48 地表起伏度标准化值（多因子综合评价指数）与中、幼龄林抚育成本相关分析图

地表起伏度较大的地区主要集中分布在西部地区，尤其是云贵川及青藏地区，这既是我国众多大江大河的源头或上游地区，也是我国的重点生态功能区，生态地位极为重要，但这些地区地表起伏巨大、土层瘠薄、水土流失与荒漠化（石漠化）突出、生境极为脆弱，造林育林成本高；而同时这些地区又是我国的欠发达地区，低收入人口较多，经济社会发展较落后，地方财力薄弱，地方财力支持林业的能力弱，需要国家进一步完善生态补偿机制，加大对林业的投入。

4.2.2 地表起伏度对贵州林业建设的影响

贵州地处长江和珠江上游，是我国两江上游的重要生态屏障，也是我国首批三个省级生态文明先导试验区之一。这些年通过实施规模宏大的天然林保护工程、退耕还林工程（表4.8）和石漠化综合治理工程等，林业建设取得了显著成绩，成为贵州生态文明建设的重要支撑。同时贵州是我国喀斯特地貌最发育的省份，山多坡陡，地表土层瘠薄，坡地水分养分保存不易，立地条件较差，不少地区属于造林困难地带（朱守谦和喻理飞，1989），影响林业建设中的树种选择、造林成活率和造林人工成本等，导致造林育林的难度相对较大、成本较高。截至2006年，贵州已完成林地、坡耕地等生态保护和修复总面积1669.3万亩，其中包括退耕地造林完成656.7万亩，荒山地造林完成912.1万亩，封山育林完成100.5万亩（表4.8）。

表4.8 贵州部分地区退耕还林面积统计表

地区	地表起伏度标准化值（表面积指数）	退耕地造林/万亩	荒山地造林/万亩	封山育林/万亩	合计/万亩	其中退耕造林地占总耕地面积比/%
贵阳市	43.25	25.50	29	0.4	54.90	17.46
遵义市	70.03	147.50	204	25	376.50	25.14
安顺市	63.23	43.90	59	5.80	108.70	27.66
黔南州	69.53	74.30	99.50	10	183.80	28.19
黔东南州	73.64	55.90	76.30	8	140.20	20.92
毕节市	63.57	108.40	154.50	18	280.90	19.83
六盘水市	62.84	44.30	63.30	7.80	115.40	27.71
铜仁市	73.45	96	128.50	10.50	235	36.74
黔西南州	76.53	60.90	98	15	173.90	25.35
合计	—	656.7	912.1	100.5	1669.3	16.65

注：表中数据均有四舍五入，数据来源于2000~2006年退耕还林计划任务汇总表；其中656.7万亩退耕地按照坡度分，25°以上495.4万亩，占75.3%；16°~25°130.7万亩，占19.9%；15°以下30.89万亩，占4.8%（25°以上多数为严重石漠化耕地）；截至2014年底贵州尚有应退未退25°以上的陡坡耕地1228万亩，其中相当部分以前被划为基本农田，经过与国家有关部门沟通，2016年国家新增贵州退耕还林（草）面积457万亩；同时贵州自身每年安排一定数量的省级退耕还林还草任务。

1）地表起伏度对退耕还林的影响

根据国家退耕还林政策，地表坡度大于等于 25°的坡耕地应该退耕还林还草。但根据贵州的实际情况，贵州是一个典型山区省份，耕地以坡地为主，地表坡度大于 15°的坡耕地由于地表破碎，土被不连续，石漠化严重，极易产生水土流失（包括地下漏失），部分地表坡度大于 15°的石旮旯坡耕地也在退耕之列。

贵州坡地面积分别按照 0°～6°、6°～15°、15°～25°、25°～35°、35°以上进行统计，坡地面积分别为 23776.89km²、47305.63km²、67679.05km²、28128.67km²、9277.70km²。其中地表坡度大于 15°的坡地面积为 105085.42km²，地表坡度大于 25°的坡地面积为 37406.37km²，贵州坡地面积及所占比例统计表见表 4.9。

表 4.9 贵州坡地面积及所占比例统计表

地区	土地总面积/km²	0°～6° 占比/%	0°～6° 面积/km²	6°～15° 占比/%	6°～15° 面积/km²	15°～25° 占比/%	15°～25° 面积/km²	25°～35° 占比/%	25°～35° 面积/km²	35°以上 占比/%	35°以上 面积/km²
遵义市	30762.00	15.91	4894.23	34.01	10462.16	35.35	10874.37	10.79	3319.22	3.94	1212.02
黔东南州	30337.00	6.73	2041.68	12.77	3874.03	49.21	14928.84	25.22	7650.99	6.07	1841.46
毕节市	26853.01	15.21	4084.34	39.67	10652.59	34.58	9285.77	8.35	2242.23	2.19	588.08
黔南州	26193.00	12.96	3394.61	18.67	4890.23	41.49	10867.48	19.04	4987.15	7.84	2053.53
铜仁市	18002.99	12.08	2174.76	31.15	5607.93	36.06	6491.88	15.89	2860.68	4.82	867.74
黔西南州	16804.00	10.52	1767.78	17.85	2999.51	35.40	5948.62	26.06	4379.12	10.17	1708.97
六盘水市	9914.01	16.47	1632.84	33.56	3327.14	36.14	3582.92	10.15	1006.27	3.68	364.84
安顺市	9267.93	21.39	1982.21	24.76	2294.51	33.87	3138.73	14.13	1309.43	5.86	543.05
贵阳市	8034.00	22.46	1804.44	39.80	3197.53	31.87	2560.44	4.65	373.58	1.22	98.01
合计/km²	176167.94		23776.89		47305.63		67679.05		28128.67		9277.70
大于 25°合计/km²							37406.37				
大于 15°合计/km²							105085.42				

根据表 4.9 统计，目前地表坡度大于 25°的坡地总面积共为 37406.37km²。

根据贵州省自然资源厅提供的资料数据，贵州坡耕地变化情况统计表见表 4.10，2000 年全省耕地面积为 7155.75 万亩，占土地总面积的 27%，人均耕地为 1.93 亩，表面看高于全国平均水平，但 15°以上坡耕地面积为 3478 万亩，占耕地总面积的 48.6%，其中 25°以上的坡耕地面积 1347 万亩，占耕地总面积的 18.82%。而 2006 年全省还有耕地面积 6740.89 万亩，按 3 个坡度等级划分，小于 15°的坡耕地为 3588.91 万亩，15°～25°的坡耕地面积为 2016.74 万亩，大于 25°的坡耕地面积为 1135.24 万亩，分别占耕地面积的 53.2%、29.9%、16.8%。

表 4.10 贵州坡耕地变化情况统计表 （单位：万亩）

年份	耕地总面积	0°～15°	15°～25°	大于 25°
2000	7155.75	3677.75	2131	1347
2006	6740.89	3588.91	2016.74	1135.24

数据来源：贵州省自然资源厅（贵州省每年根据情况安排一定数额的省级退耕还林任务）。

除了 1135.24 万亩 25°以上坡耕地应尽快退耕外（2016 年贵州有 467 万亩退耕指标），在 15°～25°的 2000 多万亩旱坡耕地面积中，大部分属于过去划归的国家基本农田，由于贵州喀斯特山坡旱耕地土层瘠薄且不连续，石头裸露率高，应针对类似贵州喀斯特山区石旮旯坡耕地出台灵活政策，确实难以改造成连续梯田或梯土的石旮旯坡耕地，应尽量优先安排退耕指标，实施退耕。

按照原退耕还林补助政策，每亩退耕地直接补助退耕农户原粮 150kg（2004 年以后折合现金 210 元）和 20 元生活补助费的标准（其中退耕还生态林补助发放 8 年、还经济林补助发放 5 年、还草补助发放 2 年），截至 2007 年底，中央累计投入贵州省退耕还林工程建设资金 85.4815 亿元，其中粮食补助折资 69.83 亿元，生活补助费 6.65 亿元，种苗和造林补助费 8.79 亿元，种苗基地建设、科技支撑及前期工作经费等 2115 万元。截至 2007 年底，贵州 205 万退耕农户每年户均获得中央补助资金 737.1 元。

省财政累计投入资金 28292.6 万元。省财政累计支出荒山造林管护费、前期工作经费 4081 万元，粮食调运费 23711.6 万元，科技支撑 500 万元（退耕地标准为 3 元/亩，2005 年起按荒山造林每年 1 元/亩（连续发放 3 年）发放管护费；2004 年起按 0.03 元/斤（毕节地区为 0.04 元/斤）发放粮食调运费。另外地县级财政累计支出配套工作经费等 2716.2 万元。2000～2007 年中央和地方已累计投资 88.58238 亿元，见表 4.11。

表 4.11　贵州退耕还林最初八年的财政支出经费表　　　　（单位：亿元）

投入情况	从实施退耕还林以来（2000～2007 年）				合计
中央财政支出	粮食补助折资	生活补助费	种苗和造林补助	种苗基地建设、科技支撑及前期工作经费	85.4815
	69.83	6.65	8.79	0.2115	
省财政支出	安排科技支撑	安排粮食调运费	荒山造林管护费、前期工作经费		2.82926
	0.05	2.37116	0.4081		
地县财政支出	安排工作经费等				0.27162
	0.27162				
合计					88.58238

数据来源：贵州省 2000～2006 年退耕还林工作回顾报告。

根据贵州坡耕地未退耕情况，2006 年 25°以上的坡耕地还有 1135.24 万亩未退耕还林，该部分退耕后，以造经济林为主，其补助周期为 5 年。根据以上财政对退耕还林的补助标准，大于 25°以上的坡耕地需财政投入 145.91 亿元。此外还有荒山荒地造林面积 1500 万亩，以造生态林为主，其补助周期为 8 年，其中央财政需投入 308.41 亿元。同时由于目前生活水平的提高，物价上涨，以及地表起伏度带来的退耕造林、管护等费用的加大，以前部分补助已不能满足需求，本预算有偏小的趋势。为了更有效地实施退耕还林，25°以上的坡耕地进行退耕还林，中央财政应向贵州投入 145.91 亿元；荒山荒地造林中央财政需投入 308.41 亿元。按 10 年退耕结束预计，每年中央财政应投入 29.18 亿元。由于地表起伏度大（坡度 25°以上），而退耕的平均每年中央实际补助只有 10.69 亿元。因此，退耕还林中央财政投入差额为 28.38 亿元，地表起伏度对退耕还林的影响程度可见一斑。

地表起伏度大的地区水土流失严重，是土壤侵蚀和江河泥沙的主要发源地，不适宜耕作。地表起伏度越大，越需要退耕还林。由图 4.49 可以看出，地表起伏度标准化值与退耕还林面积呈正相关，其拟合方程为：$y = 4.5529x - 133.75$。地表起伏度大的地区表土层极易被雨水冲刷，土层中的营养物质被雨水带走，导致土壤肥力下降，生产力低下，进行陡坡耕作难度大，经济效益低，且破坏生态环境，因此有必要对高地表起伏度地区的生态环境进行保护，而地表起伏度的大小就成为退耕还林的重要依据之一。退耕还林可以大大减少土壤侵蚀，这就在一定程度上缩小了产生水土流失的范围，而且也减少了水土流失造成的各种危害。

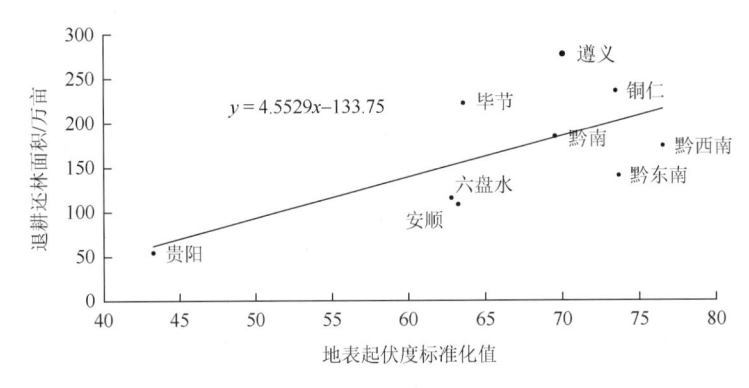

图 4.49　贵州省地表起伏度标准化值（表面积指数）与退耕还林面积的关系

2）地表起伏度对天然林保护工程建设成本的影响

在典型的喀斯特地貌区，截至 2007 年底，贵州省累计建设公益林 68.8 万 hm²（1032 万亩），其中人工造林 9.1 万 hm²（136.5 万亩），封山育林 45.0 万 hm²（675 万亩），人工促进天然更新 5.1 万 hm²（76.5 万亩），飞播造林 9.7 万 hm²（146 万亩），规模较大。在 2001 年时，天然林保护工程建设成本就较为可观，其支出如表 4.12 所示。

表 4.12　财政对天然林保护工程支出统计表

类型	封山育林、管护	飞播造林	森林管护费	社会性支出补助	下岗职工基本生活保障费补助	合计
数量	675 万亩	146 万亩	7192 万亩	29076 人	3328 人	—
单价	10000 元/(5700 亩·年)	50 元/亩	10000 元/(5700 亩·年)	11000 元	3768 元/(人·年)	—
合计/万元	1184.211	7300.00	12617.544	31983.6	1253.99	54339.345

数据来源：《天然林资源保护工程贵州省实施方案》，贵州省林业厅（2001 年 12 月）。

地表起伏度大的地区往往是国家重点生态功能区，同时地表起伏度大又导致水土流失和石漠化危害（或潜在危害）大，需要国家纳入天然林保护工程而增加投入。从表 4.12 可知，早在 2001 年时，财政对天然林保护工程投入就超过 5 亿元。

第5章　地表起伏度对社会事业发展和居民消费成本的影响

5.1　地表起伏度对教育的影响

教育是一个国家或地区社会发展进步的重要表现。政府教育支出在各国的财政支出中占有重要地位，我国也是如此（表 5.1），但由于我国各地区之间发展不平衡，政府的教育支出在我国东中西部地区存在着很大差异，从预算内财政的教育支出总额来看：东部地区是中部地区的 2.28 倍，是西部地区的 1.83 倍（表 5.2），这表明教育投入不均衡，东部地区投入多、教育条件好；中西部投入相对较少，教育条件较差。此外，即使投入同样多的生均教育经费，但中西部地区山多坡陡谷深，地表起伏巨大，教育设施的聚集规模效益也远不如东部平坦地区，由于这些财政性教育支出的不同和自然地理条件（如地表起伏度等）的限制，教育资源的聚集度及其效益存在巨大的东西部差异。这不仅会造成东中西部经济发展上的巨大差距，而且还会形成教学质量、居民文化素质的地区差异。

表 5.1　我国政府教育支出情况

年份	国家财政性教育经费/亿元	公共财政教育支出/亿元	公共财政教育支出占公共财政支出比例/%	国家财政性教育经费占国内生产总值的比例/%
2008	10449.63	10212.97	16.32	3.33
2009	12231.09	11974.98	15.69	3.59
2010	14670.07	14163.90	15.76	3.65
2011	18586.70	17821.74	16.31	3.93
2012	22236.23	20314.17	16.13	4.28
2013	24488.22	20895.11	14.91	4.16
2014	26420.58	22576.01	14.87	4.15

数据来源：2015 年全国教育经费执行情况统计公告。

表 5.2　2013 年东中西部预算内财政教育支出

地区	东部	中部	西部
财政支出/亿元	10531.35	4615.1627	5748.601
占全国的比例/%	50.4	22.09	27.51

我国居民平均受教育年限和每十万人大学生人数在东中西部地区都存在着明显差异：2012 年，居民平均受教育年限东部为 9.568 年/人，中部为 8.892 年/人，西部为 8.147 年/人；2014 年，每十万人大学生人数东部 2976 人，中部为 2463 人，西部为 2138 人。这种在东中西部之间教育及人口素质方面的巨大差异，除受经济发展水平、对教育的重视程度等诸多因素的影响外，还受自然条件的影响，其中地表起伏度对教育支出成本及规模聚集效应的影响巨大，表现在：影响教育设施场地的平整；影响教育设施和上学线路的布局；影响教育设施材料（如建筑材料等）的选择、搬运价格及使用年限；影响教育设施的共享程度和规模效益（地表起伏度大的地区、乡村聚落分散等）；额外增加教育场地周边山地灾害的防治费用等。

5.1.1 地表起伏度对教育发展成本的影响

1. 地表起伏度增加教育设施用地的"三通一平"成本估算

由于地表起伏度大，平地少，土地利用紧张，若教育设施选择在平地上建设，则需要支付较高的土地占用费，若选择在斜坡地带，则必须进行大量的挖填方，施工费时费力又费钱，需要支付较多的工程施工费（主要是土地平整费）。土地平整是指通过拆迁、土方工程对地表进行改造，拆除建筑物、构筑物及消除较明显的土地不同位置的高差，以达到后续施工的要求。平整土地后，还要实现"三通"，也就是指"通电、通水、通路"，大大增加了教育设施用地的平整性和"三通"成本。交通闭塞会引发信息不通、流通不畅，来往不便，物流成本高，教育发展因此也受影响而处于相对的劣势地位，因此，提高山区教育水平必须夯实教育基础设施，如提高"三通"覆盖率和优质教育的共享程度等。下面仅通过对贵州案例进行剖析，阐述地表起伏度对教育设施（用地）施工成本的大致费用。

贵州属于全国地表起伏度最大的省份之一，全省大部分地区地表坡度一般在 10°～25°，平均地表坡度为 17.79°，学校建设深受影响，集中表现在土地平整方面。"十一五"末期，贵州有普通高等学校共 47 所，成人高等教育学校 4 所，中等职业教育学校 249 所，普通中学 2592 所，小学 12422 所，校园面积共约 28516hm^2，按平均坡度 15°计算，采取挖高填低的方式进行局部平整，则需要平整的土地面积为总面积的一半，按平均平整深度 1m，则共需机械平整搬运量为 14258 万 m^3，按"十一五"末期市场土地开发整理定额标准，土地机械平整费为 2110 元/100m^3，则土地机械平整费为 30.08 亿元。机械平整后还必须进行人工平整，按土地开发整理定额标准，人工平整费为 220 元/100m^2，则人工平整费共需 6.27 亿元。因此，就贵州教学教育场地的现状面积情况估算，贵州地表起伏问题造成的教育设施建设用地（平整土地）成本支出已高于平原地区 36.35 亿元（实际上贵州很多地方都属于岩石山区，校舍土地平整费用比估算的还要高）。

如果把贵州省教育设施建设用地总的土地平整经费平均分配到地表起伏差异上，则每 0.01 的地表起伏度指数差异可表示为 36.35/(1.2809−1)×0.01 = 1.29 亿元，即地表起伏度指数每增加 0.01，则相当于全省教育用地土地平整的费用增加 1.29 亿元。

2. 地表起伏度影响教育设施的材料（运输、损耗）成本

由于地表起伏度大，群众居住分散，交通不畅，即使是修建公路，也要依地势而行，不少地方需绕道前行，特别是在翻越高山峡谷时，无论是上山还是下山，都必须迂回前进，使交通路程增加，运输费用增加，建设材料成本费增加，建设工程施工费增加，总的建设成本增大。材料在运输过程中，由于道路崎岖、路程漫长产生一些损耗，地表起伏度大的地区，道路坎坷不平，材料在运输过程中会发生磨损、物理碰撞损伤，若路途遥远，挥发性物料易挥发耗损、液体物料易泄漏，增加材料成本，校舍建设的材料及运输成本也有较明显提高。

5.1.2 地表起伏度对教育资源共享及利用的影响

1. 地表起伏度影响教育服务的时间成本

由于地表起伏度大，教育及相关工作等所需的各类办公用品、差旅费用、花费的时间成本均不同程度地增加。特别是教育涉及面广，教育物资的运送、师生往返校区与住区等方面都会有诸多不便，需要花费大量人力和财力，时间成本和经济成本大量增加，导致教育服务支出成本增加。

2. 地表起伏度影响教育服务资源共享

由于地势高低起伏，地表破碎度大，呈点状分布的各类教育服务设施相对分散，教育资源共享程度低甚至根本不能共享，教育资源不能被很好地集中利用，其共享率达不到应有的水平。在某些山区还存在一所学校只有一个老师一个学生的现象。这种现象产生的原因很多，不论是何种原因，都造成了教育资源的极大浪费，教育资源共享程度低。因此，必须增加各类社会服务设施的数量，加大资金投入。

3. 地表起伏度导致学校相对分散，建造成本增加，加大了财政缺口

首先，地表起伏度大的地区学校分散。学校的建设都有一定的服务半径，根据中小学设计规范，对于平坦地区而言，小学的服务半径宜为500m，城镇初级中学的服务半径宜为1000m，要有充足的生源，才能建设一个学校。地表起伏度大的地区，交通不便，居民点越分散，学校就越分散，学校的服务半径相应增加，服务成本也相应增加。

其次，地势高低起伏，地表破碎，农村村寨分散，从而导致学校分散，因而数量多、面积小，学校之间教室、图书、教师、体育设施等资源难以实现共享，资源浪费现象严重。自分级办学以来，21世纪初村社学校遍地开花，为了普及九年制义务教育，三人一校、二人一校、一人一校的情况在地表起伏度较大的西部山区和高原地区并不鲜见，即使在贵阳这样的省会城市（位于黔中高原，属于贵州省地表起伏度较小的区域），由地表起伏的差异造成的学校分散度也十分明显。

从表 5.3 中可以看出，地表起伏度不同，学校所辐射的村寨数量也不相同，花溪区地表起伏度较小，基本达到一个村一所小学，而地表起伏度中等的乌当区和开阳县一所学校仅能辐射 0.8661 和 0.7013 个村，剩余部分需要在一个村一所小学的基础上另外兴建教学点；反过来，由学校/村寨的数据可以看出，地表起伏度大的区域学校的数量也多，可见，地表起伏造成学校资源难以共享，需增加额外投入。

表 5.3　贵阳市不同地表起伏度区域学校基本数据

区域	地表起伏度（表面积指数）	小学学校总数/所	村寨数量/个	村寨/学校	学校/村寨
花溪区	1.0797	121	124	1.0248	0.975806
乌当区	1.1141	112	97	0.8661	1.154639
开阳县	1.1451	154	108	0.7013	1.425926

如果以上各区域的村寨数量相同（假定都是 124），则可以得出，乌当区和开阳县的学校数量应分别为 143 所和 177 所，而花溪区仅 121 所，由此可以计算地表起伏度增加量与学校分散度之间的关系。

由表 5.4 计算可知，地表起伏度每增加 0.01，学校分散度增加率分别增加 5.28%和 4.17%，其平均值为 4.76%。

表 5.4　贵阳市不同地表起伏度区域学校分散度计算

区域	小学学校总数/所	村寨数量/个	村寨/学校	地表起伏度（表面积指数）	地表起伏度增加量	学校分散度增加率/%	学校分散度增加率/地表起伏度增加量
花溪区	121	124	1.0248	1.0797	—	—	—
乌当区	143	124	0.8671	1.1141	0.0344	18.18	5.28
开阳县	177	124	0.7006	1.1451	0.0654	27.27	4.17

由前述的地表起伏度（表面积指数）可知，西部地区平均地表起伏度为 1.2106，贵州平均地表起伏度为 1.2809，其差值为 0.0703。"十五"末贵州有小学 14276 所（农村小学未进行大规模合并整治之前，下同），如果地表起伏度为西部平均水平，则贵州仅需学校 10558 所。可以看出，由于地表起伏度的影响，贵州额外兴建小学 3718 所，如果按每所投资 500 万元计算，则比平原地区多投入 185.9 亿元，增大了地表起伏度大的地区的财政缺口。

如果把因地表起伏导致教学设施分散额外兴建校园的总经费平均分配到地表起伏度（表面积指数）差异上，以贵州为例，则每 0.01 的地表起伏度（表面积指数）差异可表示为 185.9/(1.2809−1.105)×0.01 = 10.57 亿元，即基于表面积指数的地表起伏度每增加 0.01，则地表起伏度大的地区需要多支出用于修建改建学校的经费为 10.57 亿元。

5.1.3 地表起伏度对教育机构自身能力提升及服务水平的影响

地表起伏度大的地区，教育投入严重不足。生均预算内教育经费普遍偏低，严重影响自身能力提升及服务水平。地表起伏度大的省份，在教育方面即使生均投入经费与其他省份相同，也达不到相同的效果。因为这些地区的高等院校交通区位相对较差：这些地区一方面教育投入总量不足，只能保持基本运行，学校发展建设一定程度上依靠贷款和学费来解决，硬件设施跟不上，高校招收优质生源困难，学校自我发展能力弱；另一方面即使生均投入相同，因地表起伏度的影响，教学设施共享程度低，教育经费投入的产出效益相对东部地区低。在未对农村中小学撤并整合前，特别是 20 世纪七八十年代，农村中小学分散，校舍、教学仪器、图书资料等都难以满足教育发展的需要，不少农村中学连基本的实验室都不完善甚至没有，严重影响现代化教学与素质教育的提升。也正是由于地表起伏度相对较大，交通相对不便，经济明显滞后，学校与外界的交流受到很大制约，改革开放后乡村教师"孔雀东南飞"现象十分突出，特别是有中高级职称的、经验丰富的中学语文、英语和各相关竞赛学科教师等人才流失严重，缺乏资金送教师外出进修学习，知识老化、学历不达标、结构不合理等系列现象在党的十八大以前十分突出。地表起伏度大的省份普及九年制义务教育是最后完成的。

5.1.4 地表起伏度对教育均等化的影响

教育均等化是政府基本公共服务均等化的一项重要内容，指的是教育资源（教育经费、享受群体、师资力量、基础设施等）在全社会得到了合理公平的配置。衡量教育均等化程度的指标有人均 GDP、人均可支配财力、教育服务所涉及的各种经费等绝对指标和基尼（Gini）系数、阿特金森（Atkinson）指数、广义熵（general entropy）指数或泰尔（Theil）指数等相对指标。目前国际上较多采用的衡量教育均等的指标是基尼系数，其已在跨国对比分析中得到较普遍应用。本节教育均等化指数用学生-教师比表示，取值一般在 0~1，教育均等化指数越接近 0，表示各地区内部城乡间教育均等化水平越高；教育均等化指数越接近 1，表示教育均等化程度越低。

影响教育均等化的因素很多，包括教育体制自身及其外部宏观经济环境，如教育投入和支出费用、城乡收入比、人均 GDP 水平等。除了社会经济因素外，自然因素，特别是地表起伏度对教育均等化的影响也比较明显。为尽量剔除经济因素对教育均等化的影响，选择几个人均 GDP 接近但地表起伏度不同的省份进行比较，结果如图 5.1 所示。

由图 5.1 可以看出，地表起伏度标准化值与教育均等化指数成正比，地表起伏度标准化值越大，教育均等化指数越大，教育均等化程度越低。地表起伏度大的地区，由于地形的限制，交通不便，一方面优质教育资源和师资队伍很难引入，引入了也难以留住；另一方面教育设施建设成本高（如教学设施中的土地平整、建筑材料的运输等费用高），同样的投入产生的效益较差，更何况这些地区因经济欠发达，投入本来就少，再加上住户、生源分散，教育均等化程度自然偏低，实现山区教育的均等化仍是一个漫长的过程。

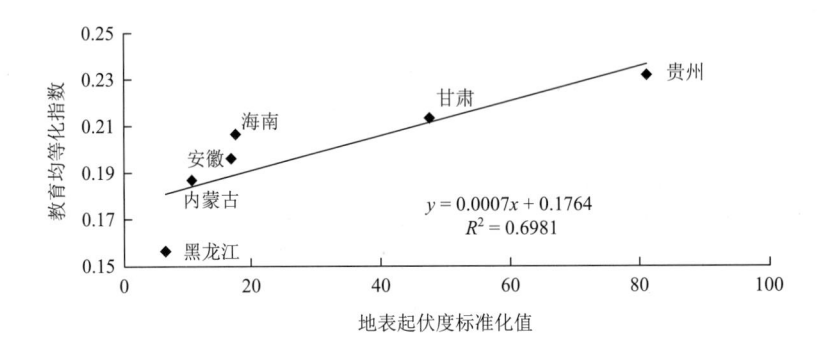

图 5.1   2012 年部分省份教育均等化指数与地表起伏度标准化值关系

数据来源于：2012 中国省级地方政府效率研究报告：消除社会鸿沟》。

5.1.5　地表起伏度对城镇居民人均教育支出的影响

人口增长、经济发展、教育需求等社会经济因素对我国教育支出的影响很大，自然因素，尤其是地表起伏度，对我国的教育支出也有一定影响。为相对精确地探讨地表起伏对人均教育经费支出的影响，需要尽可能剔除经济发展差异的影响，因此在剔除京沪粤津苏浙鲁等发达省份的基础上，尽可能选择经济发展水平相近的省份进行比较，结果如图 5.2 所示。

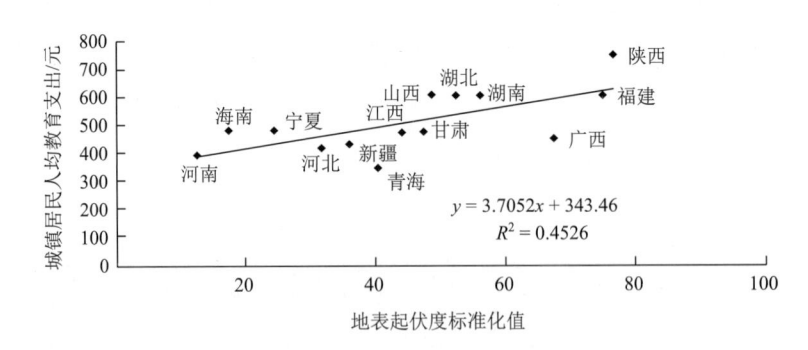

图 5.2   部分省份地表起伏度标准化值与城镇居民人均教育支出的关系（2010 年）

地表起伏度标准化值与城镇居民人均教育支出呈正相关关系，说明地表起伏度标准化值越大，人均教育支出占人均收入（或人均总支出）的比例越高。地表起伏度大的地区学校分散，往返学校的交通成本高，教育设施建设成本高，这些因素综合影响教育支出，使得地表起伏度越大的地区，在人均纯收入较少的前提下，人均教育支出占人均收入（或人均总支出）的比例越高，说明教育支出在经济社会发展相对滞后地区的刚性支出压力越大。

5.1.6 地表起伏度对教育文化程度的影响

地表起伏度大的区域，不识字人口比例较大（图 5.3），这与学校（主要是小学）的分散程度和居民受教育的难易程度直接相关，前述研究发现，表面积指数为 1.1~1.2 的区域，小学学校数量与村寨数量的比值多为 0.97~0.98（农村小学未进行大规模撤并整合之前，下同），表面积指数在 1.2~1.3 的区域，小学学校与村寨数量的比值多在 1.4~1.5。从在经济增长中的长期作用看，义务教育的效果比高等教育更为明显。世界银行的调查显示：劳动力受教育的时间每增加 1 年，GDP 相应增加 9%。因而，应高度重视自然条件（如地表起伏度）对居民教育文化程度的影响问题。

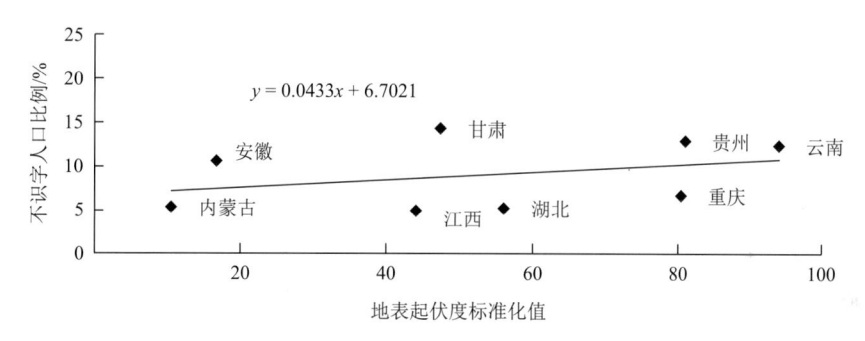

图 5.3 2011 年部分省份不同地表起伏度标准化值与不识字人口比例的关系

由此可见，地表起伏度越大，教育成本越高，加之地表起伏度大的地区本就欠发达，经济相对落后，于是在我国一些地方出现地表起伏度越大，教育水平越低，收入相对越低的循环。因此要实现教育的公平性，国家需要加大对地表起伏度大的地区的教育投入，包括资金和优质师资队伍的投入，只有这样，才能更好地改变我国教育发展不均衡的状况。

5.2 地表起伏度对城乡居民消费成本的影响

消费、投资和出口被誉为拉动经济增长的"三驾马车"。消费作为一个国家或地区内需的重要构成部分，与国计民生息息相关，一直是社会各界密切关注的热点和焦点。影响居民消费的直接或间接因素有很多，收入、生活成本、消费环境政策及自然环境条件等都直接或间接影响居民的消费意愿和消费能力，这里着重分析地表起伏度与居民生活成本的关系。为了较准确地辨析地表起伏度对生活成本（城乡居民消费）的影响，以

2014年数据为研究基础，选取中国 25 个省（区、市）（不含港澳台）作为研究对象（剔除京津沪苏浙粤 6 个省份的数据，包括 3 个直辖市、3 个东部经济发达省份，这 6 个经济发达地区自然条件比较优越，地表起伏度相对较小，自然因素对城乡居民的生活消费影响相对较小，影响消费的主要因素为社会经济因素，因此将其剔除后进行分析），阐述生活成本与地表起伏度的关系。

根据 2014 年国家统计局统计（不含港澳台）的资料：城镇常住人口为 74916 万人，占 54.77%；农村人口为 61866 万人，占 45.23%。其中东部 10 省（区、市）城镇人口为 33201 万人，占全国城镇人口的 44.32%；中部省（区、市）城镇人口 24733 万人，占 33.01%，西部省（区、市）城镇人口 16982 万人，占 22.67%；东部 10 省（区、市）农村人口为 18967 万人，占全国农村总人口的 30.66%；中部省（区、市）农村总人口为 22506 万人，占 36.38%；西部省（区、市）农村总人口为 20393 万人，占全国农村总人口的 32.96%。而基于表面积指数的中国地表起伏度标准化值为 41.67，东部地区为 28.59，中部地区为 30.72，西部地区为 59.91。从某种程度上说，东中西部地区地表起伏度标准化值和东中西三大经济地带所包含的省（区、市）发展程度呈负相关关系。因此，本节使用东中西部三大地区和地表起伏度标准化值进行阐述。

图 5.4 显示，在剔除气候差异、消费习惯等多方面因素的情况下，城镇居民生活消费占可支配收入的百分比随地表起伏度标准化值的升高而逐渐降低，呈线性负相关关系。剔除四川、重庆 2 个省（市）之后进行分析（因重庆、四川成都作为典型的消费城市，地表起伏度对居民消费影响较小），其线性关系表达式为 $y = -0.0147x + 68.854$，即地表起伏度标准化值增加 10，城镇居民生活消费占可支配收入比例降低 0.147 个百分点。综上所述，全国城镇居民生活消费占可支配收入的比例随地表起伏度标准化值的增大有逐渐降低的趋势。

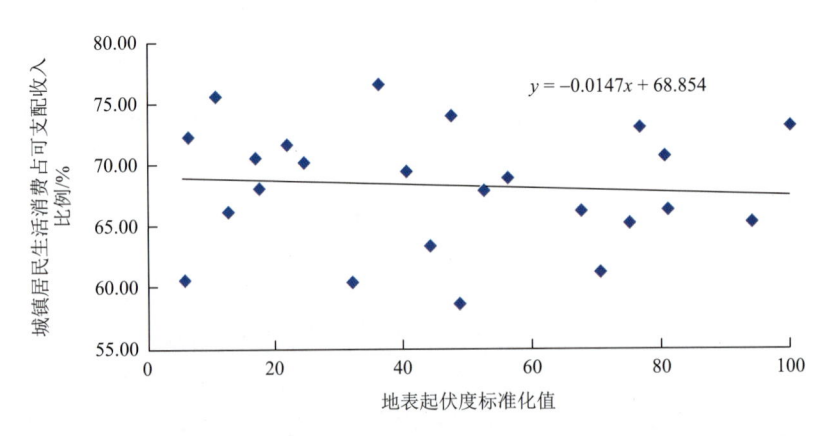

图 5.4　城镇居民生活消费占可支配收入比例随地表起伏度标准化值变化

从图 5.4 中可以看到随着地表起伏度标准化值的增大，城镇居民生活消费支出占可支配收入比例呈下降的趋势。这与我国中西部地区社会保障体系不够健全，居民消费观念、收入差距较大有很大的关系。中西部地区城镇居民可支配收入相对较低，这是消费水平低的直接原因；另一方面社会保障体系还不够完善，居民消费意愿较低，需要在今后通过经济的持续增长才能缓解。这同时也表明中国中西部地区孕育着巨大的消费市场，刺激消费的同时将会拉动经济的增长。提高中西部地区居民消费水平，进一步完善社会保障体系、提高保障程度和水平是摆在政府面前的一个重大问题。

从图 5.5 分析农村居民消费，其关系表达式为 $y = 0.0469x + 74.313$，农村居民生活消费占可支配收入比例随着地表起伏度标准化值的增大而逐渐增大，呈正相关关系，即地表起伏度标准化值增加 10，农村居民生活消费占可支配收入比例增加 0.469 个百分点。这是由于中西部地区城乡差距较东部发达地区大，尤其是在地表起伏度较大的欠发达地区，城乡差距更大，农村居民收入普遍偏低，大部分消费支出主要体现在满足基本生活需求方面（属于刚性需求）。由于受到物价等因素的影响，农村居民消费支出不断提高，但是其消费结构仍然以生存型需求为主，属于刚性支出，地表起伏度大的欠发达地区农村居民消费占可支配收入的比例反而提高了，意味着农村有余额存款的家庭少或余额不多。只有提高农村居民的收入，才能真正促进农村居民消费结构的升级。

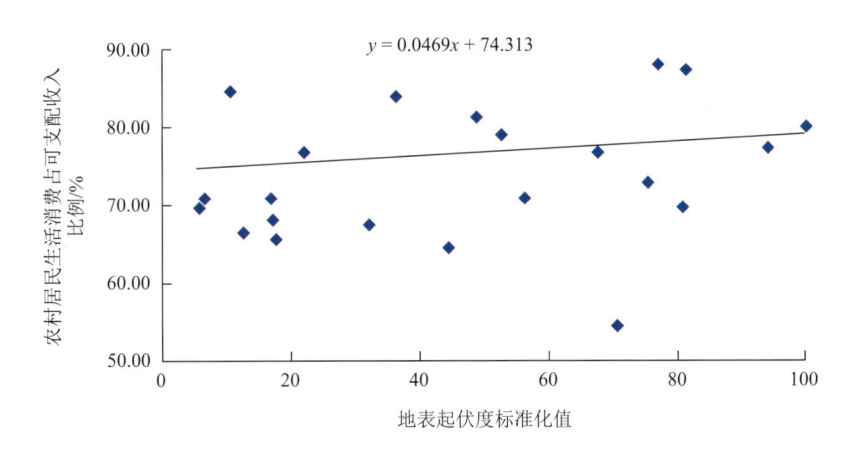

图 5.5　农村居民生活消费占可支配收入的比例与地表起伏度标准化值的关系

对比图 5.4 和图 5.5 可以看出，除京津沪苏浙粤外，我国其他地区城镇居民收入相对当地农村高多了，城镇居民的收入在满足基本生存（刚性需求）外，还有较多余钱，但可能由于社保体系还不够完善或保障程度还较低，教育、卫生等方面的开支较大，收入预期不确定等，城镇居民不太敢消费，越是地表起伏度大的地区（收入相对较低），城镇居民在消费上越是谨慎。而在上述农村地区，农村居民的收入相对当地城镇居民的收入偏低，农村居民的收入有很大一部分用于满足基本生活（刚性需求），余钱不多，因此地表起伏度越大的地区，农村居民收入越低，其消费支出占可支配收入的比例反而提高了。

为进一步分析地表起伏度对居民生活消费的影响，从食品、衣着、家庭设备用品、居住、交通和通信、教育文化娱乐、医疗七个方面分别阐述。

5.2.1 地表起伏度对食品消费的影响

1. 地表起伏度对城镇居民食品消费的影响

随着我国经济快速发展和居民收入水平的提高，居民食品消费支出快速增长，消费结构逐步由追求温饱向追求营养和健康转变，进入有选择的需求阶段。但是东西部地区城镇居民之间由于收入差距较大，食品消费支出存在着质的差别。

居民的食品消费支出与其收入有着密切关系，同时食品的价格和居民的消费偏好等也对居民食品消费支出有重要的影响。随着居民生活质量的不断提高，消费需求结构不断升级，用于食品的消费支出总体存在一定的地域差异，如图 5.6 所示，其关系表达式为 $y = 0.0384x + 22.912$，两者有较明显的正相关关系，即地表起伏度标准化值增加 10，城镇居民食品消费占可支配收入比例增加 0.384 个百分点。食品消费是各收入群体的重要消费支出项目，但是不同收入居民的消费结构存在一定的差异，总体来说，收入越高，城镇居民食品消费占可支配收入比例越低，其他消费支出的比例越高。研究样本时段数据表明，东部地区城镇居民基本生活消费支出并没有随着收入水平的提高而提高，这表明我国东部地区城镇居民满足以吃、穿为主的生存型消费需求阶段已经结束，逐步向发展型和享受型消费的阶段过渡。中西部地区地表起伏度大的地区，经济发展较落后，基础设施不够完善，居民收入相对较低，居民生活消费支出占可支配收入的比例较大，如食品、交通等，其中食品消费支出比例很大，表明研究时段内中西部部分地区仍然处于温饱型消费或小康需求阶段。综上所述，全国城镇居民食品消费占可支配收入比例随地表起伏度的增加有增大趋势。

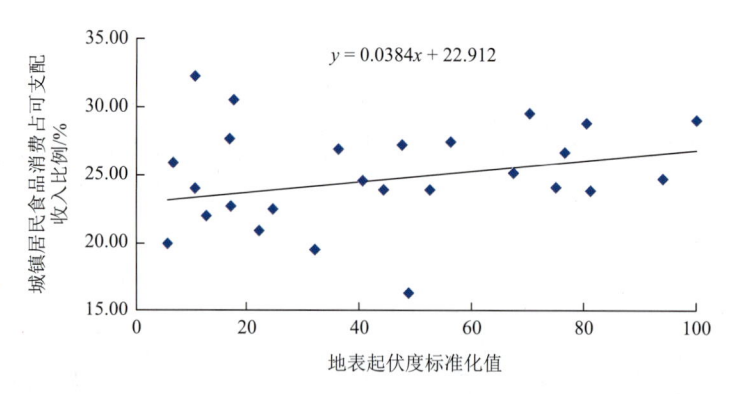

图 5.6　城镇居民食品消费占可支配收入比例与地表起伏度标准化值的关系（2014 年）

食品消费结构关系到居民的生活质量，同时食品的合理摄取也关系到居民的健康。食品结构是指食品中所包括的食品种类及其占比。城镇居民食品消费主要体现在粮油类，肉禽蛋水产品类，蔬菜类，调味品，糖烟酒饮料类，干鲜瓜果类，糕点、奶及奶制品，其他食品，饮食服务九个方面，消费结构不断优化升级。

图 5.7～图 5.9 表明：虽然地表起伏度对各地区食品消费支出的影响方面和影响程度

并不统一，但是，对于大部分地区来说，随着地表起伏度的增大，粮油类、蔬菜类消费比例增大，肉禽蛋水产品类，干鲜瓜果类，糕点、奶及奶制品的比例有所下降。东部地区居民的食品消费结构呈现多样化趋势，糖烟酒饮料类，调味品，糕点、奶及奶制品等食品的消费支出也在不断增加，虽然它们在食品消费总支出中的比例较小，但表现出不同程度的增加趋势。地表起伏度越大，基本食品类消费比例越大，消费结构越相对单一，仍以满足基本生活需求和小康型需求为主。

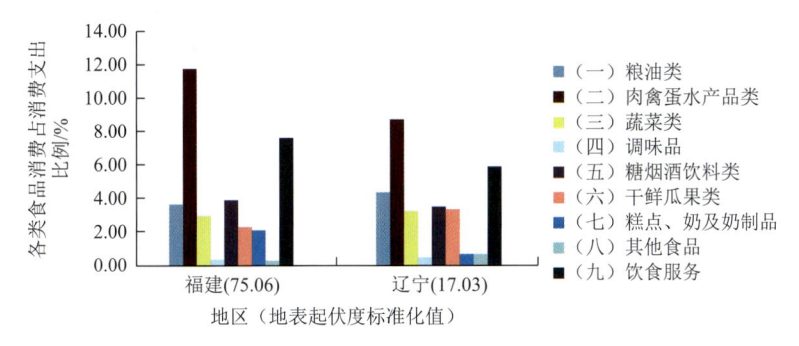

图 5.7　东部地区（辽闽）城镇居民各类食品消费占消费支出比例随地表起伏度标准化值变化（2014 年）

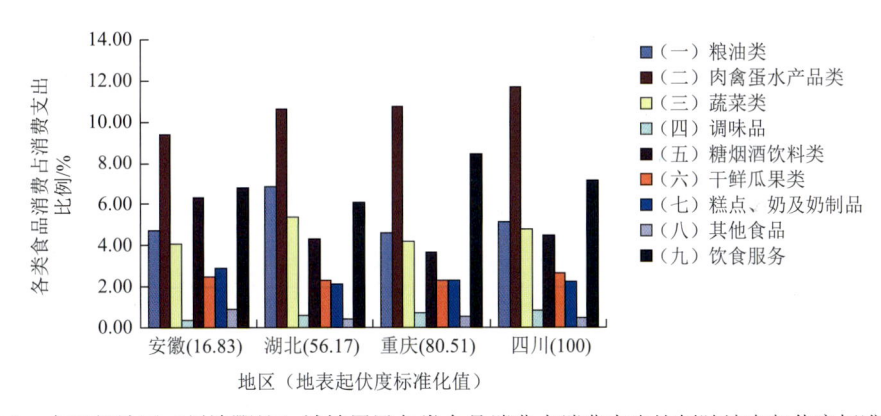

图 5.8　中西部地区（川渝鄂皖）城镇居民各类食品消费占消费支出比例随地表起伏度标准化值变化（2014 年）

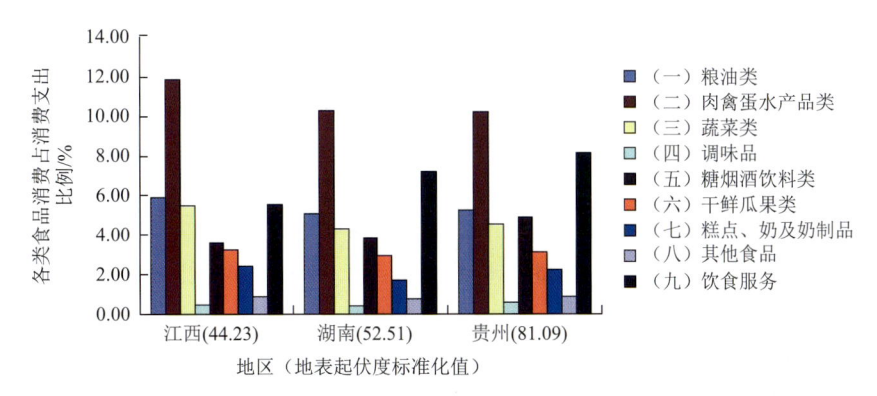

图 5.9　中西部地区（黔湘赣）城镇居民各类食品消费占消费支出比例随地表起伏度标准化值变化（2014 年）

2. 地表起伏度对农村居民食品消费的影响

中国城乡居民食品消费支出占总消费支出的比例均呈下降趋势，城镇、农村居民恩格尔系数分别由 1978 年的 57.5%、67.7%下降至 2014 年的 36.25%、39.60%，目前农村居民用于食品消费支出仍占近四成，但与城镇居民恩格尔系数的差异正逐步缩小。从图 5.10 可以看出，农村居民食品消费支出占可支配收入比例随地表起伏度标准化值的增大而增加，两者之间的拟合关系式为 $y = 0.0882x + 24.866$，即地表起伏度标准化值增加 10，农村居民食品消费支出占可支配收入比例增加 0.882 个百分点。地表起伏度较高的中西部农村地区，交通相对闭塞，农业是其主要收入来源，农业和农村抗风险能力较弱，农民收入不够稳定且偏低，消费水平低，其主要支出在基本生活需求方面，尤其在食品支出；地表起伏度低的地区，交通相对便利，居民收入来源多样化，相对而言收入较高，生活水平较高，消费支出不仅仅局限于满足其基本生活需求，更多的是追求更高层次的享受型需求和精神需求。总体来说，全国农村居民食品消费支出占可支配收入比例与地表起伏度呈正相关关系。

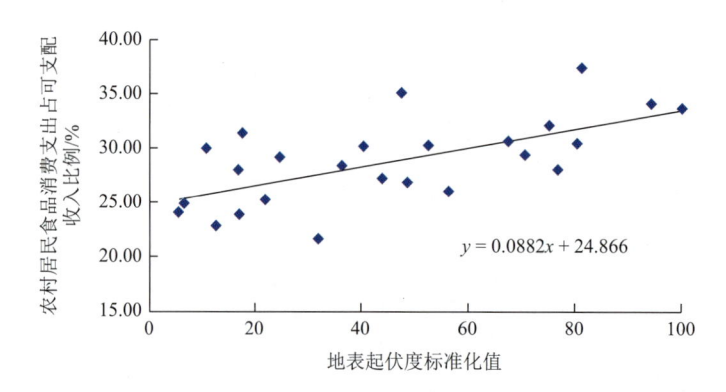

图 5.10　农村居民食品消费支出占可支配收入比例与地表起伏度标准化值的关系（2014 年）

从食品消费结构上看，农村居民的食品消费结构变化与城镇居民的变化趋势基本一致，但城乡居民食品消费结构差异仍然较大。1985～2013 年，城镇居民蔬菜类的消费比例最大，粮食类其次；农村居民粮食类的消费比例一直大于 50%，动物性食品的消费比例虽有所增加，但由于基数小，2013 年的比例仅与城镇居民 20 世纪 90 年代中期的水平相近。这说明我国城乡居民食品消费的"二元性"特征较为明显。

图 5.11～图 5.13 显示：目前我国农村居民已整体解决温饱问题，但研究时段仍属于典型的高谷物膳食结构，动物性食品及优质蛋白质食品的消费相对不足，尤其是中西部部分欠发达地区食品消费水平、数量、质量与全国平均水平差距比较明显。随地表起伏度增加，粮油类、蔬菜类等基本食品人均消耗量存在一定差异，而肉禽及制品、蛋类及蛋制品、水产品、奶及奶制品类等食品人均消耗量除个别省份外呈下降趋势。说明地表起伏度越高，农村居民消费结构越倾向于解决基本温饱问题，消费结构相对单一，有待升级。

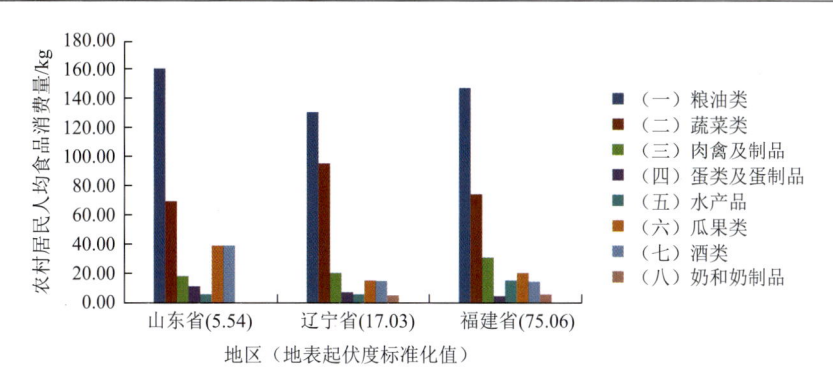

图 5.11 东部地区（鲁辽闽）农村居民人均食品消费量随地表起伏度标准化值变化（2014 年）

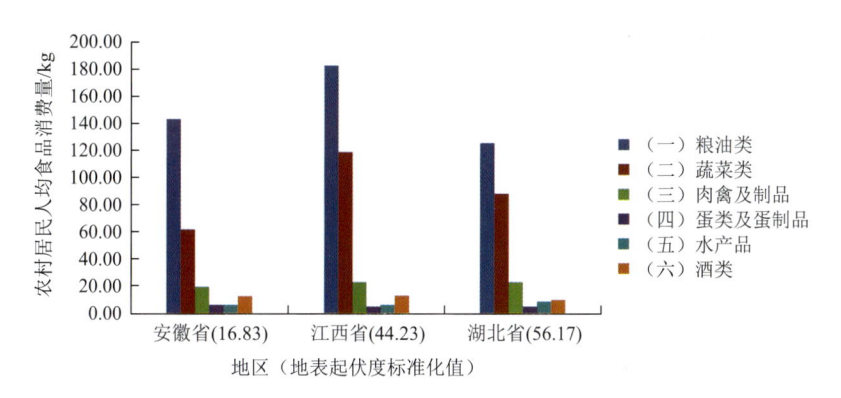

图 5.12 中部地区（皖赣鄂）农村居民人均食品消费量随地表起伏度标准化值变化（2014 年）

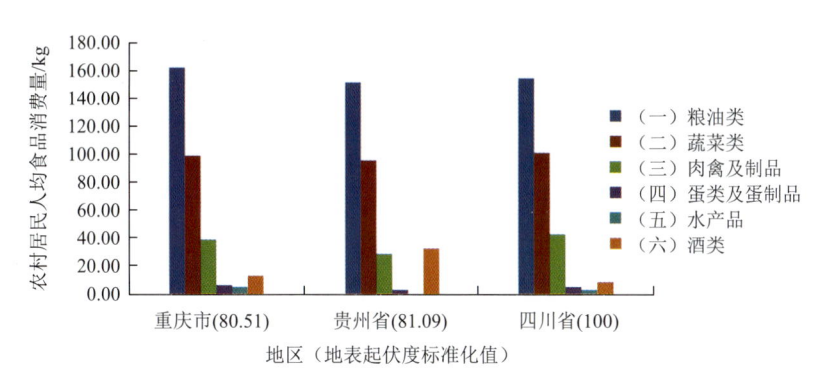

图 5.13 西部地区（渝贵川）农村居民人均食品消费量随地表起伏度标准化值变化（2014 年）

5.2.2 地表起伏度对衣着消费的影响

1. 地表起伏度对城镇居民衣着消费的影响

近年来，随着城镇居民收入水平和生活水平的提高，衣着消费也进入一个新的阶段，发展为追求个性和品位。影响居民衣着消费的因素较多，如气候差异、收入、交通区域位置、居民的消费习惯等，如表 5.5 所示。

表 5.5 东中西部地区城镇居民衣着消费成本统计表（2014 年）

地区类型	省（市）	地表起伏度标准化值	纯收入/元	生活成本/元	衣着消费占纯收入比例/%	衣着消费占生活消费比例/%
东部地区	福建	75.06	30816.40	20092.72	5.47	8.38
	辽宁	17.03	25578.17	18029.65	8.21	11.65
	山东	5.54	28264.10	17112.24	8.06	13.31
中西部地区	云南	94.11	23235.50	15156.15	5.83	8.95
	贵州	81.09	20667.10	13702.87	6.78	10.23
	重庆	80.51	25216.10	17813.86	9.25	13.10
	湖南	52.51	23414.00	15887.11	6.49	9.56
	山西	48.70	22455.60	13166.19	7.18	12.25
	青海	40.47	19498.50	13539.50	8.51	12.37
	河南	12.50	22398.00	14821.98	8.56	12.93

东部地区城镇居民就业渠道和收入来源多元化，收入水平较高，衣着消费支出也在不断增加。中西部地区经济发展相对滞后，服装以普通消费为主，大多数居民消费观念比较保守，从图 5.14 可以看出，城镇居民衣着消费支出占可支配收入比例与地表起伏度标准化值呈负相关关系，两者之间关系式为 $y = -0.622\ln x + 9.8965$，即随地表起伏度标准化值的增大，城镇居民衣着消费占可支配收入比例降低。地表起伏度比较高的中西部地区，经济发展水平较低，加上消费观念相对比较保守，一定程度上制约了居民衣着消费支出。因此，地表起伏度越低的地区衣着消费水平越高，反之，消费水平越低。总之，全国城镇居民衣着消费水平随着地表起伏度的增大有降低的趋势。

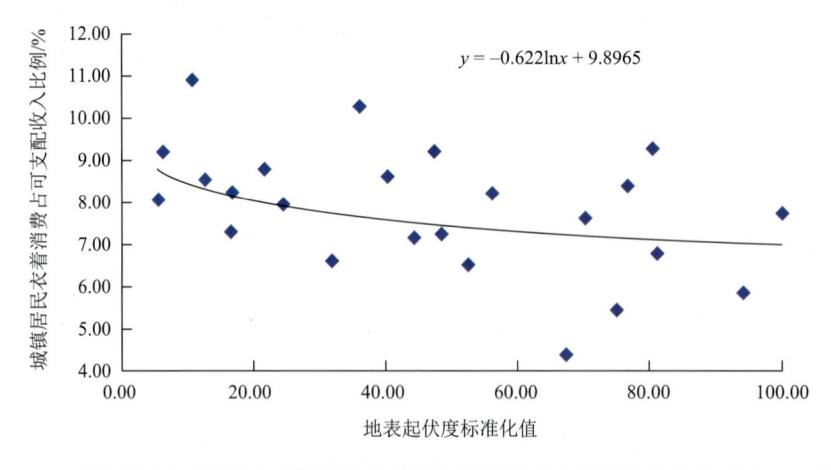

图 5.14 城镇居民衣着消费占可支配收入比例与地表起伏度标准化值的关系（2014 年）

2. 地表起伏度对农村居民衣着消费的影响

同城镇居民相比，农村居民衣着消费存在一定差异，见表5.6。

表5.6 东中西部地区农村居民衣着消费成本统计表（2014年）

地区类型	省（市）	地表起伏度标准化值	纯收入/元	生活成本/元	衣着消费占纯收入比例/%	衣着消费占生活消费比例/%
东部地区	福建	75.06	11184.20	8151.20	4.32	5.93
	辽宁	17.03	10522.70	7159.00	5.55	8.16
	山东	5.54	10619.90	7392.70	4.64	6.67
中西部地区	云南	94.11	6141.30	4743.60	3.44	4.46
	贵州	81.09	5434.00	4740.20	4.68	5.36
	重庆	80.51	8332.00	5796.40	4.93	7.09
	湖南	52.51	8372.10	6609.50	4.08	5.18
	山西	48.70	7153.50	5812.70	6.59	8.12
	青海	40.47	6196.40	6060.20	7.25	7.42
	河南	12.50	8475.30	5627.70	5.69	8.56

近年来农村居民衣着消费出现一些新特征，主要表现为消费心理变化，农村居民对衣着的消费需求已经由耐穿、抗寒的保暖型、传统型，向求新、求异、求美的潮流型、城市型的方向转变，衣着款式开始趋于休闲化、时装化，对服装的质量、品位都有了更高的要求。从图5.15可知，关系表达式为 $y = -0.0076x + 5.4606$，地表起伏度标准化值与农村居民衣着消费占可支配收入比例呈负相关关系，研究时段内中西部部分地区交通相对不便，物流不完善，消费意识较为滞后，导致农村居民衣着消费水平普遍偏低，但是东部地区的农村居民，随着收入的不断增加，服装消费水平在逐步提高。随地表起伏度的增大，农村居民衣着消费占可支配收入比例降低，即全国农村居民衣着消费占可支配收入比例随着地表起伏度的增大有降低的趋势。

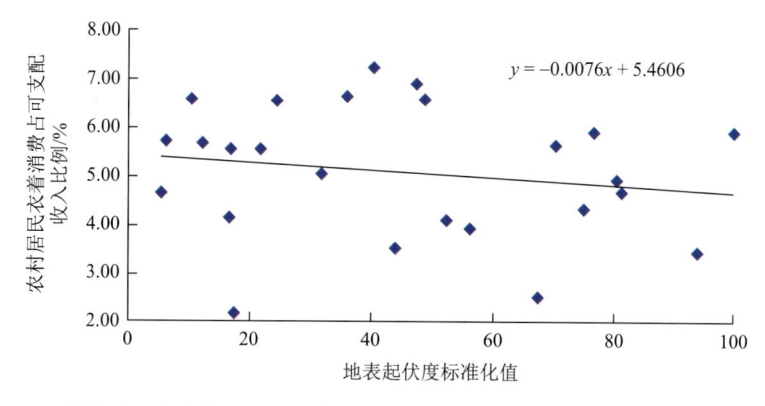

图5.15 农村居民衣着消费占可支配收入比例与地表起伏度标准化值的关系（2014年）

5.2.3 地表起伏度对家庭设备用品消费的影响

1. 地表起伏度对城镇居民家庭设备用品消费的影响

目前我国城镇居民家庭设备中耐用消费品趋于饱和。用于购买耐用消费品的支出逐年降低，表明家庭用品消费已经不再是人们消费的重点。但是，在传统电器消费降温的同时，一些新兴的家用耐用品正在取代传统电器的位置成为现阶段的消费热点。居民家庭设备用品消费结构正在转变，从传统家用设备到新型的智能化设备不断转变。本书分析地表起伏度对城镇居民家庭设备用品消费影响时尽量摒除其他方面的干扰，选取部分地区进行对比分析（表 5.7）。

表 5.7 东中西部地区城镇居民家庭设备用品消费成本统计表（2014 年）

地区类型	省（市）	地表起伏度标准化值	纯收入/元	生活成本/元	家庭设备用品消费占纯收入比例/%	家庭设备用品消费占生活消费比例/%
东部地区	福建	75.06	30816.40	20092.72	4.60	7.05
	辽宁	17.03	25578.17	18029.65	4.48	6.35
	山东	5.54	28264.10	17112.24	4.49	7.42
中西部地区	云南	94.11	23235.50	15156.15	4.25	6.50
	贵州	81.09	20667.10	13702.87	5.24	7.90
	重庆	80.51	25216.10	17813.86	5.25	7.44
	湖南	52.51	23414.00	15887.11	4.90	7.21
	山西	48.70	22455.60	13166.19	3.88	6.61
	青海	40.47	19498.50	13539.50	4.57	6.57
	河南	12.50	22398.00	14821.98	5.71	8.64

在国家家电"以旧换新"政策等消费因素的带动下，家庭耐用消费品更新换代加快，带动相关支出增加，从而给家电设备用品市场带来了新的机遇。从图 5.16 可知，关系式为 $y = 0.0069x + 4.2891$，城镇居民家庭设备用品消费占可支配收入比例与地表起伏度标准化值呈正相关关系，即随地表起伏度标准化值增大，城镇居民家庭设备用品消费占可支配收入比例增加。东部地区，耐用消费品基本趋于饱和；而中西部地区，随着居民收入不断提高，在国家小排量汽车购买优惠政策的鼓励下，购车消费成为居民消费热点，用于耐用消费品的支出在不断增加。由于受到自然地形等因素的影响，中西地区的耐用消费品的价格会比东部地区略高一点，一定程度上增加了居民家庭设备消费支出，地表起伏度高的地区家庭设备消费支出相比地表起伏度低的地区要略高一点。总体来说，全国城镇居民家庭设备用品消费支出占可支配收入比例随着地表起伏度的增大出现增加趋势。

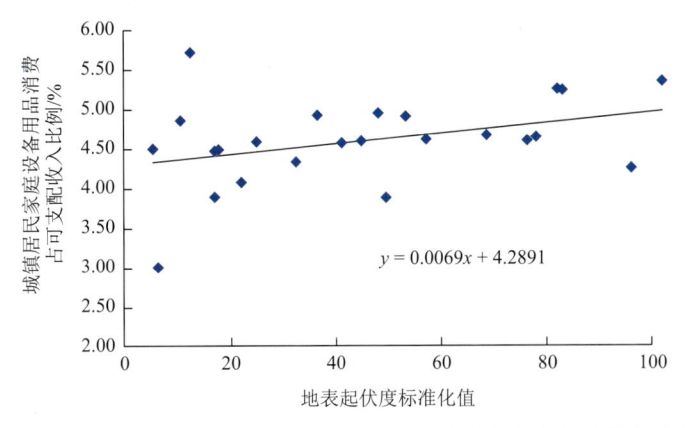

图 5.16　城镇居民家庭设备用品消费占可支配收入比例与地表起伏度标准化值的关系（2014 年）

2. 地表起伏度对农村居民家庭设备用品消费的影响

家庭设备用品作为衣食住用行中的"用"是居民消费的重要组成部分，其消费水平反映居民的生活质量。本书在分析地表起伏度对农村居民家庭设备的消费影响时尽量摒除其他方面的干扰，选取部分地区进行对比分析（表 5.8）。

表 5.8　东中西部地区农村居民家庭设备用品消费成本统计表（2014 年）

地区类型	省（市）	地表起伏度标准化值	纯收入/元	生活成本/元	家庭设备用品消费占纯收入比例/%	家庭设备用品消费占生活消费比例/%
东部地区	福建	75.06	11184.20	8151.20	4.32	5.93
	辽宁	17.03	10522.70	7159.00	2.84	4.18
	山东	5.54	10619.90	7392.70	4.13	5.93
中西部地区	云南	94.11	6141.30	4743.60	4.21	5.46
	贵州	81.09	5434.00	4740.20	5.01	5.75
	重庆	80.51	8332.00	5796.40	5.69	8.18
	湖南	52.51	8372.10	6609.50	5.02	6.36
	山西	48.70	7153.50	5812.70	4.02	4.96
	青海	40.47	6196.40	6060.20	5.08	5.20
	河南	12.50	8475.30	5627.70	4.90	7.39

2000 年以来，农村居民家庭消费支出结构发生了重大变化。2000 年之前主要集中在食品、衣着和居住条件改善等方面的消费，而在医疗保健和文教娱乐等方面的消费支出较少；2005 年之后除了在食品、衣着和居住条件改善方面的消费外，在家庭设备、医疗保健、交通运输和文教娱乐方面的消费支出逐年增加，表明农村居民不但注重物质生活水平的提高，同时注重精神文化水平的提高。但是东西部之间、发达地区与欠发达地区之间的农村居民消费水平仍存在较大差距。研究时段农村家庭设备消费市场尚未饱和，随着农民居住条件的改善及新产品的出现，农村家庭设备用品及服务消费比例将不断提高。从图 5.17 可知，关系式为 $y = 0.0154x + 3.6917$（$R = 0.49$），农村居民家庭设备用品

消费占纯收入比例与地表起伏度标准化值呈正相关关系,即随地表起伏度标准化值的增大,农村居民家庭设备用品消费占纯收入比例逐渐增加,地表起伏度标准化值增加10,农村居民家庭设备用品消费占纯收入比例增加0.154个百分点。中西部地区交通不便,一定程度上影响了家庭设备销售渠道,增加其成本,导致价格上涨,随着居民消费意愿增强,购买家庭设备支出比例将会逐渐增大,东部地区家庭设备消费趋于饱和,用于这方面的支出呈稳定态势。因此,地表起伏度高的地区,家庭设备消费支出相对较高。综上所述,全国农村居民家庭设备用品消费占纯收入比例随地表起伏度的增大有逐渐增大的趋势。

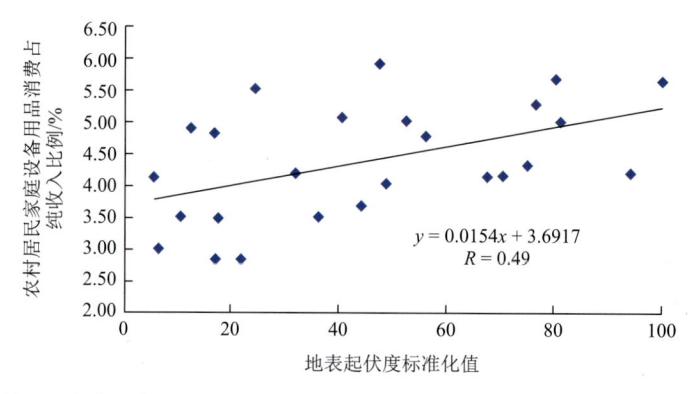

图 5.17 农村居民家庭设备用品消费占纯收入比例与地表起伏度标准化值的关系(2014 年)

5.2.4 地表起伏度对居住消费的影响

1. 地表起伏度对城镇居民居住(购房和建房)消费的影响

1998 年以来,我国城镇居民用于居住方面的消费占比大幅上升,这主要与我国目前现阶段的住房及配套的工资制度改革紧密相关。由于市场经济的发展和市场体系的逐步健全,以及住房的商品化程度进一步提高,研究时段内住房消费占比逐步提高,如表 5.9 所示。

表 5.9 东中西部地区城镇居民居住(购房和建房)消费成本统计表(2014 年)

地区类型	省(市)	地表起伏度标准化值	纯收入/元	生活成本/元	居住消费占纯收入比例/%	居住消费占生活消费比例/%
东部地区	福建	75.06	30816.40	20092.72	6.53	10.02
	辽宁	17.03	25578.17	18029.65	7.57	10.74
	山东	5.54	28264.10	17112.24	6.30	10.40
中西部地区	云南	94.11	23235.50	15156.15	5.96	9.14
	贵州	81.09	20667.10	13702.87	7.24	10.92
	重庆	80.51	25216.10	17813.86	5.46	7.73
	湖南	52.51	23414.00	15887.11	6.53	9.63
	山西	48.70	22455.60	13166.19	7.18	12.25
	青海	40.47	19498.50	13539.50	8.64	12.44
	河南	12.50	22398.00	14821.98	5.87	8.87

城镇居民居住消费支出快速增长，主要是购置住房比例提高、水电燃料消费支出增加、住房升级等因素所致。随着居住环境优化，住房物业管理与维修服务费用也在逐步提高。1998年以来我国房改政策对住房需求的拉动效应十分明显，2014年，74%的城镇居民拥有自己的住房，51%的人居住消费是为了扩大居住面积和改善居住条件，这说明城镇居民对住房的需求已经从有房住到住好房的方向转变。从图5.18可以看到，关系表达式为 $y = -0.0145x + 7.5043$，城镇居民居住（购房和建房）消费占可支配收入比例随地表起伏度标准化值的增大逐渐降低。地表起伏度较低的地区，城市经济发展水平较高，居民对居住环境的要求不断提高，居民居住消费的支出占比大。总体来说，全国城镇居民居住（购房和建房）消费占可支配收入比例随着地表起伏度的增大有降低的趋势。

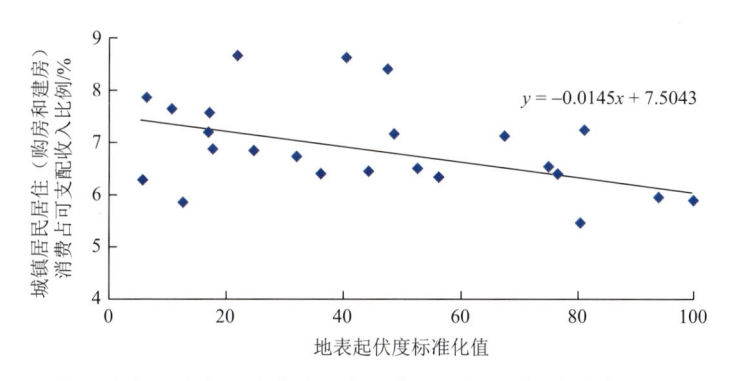

图5.18 城镇居民居住（购房和建房）消费占可支配收入比例与地表起伏度标准化值的关系（2014年）

2. 地表起伏度对农村居民居住消费的影响

良好的住房条件是居民全面迈向小康的重要内容之一，也是农村居民生活水平提高的一个显著标志。2000年以来，农村居民居住类消费支出增长最快，2014年农村居民居住类消费支出为人均3260元，同比增长63.4%，增幅位居第一，如表5.10所示。

表5.10 东中西部地区农村居民居住（购房和建房）消费成本统计表（2014年）

地区类型	省（市）	地表起伏度标准化值	纯收入/元	生活成本/元	居住消费占纯收入比例/%	居住消费占生活消费比例/%
东部地区	福建	75.06	11184.20	8151.20	12.68	17.40
	辽宁	17.03	10522.70	7159.00	12.16	17.87
	山东	5.54	10619.90	7392.70	13.27	19.07
中西部地区	云南	94.11	6141.30	4743.60	14.76	19.11
	贵州	81.09	5434.00	4740.20	18.05	20.69
	重庆	80.51	8332.00	5796.40	8.09	11.64
	湖南	52.51	8372.10	6609.50	17.18	21.76
	山西	48.70	7153.50	5812.70	16.86	20.75
	青海	40.47	6196.40	6060.20	23.39	23.91
	河南	12.50	8475.30	5627.70	12.32	18.55

近年来，随着我国农村居民家庭纯收入的不断提高，农村居民家庭居住消费支出也不断提高。温饱得到满足后，农村居民要求改善居住条件，扩大居住面积，提高居住质量。一方面由于农村居民居住消费需求较大，另一方面由于水、电、燃料、建房、租金及装修材料价格的上涨，农村居民的居住消费支出不断增加。中西部地区农村居民居住消费支出呈波浪式上升趋势，但是提高农村居民发展和享受型居住消费的任务依然艰巨。从图 5.19 可以看到，剔除西藏数据后分析，关系表达式为 $y = 1.222\ln x + 10.886$，农村居民居住（购房和建房）消费占可支配收入比例随地表起伏度标准化值的增大逐渐增大，即地表起伏度高的地区，基础设施不完善，交通不便，原料成本和运输费用都较高，因此，居民建房消费支出较高，地表起伏度低的地区收入较高、各种建筑材料运输费用也比较便宜，因此，居民建房消费支出占比较低。总体来说，全国农村居民居住（购房和建房）消费占可支配收入比例随着地表起伏度的增大有增大趋势，这点与城镇地区有所区别。

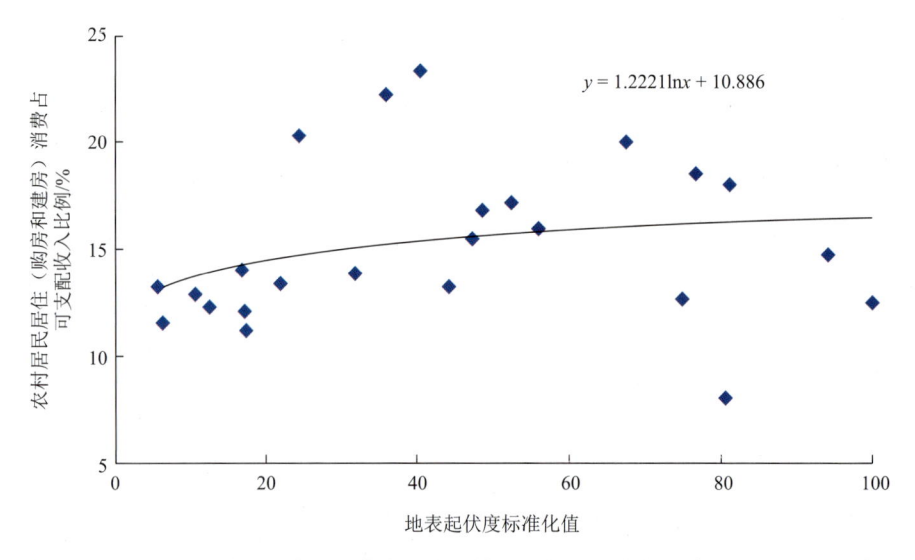

图 5.19　农村居民居住（购房和建房）消费占可支配收入比例与地表起伏度标准化值的关系（2014 年）

5.2.5　地表起伏度对交通和通信消费的影响

1. 地表起伏度对城镇居民交通和通信消费的影响

随着居民收入水平的提高及电子通信、家用汽车价格的下调，移动电话及家用汽车已成为我国近几年新的消费热点。从趋势上看，这方面的消费需求将会持续旺盛。电信事业、信息产业的快速发展使现代通信方式更加快捷多样，通信工具、信息产品更新换代周期缩短，通信设备消费支出快速增长，2014 年人均通信类消费支出 741 元，增长较快，如表 5.11 所示。

表 5.11 东中西部地区城镇居民交通和通信消费成本统计表（2014 年）

地区类型	省（市）	地表起伏度标准化值	纯收入/元	生活成本/元	交通和通信消费占纯收入比例/%	交通和通信消费占生活消费比例/%
东部地区	福建	75.06	30816.40	20092.72	10.45	16.02
	辽宁	17.03	25578.17	18029.65	10.12	14.36
	山东	5.54	28264.10	17112.24	8.76	14.46
中西部地区	云南	94.11	23235.50	15156.15	9.46	14.50
	贵州	81.09	20667.10	13702.87	9.05	13.65
	重庆	80.51	25216.10	17813.86	7.84	11.09
	湖南	52.51	23414.00	15887.11	10.29	15.17
	山西	48.70	22455.60	13166.19	7.91	13.49
	青海	40.47	19498.50	13539.50	8.94	12.87
	河南	12.50	22398.00	14821.98	7.89	11.93

从图 5.20 看出，全国 25 个省（区、市）城镇居民交通和通信消费支出占可支配收入比例随地表起伏度标准化值的增大呈下降的趋势，关系表达式为 $y = 9.6003e^{-0.002x}$。随着地表起伏度的增大，城镇居民交通和通信消费支出占可支配收入比例逐渐降低。地表起伏度较高的地区，地形崎岖，山高谷深，交通、通信基础设施建设成本高，辐射面和覆盖面积较小，居民使用通信设备费用相对较高，地形破碎，交通设施不够完善，一定程度上减少居民出行的机会，交通工具单一，长距离出行时才会选用交通工具，短距离出行大多选择消费较低的出行工具，因此交通消费支出较低；而东部地区，自然地形条件较好，交通通达性较好，对外联系方便，居民出行大多使用私家车，交通费用相对较高，总体来说，全国城镇居民交通和通信消费支出占可支配收入比例随着地表起伏度的增大有降低趋势。

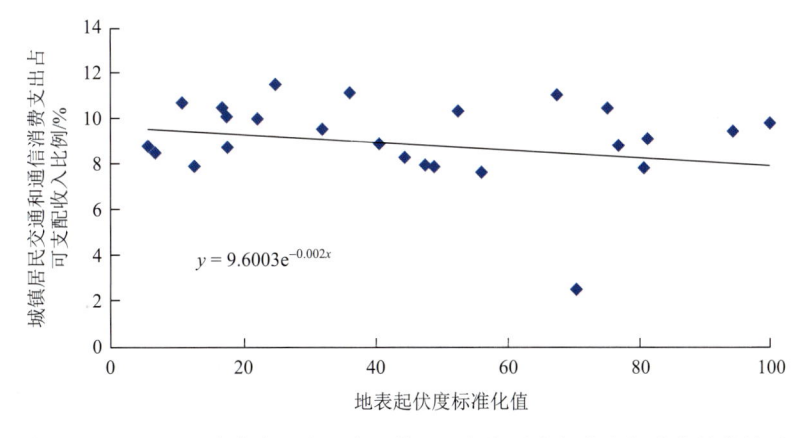

图 5.20 城镇居民交通和通信消费支出占可支配收入比例与地表起伏度标准化值的关系（2014 年）

2. 地表起伏度对农村居民交通和通信消费的影响

农村居民的交通和通信消费升级相对于城镇居民受到多维度的复杂因素的影响,包括自然因素、体制变迁、收入增长及消费观念变化等方面。本书在分析地表起伏度对农村居民交通和通信消费影响时尽量摒除其他方面的干扰,选取部分省(市)进行对比分析(表5.12)。

表 5.12 东中西部地区农村居民交通和通信消费成本统计表(2014 年)

地区类型	省(市)	地表起伏度标准化值	纯收入/元	生活成本/元	交通和通信消费占纯收入比例/%	交通和通信消费占生活消费比例/%
东部地区	福建	75.06	11184.20	8151.20	7.21	9.89
	辽宁	17.03	10522.70	7159.00	8.08	11.88
	山东	5.54	10619.90	7392.70	9.80	14.08
中西部地区	云南	94.11	6141.30	4743.60	9.61	12.44
	贵州	81.09	5434.00	4740.20	9.01	10.33
	重庆	80.51	8332.00	5796.40	6.98	10.04
	湖南	52.51	8372.10	6609.50	7.64	9.68
	山西	48.70	7153.50	5812.70	9.77	12.03
	青海	40.47	6196.40	6060.20	14.71	15.03
	河南	12.50	8475.30	5627.70	7.27	10.95

近年来,随着我国农村居民家庭人均纯收入的提高,农村居民的交通通信支出也在不断增加,农村居民出行交通工具多样化,由以前的步行、骑自行车、骑三轮车转变为骑自行车、骑摩托车和开汽车。同时,随着近年来现代化通信技术的迅猛发展,基本通信费逐步降低,各种通信工具,特别是移动电话大幅降价,农村居民通信方式不断优化升级,由以前的信件、邮递包裹、固定电话,转变为手机和网络。随着新农村建设的稳步推进,农村交通通信基础设施的逐步完善,交通通信消费支出将是农村居民未来的消费热点之一。虽然我国农村居民生活水平在提升,但中西部地区仍然有一部分低收入群体的实际消费支出还没满足基本需求。研究时段内一些落后地区的居民还没有认识到交通通信在了解市场信息、学习农业科技、增加就业机会等方面的重要作用,故不会将大量的收入投入交通和通信消费中,在一定程度上影响了交通和通信消费的增长。从图5.21可以看出,关系表达式为 $y = -0.0129x + 9.5226$,农村居民交通和通信消费占可支配收入比例随地表起伏度标准化值的增大呈下降的趋势。地表起伏度高的地区,山高谷深,地形破碎,交通相对闭塞,居民出行的意愿降低,居民出行时只能选择原始的交通工具,如自行车、摩托车等,消费支出相对较低,并且与外界交流的机会也相对较少,会使用电子通信设备的人员比例比中东部发达地区低,因此,电子通信设备消费支出较少;地表起伏度低的地区,居民与外界交流方便,使用电子通信设备的机会较多,消费支出相对较高,总体来说,全国农村居民交通和通信消费占可支配收入比例随着地表起伏度的增大有降低趋势。

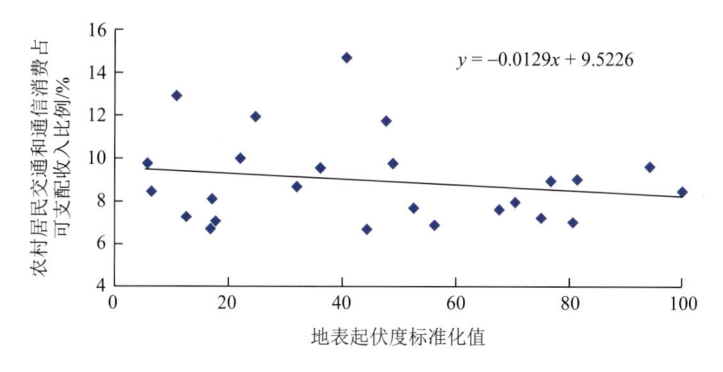

图 5.21 农村居民交通和通信消费占可支配收入比例与地表起伏度标准化值的关系（2014 年）

5.2.6 地表起伏度对教育文化娱乐消费的影响

1. 地表起伏度对城镇居民教育文化娱乐消费的影响

教育文化娱乐消费作为文化产业链终端环节，有利于提升居民文化素养和生活质量，提高消费者认知水平和文化欣赏能力。教育文化娱乐消费一般包括教育、文化娱乐用品和文化娱乐服务消费三大类。本书在分析地表起伏度对城镇居民教育文化娱乐消费的影响时尽量摒除其他方面的干扰，选取部分地区进行对比分析（表 5.13）。

表 5.13 东中西部地区城镇居民教育文化娱乐消费成本统计表（2014 年）

地区类型	省（市）	地表起伏度标准化值	纯收入/元	生活成本/元	教育文化娱乐消费占纯收入比例/%	教育文化娱乐消费占生活成本比例/%
东部地区	福建	75.06	30816.40	20092.72	7.95	12.19
	辽宁	17.03	25578.17	18029.65	8.83	12.53
	山东	5.54	28264.10	17112.24	6.76	11.16
中西部地区	云南	94.11	23235.50	15156.15	8.80	13.49
	贵州	81.09	20667.10	13702.87	9.44	14.23
	重庆	80.51	25216.10	17813.86	6.83	9.67
	湖南	52.51	23414.00	15887.11	8.89	13.10
	山西	48.70	22455.60	13166.19	9.20	15.69
	青海	40.47	19498.50	13539.50	7.55	10.87
	河南	12.50	22398.00	14821.98	8.53	12.89

城镇居民教育文化娱乐消费水平代表我国文化消费的发展方向和发展水平，展示我国居民文化素养和形象。近年来，我国东部地区城镇居民对旅游、教育、娱乐休闲等文化消费的需求显著增长。但是，我国中西部欠发达地区现阶段还主要处在基本的教育支出阶段，由于文化娱乐消费属于享受型消费品，弹性较大，发达地区与相对落后地区文化娱乐消费的差距呈扩大趋势，2014 年教育文化娱乐服务消费差距值扩大到 977.56 元，

差距比例超过 60%，是近几年中差距最大的年份。东部地区教育文化娱乐消费在消费支出中所占的比例越来越高，已经全面进入到注重品质的消费阶段。从图 5.22 可以看出，城镇居民教育文化娱乐消费占可支配收入比例随地表起伏度标准化值的增大逐渐增大，其关系表达式为 $y = 0.4126\ln x + 6.7378$。随着经济的发展，无论是城镇居民还是农村居民，对于教育的重视程度都明显提高，因此教育文化娱乐的支出在不断提高，地表起伏度越高的地区，居民收入相对低，另外，平均家庭受教育人数（家庭人口规模）比东部地区相对多，家庭教育支出具有刚性，因此在地表起伏度较高而人均收入相对较低的中西部地区，家庭教育文化娱乐支出占家庭总支出的比例相对较高。地表起伏度较低的东部地区，收入相对较高，居民教育消费成本较高，文化娱乐消费也较高，但是，消费增幅较中西部地区略小。因此，总体来说，全国城镇居民教育文化娱乐消费占可支配收入比例随地表起伏度增大而增大，但总的支出比例还较低，发展潜力较大。

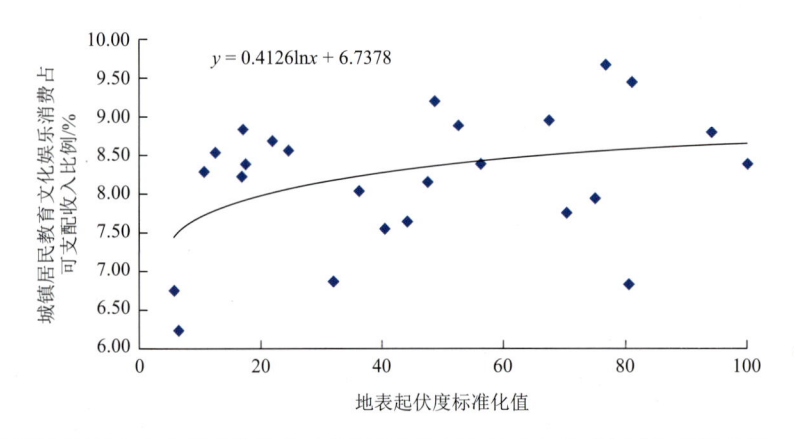

图 5.22 城镇居民教育文化娱乐消费占可支配收入比例与地表起伏度标准化值的关系（2014 年）

2. 地表起伏度对农村居民教育文化娱乐消费的影响

2000 年以来，许多文化产品逐渐进入农村，尤其是近些年来城市文化市场不断向农村渗透，以城市为重点，以乡镇为衬托，以村为点的农村文化市场模型逐步形成。我国农村居民人均教育文化娱乐消费支出中，2001 年农村居民人均教育文化娱乐消费支出为 192.6 元，2014 年我国农村居民教育文化娱乐消费支出增加到 366.7 元，可见，农村地区居民对教育文化娱乐消费的需求是呈上涨趋势的；但由于自然条件的约束，我国东西部农村地区居民教育文化娱乐消费之间存在着较大的差异（表 5.14）。

表 5.14 东中西部地区农村居民教育文化娱乐消费成本统计表（2014 年）

地区类型	省（市）	地表起伏度标准化值	纯收入/元	生活成本/元	教育文化娱乐消费占纯收入比例/%	教育文化娱乐消费占生活成本比例/%
东部地区	福建	75.06	11184.20	8151.20	5.30	7.27
	辽宁	17.03	10522.70	7159.00	6.01	8.84
	山东	5.54	10619.90	7392.70	5.38	7.73

续表

地区类型	省（市）	地表起伏度标准化值	纯收入/元	生活成本/元	教育文化娱乐消费占纯收入比例/%	教育文化娱乐消费占生活成本比例/%
中西部地区	云南	94.11	6141.30	4743.60	3.93	5.08
	贵州	81.09	5434.00	4740.20	5.55	6.36
	重庆	80.51	8332.00	5796.40	5.32	7.65
	湖南	52.51	8372.10	6609.50	5.09	6.45
	山西	48.70	7153.50	5812.70	7.02	8.65
	青海	40.47	6196.40	6060.20	4.36	4.46
	河南	12.50	8475.30	5627.70	4.82	7.25

随着我国九年制义务教育的普及，农村居民现阶段的文化水平得到很大提升。并且随着电视、网络和各类视频节目等文化产品的普及，中西部一些落后地区的农村居民有更多的机会接触到外面的世界，逐渐摆脱了过去保守的消费观念。但也不可否认，现阶段的农村居民的教育文化娱乐消费水平还略显滞后。近年来，随着农村居民，特别是年轻一代外出打工的人数逐渐增加，再加上经济社会不断发展进步，居民对于自身有更高的精神追求，由物质消费层面逐渐转为兼顾精神文化消费层面。但是在地表起伏度较大的中西部地区，文化娱乐支出与刚性的教育支出不同，文化娱乐是享受型的，其支出有较大弹性；因此目前我国中西部地区，尤其是欠发达的中西部地区，受到自然环境的约束，农村居民仍以物质消费为主，以文化娱乐为代表的精神消费占比仍较低，农村居民教育文化娱乐消费占可支配收入比例随地表起伏度标准化值的增大逐渐降低，从图5.23可以看出，其关系表达式为 $y = -0.0114x + 5.6826$。地表起伏度较高的地区，相对来说，农村居民文化水平有限，文化休闲娱乐意识相对淡薄，存在着重物质消费、轻文化消费的思想。文化消费观念、收入水平、自然环境等一些因素影响文化娱乐基础设施建设，导致农村居民娱乐休闲等文化消费水平较低；地表起伏度越低的地区，越注重精神文化领域的消费，因此，教育文化娱乐的消费支出比例越高，总体来说，全国农村居民教育文化娱乐消费占可支配收入比例随着地表起伏度的增大有降低的趋势。

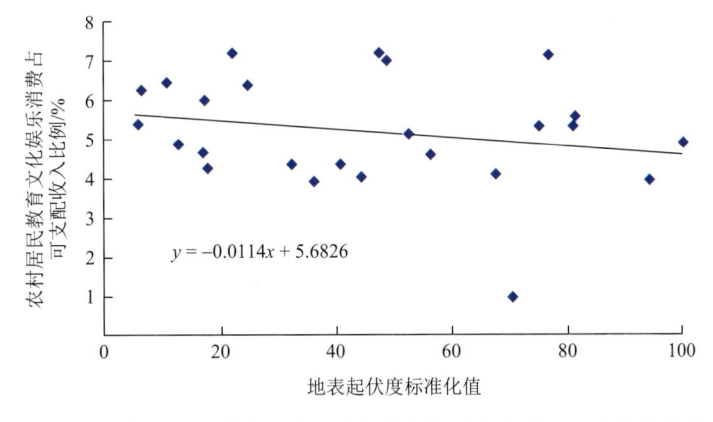

图 5.23 农村居民教育文化娱乐消费占可支配收入比例与地表起伏度标准化值的关系（2014 年）

5.2.7 地表起伏度对医疗消费的影响

1. 地表起伏度对城镇居民医疗消费的影响

随着生活水平的提高，居民越来越注重自己的身心健康，许多国家把医疗保健支出作为衡量居民生活质量的重要指标之一，我国在这方面的投入也在逐年增加；但总体来看，投入仍然不足，除了优质教育短缺外，医疗和住房仍是困扰民生的两大难题，"看病难看病贵"等现象还较普遍，医疗保健支出不平衡等现象仍然存在，且在城乡之间差距极大，目前我国卫生事业费主要由中央财政和地方财政支持，这取决于地方的经济和财政实力，地区发展不均必然导致东部经济发达地区与西部欠发达地区的差距不断扩大（表5.15）。除了上述各级政府投入差异外，影响居民医疗保健消费支出的诸多因素还包括：城乡居民的可支配收入、消费习惯、周边地区居民消费的影响、家庭成员的健康状况、医疗保险的普及程度等，以及自然因素如气候、地表起伏度等。例如，地表起伏度高的地区，交通医疗等设施差、"看病难看病贵"现象较突出，部分居民尤其是部分欠发达地区居民有"大病不住院、小病拖着不去医院"等状况。

表5.15 东中西部地区城镇居民医疗消费成本统计表（2014年）

地区类型	省（市）	地表起伏度标准化值	纯收入/元	生活成本/元	医疗消费占纯收入比例/%	医疗消费占生活消费比例/%
东部地区	福建	75.06	30816.40	20092.72	3.04	4.66
	辽宁	17.03	25578.17	18029.65	5.25	7.45
	山东	5.54	28264.10	17112.24	3.93	6.48
中西部地区	云南	94.11	23235.50	15156.15	4.67	7.16
	贵州	81.09	20667.10	13702.87	3.07	4.62
	重庆	80.51	25216.10	17813.86	4.94	6.99
	湖南	52.51	23414.00	15887.71	4.61	6.79
	山西	48.70	22455.60	13166.19	4.55	7.75
	青海	40.47	19498.50	13539.50	4.17	6.01
	河南	12.50	22398.00	14821.98	4.71	7.11

从图5.24可以看出，城镇居民医疗消费占可支配收入比例随地表起伏度标准化值的增大而降低，两者之间存在一定的负相关关系，关系表达式为 $y = -0.628\ln x + 6.9491$。地表起伏度越高的地区，城镇居民医疗消费占可支配收入的比例越低。这是因为地表起伏度较高的地区相对落后，自然环境较差，医疗基础设施建设难度大，医疗条件较差，医疗保障体系不够完善，居民收入投入医疗保险的费用自然就低；东部地区自然环境较好，医疗基础设施比较健全，居民重视身心健康，医疗保健消费支出相对较多。总体来说，全国城镇居民医疗消费占可支配收入比例随着地表起伏度的增大有降低的趋势。随着我国老龄化人口不断增多，国家应当加强对中西部地区老年人口的医疗优惠政策，既能刺激其医疗保健消费，又能真正解决"看病难"的问题。

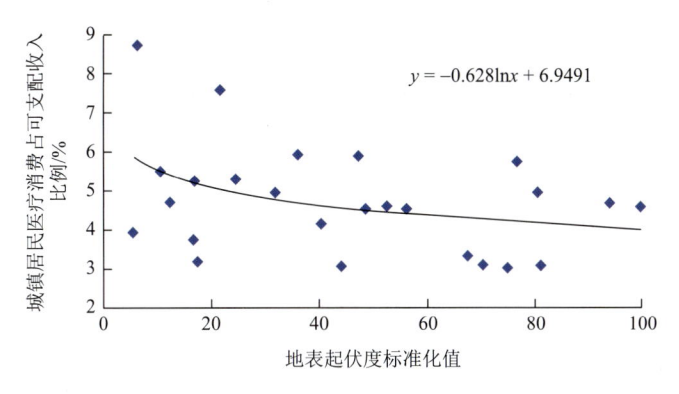

第 5 章 地表起伏度对社会事业发展和居民消费成本的影响

图 5.24 城镇居民医疗消费占可支配收入比例与地表起伏度标准化值的关系（2014 年）

2. 地表起伏度对农村居民医疗消费的影响

我国农村居民的医疗消费和城镇居民之间还存在一定差距，而这种状况不仅影响我国农村医疗消费市场的发展，同样也不利于农村居民健康状况的改善，如表 5.16 所示。

表 5.16 东中西部地区农村居民医疗消费成本统计表（2014 年）

地区类型	省（市）	地表起伏度标准化值	纯收入/元	生活成本/元	医疗消费占纯收入比例/%	医疗消费占生活消费比例/%
东部地区	福建	75.06	11184.20	8151.20	4.31	5.91
	辽宁	17.03	10522.70	7159.00	7.50	11.03
	山东	5.54	10619.90	7392.70	6.96	9.99
中西部地区	云南	94.11	6141.30	4743.60	5.75	7.44
	贵州	81.09	5434.00	4740.20	5.56	6.38
	重庆	80.51	8332.00	5796.40	6.43	9.25
	湖南	52.51	8372.10	6609.50	7.62	9.66
	山西	48.70	7153.50	5812.70	7.81	9.62
	安徽	16.83	8097.90	5724.50	6.81	9.64
	河南	12.50	8475.30	5627.70	7.12	10.73

随着社会经济的发展，我国对中西部农村医疗资源投入大幅上升，这对于促进我国中西部农村医疗事业发展和提高农村居民健康状况起了十分重要的作用。中西部地区由于自然环境的约束，经济发展相对落后，农村医疗保障制度不够完善，直接影响农村居民的医疗保健消费支出。从图 5.25 可以看出，我国各省（区、市）地表起伏度标准化值与农村居民医疗消费占可支配收入的比例存在一定的线性负相关关系，其关系表达式为 $y = -0.0238x + 8.4146$。地表起伏度越高的省份，农村居民医疗消费占可支配收入的比例越低。首先，地表起伏度高的中西部地区经济发展相对落后，自然环境制约其医疗服务基础设施建设，导致其建设难度大，投资大，医疗保险知识普及力度较小，居

民对于参与医疗保险的意识淡薄；其次，居民收入用于解决温饱、教育的支出较高，投入医疗保险的费用不足，这从侧面反映了我国欠发达地区农村存在"小病能忍则忍、大病能拖就拖"的状况；最后，地表起伏度越低的地区医疗服务设施越完善，医疗保障程度（含医疗投保）越高，因此对于医疗保险的消费支出较高。总体来说，全国农村居民医疗消费占可支配收入比例随着地表起伏度的增大有降低趋势。

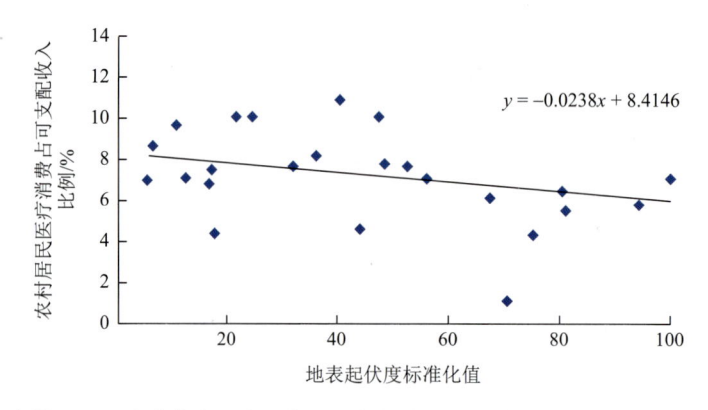

图 5.25　农村居民医疗消费占可支配收入比例与地表起伏度标准化值的关系（2014 年）

第 6 章　地表起伏度对防灾减灾成本的影响

中国幅员辽阔，地形复杂，是一个自然灾害频发的国家。自然灾害主要包括气象灾害和地质灾害，地貌类型及形态（特别是地表起伏度）对自然灾害的发生、发展、分布及灾情都有重要的影响，因此本章以部分省份为例，通过相关文献整理分析，重点阐述区域地表起伏度与自然灾害的相关性，着重以地表起伏度大且地质灾害突出的川黔渝为核心的西南地区为例，以期对不同地貌类型区域自然灾害危险性划分、评价及预防提供某些参考。

6.1　川渝地表起伏度与滑坡灾害的相关性分析

滑坡是中国，特别是西南地区最主要和常见的地质灾害类型之一，但学术界对滑坡的定义至今尚无一致意见，已提出的滑坡定义和分类方案有十余种之多，归纳起来主要有狭义滑坡和广义滑坡两种观点。前者主要见于中国学者，国内学者认为滑坡一般不包括泥石流和崩塌等，而是将泥石流单独作为一种地质灾害类型进行研究。欧美学者认为滑坡是一个广义的概念，术语滑坡（landslide）通常包括了流动、滑动、倾倒和崩塌等各种类型的斜坡破坏。

虽然国际上关于滑坡的定义不一，但是大多数学者认为，滑坡是指山坡坡面土和（或）岩石受重力影响失去稳定平衡，向下及向外发生下滑移动的现象，有的地方又将滑坡称为垮山、走山、地滑、土溜。滑坡灾害指岩体、土体，或岩土体在重力作用下整体顺坡下滑造成的地质灾害。

产生滑坡的条件有：一是地质条件与地貌条件，坡度（地表起伏的核心指标因子）是滑坡产生的必要条件，地表起伏度小的地区很少甚至根本不会产生滑坡。地表起伏度小的地区斜坡较稳定，地表起伏度大的地区斜坡自稳性差，尤其切坡以后，山体前缘产生高陡临空面，所形成的上缓下陡地形极易产生滑坡；二是内外营力（动力）和人为作用的影响。外界因素和作用可以使产生滑坡的基本条件发生变化，从而诱发滑坡。主要的诱发因素有：地震，降雨和融雪，河流等地表水体对斜坡坡脚的不断冲刷、浸泡；不合理的人类工程活动，如开挖坡脚、坡体上部堆载、爆破、水库蓄（泄）水、矿山开采等都可诱发滑坡；还有如海啸、风暴潮、冻融等作用也可诱发滑坡。

滑坡灾害对地表线性工程、房屋、江河等影响重大。

（1）滑坡对线性工程的危害是相当严重的，主要表现在两个方面。第一，线性工程在滑坡体上，滑坡滑动推动线性工程一起运动，容易毁坏线性工程。第二，线性工程在滑坡前缘，滑坡发生后将线性工程埋没，产生灾害。例如，我国铁路史上著名的滑坡灾害——成昆铁路铁西滑坡。成昆铁路铁西车站1980年7月3日15时30分发生的滑坡，是迄今为止发生在我国铁路史上最严重的滑坡灾害之一，被称为"铁西滑坡"。该滑坡掩埋铁路长160m，中断行车40天，造成的经济损失仅工程治理费就达2300万元。

（2）滑坡对房屋的危害非常普遍，也很严重。房屋无论是在滑体上，还是在滑体前沿外侧的稳定岩土上，都会遭到某种破坏或毁坏。

（3）滑坡对江河的危害，主要表现在三个方面。第一，滑坡体下滑，堵断江河，形成土石坝。第二，阻塞的水对上游产生淹没危害，溃坝后对下游两岸产生强烈冲刷。第三，滑坡前部伸入江河中，阻碍航运。例如，2008年汶川地震诱发山体滑坡产生堰塞湖。

此外滑坡还可能冲压或损毁耕地等。

滑坡大多发生在山地地带，而我国西部的山地较多，地表起伏度大，在降雨、地震或人类活动（如修路、建筑、爆破等）的扰动下，极易发生滑坡。

6.1.1　重庆市地表起伏度与滑坡灾害分析

重庆地处中国西南部（105°17'E～110°11'E、28°10'N～32°13'N），是内陆山水城市，境内山水纵横交错，地貌类型复杂多样。截至2023年底，重庆市总面积为8.24万 km²，下辖26个市辖区、8个县、4个自治县，合计38个县级区划，处于川东平行岭谷、大巴山褶皱带和川鄂湘黔隆起褶皱带三大构造单元的交会处，地貌以丘陵、山地为主，地势东南高，西北低，根据ASTER GDEM V2数据测算，最高点海拔2796.8m，最低点海拔73.1m，相对高差2723.7m。气候类型属亚热带季风性湿润气候，受地形和地理位置的影响，具有春旱、夏热、秋雨、冬暖、光照少、云雾多等特征。库区河流众多，水资源丰富。植被类型多样，以亚热带常绿阔叶林为主。土壤类型主要有黄壤、黄棕壤、紫色土、石灰（岩）土、水稻土等。重庆市地貌复杂，地表起伏度大，极易发生滑坡灾害、崩塌、土壤侵蚀等山地灾害，对社会活动和人民生命财产造成巨大威胁，近年来对滑坡灾害、崩塌和土壤侵蚀的研究越来越受到重视。

1. 滑坡灾害情况

1）滑坡灾害趋势分布

为了揭示基于县域尺度重庆市滑坡灾害空间分布的宏观差异，基于ArcGIS 10.0软件中的趋势分析工具，选取重庆市各县（区）滑坡灾害次数为测度指标并建立三维透视图（图6.1）。图6.1中每根黑色竖线代表重庆市各县（区）发生的滑坡次数，两侧网格中的点分别为各竖线点在 xz 平面（东西方向）和 yz 平面（南北方向）上的投影，通过连接 xz、yz 平面上的投影点可以得到两条最佳拟合曲线。根据图6.1可以看出，重庆市滑坡灾害空间分异较明显，东西方向的投影基本呈现半抛物线，与东西方向相比，南北方向的变化程度要小，换言之，滑坡灾害的发育强度在东西方向强弱差异态势要比在南北方向的强弱差异态势明显。并且东部比西部的滑坡灾害发生次数多，北部相比较南部的滑坡灾害发生的次数要多；同时根据历史上（1999 年以来）重庆市各县（区）滑坡灾害统计数据可知，滑坡灾害次数比较多的县（区）有黔江区、长寿区、万州区、忠县、云阳县、奉节县和涪陵区等。一方面是由于各个县（区）的面积大小不等，渝东南、渝东北各县（区）面积相对大一些，另一方面是由于重庆市北部、东部及南部分别被大巴山、巫山、武陵山、大娄山所环绕，并且流经研究区的河流较多，主要有长江、嘉陵江、乌江、涪江、綦江和大宁河等，山水相间分布，山高坡陡，地势起伏较大，河岸地层稳定性差。另外，由于三峡工程的实施产生了以万州区为中心的三峡库区，季节性水位涨落使库区周围被淹没土地周期性露出水面形成消落带。三峡库区消落带大部分位于地势较陡峻、河岸地层稳定性差的区域，加上库区两侧岩石周期性浸泡在水中，消落带吃水加重而诱发滑坡，进一步加剧了重庆市东部、北部各县（区）的滑坡灾害次数。

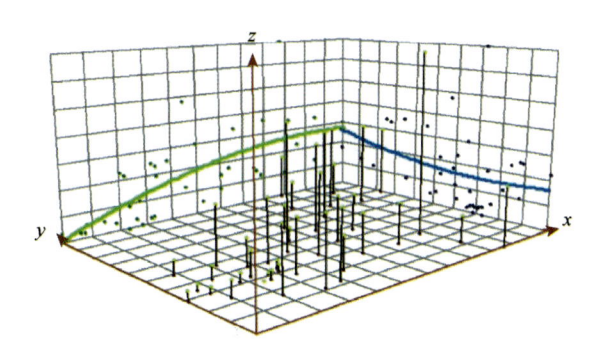

图 6.1　重庆市县域滑坡灾害次数差异分化三维空间透视图

2）滑坡灾害密度分类

重庆市县域滑坡灾害次数全局区域差异性明显。但为了避免各县（区）面积大小不均的影响，选取重庆市各县（区）滑坡灾害密度作为研究指标进一步探究区域之间的差异性，在 ArcGIS 10.0 软件提供的自然断点工具的支撑下，按照"相似性最大的数据分在同一级而差异性最大的数据分于不同级"的原则，将重庆市各县（区）按滑坡灾害密度分为 5 个等级，即高密度区（>0.967863～1.963470 处/km^2），共 2 个县（区）；较高密度区（>0.477263～0.967863 处/km^2），共 3 个县（区）；中等密度区（>0.214048～0.477263 处/km^2），共 14 个县（区）；较低密度区（>0.111989～0.214048 处/km^2），共 13 个县（区）；低密度区（>0.064179～0.111989 处/km^2），共 6 个县（区）（图 6.2）。

从整体的分布情况来看，滑坡灾害高密度及较高密度分布区面积约为 3580.78km^2，占重庆市总面积的 4.35%，发生滑坡灾害 2645 处，占总数的 13.59%；滑坡灾害中等密度区面积约为 35281.65km^2，占重庆市总面积的 42.83%，发生滑坡灾害 11481 处，占总数的 59.00%；滑坡灾害较低密度和低密度区面积约为 43520.52km^2，占重庆市总面积的 52.82%，发生滑坡灾害 5335 处，占总数的 27.41%。由图 6.2 可知，重庆市滑坡灾害密度的空间分布极不平衡，并呈现出县（区）内部相似度高、县（区）之间差异显著的特点。高密度区及较高密度区多集中于渝中区、大渡口区、长寿区、沙坪坝区、江北区和渝北区，中等密度区集中于南岸区、北碚区、巴南区、涪陵区、忠县、万州区、云阳县、巫山县、合川区、綦江区、黔江区、江津区、奉节县和秀山县，低密度区及较低密度区多集中于渝东南和渝西经济走廊各县（区）。

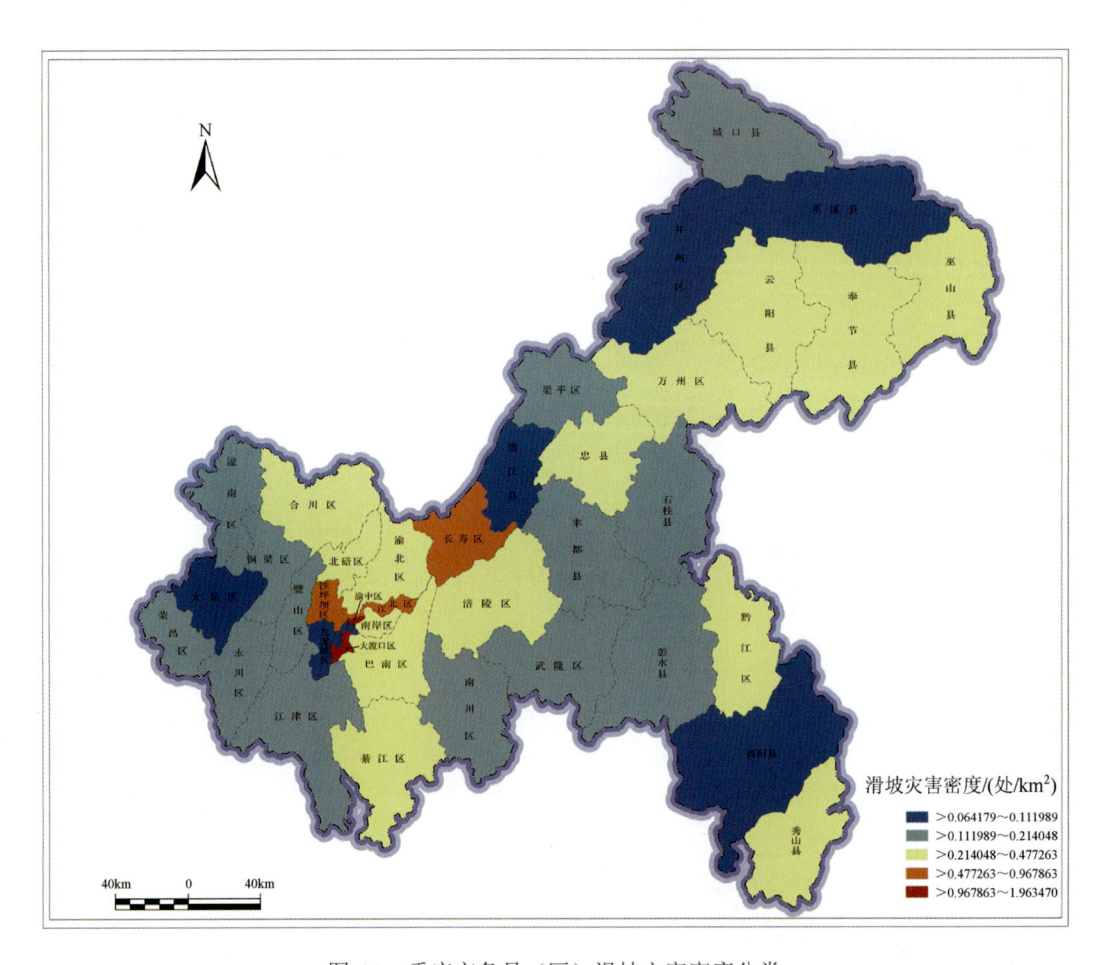

图 6.2　重庆市各县（区）滑坡灾害密度分类

重庆市主城区及周边县（区）滑坡灾害密度较高除受自然条件，如降雨、地貌（地表起伏度等）等因素影响外，主要还是由于随着重庆市直辖和城市化进程不断加快，作为重庆市经济中心的主城各县（区）和受主城经济辐射带动作用的周边县（区），其人类建设活动不断增强，并且加上植被遭到破坏，进一步加剧了重庆主城和周边县（区）滑坡灾害的发生。同时，三峡库区水位的周期性升降，破坏了土体的稳定性，这也会加剧三峡库区范围内各县（区）的滑坡灾害，忠县、万州区、云阳县、奉节县、巫山县等长江干流地段较两边支流地区滑坡灾害多也说明了这一点。至于地表起伏度较大的巫溪县、城口县等地滑坡灾害密度反而较小，主要原因是这些地方人口密度较小，滑坡灾害的灾情较小，有些没有产生较大损害的滑坡灾害出现漏记漏报现象。

2. 地表起伏度与滑坡灾害相关分析

为了剔除降雨对滑坡灾害的影响，本书引用任幼蓉（2003）的研究成果，在研究地质灾害的易发程度时，采用统计分析的原理，通过单因素分析方法，将地质环境的复杂程度和降雨量的权重分别取 0.618 和 0.382。在地表起伏度对滑坡灾害的影响中，通过处理滑坡灾害的次数，将剔除降雨对其的影响。根据上述依据去除降雨这一因素影响，重庆市各县（区）滑坡灾害密度如表 6.1 所示。

表 6.1　重庆市各县（区）滑坡灾害密度（剔除降雨因素影响）　（单位：处/km²）

县（区）	滑坡灾害密度	县（区）	滑坡灾害密度	县（区）	滑坡灾害密度
万州区	0.1857	梁平区	0.0952	奉节县	0.1471
丰都县	0.1125	武隆区	0.0978	巫山县	0.1801
九龙坡区	0.0502	永川区	0.0761	巫溪县	0.0653
云阳县	0.1689	江北区	0.3589	巴南区	0.1955
北碚区	0.2683	江津区	0.1323	开州区	0.0564
南岸区	0.2461	沙坪坝区	0.4626	彭水县	0.0735
南川区	0.09	渝北区	0.2949	忠县	0.2813
合川区	0.1694	涪陵区	0.184	荣昌区	0.0773
垫江县	0.0692	渝中区	1.2134	酉阳县	0.0397
城口县	0.0987	潼南区	0.0741	铜梁区	0.0797
大渡口区	0.8381	璧山区	0.0881	长寿区	0.5981
大足区	0.0439	石柱县	0.0886	黔江区	0.1524
綦江区	0.1653	秀山县	0.1685	—	—

为了说明重庆市各县（区）地表起伏度与滑坡灾害的相关性，应用 SPSS17.0 软件对重庆市各县（区）地表起伏度与滑坡灾害密度进行回归分析，其中 x 为研究县（区）的地表起伏度，y 为县（区）的滑坡灾害密度。经计算得出重庆市各县（区）地表起伏度与其滑坡灾害密度的回归方程和相关系数分别为 $y = -0.507x + 0.393$，$R^2 = 0.347$。由这个公式和相关系数可以说明重庆市各县（区）地表起伏度与其滑坡灾害密度存在一定的相关性，但相关性并不高，一方面可能是由于滑坡点数据很多属于历史调查数据（如零星记录在地方志等书籍中），"有灾无害"的滑坡可能没有包括在统计范围之内；另一方面滑坡通常发生在坡度在 15°以上的区域，而计算地表起伏度的坡度是以 6°为界。这些因素均会影响地表起伏度与滑坡灾害密度的相关性。

3. 地表起伏度与滑坡灾害空间耦合性分析

为深入研究地表起伏度和滑坡灾害密度之间存在的耦合特征，用地表起伏度和滑坡灾害密度的相对比例来衡量两者之间的耦合关系，用 I 表示：

$$耦合指数 I = \frac{地表起伏度}{滑坡灾害密度} \tag{6.1}$$

利用式（6.1），计算研究区各县（区）地表起伏度与滑坡灾害密度之间的耦合程度，经计算得出重庆市各县（区）地表起伏度与滑坡灾害密度的耦合指数（表6.2）。由表6.2可以看出，酉阳县地表起伏度与滑坡灾害密度的耦合指数最高，渝中区耦合指数最低。

表 6.2 重庆市各县（区）地表起伏度与滑坡灾害密度的耦合指数

县（区）	耦合指数	县（区）	耦合指数	县（区）	耦合指数
万州区	2.2159	梁平区	2.4653	奉节县	3.7641
丰都县	3.6249	武隆区	5.2955	巫山县	3.4087
九龙坡区	3.3486	永川区	2.8502	巫溪县	11.0858
云阳县	2.7845	江北区	0.8476	巴南区	1.7361
北碚区	1.0026	江津区	2.5525	开州区	8.9344
南岸区	1.1036	沙坪坝区	0.5417	彭水县	7.0463
南川区	5.1022	渝北区	1.6290	忠县	1.2346
合川区	1.3347	涪陵区	1.9228	荣昌区	2.0699
垫江县	3.7630	渝中区	0.078	酉阳县	13.4307
城口县	7.6474	潼南区	3.081	铜梁区	2.5809
大渡口区	0.3158	璧山区	2.6356	长寿区	0.4071
大足区	4.7016	石柱县	5.5023	黔江区	3.5039
綦江区	2.6921	秀山县	2.6979	—	—

1) 全局空间自相关分析

利用 Geoda095i 软件计算研究区地表起伏度与滑坡灾害密度耦合指数的全局 Moran's I 并进行 Z 检验，结果如表6.3所示。重庆市地表起伏度与滑坡灾害密度耦合指数的 Global Moran's I 值为 0.3591，通过显著性水平 $\alpha = 0.05$ 的检验，即在95%置信区间其值大于0，表明重庆市各县（区）地表起伏度与滑坡灾害密度的空间分布存在较显著的集聚特征，即地表起伏度与滑坡灾害密度耦合指数大的地区，其周边县（区）的值也大，反之亦然。

表 6.3 重庆市地表起伏度与滑坡灾害密度耦合指数的 Global Moran's I 值与 Z 检验

Moran's I	$E(I)$	Z 值	阈值（$\alpha = 0.05$）
0.3591	−0.0256	3.76	1.96

2) 局域空间自相关分析

全局空间自相关指数 Moran's I 用于验证整个研究区域的空间模式，而局域空间自相关指标（local indicators of spatial association，LISA）是对全局空间自相关进行分解的一系列指标。因此为研究重庆市各县（区）地表起伏度与滑坡灾害密度耦合程度变化差异的局部分布格局，利用 Geoda095i 软件分析研究区的局域 Moran's I 值及其显著性，结果见表 6.4。重庆市各县（区）的局域 Moran's I 范围在[-0.9338, 3.3799]，极差为 4.3137，其中，79%的县（区）地表起伏度与滑坡灾害密度耦合程度分布具有集聚性，21%的县（区）具有显著差异性。例如，秀山县位于渝东南，西北接酉阳县，但是秀山县县城境内地势平坦，而酉阳县全县境内以山地为主，其西界为乌江，因此酉阳县地形起伏程度较大且滑坡灾害次数多，秀山县地表起伏度与滑坡灾害密度耦合指数要低于酉阳县。

表 6.4 重庆市各县（区）地表起伏度与滑坡灾害密度耦合指数的局域空间自相关分析指数

县（区）	LISA	县（区）	LISA	县（区）	LISA
万州区	−0.1111	梁平区	0.1289	奉节县	0.0867
丰都县	0.0137	武隆区	0.2185	巫山县	−0.0242
九龙坡区	0.0294	永川区	0.0188	巫溪县	1.7373
云阳县	−0.2524	江北区	0.7847	巴南区	0.311
北碚区	0.5816	江津区	0.1333	开州区	1.6691
南岸区	0.5671	沙坪坝区	0.671	彭水县	1.243
南川区	−0.1196	渝北区	0.5587	忠县	−0.0153
合川区	0.3328	涪陵区	0.0259	荣昌区	−0.0543
垫江县	−0.0573	渝中区	0.8317	酉阳县	1.1762
城口县	3.3799	潼南区	0.0272	铜梁区	0.0581
大渡口区	0.3532	璧山区	0.1447	长寿区	0.4492
大足区	−0.0615	石柱县	0.0182	黔江区	0.0381
綦江区	0.0413	秀山县	−0.9338	—	—

为进一步分析研究区各县（区）地表起伏度与滑坡灾害密度耦合程度在空间上的相互关联类型，以各县（区）地表起伏度与滑坡灾害的耦合指数与其空间滞后向量为横、纵坐标做出研究区的地表起伏度与滑坡灾害的耦合程度分布的 Moran 散点图（图 6.3）。由图 6.3 可以进一步分析出重庆市各县（区）地表起伏度与滑坡灾害的耦合指数大多分布在第一象限（正相关的高高集聚）和第三象限（正相关的低低集聚），第二象限（负相关的低高集聚）有一个县分布，第四象限（负相关的高低集聚）没有县（区）分布。分布在第一象限的县（区）有云阳县、巫山县、巫溪县、城口县、开州区、奉节县、万州区、丰都县、武隆区、彭水县、黔江区、酉阳县和秀山县。分布在第一象限县（区）的地表起伏度与滑坡灾害密度耦合指数分布存在明显的空间集聚特征，即地表起伏度与滑坡灾害的耦合程度较高的县（区）趋于向地表起伏度与滑坡灾害的耦合程度更高的县（区）集聚，空间差异程度较小，存在较强的空间正相关性。分布在第二象限的县（区）是石柱县。分布在第二象限的县（区）属于低高集聚，即位于第二象限县（区）的地表起伏度与滑坡灾害的耦合程度较低，而周边县（区）的地表起伏度与滑坡灾害的耦合程度较

高，空间差异程度较大，存在较强的空间负相关。第三象限的县（区）说明地表起伏度与滑坡灾害的耦合程度较低的县（区）趋于向地表起伏度与滑坡灾害的耦合程度更低的县（区）集聚，空间差异程度较小，存在较强的空间正相关。

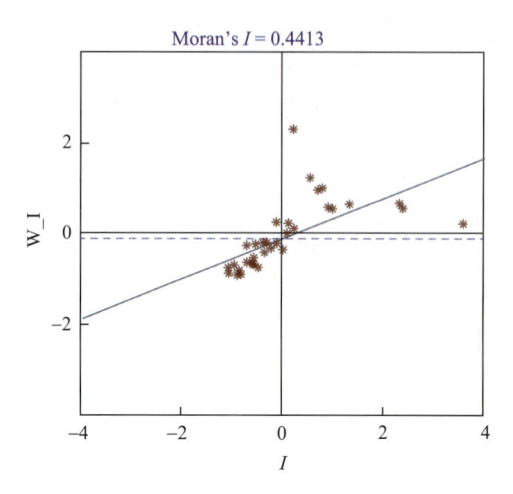

图 6.3　重庆市各县（区）地表起伏度与滑坡灾害密度耦合指数动态变化 Moran's 散点图

注：W_I 表示两组数据在该空间单元的关系的滞后值。

Z 检验结果如图 6.4 所示，Z 值在 0.01 水平下显著的县（区）有 12 个，在 0.05 水平下显著的县（区）有 4 个。在 0.01 水平下显著的县（区）有渝中区、江北区、南岸区、沙坪坝区、九龙坡区、大渡口区、渝北区、北碚区、巴南区、璧山区、巫溪县和酉阳县，说明这些县（区）的地表起伏度和滑坡灾害的耦合指数的 Z 值在 0.01 水平下显著，在 99%置信度下的空间自相关是显著的。在 0.05 水平下显著的县（区）有长寿区、合川区、江津区和开州区，说明这些县（区）的地表起伏度和滑坡灾害的耦合指数的 Z 值在 0.05 水平下显著。

图 6.4　重庆市地表起伏度与滑坡灾害密度耦合指数 LISA 显著图

分析得出，重庆市各县（区）的地表起伏度与滑坡密度存在一定的相关性，并且在空间布局上存在较高的集聚程度，空间差异程度小。地表起伏度与滑坡灾害的耦合指数较高的县（区）主要分布在重庆市的都市功能核心区、都市功能拓展区、渝东北生态涵养发展区和渝东南生态保护发展区。

研究时段内重庆市被划分为五大功能区（都市功能核心区、都市功能拓展区、城市发展新区、渝东北生态涵养发展区和渝东南生态保护发展区），每个功能区均有其定位。都市功能核心区采取适当疏解人口，大幅增加服务业占比。都市功能拓展区强调经济的快速增长。地表起伏度平缓且滑坡密度小的渝西经济走廊区域的各县（区）被划分为城市发展新区，并将其定位为"是重庆都市功能核心区和拓展区的有效辐射区域，是大都市区的重要组成部分，同时也是重庆市未来工业化城镇化的主战场，集聚新增产业和人口的重要区域，重庆市重要的制造业基地"，"四化"同步发展示范区和川渝、渝黔区域合作共赢先行区，是解决好"大城市病"的关键区域。渝东南通过转移人口、产业结构优化来实现喀斯特山区生态修复与保育，提高森林覆盖率。渝东北则应在保持水源涵养功能的基础上，加强扶贫开发奔小康及其成果巩固拓展，引导人口聚集和有序梯度转移。

重庆市国土空间的优化调控可以使地表起伏度大且滑坡密度高的县（区）的滑坡发生概率大大降低，将更有利于重庆市的社会、经济、生态和环境等方面的协调可持续发展。除此之外，针对地表起伏度较大，易于发生滑坡的区域采取护坡工程，以改变地形的方法防止或减缓坡地水土流失，将雨水就地拦蓄，使其渗入农地或林地，减少或防止形成坡面径流，增加农作物或林木可利用的土壤水分。同时，将未能就地拦蓄的坡地径流引入各类蓄水工程。在有发生重力侵蚀风险的坡地上，可以修筑排水工程或支撑建筑物防止滑坡活动。修建一些山坡防护工程，如梯田、拦水沟埂、水平沟、山坡截留沟、水窖（旱井）、蓄水池及稳定斜坡下部的挡土墙等，减轻重庆"山城"的滑坡灾害。

6.1.2 四川省地表起伏度与滑坡灾害分析

四川省位于中国西南地区内陆，26°03′N～34°19′N，97°21′E～108°12′E，东连重庆市，南邻云南省、贵州省，西接西藏自治区，北接陕西省、甘肃省、青海省。其范围涉及青藏高原东缘、横断山脉、云贵高原、秦巴山地、四川盆地等几大地貌单元，地势西高东低，由西北向东南倾斜。地形复杂多样，以龙门山—大凉山一线为界，东部为四川盆地及盆缘山地，西部为川西高山高原及川西南山地。除四川盆地底部的平原和丘陵外，大部分地区岭谷高差均在500m以上。最低的东部接近长江三峡处，海拔仅70余米，与贡嘎山相差7400m以上，地表起伏极为悬殊，正因为其起伏巨大、复杂多样的地形特点，加上特殊的地质条件（包括地质构造、地震等）和多样化人类活动的影响，四川省各种地质灾害（地震、崩塌、滑坡和泥石流等）频繁发生，给经济社会发展造成重大影响，给人类的生产生活带来极大的不便。

本节根据毕晓玲等（2011）基于ArcGIS对四川省地表起伏度的提取及其在区域滑坡灾害评价中的应用研究成果，结合区域滑坡灾害资料查询整理，对四川省滑坡发生规律及其与地表起伏度的相关性进行初步分析归纳。

1. 坡度和剖面曲率分析

斜坡的坡度一直被认为是影响滑坡稳定性的重要因素,它从几何特性上决定了滑坡的分布,同时,坡度直接决定斜坡的应力分布,控制着滑坡的稳定性。坡度影响着斜坡表面土体所承受的重力、斜坡表面的径流能量等。随着坡度的增加,剪切力增大,滑坡发生的概率也会增大,并且坡度较大的地方较易发生崩塌,为滑坡的发生提供大量的物质来源,从而为滑坡的发生创造了条件。

从图 6.5 可以看出,四川滑坡主要分布在 5°~25°的斜坡上,发生滑坡数量占比为 55.27%,其次是 25°~45°坡度段,占比为 29.84%,小于 5°斜坡上岩土体下滑动力不足,相对稳定,而大于 45°坡体,斜坡上松散的岩土体很少,大部分有坚硬的岩石边坡,斜坡稳定性相对较好,所以崩塌发生的可能性加大而发生滑坡的可能性反而降低了。

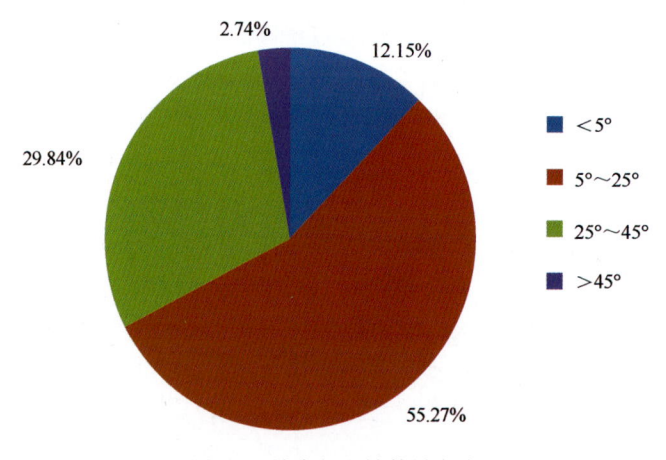

图 6.5 坡度与滑坡数量占比

2. 地表切割深度的影响分析

地表切割深度直观、定量化地反映地表被侵蚀切割的情况,是研究水土流失及地表侵蚀发育状况时的重要参考指标,切割深度和坡度一样是影响滑坡发育的重要影响因素之一。主要表现在随斜坡不断变高变陡,坡体的应力状态改变,张力带范围扩大,在坡脚处形成应力集中的情况,从而使斜坡的稳定性不断降低。地表切割作用是研究滑坡发育与否的重要影响因素之一。切割作用主要是改变坡体的应力状态,致使坡脚处出现应力集中,最终导致斜坡因坡脚或切挖处失稳演化为滑坡。

1) 地表切割深度及分级

毕晓玲等(2011)基于 ArcGIS 软件平台,结合 DEM 数据和区域滑坡灾害调查统计数据,利用领域分析法功能,在求证确定 2.25km² 为适宜四川省滑坡发育的地表起伏度计算最佳单元的基础上,基于局地高差法计算四川省地形起伏度(切割深度,下同)及分级情况,得到四川省切割深度为 0~2119m,平均值为 435m;结合陈志明(1993)在地貌制图时的分类标准,可将四川省地表起伏度分为 5 级。

四川省地表起伏度和其地势一样，都是西高东低。其中，中高起伏（200~600m）所占比例最大，占全省面积的47.09%，高起伏区（>600m）次之，占总面积的28.11%，由此可见，研究区内地表起伏以中高起伏和高起伏为主，地形主要是川西和盆周的中高山山地、高原和中等切割以上的丘陵，平原只占很小一部分。微缓起伏（0~20m）所占面积为总面积的2.24%，小起伏（20~75m）所占比例为8.82%，中起伏（75~200m）所占比例为13.75%，这三种中小微起伏地形区主要集中在四川盆地底部及盆地向周边山地过渡地带；地势起伏度200m以上主要分布在东北部和东南部地区，分别是大巴山和大娄山山地为主的地区；地势起伏度600m以上的高起伏地区主要分布在川西北和川西南高原峡谷与山地，对应的地貌单元主要为岷山、邛崃山、大雪山、巴颜喀拉山、沙鲁里山以及横断山等，该区域河流深切，江河与山脉交错发育。

2) 地表切割深度与滑坡空间分布的耦合性分析

从四川省地表起伏度（切割深度）与滑坡灾害的空间耦合性看：四川滑坡主要分布在盆周山地，在主要干支流两岸，特别是沿着成昆线一带等更是密集，在空间分布上具有明显的规律性，与切割深度具有很好的耦合性关系，表现为：滑坡发育的地势起伏度范围广，统计单位内地势起伏度为15~1011m，其他范围内极少有滑坡发育。根据毕晓玲等的研究资料，将近80%的滑坡发生在地势起伏度为75~600m的区域，其中75~200m区域内滑坡密度最大，这可能还与人口密度大、人类活动强烈有关；地势起伏度介于200~600m区域内发生滑坡的总数量远多于地势起伏度为20~75m内的滑坡数量，这是由于该区域面积远大于后者，而且从地形（特别是地表起伏度）来看，地势起伏度200~600m区域是极易发生滑坡活动的；但是该区域对应的滑坡密度小于地势起伏度20~75m区域，这主要是由于地势起伏度200~600m区域地形切割强烈、地表起伏大，主要分布在川西高原斜坡面、秦巴山区等，人口相对稀少，人类活动诱发的滑坡可能性降低；同时部分人口稀少地区存在滑坡统计遗漏的可能。地势起伏度600m以上，特别是统计单元内地势起伏度为950m以上区域地势较高，如川西南山地深切河谷地带等，由于滑坡数量是历史调查数据，深山断裂广泛分布，人类稀少，肯定存在"有灾无害"的滑坡没有统计到，统计到的滑坡数量较实际发生的偏少。

3. 表面积指数的影响分析

表面积指数是指特定的区域内地表表面积与其投影面积的比例，是反映地表宏观区域内的地面的破碎程度与受侵蚀程度的指标，与水土流失关系密切。由图6.6可以看出，表面积指数大于1.4的区域滑坡密度最大，表面积指数在1~1.02的区域滑坡密度小，总体看来，表面积指数越大，滑坡密度越大。表面积指数的大小反映了降雨水流的分散与汇集能力，滑坡主要发生在表面积指数比较大的斜坡上，因为表面积指数大的斜坡不利于产流而有利于雨水汇集，水的汇集加大了地下水对岩土体的物理力学特征的改变，使其含水量较高，内摩擦力减小，特别是浸润了滑动面，使斜坡岩土体与滑动面之间的摩擦力大幅减少；同时雨水的浸泡加大了斜坡上岩土体的下滑力等，在外力作用下易于发生滑坡灾害。

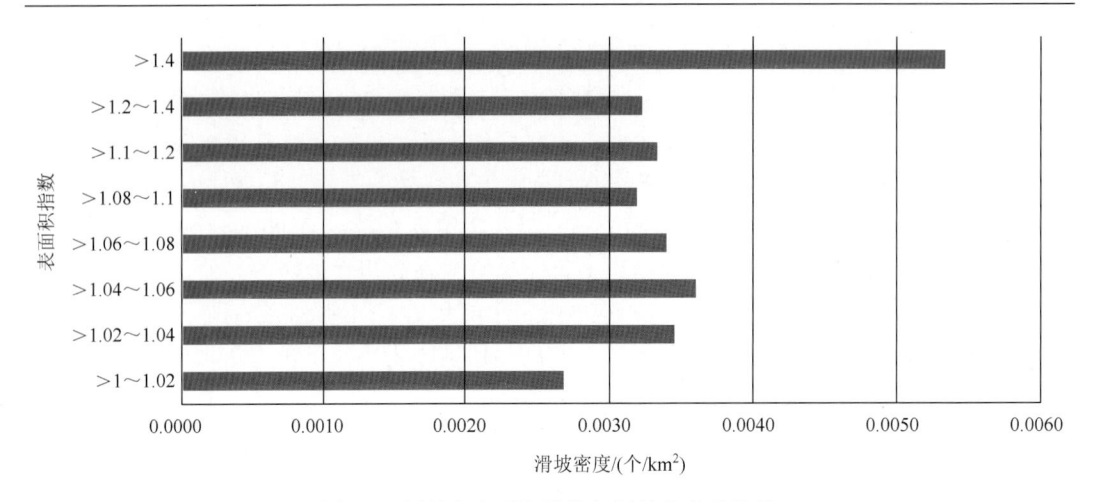

图 6.6 四川省表面积指数与滑坡密度的关系

4. 高程变异系数的影响分析

高程变异系数是反映一定范围内高程相对变化的指标，相当于切割度或相对高差。高程变异系数大说明该区域高程相对变化较大。理论情况下，一定区域内高程变化大，通常地形起伏较大，较利于滑坡灾害发生，一定区域范围内，高程相对变化小，通常认为地形相对平坦，不利于滑坡灾害发生，根据四川省的统计资料，高程变异系数与滑坡关系较明显，见表 6.5。

表 6.5 高程变异系数与滑坡

高程变异系数	面积/km²	面积占比/%	滑坡个数/个	滑坡数量占比/%
＜0.02	110269	23.08	104	6.91
0.02～0.1	320406.90	67.08	1101	73.20
0.1～0.15	35985.55	7.53	220	14.63
＞0.15	11021.69	2.31	79	5.25

注：表中数据部分有四舍五入。

从表 6.5 可以看出，高程变异系数小于 0.02 的区域滑坡数量占比为 6.91%，高程变异系数太小，斜坡上的岩土体不易滑动，高程变异系数大于 0.15 区域内滑坡发育较少，因为高程变异系数大，则斜坡上不稳定岩土体可能以崩塌等形式出现。高程变异系数位于 0.02～0.15 的区域最易发生滑坡，滑坡数量占比为 87.83%，其中高程变异系数区间为 0.02～0.1 区域内滑坡发生频繁。

地表起伏度和滑坡灾害的相关性分析为区域滑坡灾害预测与评价提供了新的思路，为管理部门制定相应的减灾对策和部署实施有效的减灾工程提供了科学依据。滑坡灾害的发生发展受到地形地貌条件、地质条件、气候条件及人为条件等诸多因素的影响。本节分析的地表起伏度只是滑坡灾害众多影响因素之一，在进行滑坡灾害敏感性或者危险性评价时，要综合考虑多种因素，以得到更加全面准确的评价结果。

6.2 贵州省地表起伏度与自然灾害的相关性分析

贵州省地处云贵高原东部，地形复杂，地表崎岖破碎、地域差异性大，属于我国山地环境灾害种类多、发生频率高的省份之一，其中气象灾害和地质灾害最突出，本节仅对地表起伏度与贵州省气象灾害和地质灾害的相关性进行初步探讨。

6.2.1 贵州省地表起伏度与气象灾害的相关性分析

通过对贵州省各地区地表起伏度（表 6.6）和样本时段（1996~2007 年）气象灾害损失情况（表 6.7）进行相关分析，得知气象灾害损失和地表起伏度虽不呈线性关系，但有如下趋势。

表 6.6 贵州省各地区地表起伏度及相关参数

地区	地表起伏度（表面积指数）	最高海拔/m	最低海拔/m	平均海拔/m	河网密度/(km/km²)	坡度（地表平均坡度）/(°)
遵义市	1.2925	2022.00	224.00	988.00	0.5443	15.93
黔东南州	1.2842	2179.00	148.00	772.00	0.7594	21.22
毕节市	1.2465	2901.00	457.00	1689.00	0.5006	14.92
黔南州	1.2757	1961.00	242.00	996.00	0.4785	19.49
铜仁市	1.2910	2572.00	202.00	759.00	0.5647	17.54
黔西南州	1.3021	2207.00	275.00	1161.00	0.5674	21.16
六盘水市	1.2904	2901.00	590.00	1721.00	0.4845	15.76
安顺市	1.2582	1847.00	359.00	1219.00	0.5968	16.60
贵阳市	1.1810	1762.00	529.00	1200.00	0.5143	13.11

表 6.7 1996~2007 年贵州省各地区不同气象灾害损失情况

地区	面积/km²	占总面积的比例/%	旱灾/万元	洪涝灾/万元	风暴灾害/万元	低温冷冻灾害/万元	合计/万元
遵义市	30762	17.5	29375.13	54194.07	10233.51	5521.22	99323.93
毕节市	26853	15.2	29305.93	32204.33	22700.17	3174.50	87384.93
黔东南州	30337	17.2	13310.46	53222.54	7149.22	4556.67	78238.89
黔南州	26193	14.9	9799.50	49478.83	7370.42	5351.42	72000.17
铜仁市	18003	10.2	18530.93	37918.03	9368.73	4053.58	69871.27
黔西南州	16804	9.5	8192.10	34041.77	12263.78	1566.83	56064.48
贵阳市	8034	4.6	3584.05	29394.6	3037.50	2226.67	38242.82
六盘水市	9914	5.6	4022	17676.17	8703.17	1964.58	32365.92
安顺市	9267	5.3	5245.25	12234.73	5303.83	2664.17	25447.98
合计	176167	—	121365.35	320365.07	86130.32	31079.64	—

地表起伏度（表面积指数）、相对高差和坡度相对较大的地区，其气象灾害损失程度也相应较大；同时气象灾害损失程度和面积相关性较高。地表起伏度（表面积指数）较大的地区，如黔西南州（1.3021）、遵义市（1.2925）、六盘水市（1.2904）、铜仁市（1.2910）、黔东南州（1.2842）、黔南州（1.2757）等，其单位面积上的气象灾害损失程度均比较大。反映地表起伏度的重要因子（如相对高差）较大的地区，其气象灾害损失程度总体也较高，如毕节市（2444m）、铜仁市（2370m）、黔东南州（2031m）等，其中，损失程度位于第二位的毕节市，虽然基于表面积指数的地表起伏度指数（1.2465）较其他地区不算高，但其相对高差达到2444.00m，为全省之首，因此其灾害损失也较严重。平均地表坡度较陡或坡度大于15°的土地面积占比较大的地区，其气象灾害损失也较大，如黔东南州（74.43%）、黔西南州（61.46%）、黔南州（60.53%）等。遵义和黔东南地区的面积占全省总面积的比例较大，其气象灾害损失的总和也相应较大，分别位于灾害损失的第一、第三位，但单位面积灾情程度在省内为中等。

6.2.2 贵州省地表起伏与地质灾害的相关性分析

贵州省地质地理条件特殊，地质环境脆弱，受地表起伏度等因素影响，贵州省地质灾害种类较多，分布较广，其特点表现为：第一，灾害类型主要有滑坡、泥石流、崩塌、地面塌陷、地裂缝；第二，全省9个市（州）均有不同程度的地质灾害发生；第三，灾害时间多集中在5~9月汛期；第四，诱发因素以自然因素为主；第五，灾害规模以中小型为主；第六，破坏性大，影响生命财产安全和资源开发，阻碍山区经济发展。近年来，随着经济社会的发展，同等规模的灾害造成的灾情更加严重。

从统计数据可以看出（表6.8），在地域的分布上，贵州全省9个市（州）每年均有不同程度的地质灾害发生。地质灾害频发的地区主要集中在黔南州、毕节市、黔西南州及遵义市等地区。而地质灾害直接经济损失最大的是遵义市、黔西南州、毕节市及六盘水市等地区（表6.9）。从灾害发生数量和经济损失严重情况两项指标来看，遵义市、毕节市及黔西南州这三个地区在两项指标中均位于前列。根据地表起伏度及相关参数（表6.6），毕节市是基于相对高差（2444.00m）的地表起伏度最大的地区，黔西南州是基于表面积指数（1.3021）的地表起伏度最大的地区，而遵义市是基于面积（30762.00km^2）的地表起伏度最大的地区。因此可以看出，地质灾害受地表起伏的影响较大，贵州省就是一个明显的例子，而在如江苏、安徽等平原地区，滑坡、泥石流等很难发生。

表6.8 贵州省2004~2007年地质灾害发生地区统计表 （单位：起）

年份	黔东南州	贵阳市	安顺市	六盘水市	铜仁市	遵义市	黔西南州	毕节市	黔南州	合计
2004	14	23	8	29	56	43	33	47	23	276
2005	25	16	30	31	37	46	43	81	27	336
2006	14	11	14	20	15	28	44	71	87	304
2007	37	42	44	22	54	52	80	132	241	704
合计	90	92	96	102	162	169	200	331	378	1620

数据来源：贵州省地质环境公报（2004年、2005年、2006年、2007年）。

表 6.9　贵州省内各地区因地质灾害造成的经济损失情况统计　　　（单位：万元）

年份	黔东南州	铜仁市	贵阳市	安顺市	黔南州	六盘水市	毕节市	黔西南州	遵义市
2004	69.88	461.20	360	35	60	1010	1285.7	335.5	900
2005	33.32	55.50	141	60	69.50	40	137.2	540.77	595
2006	25	90	58	59	1060	245	230	2167	1170
2007	587.80	170.50	376	1034	677	1082	738.24	178.2	723
合计	716	777.20	935	1188	1866.5	2377	2391.14	3221.47	3388

数据来源：贵州省地质环境公报（2004年、2005年、2006年、2007年）。

从表6.9可知，贵州省内各地区因地质灾害造成的经济损失较大，对于贵州这样一个欠发达的省份，每年以滑坡、崩塌、泥石流等为主要类型的地质灾害损失超过1.6亿元（不包括间接经济损失），而2004~2007年平均每年投入8071.88万元用于地质灾害防治（表6.10），每年因地质灾害直接损失造成的费用差额（财政缺口、赤字）在8000万元以上，因此地表起伏度较大的贵州省需要更多的财政支持进行地质灾害防治。

表 6.10　贵州省地质灾害财政资金投入情况统计表

年份	防治项目数/个	资金投入/万元			
		总投入	中央财政	地方财政	其他资金
2004	327	4512.65	586.13	3691.82	234.70
2005	123	7977.74	2091	5856.74	30
2006	174	8259.41	500	3002	4757.41
2007	195	11538.67	—	2224.60	—

6.2.3　基本结论

结合贵州省各地区地表起伏度与气象、地质两种自然灾害的数据分析，地表起伏度对自然灾害的发生次数及经济损失情况都有重要的影响。

（1）地表起伏度（表面积指数或相对高差）较大的地区，其气象灾害发生次数越多，损失程度相应较大；坡度大于15°以上土地面积占比较大的地区其气象灾害发生次数较多，损失较大。

（2）地表起伏度（表面积指数或相对高差）和地质灾害的发生次数、损失程度有着明显的正相关关系。

（3）依据贵州灾害防治成本及财政缺口：从表6.11可以看出，"十五"期间全国和贵州自然灾害救济费平均占财政总支出的比例分别为0.02%、0.04%，贵州自然灾害占财政总支出的比例高于全国的水平，说明贵州山区的防灾成本高于全国平均水平。

表 6.11 "十五"期间各年财政支出及救灾补偿情况

指标	2000 年	2001 年	2002 年	2003 年	2004 年	2005 年	平均
全国财政总支出/亿元	15886.50	18902.58	22053.15	24649.95	28486.89	33930.3	23984.89
全国自然灾害救济费/亿元	28.73	35.17	32.93	55.71	49.04	62.97	44.09167
全国自然灾害救济费占财政总支出的比例/%	0.02	0.02	0.01	0.02	0.02	0.02	0.02
贵州财政总支出/亿元	201.57	275.20	316.67	332.35	418.42	520.73	344.1567
贵州自然灾害救济费/亿元	0.67	1.21	1.63	1.58	1.60	1.93	1.436667
贵州自然灾害救济费占财政总支出的比例/%	0.03	0.04	0.05	0.05	0.03	0.04	0.04
贵州地震滑坡泥石流病虫害损失费/亿元	3.69	5.05	2.28	2.52	3.06	1.60	
贵州气象灾害损失费/亿元	49.09	41.17	76.44	52.45	20.98	32.63	
贵州自然灾害损失费/亿元	52.78	46.22	78.72	54.97	24.04	34.23	48.49333
贵州自然灾害损失费占财政总支出比例/%	26.20	32.40	24.90	16.50	20.90	6.60	
贵州自然灾害救济费占自然灾害损失费比例/%	1.30	2.62	2.07	2.87	6.66	5.64	3.53
贵州气象灾害损失费占自然灾害损失费比例/%	93	89.10	97.10	95.40	87.3	95.3	92.90

通过对贵州 1996~2007 年气象灾害的分析，该时段自然灾害（以气象灾害为主，其次是滑坡泥石流等地质灾害）造成的直接经济损失占全省同期平均地区生产总值的 4.2%，造成的年均直接经济损失高达 57.39 亿元，这期间每年因气象灾害损失造成的财政缺口差额（即灾害损失及重建需要的成本与中央、省两级救灾实际投入之差）约为 43 亿元，地质灾害造成的财政缺口约为 4.6 亿元，由此可见，气象与地质灾害对贵州的财政支出影响不容忽视。据 1990~2004 年的统计，我国气象灾害造成的经济损失平均每年达 1762 亿元，约占国内生产总值的 1%~3%。而同期贵州自然灾害造成的直接经济损失就占同期平均地区生产总值的 4.35%（其中气象灾害造成的损失占同期贵州地区生产总值的 4.05%），高于全国 1%~3% 的平均水平，贵州以气象灾害、地质灾害为主的自然灾害造成的损失占财政总支出的比例高于全国的平均水平，因此贵州省需要更多的中央财政支持来进行气象灾害和山地环境灾害（地质灾害）的防治。

6.3 湖南省地表起伏度与地质灾害的相关性分析

地形地貌是形成地质灾害的重要因素，区域地形地貌的不同又反映了区域地表起伏度的差异，不同的地表起伏度控制着地质灾害的发生频率、类型、规模、空间分布等。湖南省处于云贵高原向江南丘陵和南岭山地向江汉平原的过渡地区，地势变化较大，地貌形态复杂多样，省境内东、西、南三面为罗霄山脉、南岭、武陵山-雪峰山脉等，中低山地环绕，中间为低缓的低山丘陵及盆地、河谷、台地等，如衡邵低山丘陵盆地等，北部为低平的洞庭湖平原，形似向北开口的马蹄形盆地。湖南省的地质灾害类型、分布都与地形地貌密切相关，本节主要根据尹晓科（2010）基于窗口分析法计算得到湖南省各县（市、区）的地表起伏度（表 6.12），以及参考方琼和段中满（2012）对湖南省地形地貌与地质灾害分布关系的分析，总结简述湖南省地表起伏度与地质灾害的关系。

表 6.12 湖南省地表起伏度范围及其分布区域

地表起伏度范围	地表起伏度类型	所占比例/%	面积/km²	高程/m	地貌类型	分布区域
0~0.5	低起伏度	48.49	102695.9	<100	平原	主要分布于湖南省的北部、中东部地区，洞庭湖、衡阳盆地地区，如长沙市、株洲市、湘潭市、衡阳市、邵阳市、岳阳市、常德市、益阳市、永州市、麻阳县等地区
0.5~1.0	低起伏度	26.82	56814	100~200	台地	主要分布于洞庭湖坳陷盆地，洞庭湖东、南、西三面，包括澧县北部、桃源县北部、汉寿县中部、望城区西部、湘阴县东南部、汨罗市东部、岳阳县东部、华容县北部等地区
1.0~1.5		16.20	34313			主要分布于湘中东安县东南部、衡阳县东部、洞口县中部、涟源市东部、宁乡县南部、韶山市、渌口区等地区
1.5~2.0	中起伏度	6.76	14315.50	200~500	丘陵	主要分布于湘西辰溪县西部、溆浦中部、湘南资兴市西部、耒阳市大部、湘中祁东县大部、常宁市北部、湘东汨罗市东部、平江县西部等地区
2.0~2.5		1.60	3392.60			主要分布于湘西北泸溪县西部、慈利县南部、洪江市西部、绥宁县中部、湖南耒阳市东南部、江永县南部等地
2.5~3.0	高起伏度	0.12	258.18	>500	山地	主要分布于湘西北龙山县、永顺县、洪江市中部、沅陵县东部、湘南临武县北部、宜章县北部、湘东攸县东部、茶陵县西部等地区
3.0~3.5		0.01	10.86			主要分布于湘北武陵源区、张家界中南部、湘西溆浦县、洞口县西部、湘南宜章县南部、资兴市东部等地区

注：根据尹晓科（2010）研究成果整理。

6.3.1 湖南省地表起伏度的分布规律

根据尹晓科（2010）基于窗口分析法计算得到湖南省各县（市、区）的地表起伏度分布范围值。湖南省地表起伏度范围为 0.0188099~3.26056，中值为 1.63968495，地表起伏呈现北部、中东部小，西部、南部、东南部和西北部大的特征。从空间上看，地表起伏度小的区域主要集中于洞庭湖及其周边地区，以及中东部的长沙地区、衡阳盆地等地，这与湖南省东、南、西三面环山向北敞口的马蹄形地形格局完全吻合。在 0.5 间隔的地表起伏度统计累计分析中，全省 91.51%的地区为低起伏度区，地表起伏度在 1.5 以下，地貌类型多为平原、台地、侵蚀溶蚀残丘等，集中了湖南省 80%的人口，其中，地表起伏度位于 0~0.5 所占比例最大（48.49%），其次为 0.5~1.0；高起伏度区域所占比例最小，仅为 1.73%。

1. 地表起伏度为 3.0~3.5

湖南省地表起伏度为 3.0~3.5 的地区属于深切割中山区，主要是雪峰山、武陵山、南岭局部地区，面积为 10.86km²，占全省面积的 0.01%，所占比例最小，地表起伏类型属于高起伏，海拔多在 1000~1800m，山体高大，山势宏伟，山顶呈多级剥夷面，边坡多形成悬崖陡壁，山坡陡峻，河谷幽深，多呈"V"形。

2. 地表起伏度为 2.5~3.0

地表起伏度为 2.5~3.0 的地区多中深切割低山区，面积为 258.18km²，也主要是雪峰山、武陵山、罗霄山脉、南岭局部地区，占全省面积的 0.12%，属于中高起伏山地，地表起伏类型为高起伏，海拔多在 800~1000m，山岭高峻，峰峦重叠、河流纵横切割，坡陡沟深，沟谷多呈"V"形。

3. 地表起伏度为 2.0~2.5

地表起伏度为 2.0~2.5 的地区多为小起伏山地，面积为 3392.60km²，主要分布在湖南东部、西南部（如雪峰山绥宁县关峡乡等）、湘西等部分地区，占全省面积的 1.60%，属于中高起伏的低中山、丘陵区，地表起伏类型属于高起伏，海拔大多在 800m 以下，通常在 500m 以下。

4. 地表起伏度为 1.5~2.0

地表起伏度为 1.5~2.0 的地区多为丘陵，地表起伏类型属于中起伏，面积为 14315.50km²，占全省面积的 6.76%，海拔一般在 200~500m，总体地势较平缓，地形起伏不大，切割较浅，河溪较发育。

5. 地表起伏度为 1.0~1.5

地表起伏度为 1.0~1.5 的地区多为剥蚀台地，面积为 34313km²，占全省面积的 16.20%，地表起伏类型属于低起伏，一般海拔在 100~200m，由于顶部被风化剥蚀，残坡积层较厚，主要分布在衡阳-邵阳丘陵盆地等。

6. 地表起伏度为 0.5~1.0

地表起伏度为 0.5~1.0 的地区多为冲积台地，面积为 56814km²，占全省面积的 26.82%，地表起伏类型属于低起伏，多分布在湘中北围绕洞庭湖坳陷盆地周边。

7. 地表起伏度为 0~0.5

湖南省地表起伏度为 0~0.5 的地区多为平原残丘，面积为 102695.9km²，占全省面积的 48.49%，所占比例最大，地表起伏类型属于低起伏，海拔一般在 100m 以下，相对高差一般小于 10m，地势低平，多为第四系松散层堆积而成，主要分布在湘北洞庭湖区以及湘江谷盆地等。由于平原区地势较为平坦，地质灾害发育程度较低。

6.3.2 湖南省地表起伏度与地质灾害的关系分析

1. 地表起伏度为 3.0～3.5 与地质灾害的关系

据统计分析，并结合方琼和段中满（2012）研究结果整理得到：湖南省地表起伏度为 3.0～3.5 的高起伏山地是湖南省地质灾害最发育分布区，其灾害数量占了灾害数总量的 23.79%（图 6.7）。其中，滑坡、不稳定斜坡较为发育，各占该灾种总数的 13.99% 和 3.45%，这主要是在此海拔范围沟谷切割大、地表起伏度大及临空面发育和降水充沛、大雨暴雨较多的缘故。崩塌、泥石流各占灾害总数的 1.78%、1.85%，地面塌陷、地裂缝、地面沉降也偶有发生。

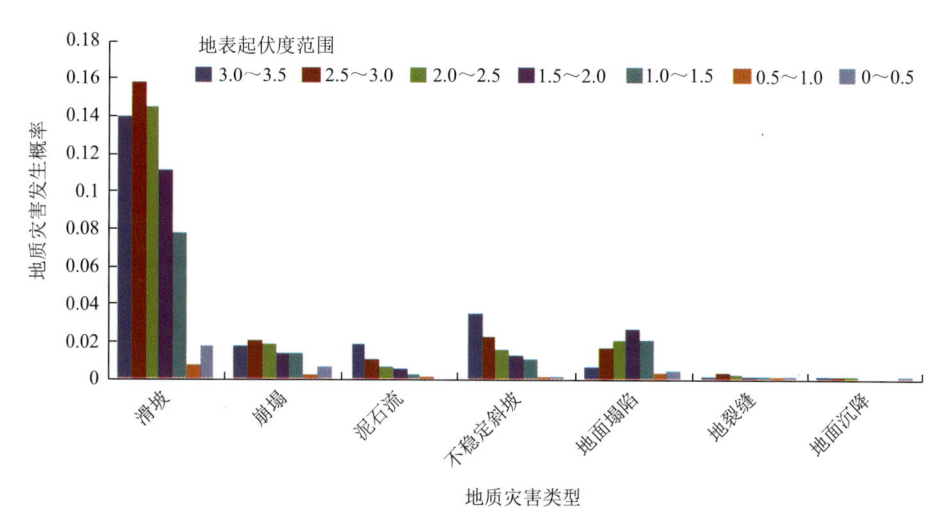

图 6.7 地表起伏度与各类型地质灾害发生概率关系图

注：参考尹晓科（2010），方琼和段中满（2012）。

2. 地表起伏度为 2.5～3.0 与地质灾害的关系

地表起伏度为 2.5～3.0 的高起伏山地同为湖南省地质灾害主要分布区，其灾害数量占灾害总数的 23.03%。其中，滑坡、不稳定斜坡和崩塌最为发育，各占该灾种总数的 15.74%、2.25% 和 2.02%。这主要是沟谷切割大、地表起伏度大、临空面发育和降水充沛、大雨暴雨较多，同时坡积物相对较厚的缘故。

3. 地表起伏度为 2.0～2.5 与地质灾害的关系

地表起伏度为 2.0～2.5 的中高起伏山地属于湖南省地质灾害多发区，其灾害数量占灾害总数的 20.90%。其中，滑坡、地面塌陷较为发育，各占该灾种总数的 14.45% 和 2.12%，其主要原因是低山丘陵地带残坡积层较厚、分布广和降水充沛、大雨暴雨较多、人类活动影响等，易发生小规模滑坡，同时塌陷多发地区为矿业活动集中区。

4. 地表起伏度为 1.5~2.0 与地质灾害的关系

地表起伏度为 1.5~2.0 的中起伏丘陵地区为湖南省地质灾害较发育区，其灾害数量占灾害总数的 17.16%。其中，滑坡和地面塌陷为该区的主要灾害类型，各占该区灾害数量的 64.98%和 15.90%。其主要原因为该区残坡积层较厚、分布广和降水充沛、大雨暴雨较多，同时该地区为矿业活动集中区，人类活动如修路、切挖坡脚、采矿等使斜坡岩土体松动。主要分布在湘南耒阳市中部、湘东浏阳市中部、湘中湘潭县南部、邵东县东部等地。

5. 地表起伏度为 1.0~1.5 与地质灾害的关系

地表起伏度为 1.0~1.5 的地区为低起伏剥蚀台地，由于顶部被风化剥蚀，残坡积层较厚，受大雨暴雨冲击或雨水长时间浸泡可以产生滑坡，从图 6.7 来看，剥蚀台地占全省地质灾害总数比例较小，其中，滑坡占灾害总数的 7.8%，地面塌陷占灾害总数的 2.04%，崩塌占灾害总数的 1.39%。

6. 地表起伏度为 0.5~1.0 与地质灾害的关系

地表起伏度为 0.5~1.0 的地区为低起伏冲积台地，冲积台地质灾害分布情况与剥蚀台地相类似，其中滑坡占灾害总数的 0.8%，地面塌陷占灾害总数的 0.3%，崩塌占灾害总数的 0.25%，地裂缝占灾害总数的 0.05%。

7. 地表起伏度为 0~0.5 与地质灾害的关系

地表起伏度为 0~0.5 的地区为低起伏平原，由于平原区地势较为平坦，地质灾害少见，滑坡地质灾害占全省灾害总数的 1.76%，崩塌占灾害总数的 0.61%，地面塌陷占灾害总数的 0.40%。

6.3.3 基本结论

地表起伏度通过控制坡向、坡度、切割程度等，影响着风化程度、堆积物厚度、堆积的难易程度及斜坡的稳定度等，从而控制着各类地质灾害的发生、发展及其规模、格局等，因此，湖南省地质灾害发育与地表起伏度有着十分密切的关系。

（1）湖南省 91.4%的地区为低起伏区，地表起伏度在 1.5 以下，地貌类型多为平原、台地、低丘。其中，地表起伏度为 0~0.5 的区域所占比例最大，其次为 0.5~1.0，地表起伏度高的区域所占比例最小，这类低起伏区灾害规模小、发生概率较小。

（2）截至研究时段，全省 9200 处灾害点中最主要的是滑坡灾害，达到 6044 处，且主要分布于武陵山—雪峰山、南岭、罗霄山脉局部深切割地区，地表起伏度为 1.5~3.5 的地区，滑坡灾害数量占滑坡总数的 84.22%；崩塌也主要分布于地表起伏度为 1.5~3.5 的地区；泥石流、不稳定斜坡主要分布于地表起伏度为 2.5~3.5 的地区；地面塌陷主要受矿业活动影响，分布于地表起伏度为 1.0~3.0 的采矿区；地裂缝和地面沉降发生较少，所占比例仅为 1.17%。

（3）高地表起伏度（2.0~3.5）地区是地质灾害多发区，这主要是因为高海拔地区地形切割强烈、沟谷交错纵横，地表起伏度大，坡度陡峭，在降雨等因子诱发下，易导致滑坡、泥石流等地质灾害发生。

（4）中地表起伏度（1.5~2.0）地区是地质灾害最发育地区，这主要是因为该地区地形起伏较大，坡度较陡峭（满足斜坡体启动的休止角条件），同时，其残坡积物比高地表起伏度的地区厚，从而为滑坡泥石流等提供了丰富的物质基础，加上人类活动比较剧烈，植被保护相对较差，在降水及人类活动的多重影响下，中小型滑坡等灾害发生较多。

（5）低地表起伏度（0~1.5）地区，尽管地表起伏度不大，但由于该区覆盖物厚，人类工程活动剧烈，特别是矿业工程活动集中，由人类活动引发的地面塌陷及小型滑坡也偶有发生。

6.4 典型区域地表起伏度与水土流失的相关性分析

研究表明，水土流失是土地退化一个极其重要的原因。全球高达 83%的土地退化都与水土流失有关。2010 年全国水土保持工作会议上水利部提供的数据显示：中国水土流失面积仍有 356 万 km^2，占国土总面积的 37%，需要治理的水土流失面积有 200 多万 km^2。水土流失成为威胁中国生态安全、经济社会可持续发展、和谐社会构建的重要制约因素。特别是西南地区的石漠化、西北地区的土地沙化、东北地区的黑土流失，以及遍布全国的坡耕地和侵蚀沟水土流失问题仍比较突出，制约和影响了当地经济社会的发展和生态文明建设。中国地域辽阔，不同地区之间自然条件和水土流失状况差异很大，需要因地制宜进行治理。在影响水土流失的诸多因素中，地形条件，特别是地表起伏度中的坡度因子影响巨大。

6.4.1 中国地表起伏度与水土流失的关系分析

我国是世界上水土流失最严重的国家之一，全国几乎每个省份都有不同程度的水土流失，其分布之广，强度之大，危害之重，在全球屈指可数。据资料统计，中国每年的土壤流失总量达 50 亿 t，长江流域每年流失的土壤总量为 24 亿 t，其中，上游地区每年的土壤流失总量达 15.6 亿 t，20 世纪五六十年代至 2000 年前黄河流域和黄土高原区每年流入黄河的泥沙多达 16 亿 t。整体而言，全国水土流失面广、量大，不论山区、丘陵区、风沙区还是农村、城市、沿海地区都存在不同程度的水土流失问题。

水土流失是指土壤及其他地表组成物质在水力、风力、冻融、重力和人为活动等的作用下发生的破坏、剥蚀、搬运和沉积。包括土地表层侵蚀和水土损失，也称为水土损失。引起水土流失的主要原因包括自然原因和人为原因。其中，自然因素中的地表起伏是引起水土流失的直接因素，因此加强地表起伏度与水土流失相关性分析的深入研究，能够为水土流失的防治提供思路。

1. 中国地表起伏度分布规律

基于窗口分析法计算得到的中国地表起伏度分级表（表 6.13），将中国地表起伏度划分为 7 个等级。

表 6.13　中国地表起伏度分级表

地表起伏度分级/m	类型	面积/km²	面积百分比/%	地貌类型	分布区域
0~30	平坦	3250104	33.91	平原	主要分布于塔里木盆地、准噶尔盆地、柴达木盆地、四川盆地及东北、华北和长江中下游地区
30~70	微起伏	1340765	13.99	丘陵	主要分布于我国二级台阶的北部地区、青藏高原内部、四川盆地东部、小兴安岭及东北漫岗丘陵区的部分地区
70~200	小起伏	2377055	24.80	切割丘陵和缓起伏的高地	主要分布于黄土高原、大兴安岭东西两侧及江南的丘陵地区
200~500	中起伏	2289177	23.89	高原	主要分布于大兴安岭、长白山脉及青藏高原南缘、云贵高原、江南山地丘陵地区
500~1000	大起伏	325005	3.39	切割山地、高山	主要分布于天山山脉、昆仑山脉、青藏高原北缘、横断山脉等地区
1000~2500	极大起伏	1468.7	0.015		
>2500	巨大起伏	8.11	0.000085		

注：根据刘新华等（2001）、封志明等（2007）的窗口分析法相关文献整理而得。

（1）中国地表起伏度整体上以中小起伏为主，微起伏次之。其中，地表起伏类型为平坦的所占比例为 33.91%，地貌类型为平原；微起伏为 13.99%，地貌类型多为丘陵；中小起伏面积达 4666232km²，占总面积的 48.69%，地貌类型多为切割丘陵、缓起伏的高地；大起伏和极大起伏总面积仅占 3.405%，地貌类型主要为深切割的中高山、高原；而巨大起伏极少，仅占 0.000085%，面积仅为 8.11km²，地貌类型主要为极深切割山地、高山、峡谷。从得出的结果可以发现平坦面积占 1/3 之余，微起伏山地面积约占 1/7，中小起伏山地面积将近占一半，大起伏山地和极大起伏山地所占比例很小。说明中国局部的地表起伏度较大，总体上地形较平缓，多为中小起伏，这与我国分布着地势低平的广阔平原、辽阔的低山丘陵、底部和缓宽大的盆地密切相关。

（2）从中国地表起伏度分级表中的分布区域可以看出，空间上东西、南北差异明显。中大、大、极大、巨大起伏明显集中于西部，主要分布于天山山脉、昆仑山脉、青藏高原北缘、横断山等地区；平坦、微小起伏及部分小起伏明显集中于东部；中起伏和部分小起伏多集中分布于南部（如长江以南的东南部等地带），而北部的大部分地区平坦，地表起伏较缓和，以微小起伏为主。

（3）基于窗口分析法得出中国地表起伏度分布值，对其进行统计分析可知中国地表起伏度整体上以中小起伏为主，能从宏观上进一步反映全国地貌的区域差异和形态特征。如内蒙古高原的大部分地区平坦，整体起伏很缓和；黄土高原地区则以中小起伏为主，风水两相侵蚀较严重；青藏高原海拔虽最高，但高原上起伏较平缓，高原内部大部分地区以微起伏、小起伏为主；中起伏主要分布在青藏高原南缘、中东部部分山地等；大起伏、极大起伏主要分布在横断山脉和青藏高原的北缘；云贵高原地区小起伏、中起伏、大起伏均有分布；东北、华北地区以微小起伏为主，长白山脉及大兴安岭地区分布有中起伏，但较少，而长江中下游平原地区地势平坦、长江以南的江南低山丘陵区起伏大一些，多为中小起伏。

2. 中国地表起伏度与水土流失关系分析

根据中国地表起伏度分级表（表 6.13）和水土流失分级分布情况，可总结出中国水土流失级别、主要分布区域和地表起伏度存在密切关系（表 6.14）。

表 6.14 中国水土流失分级及与地表起伏度的对比分析

水土流失级别	地表起伏度分级/m	土壤年平均流失厚度/mm	主要分布区域
微度流失	平坦区 0~30	<0.16（平原），<0.4（盆地），<0.8（低丘）	地貌类型多为平原、盆地、低丘地区；三北的戈壁沙漠及风沙区多为风力侵蚀；几乎无明显水力侵蚀。主要分布在塔里木盆地、准噶尔盆地、柴达木盆地、四川盆地中西部，以及华北地区、长江中下游平原地区、东北平原区、草原区、湿地和江南部分低山丘陵地区
轻度流失		0.16~2（平原），0.4~2（盆地），0.8~2（低丘）	
中度流失	中、大、极大、巨大起伏区 >200	2~4	地表起伏度位于 200~400m 的地貌类型为切割高地，分布在我国大兴安岭、长白山区及云贵高原、江南中切割的山地丘陵、黄土高原黄河峡谷两侧地区，水土流失较严重，属轻度-中度侵蚀；地表起伏度位于 400~600m 的地貌类型为中深切割山地，多呈零星分布，如云贵高原南北盘江峡谷等，土壤侵蚀属轻度-中度-强度侵蚀；地表起伏度>600m 的地貌类型为高山、极高山，多分布在我国横断山脉、秦巴山地、青藏高原北缘等地区，土壤侵蚀属轻度-中度侵蚀
强度流失		4~6	
极强度流失	微小起伏区 30~70	6~12	地貌类型为缓起伏的丘陵，多分布在我国二级台阶的北部地区，多为风力侵蚀；部分分布在西南四川盆地及东北漫岗丘陵区、太行山山地以及辽西-冀北山地区、云贵高原陡坡耕作区
剧烈流失	小起伏区 70~200	>12	地貌类型为切割丘陵地及缓起伏的高地，多分布在黄土高原、大兴安岭东西两侧及江南低山丘陵耕作区

6.4.2 重庆地表起伏度与水土流失的关系分析

重庆也称为"山城"，市域面积可达 82400km²，常住人口达 3000 万，是中国面积最大、人口最多的直辖市。市境内自然资源丰富，降水充沛，长江与嘉陵江、乌江等河网发达，地表十分破碎。山地丘陵多、平川地（盆地、谷地、坝子）少，生态环境极为脆弱，加上人口密度大，人类活动强烈，因此重庆市的水土流失问题较为严重，虽近些年来采取了一系列相应的水保措施，并增加了对生态环境建设方面的投资，但水土流失情况仍较突出，成为制约重庆经济、社会持续发展和长江中下游（特别是三峡库区）生态安全的一个重要因素。

影响重庆水土流失的因素很多，如地形地貌、植被、土壤、降雨、土地利用、人类活动等，其中对水土流失影响作用特别明显的因子为地形因子，区域性的水土流失评价主要集中在多空间尺度上的地形因子的选择、提取和应用等方面。从目前现有的水土流失评价模型可以看出，在微观尺度小区域范围的研究中，基本选择了坡度作为评价水土流失的地形因子，但在宏观尺度的大区域研究中，特别是在全国性的大范围水土流失研究时，随着地表信息载体（地形图、DEM）的比例尺和分辨率的降低，坡度会逐渐失去土壤侵蚀和地貌学方面的意义。因此在研究区域较大、地貌类型较为复杂的前提下，可考虑采用地表起伏度这个宏观地形因子来分析其与水土流失的相关性，为大区域水土流失防治规划提供参考依据，本节以重庆为例进行说明。

1. 地表起伏度指标的提取

地表起伏度指标的提取，关键在于明确各类指标表征的实际特征并确定适宜的提取方法，第 2 章已经对西南山区的地表起伏度指标（相对高差、坡度、沟壑密度、山峰密度、山谷密度）的具体特征及提取方法进行了说明，本节不再赘述。

2. 水土流失状况

根据重庆市水利局发布的水土保持公报（2012 年）的统计数据（表 6.15），可以看出重庆市水土流失具有分布范围广、强度大的特点，2012 年重庆市水土流失面积为 3.14 万 km²，占整个重庆土地总面积的 38.06%。其中，轻度水土流失面积为 1.06 万 km²，占水土流失总面积的 33.94%；中度水土流失面积为 0.95 万 km²，占水土流失总面积的 30.35%；强烈水土流失面积为 0.52 万 km²，占水土流失总面积的 16.54%；极强烈水土流失面积为 0.44 万 km²，占水土流失总面积的 13.89%；剧烈水土流失面积为 0.17 万 km²，占水土流失总面积的 5.28%。全市平均土壤侵蚀模数为 3392.59 万 t/(km²·a)，平均土壤侵蚀总量为 10640.30 万 t。

对重庆市 2012 年水土保持普查成果与 2005 年全市水土流失遥感调查结果对比分析（图 6.8，表 6.15 和表 6.16）发现，全市水土流失由 4.0 万 km² 减少到 3.14 万 km²，减少了 21.5%；水土流失面积占土地总面积比例由 48.55% 减少到了 38.06%，降低了 10.49 个百分点；水土流失强度各等级均发生了显著的变化，其中，轻度水土流失面积减少 0.1 万 km²，减幅为 8.73%；中度水土流失面积减少 0.69 万 km²，减幅为 41.94%；强烈水土流失面积减少 0.49 万 km²，减幅为 48.50%；极强烈水土流失面积增加 0.27 万 km²，增幅为 162.76%；剧烈水土流失面积增加 0.14 万 km²，增幅为 672.75%，其中，极强烈和剧烈水土流失面积略有增加的原因可能是部分 25°以上陡坡耕地尚未完全退耕的区域及这些区域观测年份降水量偏多。

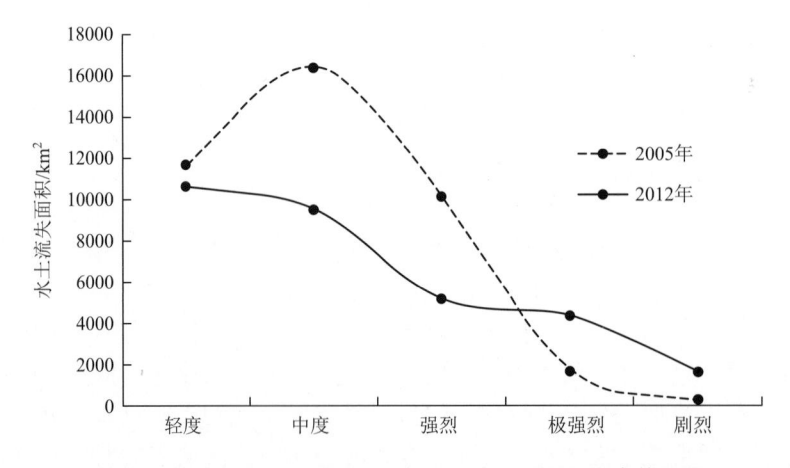

图 6.8 重庆市 2012 年与 2005 年水土流失面积与强度统计图

第 6 章 地表起伏度对防灾减灾成本的影响

表 6.15 重庆市 2012 年水土流失状况统计表

县（区）	面积/km²	轻度流失 面积/km²	轻度流失 比例/%	中度流失 面积/km²	中度流失 比例/%	强烈流失 面积/km²	强烈流失 比例/%	极强烈流失 面积/km²	极强烈流失 比例/%	剧烈流失 面积/km²	剧烈流失 比例/%	合计 面积/km²	合计 比例/%	平均土壤侵蚀总量 /万t	平均土壤侵蚀模数 /[万t/(km²·a)]
总计	82402.95	10643.81	33.94	9520.26	30.35	5188.59	16.54	4356.27	13.89	1654.46	5.28	31363.39	38.06	10640.3	3392.59
潼南区	1584.97	107.04	18.57	193.39	33.54	119.17	20.67	127.3	22.08	29.66	5.14	576.56	36.38	91.2	1581.79
荣昌区	1079.01	56.96	21.6	83.51	31.67	65.6	24.88	50.54	19.17	7.08	2.68	263.69	24.44	19.91	755.19
铜梁区	1341.73	113.53	29.7	109.53	28.66	79.13	20.7	63.42	16.59	16.6	4.34	382.21	28.49	39.97	1045.73
大足区	1427.69	147.92	27.57	169.66	31.62	98.05	18.27	90.6	16.88	30.36	5.66	536.59	37.58	109.54	2041.49
合川区	2356.21	228.89	27.21	283.24	33.67	146.19	17.38	120.05	14.27	62.81	7.47	841.18	35.7	238.91	2840.21
江津区	3200.22	195.28	25.64	213.03	27.98	191.83	25.19	149.06	19.57	12.3	1.62	761.5	23.8	142.34	1869.24
永川区	1575.68	155.24	43.1	87.64	24.33	71.52	19.86	41.87	11.62	3.94	1.09	360.21	22.86	32.12	891.8
璧山区	912.41	139.83	44.11	74.29	23.44	59.18	18.67	38.52	12.15	5.18	1.63	317	34.74	41.14	1297.87
长寿区	1415.49	212.77	37.15	155.55	27.16	102.84	17.96	84.07	14.68	17.44	3.05	572.67	40.46	93	1623.88
垫江县	1518	133.24	25.4	152.91	29.15	118.79	22.64	104.88	19.99	14.83	2.83	524.65	34.56	117.86	2246.4
梁平区	1890	252.87	38.54	197.95	30.17	88.85	13.54	68.32	10.41	48.16	7.34	656.15	34.72	193.39	2947.34
北碚区	755.42	93.69	34.5	84.74	31.2	34.39	12.66	36.34	13.38	22.4	8.25	271.56	35.95	55.66	2049.78
渝北区	1452.03	213.49	34.32	196.7	31.62	81.23	13.06	78.72	12.65	51.99	8.36	622.13	42.85	136.67	2196.79
巴南区	1830.3	293.36	41.35	205.93	29.03	84.42	11.9	96.26	13.57	29.41	4.15	709.38	38.76	204.39	2881.2
忠县	2184	129.92	18.98	194.6	28.43	132.3	19.33	176.47	25.78	51.24	7.49	684.53	31.34	173.32	2532.01
开州区	3959	732.9	32.42	741.94	32.82	413.54	18.29	222.43	9.84	149.85	6.63	2260.66	57.1	989.14	4375.44
綦江区	2747.72	179.36	23.77	240.42	31.87	131.16	17.39	165.27	21.91	38.23	5.07	754.44	27.46	141.94	1881.40
渝中区	21.9	—	—	—	—	—	—	—	—	—	—	—	—	—	<500
大渡口区	94.39	13.25	40.5	10.47	32	5.26	16.08	3.1	9.47	0.64	1.96	32.72	34.66	9.28	2835.02
江北区	213.52	38.15	37.49	33.09	32.52	14.47	14.22	10.29	10.11	5.75	5.65	101.75	47.65	21.28	2091.25

续表

县（区）	面积/km²	轻度流失 面积/km²	轻度流失 比例/%	中度流失 面积/km²	中度流失 比例/%	强烈流失 面积/km²	强烈流失 比例/%	极强烈流失 面积/km²	极强烈流失 比例/%	剧烈流失 面积/km²	剧烈流失 比例/%	合计 面积/km²	合计 比例/%	平均土壤侵蚀总量/万t	平均土壤侵蚀模数/[万t/(km²·a)]
沙坪坝区	383.45	61.36	44.45	36.47	26.42	17.99	13.03	16.69	12.09	5.52	4	138.03	36	13.61	985.71
九龙坡区	443.03	64.52	46.35	38.63	27.75	21.09	15.15	13.16	9.45	1.8	1.29	139.2	31.42	31.38	2254.63
南岸区	278.78	40.03	40.04	31.49	31.5	15.92	15.92	8.84	8.84	3.7	3.7	99.98	35.86	19.6	1960.27
丰都县	2901	360.25	27.48	364.14	27.78	274.32	20.93	255.14	19.46	57.17	4.36	1311.02	45.19	454.03	3463.21
南川区	2602	203.4	27.98	211.81	29.14	137.37	18.9	144.62	19.9	29.67	4.08	726.87	27.94	152.64	2099.97
涪陵区	2946	310.39	24.67	359.1	28.54	236.99	18.84	274.53	21.82	77.23	6.14	1258.24	42.71	387.11	3076.64
万州区	3457	539.03	30.83	587.24	33.59	292.49	16.73	175.23	10.02	154.5	8.84	1748.49	50.58	575.7	3292.53
武隆区	2901	295.32	27.95	332.35	31.46	217.27	20.57	189.22	17.91	22.29	2.11	1056.45	36.42	352.62	3337.77
彭水县	3903	321.34	28.02	345.07	30.09	299.27	26.1	164.93	14.38	16.19	1.41	1146.8	29.38	472.51	4120.28
黔江区	2397	275.73	30.09	264.12	28.82	130.21	14.21	186.33	20.33	60.08	6.56	916.47	38.23	399.92	4363.74
酉阳县	5173	863.17	51.82	303.8	18.24	207.66	12.47	234.34	14.07	56.77	3.41	1665.74	32.2	775.95	4658.32
秀山县	2450	489.37	47.51	272.87	26.49	133.97	13.01	95.42	9.26	38.32	3.72	1029.95	42.04	514.79	4998.16
石柱县	3013	198.49	27.47	199.24	27.58	120.22	16.64	147.73	20.45	56.8	7.86	722.48	23.98	253.92	3514.6
云阳县	3634	590.5	27.07	851.96	39.06	418.8	19.2	210.27	9.64	109.63	5.03	2181.16	60.02	1145.36	5251.17
巫山县	2958	456.39	33.26	431.05	31.41	189.67	13.82	190.52	13.88	104.64	7.63	1372.27	46.39	505.59	3684.34
城口县	3286	436.77	56.1	222.51	28.58	39.45	5.07	50.57	6.5	29.29	3.76	778.59	23.69	320.93	4121.9
巫溪县	4030	625.34	45	385.87	27.77	116.71	8.4	131.97	9.5	129.66	9.33	1389.55	34.48	369.00	2655.53
奉节县	4087	1074.72	43.82	853.95	34.82	281.27	11.47	139.25	5.68	103.33	4.21	2452.52	60.01	1044.56	4259.11

注：表中数据均有四舍五入。

表 6.16　重庆市 2005 年水土流失状况统计表

县（区）	面积/km²	无明显流失 面积/km²	无明显流失 比例/%	轻度流失 面积/km²	轻度流失 比例/%	中度流失 面积/km²	中度流失 比例/%	强烈流失 面积/km²	强烈流失 比例/%	极强烈流失 面积/km²	极强烈流失 比例/%	剧烈流失 面积/km²	剧烈流失 比例/%	合计 面积/km²	合计 比例/%
潼南区	1584.97	873.65	55.12	458.69	64.48	204.95	28.81	47.67	6.70	0.00	0.00	0.00	0.00	711.32	44.88
荣昌区	1079.01	612.78	56.79	431.88	92.63	33.48	7.18	0.26	0.06	0.61	0.13	0.00	0.00	466.23	43.21
铜梁区	1341.73	856.35	63.82	343.39	70.75	139.23	28.68	2.45	0.50	0.31	0.06	0.00	0.00	485.38	36.18
大足区	1390.21	812.93	58.48	380.50	65.91	192.61	33.37	2.98	0.52	1.19	0.21	0.00	0.00	577.28	41.52
双桥区	37.48	28.15	75.11	9.33	100.00	0.00	0.00	0.00	0.00	0.00	0.00	0.00	0.00	9.33	24.89
合川区	2356.21	1460.86	62.00	299.58	33.46	400.96	44.78	194.63	21.74	0.18	0.02	0.00	0.00	895.35	38.00
江津区	3200.22	1625.40	50.79	802.94	50.99	708.29	44.98	58.62	3.72	4.97	0.32	0.00	0.00	1574.82	49.21
永川区	1575.68	825.45	52.39	658.30	87.75	63.95	8.52	24.70	3.29	3.28	0.44	0.00	0.00	750.23	47.61
璧山区	912.41	485.92	53.26	265.57	62.27	159.91	37.49	0.59	0.14	0.42	0.10	0.00	0.00	426.49	46.74
长寿区	1415.49	951.53	67.22	306.07	65.97	133.31	28.73	22.44	4.84	2.14	0.46	0.00	0.00	463.96	32.78
垫江县	1518.00	950.15	62.59	144.76	25.49	379.37	66.81	43.15	7.60	0.52	0.09	0.05	0.01	567.85	37.41
梁平区	1890.00	1216.74	64.38	291.11	43.24	153.21	22.76	208.06	30.90	20.02	2.97	0.86	0.13	673.26	35.62
北碚区	755.42	518.88	68.69	103.77	43.87	96.66	40.87	35.21	14.89	0.89	0.38	0.00	0.00	236.54	31.31
渝北区	1452.03	978.74	67.40	236.57	49.98	138.72	29.31	93.39	19.73	4.62	0.98	0.00	0.00	473.29	32.60
巴南区	1830.30	1216.45	66.46	164.97	26.87	302.79	49.33	129.08	21.03	17.01	2.77	0.00	0.00	613.85	33.54
忠县	2184.00	1025.42	46.95	98.67	8.52	839.35	72.45	219.81	18.97	0.75	0.06	0.00	0.00	1158.58	53.05
开州区	3959.00	1653.52	41.77	297.78	12.92	735.97	31.92	857.85	37.21	333.91	14.48	79.97	3.47	2305.48	58.23
云阳县	3634.00	1530.94	42.13	119.71	5.69	634.31	30.16	1082.01	51.45	239.82	11.40	27.21	1.29	2103.06	57.87
綦江区	2182.14	1225.62	56.17	473.83	49.54	247.72	25.90	208.76	21.83	26.20	2.74	0.00	0.00	956.52	43.83
渝中区	21.90	21.86	99.82	0.04	100.00	0.00	0.00	0.00	0.00	0.00	0.00	0.00	0.00	0.04	0.18
大渡口区	94.39	63.05	66.80	5.12	16.34	20.67	65.95	5.55	17.71	0.00	0.00	0.00	0.00	31.34	33.20

续表

县（区）	面积/km²	无明显流失 面积/km²	无明显流失 比例/%	轻度流失 面积/km²	轻度流失 比例/%	中度流失 面积/km²	中度流失 比例/%	强烈流失 面积/km²	强烈流失 比例/%	极强烈流失 面积/km²	极强烈流失 比例/%	剧烈流失 面积/km²	剧烈流失 比例/%	合计 面积/km²	合计 比例/%
江北区	213.52	156.42	73.26	33.31	58.34	11.31	19.81	12.30	21.54	0.18	0.32	0.00	0.00	57.10	26.74
沙坪坝区	383.45	286.62	74.75	87.71	90.58	5.19	5.36	3.93	4.06	0.00	0.00	0.00	0.00	96.83	25.25
九龙坡区	443.03	296.15	66.85	56.25	38.30	71.69	48.81	18.62	12.68	0.32	0.22	0.00	0.00	146.88	33.15
南岸区	278.78	211.36	75.82	33.04	49.01	27.39	40.63	6.50	9.64	0.49	0.73	0.00	0.00	67.42	24.18
武隆区	2901.00	1269.73	43.77	457.69	41.32	784.02	23.52	291.11	26.28	98.27	8.87	0.19	0.02	1631.27	56.23
彭水县	3903.00	1865.30	47.79	201.72	9.90	843.63	41.40	990.48	48.61	1.87	0.09	0.00	0.00	2037.70	52.21
黔江区	2397.00	1236.51	51.59	86.15	7.42	469.05	40.42	594.21	51.20	11.08	0.95	0.00	0.00	1160.49	48.41
酉阳县	5173.00	2654.82	51.32	335.82	13.34	911.04	36.18	1161.05	46.11	106.82	4.24	3.45	0.14	2518.18	48.68
秀山县	2450.00	1452.82	59.30	259.90	26.06	249.02	24.97	313.54	31.44	174.14	17.46	0.58	0.06	997.18	40.70
巫山县	2958.00	1287.96	43.54	350.51	20.99	783.61	46.92	520.45	31.16	5.92	0.35	9.55	0.57	1670.04	56.46
城口区	3286.00	1842.35	56.07	348.39	24.13	433.83	30.05	297.99	20.64	284.60	19.71	78.84	5.46	1443.65	43.93
巫溪区	4030.00	1855.30	46.04	861.81	39.63	1049.5	48.26	203.37	9.35	56.57	2.60	3.44	0.16	2174.70	53.96
石柱区	3013.00	1430.82	47.49	353.79	22.36	901.56	56.98	213.32	13.48	108.64	6.87	4.87	0.31	1582.18	52.51
奉节区	4087.00	1796.35	43.95	151.57	6.62	1065.9	46.53	1056.81	46.14	16.32	0.71	0.00	0.00	2290.65	56.05
丰都区	2901.00	1362.95	46.98	473.40	30.78	647.55	42.10	338.48	22.01	74.19	4.82	4.43	0.29	1538.05	53.02
南川区	2602.00	1395.82	53.64	655.64	73.41	446.36	14.92	89.43	10.01	14.74	1.65	0.00	0.00	1206.18	46.36
万盛经济开发区	565.58	312.76	55.30	198.52	78.52	37.25	14.73	14.20	5.62	2.85	1.13	0.00	0.00	252.82	44.70
涪陵区	2946.00	1283.56	43.57	461.40	27.75	892.38	53.68	265.48	15.97	42.46	2.55	0.72	0.04	1662.44	56.43
万州区	3457.00	1465.37	42.39	363.41	18.25	1180.7	59.29	445.84	22.39	1.63	0.08	0.00	0.00	1991.63	57.61
合计	82402.95	42397.30	51.45	11662.0	29.15	16396.0	40.99	10074.3	25.18	1657.9	4.14	214.1	0.54	40005.5	48.55

注：表中数据均有四舍五入。

3. 地表起伏度因子与水土流失的相关性分析

分析比较重庆市水土流失与地表起伏度各因子的相关关系，为有针对性地采取防治措施提供依据，而水土流失的状况，通常采用土壤侵蚀模数来衡量，即每年每平方公里面积上被侵蚀引起的地表物质位移量，它是衡量土壤侵蚀程度的一个量化指标，也称为土壤侵蚀率、土壤流失率或土壤损失幅度。

研究地表起伏度与水土流失的相关关系，首先通过分析土壤侵蚀模数与选定的 5 个地表起伏度指标（相对高差、坡度、沟壑密度、山峰密度、山谷密度）之间的关系，分析研究其关系程度，再确定哪些或者哪个地表起伏度指标更适合作为 1 : 25 万区域尺度进行水土流失评价的指标。在分析土壤侵蚀模数与各地表起伏度指标的相关关系时，主要采用单相关分析方法，其相关系数越大，越能更好地作为评价该尺度水土流失的指标因子。为了反映重庆市近年来水土流失状况，且按照研究时段最新的重庆市行政区划来分析，本书仅采用 2012 年水土保持公布中的统计数据进行分析。

根据以上方法，利用 Excel 分别将重庆市各县（区）2012 年的土壤侵蚀模数与任意其他 5 个地表起伏度指标（影响因子）进行单相关分析，得出各指标因子与平均土壤侵蚀模数的散点图（图 6.9），可知各地表起伏度指标（表面积指数、平均相对高差、山峰密度、沟壑密度、山谷密度）随着平均土壤侵蚀模数变化所变化的趋势。

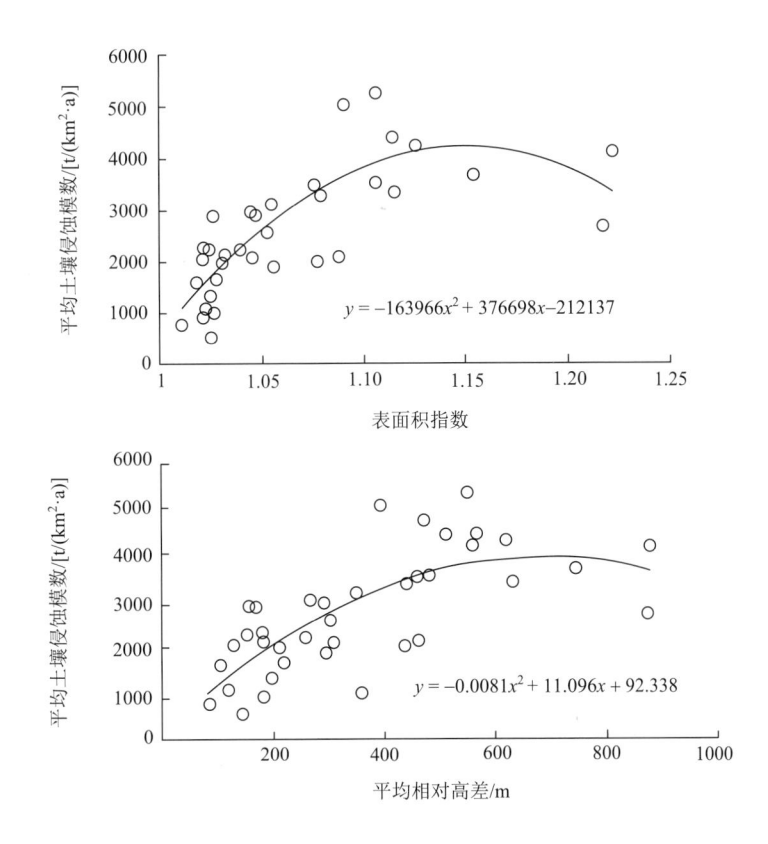

$y = -163966x^2 + 376698x - 212137$

$y = -0.0081x^2 + 11.096x + 92.338$

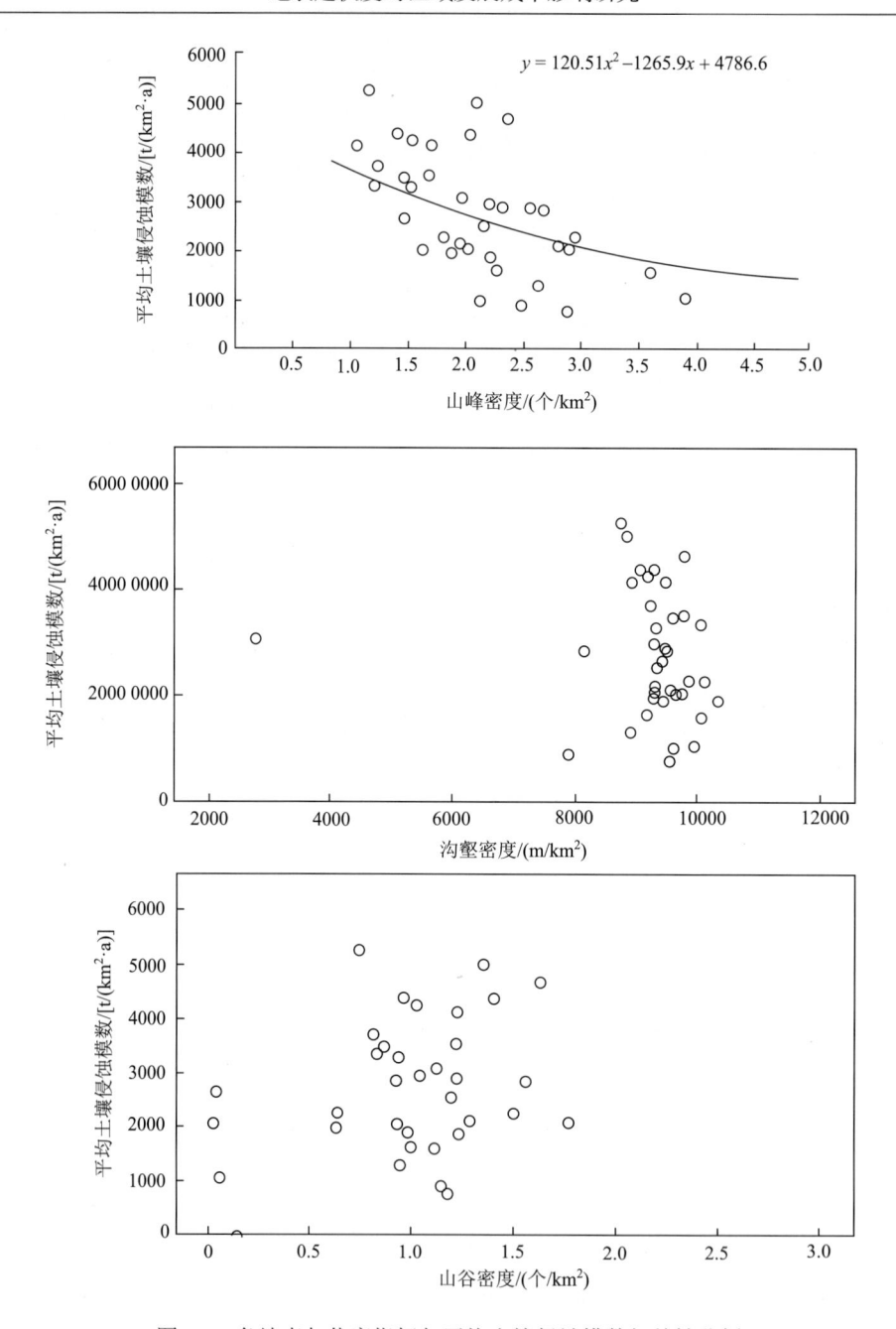

$y = 120.51x^2 - 1265.9x + 4786.6$

图 6.9　各地表起伏度指标与平均土壤侵蚀模数相关性分析

图 6.9 是重庆市各县（区）相应数据汇总的结果。平均土壤侵蚀模数与不同地表起伏度指标的相关系数可作为衡量该指标与其关系是否密切的标准，根据系数大小排列如下：表面积指数（0.6628）、平均相对高差（0.5518）、山峰密度（0.1833）、山谷密度（0.1015）、沟壑密度（0.0941）。可以直观得出，相关系数最高者为表面积指数，其次是平均相对高差。相关系数越高，说明该指标和土壤侵蚀模数的关系越密切，在一定程度上说明

其对水土流失的影响作用较明显。而山谷密度和沟壑密度与平均土壤侵蚀模数的相关系数较小。

这里特别要指出的是图 6.9 中的表面积指数和平均相对高差图显示的一个问题：当反映地表起伏度的某个指标（如表面积指数、相对高差、坡度等）达到一定程度后，水土流失不仅不再增加，相反还有减少的趋势。原因在于：首先，当地表起伏达到某个程度时，斜坡陡峻，斜坡上土体不易保存，可供流失的土层瘠薄（很多陡峻斜坡地甚至是裸岩）。其次，重庆地表起伏度大的地区主要集中在渝东北和渝东南，这两个地区喀斯特地貌发育比较典型，碳酸盐岩石抗风化能力强、成土过程慢，斜坡体上土层瘠薄且不连续，这些都是水土流失强度（或土壤侵蚀模数）不太高的重要原因；同时喀斯特山区相当一部分水土流失是通过地下漏失流走或淤积在地下洞腔，因此地表观测到水土流失（土壤侵蚀模数）比实际偏小。最后地表起伏度大的地区，人类活动比较轻微，植被保持较好，因此水土流失到一定程度时反而减少了。

由此得出，地表起伏度与平均土壤侵蚀模数具有一定的相关性。为了更全面地反映地表起伏度与水土流失的相关性，本书采用同样的方法将平均土壤侵蚀总量与地表起伏度的各个指标进行相关性分析，得到各地表起伏度指标与平均土壤侵蚀总量相关性，如图 6.10 所示。

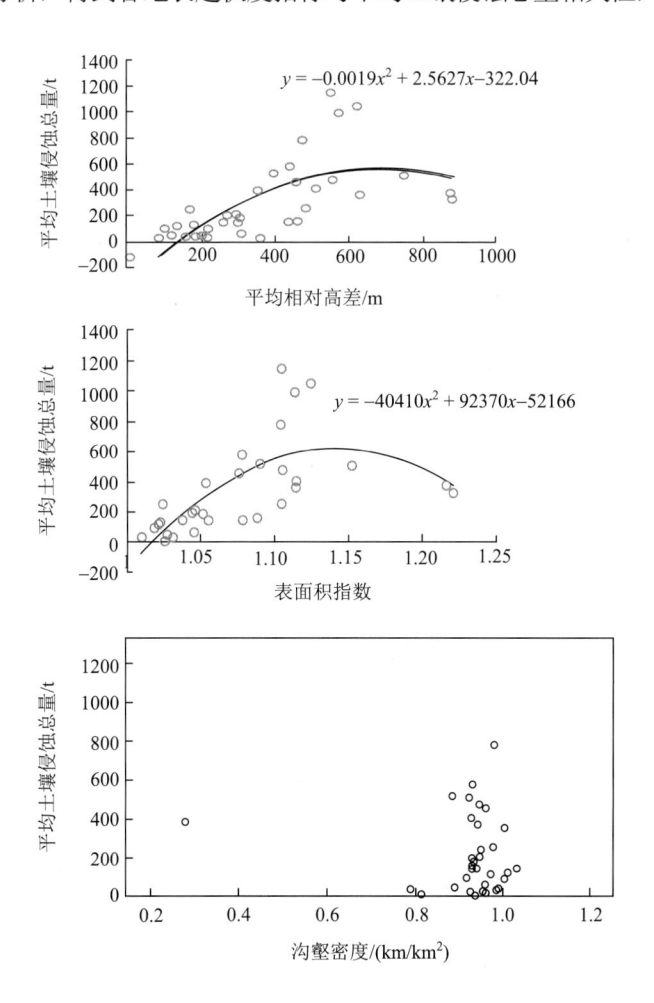

$y = -0.0019x^2 + 2.5627x - 322.04$

$y = -40410x^2 + 92370x - 52166$

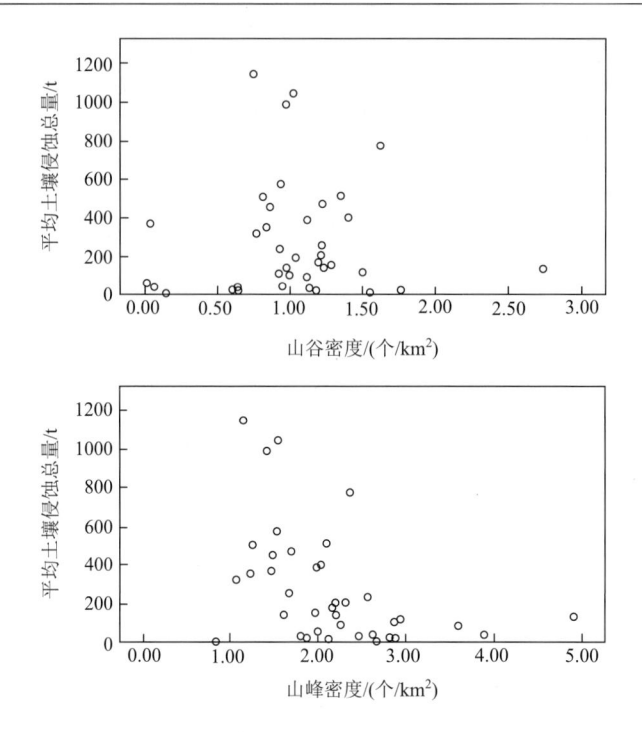

图 6.10 各地表起伏度指标与平均土壤侵蚀总量相关性分析

图 6.10 是重庆市各县（区）相应数据汇总的结果，通过分析其相关性，得出平均土壤侵蚀总量与不同地表起伏度指标的相关系数，按照相关系数大小排列如下：表面积指数（0.581）、平均相对高差（0.490）、山峰密度（0.375）、沟壑密度（0.106）、山谷密度（0.032）。可以很直观地得出，表面积指数相关系数最大，其次是平均相对高差，相关系数越大，说明该指标与平均土壤侵蚀总量的关系越密切，也在一定程度上说明其对水土流失的影响作用越明显；而山峰密度、山谷密度和沟壑密度的相关系数较小。

综上所述，可以初步得出：在 1∶25 万重庆市区域尺度水土流失评价中，表面积指数作为评价水土流失的地表起伏度指标比较合适，其拟合方程为 $y = -163966x^2 + 376698x - 212137$。在重庆市区域水土流失防治方案和传统农业空间布局上应当考虑地表起伏度因子的影响。

4. 地表起伏度与水土流失的空间对比分析

1）以县（区）为单位，建立地表起伏度分类分布图

根据提取的重庆市各县（区）地表起伏度指标（平均相对高差、表面积指数、沟壑密度、山峰密度、山谷密度）作为分类观测指标，采用统计分析中的聚类分析法将各县（区）水土流失和地表起伏度状况进行分类，分析它们之间的耦合关系。

经过比较采用动态聚类的方式对各个县（区）进行分类，设定分类类别为 5 类，采用 SPSS17.0 软件对其分类后的结果如表 6.17 所示。

表 6.17　重庆地表起伏度分类迭代历史记录

迭代	聚类中心内的更改				
	1	2	3	4	5
1	2.535	0.559	64.637	17.334	18.003
2	43.167	0.000	4.197	26.667	8.200
3	0.000	0.000	9.310	0.000	17.800
4	0.000	0.000	0.000	0.000	0.000

从表 6.17 可以看出，由于聚类中心内没有改动或改动较小而达到收敛。任何中心的最大绝对坐标更改为 0.000。当前迭代为 4，初始中心间的最小距离为 161.002。

从表 6.18 可以看出：类别 1 的平均相对高差和表面积指数最小，而山峰密度最大；类别 5 的平均相对高差和表面积指数最大，而山峰密度和山谷密度最小，沟壑密度相对较小；其他类别基本居中。由此可知，所得的 5 个类别都有各自明显的特征，方便区分开来。最终通过聚类分析可得到各县（区）的分类统计结果（表 6.19）。

表 6.18　地表起伏度分类最终聚类中心

因子	聚类				
	1	2	3	4	5
平均相对高差	160.1429	305.0000	457.7500	585.0000	831.3333
表面积指数	1.0231	1.0450	1.0918	1.1130	1.1970
沟壑密度	0.9350	0.8711	0.9412	0.9303	0.9190
山峰密度	2.5777	2.4861	1.8432	1.4074	1.2599
山谷密度	0.9652	1.1461	1.2059	0.9596	0.5337

从重庆市各县（区）地表起伏度分类结果（表 6.19）和各县（区）地表起伏度分类分布图（图 6.11）可以看出：Ⅰ 类（轻微起伏）县（区）地表起伏度最小，基本上为四川盆地南部中低丘陵地貌（方山丘陵）；Ⅱ 类（轻度起伏）县（区）和 Ⅲ（中度起伏）类的綦江区、南川区、丰都县、万州区基本上为川渝平行岭谷地貌；Ⅳ 类中的彭水县、武隆区基本为大娄山-武陵山中、低山地貌，开州区、云阳县、奉节县及 Ⅴ 类（大起伏）县（区）基本为大巴山中山地貌、巫山-七曜山中、低山地貌，其地表起伏度随着类别的增加而增加，与重庆实际地貌相符。

表 6.19　重庆市各县（区）地表起伏度分类结果

类别	数量	县（区）
Ⅰ类	14 个	九龙坡区、南岸区、合川区、垫江县、大渡口区、大足区、永川区、江北区、渝中区、潼南区、璧山区、荣昌区、铜梁区、长寿区
Ⅱ类	8 个	北碚区、巴南区、忠县、梁平区、江津区、沙坪坝区、渝北区、涪陵区
Ⅲ类	8 个	万州区、丰都县、南川区、石柱县、秀山县、綦江区、酉阳县、黔江区
Ⅳ类	5 个	云阳县、奉节县、开州区、彭水县、武隆区
Ⅴ类	3 个	城口县、巫山县、巫溪县

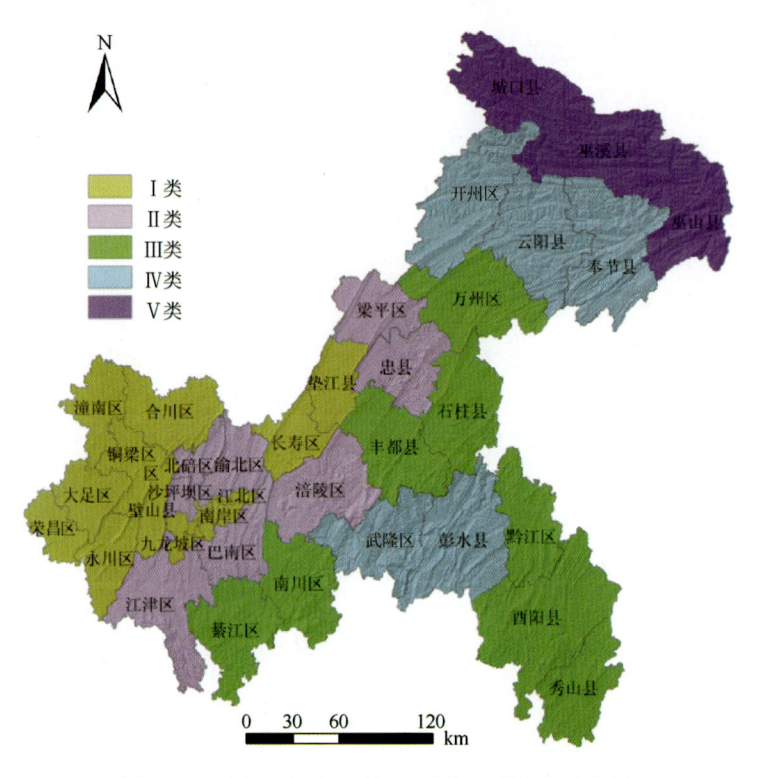

图 6.11 重庆市各县（区）地表起伏度分类分布图

2）以县（区）为单位，建立水土流失强度分类分布图

首先选取水土流失聚类分析的观测指标，包括：轻度占侵蚀面积的比例、中度占侵蚀面积的比例、强烈占侵蚀面积的比例、极强烈占侵蚀面积的比例、剧烈占侵蚀面积的比例、总侵蚀面积占辖区面积比例、年均土壤侵蚀总量、平均土壤侵蚀模数 8 个指标作为聚类的观测指标，进行聚类分析；为了和地表起伏度分类分布图做对比，同样将其分类为 5 类，采用 SPSS17.0 软件对其分类，结果如表 6.20 所示。

表 6.20 水土流失强度分类迭代历史记录

迭代	聚类中心内的更改				
	1	2	3	4	5
1	323.499	414.893	354.054	340.063	166.571
2	79.592	0.000	46.058	0.000	174.700
3	0.000	0.000	40.935	0.000	71.785
4	0.000	0.000	88.108	0.000	110.915
5	0.000	0.000	52.919	0.000	52.024
6	0.000	0.000	50.614	0.000	48.594
7	0.000	0.000	0.000	0.000	0.000

从表 6.20 可以看出：由于聚类中心内没有改动或改动较小而达到收敛。任何中心的最大绝对坐标更改为 0.000。当前迭代为 7，初始中心间的最小距离为 867.094。

从表 6.21 可以看出：类别 1 的中度占侵蚀面积的比例、剧烈占侵蚀面积的比例、总侵蚀面积占辖区面积比例、平均土壤侵蚀总量、平均土壤侵蚀模数最小，其他各侵蚀强度较小；类别 5 的中度占侵蚀面积的比例、总侵蚀面积占辖区面积比例、平均土壤侵蚀总量、平均土壤侵蚀模数最大，其他各侵蚀强度相对较大，其他类别基本居中。由此可见，所得的 5 个类别都具有各自明显的特征，能够较好地区分开来。最终通过聚类分析可得到重庆市各县（区）水土流失强度分类结果如表 6.22 所示。

表 6.21 水土流失强度分类最终聚类中心

观测指标	聚类 1	聚类 2	聚类 3	聚类 4	聚类 5
轻度占侵蚀面积的比例/%	34.10	31.09	33.11	40.38	37.29
中度占侵蚀面积的比例/%	27.89	30.25	30.27	28.89	32.78
强烈占侵蚀面积的比例/%	19.40	17.52	15.89	14.60	16.11
极强烈占侵蚀面积的比例/%	15.48	16.22	14.61	11.80	9.45
剧烈占侵蚀面积的比例/%	3.13	4.91	6.11	4.33	4.38
总侵蚀面积占辖区面积比例/%	31.91	34.22	38.51	40.10	51.03
年均侵蚀总量/t	47.28	100.20	322.18	667.17	830.07
平均土壤侵蚀模数/[t/(km^2·a)]	1168.85	2111.20	3138.94	4316.47	5124.67

表 6.22 重庆市各县（区）水土流失强度分类结果表

类别	数量	县（区）
Ⅰ类	8 个	潼南区、荣昌区、铜梁区、永川区、璧山区、长寿区、沙坪坝区、渝中区
Ⅱ类	11 个	大足区、江津区、垫江县、北碚区、渝北区、忠县、綦江区、江北区、九龙坡区、南岸区、南川区
Ⅲ类	11 个	合川区、梁平区、巴南区、大渡口区、丰都县、涪陵区、万州区、武隆区、石柱县、巫山县、巫溪县
Ⅳ类	6 个	开州区、彭水县、黔江区、酉阳县、城口县、奉节县
Ⅴ类	2 个	秀山县、云阳县

从表 6.22 和图 6.12 可以看出：Ⅰ类和Ⅱ类各县（区）主要属于轻、中度水土流失区；Ⅲ类各县（区）主要属于中度水土流失区；Ⅳ类和Ⅴ类主要属于中、强度水土流失区。

3）各县（区）地表起伏度与水土流失的对比分析结果

为了更直观地对比并研究地表起伏度与水土流失的相关关系，将重庆市地表起伏度各类别与水土流失各类统计结果进行交叉统计，如表 6.23 所示。

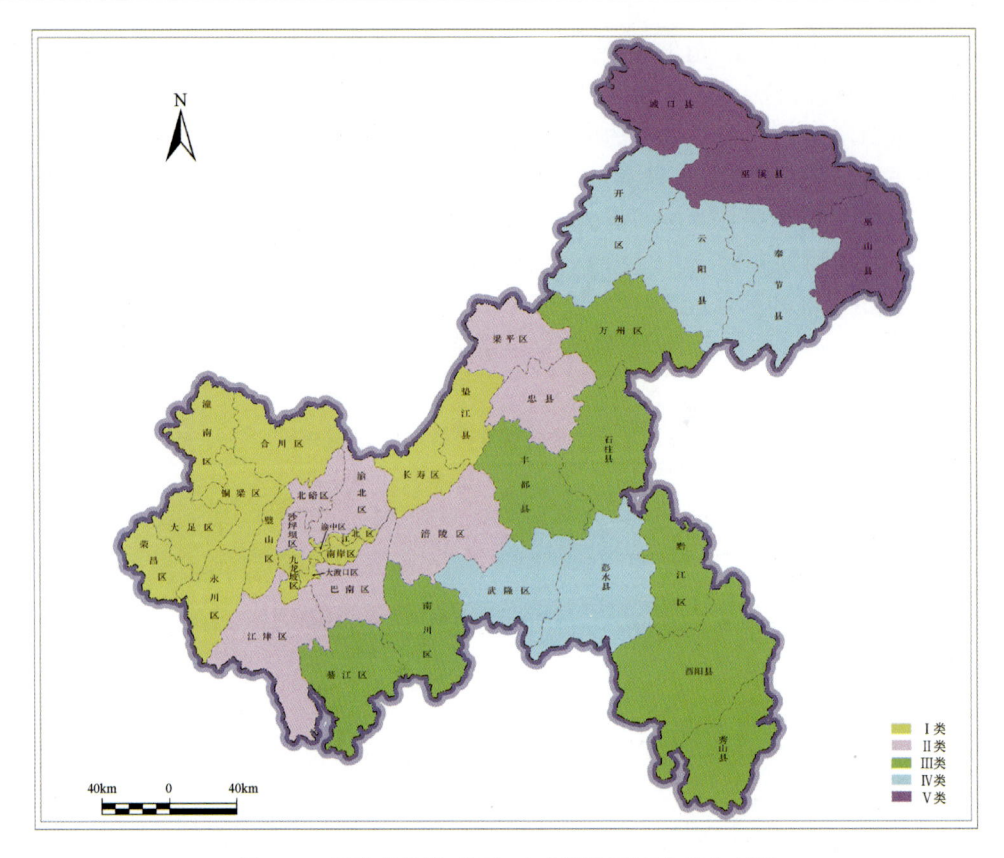

图 6.12 重庆市各县（区）水土流失强度分类分布图

表 6.23 重庆市地表起伏度与水土流失强度交叉制表

类别		水土流失强度					合计
		Ⅰ类	Ⅱ类	Ⅲ类	Ⅳ类	Ⅴ类	
地表起伏度	Ⅰ类	7 18.5	5 13.1	2 5.3	0 0	0 0	14 36.9
	Ⅱ类	1 2.6	4 10.6	3 7.9	0 0	0 0	8 21.1
	Ⅲ类	0 0	2 5.3	3 7.9	2 5.3	1 2.6	8 21.1
	Ⅳ类	0 0	0 0	1 2.6	3 7.9	1 2.6	5 13.1
	Ⅴ类	0 0	0 0	2 5.3	1 2.6	0 0	3 7.9
合计		8 21.1	11 28.9	11 28.9	6 15.8	2 5.3	38 100

注：第一行数字为计数；第二行数字为计数比例，单位为%。

从表 6.23 可知：地表起伏度与水土流失强度具有正相关（空间耦合性）关系，一般来看水土流失强度随着地表起伏度的增大而增大，其中地表起伏度为Ⅰ类的县（区）基本上都处于水土流失强度的Ⅰ、Ⅱ类区。而其中变化较大的有 2 个县（区），分别为合川区和大渡口区，其水土流失类别划分在了Ⅲ类，但从实际来看合川区和大渡口区的地表起伏度较小，而水土流失强度相对较大，可能是由于合川区位于嘉陵江、渠江、涪江交汇处，河网密度较大，水力侵蚀相对较强，加剧了合川区的水土流失；而大渡口区位于主城区的西南部，南面濒临长江，研究时段整个大渡口可以用一个大企业（重庆钢铁厂）、一条路（钢花路）、一个多亿的区属工业产值来概括，但近几年，重钢及其他工业企业的搬迁、人为的建设施工等因素导致了该区地形、地貌、土壤等遭到不同程度的破坏，从而导致水土流失的加剧。

地表起伏度为Ⅴ类的县（区）水土流失并不是最严重的，其中最为特别的是巫山县和巫溪县，其水土流失划分在了Ⅲ类。从实际来看巫山县和巫溪县的地表起伏度最大，但水土流失强度又较小，可能是由于巫山县和巫溪县地处重庆东北部，近几年开展了许多生态建设试点示范工程。其中巫溪县还有国家级景区 1 个（红池坝国家森林公园），省市级景区 4 个（宁厂古镇、阴条岭国家级自然保护区、灵巫洞、荆竹坝岩棺群），县级景区 10 个（大官山"东方天山"生态旅游区、庙峡翡翠谷旅游区、云台峰旅游区、"野人谷"原始生态旅游区、月牙峡旅游区、猫儿背天然氧吧旅游区、上磺荷苑旅游区、朝阳石林旅游区、团城幽峡旅游区、高楼河原始森林旅游区）；巫山县成为中国生态旅游大县、中国生态建设示范县，拥有国家级自然保护区五里坡自然保护区。巫山县和巫溪县的这些生态试点工程及自然保护区的设立能够积极推进该地区的生态保护，加上退耕还林、天然林保护工程实施力度的加大，以及生态移民等措施的稳步推进，能够有效控制和减少该地区水土流失的发生。此外巫山、巫溪的喀斯特地貌较发育，地表坡度较陡，土层相对瘠薄，可供流失的土壤少，加上喀斯特地区水土流失中有相当一部分通过地下漏失流走，因此地表观测到的水土流失往往比实际情况偏低。

5. 各县（区）基于地表起伏度的水土流失类型分区

1）基于地表起伏度的水土流失类型划分

根据本节得出的重庆市各县（区）地表起伏度分类分布图及水土流失强度分类分布图，结合重庆市水土保持区划和重庆市的实际地质地貌条件与水土流失特点，采用二段命名法，即地貌类型+水土流失强度，可将重庆市各县（区）水土流失划分为 4 类，划分出的类型区具体划分见图 6.13 和表 6.24。

2）各类型区的水土流失特征

以 2012 年重庆市水土流失统计数据为基础，结合表 6.15 和表 6.24 分类结果，得到各类型区的水土流失特征如下。

（1）四川盆地南部低山丘陵中轻度水土流失类型区。该区域总体属于轻中度起伏区，区域水土流失面积为 4038.94km^2，水土流失面积占该区域土地总面积的 29.97%。其中，轻度流失面积为 1144.69km^2，占该区域水土流失面积的 28.34%；中度流失面积为 1214.29km^2，占该区域水土流失面积的 30.06%；强度流失面积为 830.67km^2，占该区域水土流失面积的 20.57%；极强度流失面积为 681.36km^2，占该区域水土流失面积的 16.87%；

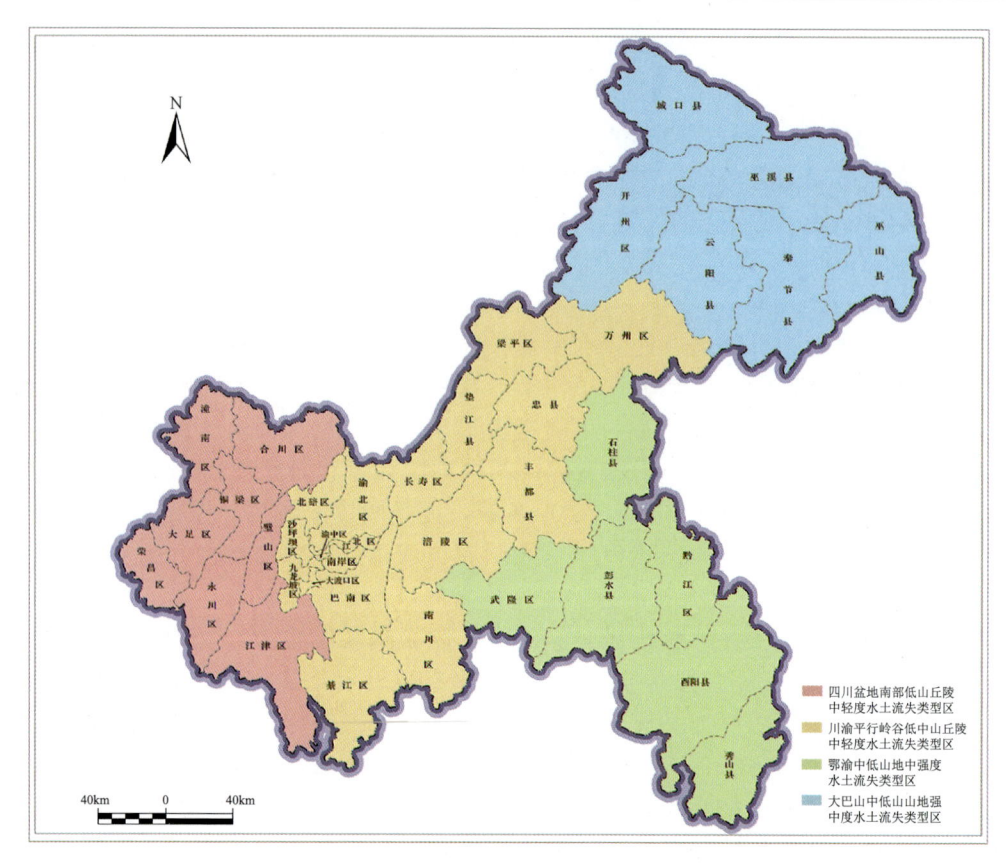

图 6.13　以地表起伏度为基础的重庆市各县（区）水土流失类型

表 6.24　以地表起伏度为基础的重庆市各县（区）水土流失类型区划分表

类型区		土地总面积/km²	水土流失面积		行政区域
分类	代码		面积/km²	比例/%	
四川盆地南部低山丘陵中轻度水土流失类型区	Ⅰ1	6493.80	1899.67	29.25	潼南区、荣昌区、铜梁区、永川区、璧山区
	Ⅰ2	1427.69	536.59	37.58	大足区
	Ⅰ3	2356.21	841.18	35.70	合川区
	Ⅱ2	3200.22	761.50	23.80	江津区
	合计	13477.92	4038.94	29.97	
川渝平行岭谷低中山丘陵中轻度水土流失类型区	Ⅰ1	1437.39	572.67	39.84	长寿区、渝中区
	Ⅰ2	2453.33	865.58	35.28	垫江县、南岸区、江北区、九龙坡区
	Ⅰ3	94.39	32.72	34.66	大渡口区
	Ⅱ1	383.45	138.03	36	沙坪坝
	Ⅱ2	4391.45	1578.22	35.94	北碚区、忠县、渝北区
	Ⅱ3	6666.30	2623.77	39.36	巴南区、梁平区、涪陵区
	Ⅲ2	5349.72	1481.31	27.68	南川区、綦江区
	Ⅲ3	6358	3059.51	48.12	万州区、丰都县
	合计	27134.03	10351.81	38.15	

续表

类型区		土地总面积/km²	水土流失面积		行政区域
分类	代码		面积/km²	比例/%	
鄂渝中低山地中强度水土流失类型区	Ⅲ3	3013	722.48	23.98	石柱县
	Ⅲ4	7570	2582.21	34.11	酉阳县、黔江区
	Ⅲ5	2450	1029.95	42.04	秀山县
	Ⅳ3	2901	1056.45	36.42	武隆区
	Ⅳ4	3903	1146.8	29.38	彭水县
	合计	19837	6537.89	32.96	
大巴山中低山山地强中度水土流失类型区	Ⅳ4	8046	4713.18	58.58	奉节县、开州区
	Ⅳ5	3634	2181.16	60.02	云阳县
	Ⅴ3	6988	2761.82	39.52	巫溪县、巫山县
	Ⅴ4	3286	778.59	23.69	城口县
	合计	21954	10434.75	47.53	

剧烈流失面积为167.93km²，占该区域水土流失面积的4.16%。轻、中、强度及以上水土流失面积比例是28.34∶30.06∶41.6，这说明在产生了水土流失的区域，水土流失强度比较大，主要原因是该片区紫色土发育区，土层疏松，坡地耕种区或工矿场所极易产生严重的水土流失（水土流失区的中强度区域占比大）；但由于该片区水土流失面积仅占区域总面积的29.97%，综合来看，该区水土流失以轻中度为主，其平均土壤侵蚀模数为1770.63t/(km²·a)，年均侵蚀总量为715.15万t；从地表起伏与水土流失的空间耦合性看，该片区的水土流失与该区域以微小和轻中度为主的地表起伏状况相吻合。

（2）川渝平行岭谷低中山丘陵中轻度水土流失类型区。该区域总体属于中度起伏区，区域水土流失面积为10351.81km²，占该区域土地总面积的38.15%。其中，轻度水土流失面积为3139.08km²，占该区域水土流失面积的30.32%；中度水土流失面积为3101.24km²，占该区域水土流失面积的29.96%；强度水土流失面积为1789.88km²，占该区域水土流失面积的17.29%；极强度水土流失面积为1711.93km²，占该区域水土流失面积的16.54%；剧烈水土流失面积为609.68km²，占该区域水土流失面积的5.89%。该区域轻度、中度、强度及以上水土流失面积所占比例为30.32∶29.96∶39.72，同时该区域水土流失面积占区域总面积比例最大，因此综合来看，该区域水土流失以中强度为主，相对于中度起伏为主的地表起伏状况，从地表起伏与水土流失的空间耦合性看，该地区水土流失相对偏强，这除与紫色土等母岩性质有关外，还与该区域人类活动强烈、植被相对较差、土地耕作指数较高等因素有关。

（3）鄂渝中低山地中强度水土流失类型区。该区域总体属于中、大起伏区，区域水土流失面积为6537.89km²，占该区域土地总面积的32.96%。其中，轻度水土流失面积为2443.42km²，占该区域水土流失面积的37.37%；中度水土流失面积为1717.45km²，占该区域水土流失面积的26.27%；强度水土流失面积为1108.6km²，占该区域水土流失面积的16.96%；极强度水土流失面积为1017.97km²，占该区域水土流失面积的15.57%；剧烈流失面积为250.45km²，占该区水土流失面积的3.83%，强度及以上流失面积合计占

36.36%。因此，综合来看，该区水土流失平均以中度为主，相对属于中大起伏的地表状况而言，从地表起伏与水土流失的空间耦合性看，该片区水土流失强度相对偏弱，其原因首先是该区域主要分布在渝东南地区，属于典型的喀斯特发育区，土层瘠薄，土壤层可流失量少；其次水土流失当中相当一部分通过地下漏失流走，致使地表观测到的水土流失情况比实际偏轻；最后该区域人口密度相对较小，加上石漠化治理、退耕还林等工程成效开始显现，水土流失的严重状况比中大起伏的地表程度略轻。

（4）大巴山中低山山地强中度水土流失类型区。该区域总体属于大、中起伏区，是重庆起伏最高的区域，水土流失面积为10434.75km^2，占该区域土地总面积的47.53%，是重庆水土流失面积比例最高的片区，这点与该片区的地表起伏相吻合。其中，轻度水土流失面积为 3916.62km^2，占该区域水土流失面积的 37.53%；中度水土流失面积为3487.28km^2，占该区域水土流失面积的 33.42%；强度水土流失面积为1459.44km^2，占该区域水土流失面积的13.99%；极强度水土流失面积为945.01km^2，占该区域水土流失面积的9.06%；剧烈水土流失面积为626.4km^2，占该区域水土流失面积的6.00%，轻、中、强度及以上水土流失面积的比例为37.53∶33.42∶29.05。因此，该区水土流失强度以中轻度为主，但水土流失总面积占比是重庆几个区域最大的，综合来看，该区域水土流失为中度水土流失区，相对于该区域的中、大起伏地表状况（从地表起伏与水土流失的空间耦合性看），该片区水土流失的同步性略微滞后，主要原因是该片区作为三峡水库腹地（水生态安全）重要生态功能区，这些年来生态建设成效显著，强度及剧烈水土流失区得到重点治理，此外该片区喀斯特地貌也比较发育（水土流失存在地下漏失现象），同时山多坡陡、土层比较瘠薄，土壤可流失量较少，加上生态移民、人类活动对生态的直接破坏干扰减轻等。

6.4.3 贵州省地表起伏度与水土流失的关系分析

贵州省是中国唯一没有平原支撑的农业占比较大的喀斯特山区省份，生态环境十分脆弱，人地矛盾突出，耕地资源量少质差，坡耕地面积占比大；加之降雨量大，且时空分布不均，造成贵州山区水土流失量大、面广、危害重，治理难度大，地方财政难以支撑等。

坡度是影响水土流失的重要因素之一。随着坡度增加，坡面径流速度加快，坡面固体物稳定性降低，导致侵蚀量增加。尤其在峡谷区，新构造运动强烈抬升，河流深切，喀斯特垂向发育，地表起伏度大，坡耕地分布广、坡度大，峰林、峰丛石山坡度常达42°～47°。据全省地面坡度分级统计，全省平均地表坡度角为17.79°，其中，25°～35°占总面积的26%，35°～45°占总面积的8%，甚至≥45°的极陡坡地也占土地总面积的1%，给土壤侵蚀提供有利条件，加之不合理人为活动的破坏，进而导致较严重的水土流失。

由表6.25可知，1950～1990年贵州省水土流失不断恶化，由1950年土壤侵蚀面积的35000km^{2}增加到1990年的76700km^2，占全省面积比例由1950年的20%增加到1990年的43.60%。2000年以后随着西部大开发战略的实施，生态建设，尤其是退耕还林还草工程逐步推开，贵州水土流失状况得到一定程度的遏制，到2005年，全省水土流失总面积为 73179.01km², 占土地总面积的 41.54%; 2005 年以来贵州成为全国石漠化综合治理重点省份。全国首批 100 个石漠化综合治理重点县, 贵州占 55 个, 石漠化综合治理和退耕还林、天然林保护工程等生态工程多管齐下, 生态环境明显好转, 全省水土流失得到有效遏制, 到 2010 年全省水土流失总面积降为 55269.40km², 占土地总面积的 31.37%, 较 2000 年减少 17909.61km², 减少 24.47%, 年均土壤侵蚀模数由 2005 年的 1432t/(km²·a)减少到 2010 年 1361t/(km²·a), 水土保持生态环境明显改善。

表 6.25 贵州土壤侵蚀情况

项目	1950 年	1980 年	1990 年	2005 年	2010 年
土壤侵蚀面积/km²	35000	50000	76700	73179.01	55269.40
占总面积比例/%	20	28.40	43.60	41.54	31.37

从空间分布上看, 全省水土流失由西北至东南逐渐减轻。西部、西北部及东北部水土流失最严重, 强烈等级以上的水土流失主要分布在这一区域; 中部、东部地区次之, 南部、东南部地区主要为轻度流失。从行政区域看, 2010~2020 年, 各市（州）均呈现水土流失面积减少趋势, 但减少幅度不一。其中, 面积减少最大的为毕节市, 10 年间减少水土流失面积 1710.62km², 降幅为 14.66%; 降幅最低的为黔东南州, 10 年间减少水土流失面积 602.99km², 降幅为 11.17%。与全省平均降幅相比, 贵阳市、六盘水市、安顺市、遵义市、铜仁市五个市减少幅度高于全省平均降幅, 黔西南州、毕节市、黔南州、黔东南州四个市（州）减少幅度低于全省平均降幅。

贵州省水土流失的空间格局、流失强度除了与生态建设、农业耕作等人类活动有关外, 还与喀斯特岩性、地貌、气候等自然因素有关, 其中地形地貌条件是影响贵州省山区水土流失的重要甚至是关键因素。下面仅以贵州省地表起伏度与水土流失的关系来说明。

从表 6.26 来看, 2010 年时, 毕节市的水土流失面积最大, 为 11669.69km², 其水土流失面积占毕节市面积的 43.46%; 其次为遵义市, 其水土流失面积为 9725.77km², 占遵义市面积的 31.62%; 贵阳市水土流失面积最小, 但其占贵阳市的面积依然高达 27.92%。随着各地水土流失防治相关政策的实施, 在 2020 年时, 各地的水土流失面积均有所下降, 全省水土流失面积减少了 8261.2km²; 但毕节市依旧最大, 其水土流失面积占毕节市面积的 37.09%, 相对于 2010 年时, 其水土流失的面积降低了约 1710.62km²。

表 6.26 贵州省地表起伏度及 2010~2020 年各地区水土流失情况

地区	总面积/km²	地表面积/km²	地表起伏度1（表面积指数）	地表起伏度2（相对高差/m）	2010年水土流失面积/km²	占总面积比例/%	2010年水保持率/%	2020年水土流失面积/km²	占总面积比例/%	2020年水保持率/%
安顺市	9267.00	10804.88	1.1689	1488.00	2864.85	30.91	69.09	2402.79	25.93	74.07
毕节市	26853.00	30972.13	1.1582	2444.00	11669.69	43.46	56.54	9959.07	37.09	62.91
贵阳市	8034.00	8905.65	1.1106	1233.00	2242.76	27.92	72.08	1799.56	22.40	77.60

续表

地区	总面积/km²	地表面积/km²	地表起伏度1（表面积指数）	地表起伏度2（相对高差/m）	2010年水土流失面积/km²	占总面积比例/%	2010年水土保持率/%	2020年水土流失面积/km²	占总面积比例/%	2020年水土保持率/%
六盘水市	9914.00	11738.98	1.1914	2311.00	4254.87	42.92	57.08	3557.19	35.88	64.12
黔东南州	30337.00	35679.00	1.1827	2031.00	5397.62	17.79	82.21	4794.63	15.80	84.20
黔南州	26193.00	30776.09	1.1806	1719.00	6544.19	24.98	75.02	5655.01	21.59	78.41
黔西南州	16804.00	20030.93	1.1994	1932.00	5744.39	34.18	65.82	4878.88	29.03	70.97
铜仁市	18003.00	21246.31	1.1802	2370.00	6825.26	37.91	62.09	5772.71	32.07	67.93
遵义市	30762.00	36439.53	1.1924	1798.00	9725.77	31.62	68.38	8188.36	26.62	73.38

为了进一步探究地表起伏度与水土流失的关系，运用 SPSS 软件计算其 Pearson 相关系数，相关系数矩阵如表 6.27 所示。由表 6.27 可知，2010 年水土流失面积比例与地表起伏度 1（表面积指数）的相关系数仅有 0.10556，而与地表起伏度 2（相对高差）的相关系数为 0.58516；2020 年时水土流失面积比例与地表起伏度 1（表面积指数）的相关系数仅有 0.15825，与地表起伏度 2（相对高差）的相关系数为 0.63613。表明水土流失面积比例与地表起伏度 2（相对高差）相关性最大。从水土保持率与地表起伏度的相关系数来看，其数值均为负数，表明水土保持率与地表起伏度呈现负相关，在一定程度上也可以说明，地表起伏度越小，其水土流失程度越小，水土保持率越高。

表 6.27　2010~2020 年水土流失面积比及水土保持率与各地表起伏度类型的相关系数矩阵

项目	地表起伏度1（表面积指数）	地表起伏度2（相对高差/m）	2010年水土流失面积比例	2010年水土保持率	2020年水土流失面积比例	2020年水土保持率
地表起伏度1（表面积指数）	1	0.50761	0.10556	−0.10556	0.15825	−0.15825
地表起伏度2（相对高差/m）	0.50761	1	0.58516	−0.58516	0.63613	−0.63613
2010年水土流失面积比例	0.10556	0.58516	1	−1	0.99681	−0.99681
2010年水土保持率	−0.10556	−0.58516	−1	1	−0.99681	0.99681
2020年水土流失面积比例	0.15825	0.63613	0.99681	−0.99681	1	−1
2020年水土保持率	−0.15825	−0.63613	−0.99681	0.99681	−1	1

为探索水土流失与各县（市、区）总人口、归一化植被指数、耕地面积、地表起伏度 1、地表起伏度 2 等环境因子的相关性，研究根据表 6.26 和表 6.27 拟建回归分析模型。经过 SPSS19 软件进行回归分析得到回归方程为

$$Y = -49.818 - 0.230X_1 - 10.378X_2 + 4.722X_3 + 64.910X_4 + 0.0004X_5 \qquad (6.1)$$

式中，Y 为水土流失面积比例（%）；X_1 为总人口（万人）；X_2 为归一化植被指数；X_3 为耕地面积（万 hm^2）；X_4 为地表起伏度 1（表面积指数）；X_5 为地表起伏度 2（相对高差）。t 检验后，Pb1 = 0.514，Pb2 = 0.427，Pb3 = 0.000，Pb4 = 0.270，Pb5 = 0.919，按 α = 0.008 水平，均有显著性意义。

从回归方程可知，贵州省 2010 年各县（市）水土流失面积比例与地表起伏度 2（相对高差）相关性最大，水土流失面积比例与人口、归一化植被指数相关性次之。因此地表起伏度 2（相对高差）是影响全省水土流失的重要因素之一。

自"十五"以来，在国家的大力支持和帮助下，贵州省相继实施了"长治"工程、"珠治"工程、"国债水保"工程及南北盘江上游石漠化治理试点工程等一批国家重点水保工程建设项目。通过采取以小流域为单元综合治理，水土流失严重的状况得到了一定控制，2006～2010 年，全省已完成综合治理水土流失面积 19399km^2；与 1987 年全省水土流失遥感调查结果相比较，水土流失发展趋势总体上表现为流失面积在逐步减少、流失程度在减轻，水土保持生态环境状况总体上正在逐步得到改善，但治理速度仍然缓慢，水土流失严重、生态环境恶化的总体趋势得到一定程度的遏制，但在局部，水土流失面积和流失程度仍有加重的趋势。主要原因是：①部分地区立地条件差，治理难度大；②水土流失治理过程中生物品种选育、多样性配置不够合理或配套工程不完善，影响了治理成效及其持续性；③水土流失治理没有很好地同解决农户生计问题、农村脱贫问题结合起来；④后期管护跟不上；⑤部分地区治理年限较短，治理成效还未完全显现；同时，近年来一些开发建设项目忽视水土保持，未依法编制水土保持方案和落实水土保持"三同时"制度，施工建设过程中造成人为的新的水土流失。

6.5 "5·12"汶川地震重灾区地表起伏度与其生态环境受损关联分析

在山区发生的地震容易引发山体崩塌滑坡等地震次生灾害，崩塌滑坡等形成的固体松散堆积物遇较强降雨，则可能引发泥石流灾害，地震引发的崩塌滑坡泥石流还可能堵塞河流，形成堰塞湖等，这些地震引发的次生灾害不仅严重威胁到震区及下游人民的生命及财产安全，同时也破坏震区原有的生态环境。地表起伏与山地灾害的发生密切相关，是山地灾害危险性评价的重要因子。本节以"5·12"汶川地震（后简称"汶川地震"）重灾区为例，在基于王庆安等（2009）计算研究区地表起伏度的基础上，参考王文杰等（2008）关于四川汶川地震对生态系统破坏及其生态影响的分析，梳理总结出汶川地震重灾区地表起伏度与其生态环境受损的关联性，为今后类似地震灾区的灾害评估及灾后恢复重建提供参考。

在汶川地震严重灾区核心地段剖面线上，南（西）高北（东）低，海拔 800～2000m 地段占全线段的 73.74%；海拔 2500m 以上地段占 10.76%，全部在南段。1km 单元段地表起伏度总体上南段高于北段，南段起伏度大于 300m 的地段占 39.07%，北段起伏度大于 300m 的地段占 17.97%。实地考察证实：在汶川地震严重灾区，高海拔-高地表起伏度地形对次生灾害及生态环境损害产生了一定的致灾放大效应，它们之间存在一定的因果关系（王庆安等，2009）。

6.5.1 地质灾害分布与地表起伏度的对应关系

汶川地震严重灾区也是崩塌、滑坡、泥石流等地质灾害发育区，按四川省地质灾害分区，严重灾区绝大部分处在盆周山地滑坡崩塌泥石流强烈发育区。

汶川地震高烈度区的地质灾害强度高和发生密度大的地方与西南部和南段高海拔区、高地表起伏度分布区域具有明显重叠现象，区域东北部和南-北（S-N）剖面线东侧及低海拔区、低起伏度区域的地质灾害强度和发生密度明显减弱。地震次生灾害中对地表植被破坏较大的是崩塌、滑坡、泥石流等，在平原区域不具备崩塌、滑坡、泥石流的地形条件，因此未见这类地质灾害的发生。

6.5.2 生态系统受灾严重区与地表起伏度的对应关系

在《四川省生态功能区划》中，汶川地震重灾区是我国重要的生态功能区，生态功能定位为生物多样性保护、水源涵养和土壤保持等，维持这些功能的重要基础就是高覆盖度的林草植被。汶川大地震触发地质灾害，使林草生态系统受到严重破坏，生态系统的完整性和稳定性、生态廊道的连续性受到一定程度的分割或阻断，破碎化加剧，生态功能下降，进而导致区域生态环境状况恶化。

在汶川地震发生时，严重灾区11县（市、区）域内典型森林、灌丛林、草地和其他（包括裸地、冰雪带、水域）生态系统总计约2209177hm^2，其中受损面积占5.44%。受损生态系统中，森林生态系统占79.94%，灌丛林生态系统占14.82%，南区7县（市）占87.25%。受损区绝大部分处在X～XI度（10～11级）地震烈度区，是生态重灾区，且主要分布在核心地段南段，与高海拔-高起伏度区域明显重叠（欧阳志云等，2008）。

重灾区分布有各级自然保护区19个，重点保护大熊猫、川金丝猴、牛羚、绿尾虹雉、珙桐、红豆杉等珍稀濒危野生动植物及其生态系统。已发现有因灾伤亡的牛羚等野生动物和因灾损毁的珙桐、红豆杉等林木。受地震影响较严重的自然保护区有7个，其中省级6个、市级1个；破坏最严重的为龙溪-虹口国家级自然保护区、白水河国家级自然保护区和鳌华山县级自然保护区，其次为卧龙国家级自然保护区，这几个自然保护区均位于海拔高、地表起伏度大的汶川地震核心地段的南段地区。

地震灾区的水源涵养区有14573.4hm^{2}受到严重破坏，32307.3hm^{2}区域的水源涵养能力降低，分别占水源涵养区面积的4.15%和9.2%。汶川地震使严重灾区受损森林系统共损失蓄水能力约219731.7万m^3，其中森林植被截流蓄水能力损失94626.2万m^3，林地土壤层蓄水能力损失125105.7万m^3，这些与水源涵养有关的受损森林植被也主要分布在高地表起伏度山区（欧阳志云等，2008）。

根据水利部公布的汶川地震重灾区水土流失遥感调查数据，结合四川省水土流失专项调查资料，震后四川139个受灾县的水土流失面积为14.92万km^2，较震前的13.44万km^2

增加 1.48 万 km², 增加幅度为 11.01%, 其中 39 个重灾县新增水土流失面积 1.24 万 km², 占全省灾区新增水土流失面积的 83.78%(赵芹等, 2009)。据四川省水土保持部门调查, 汶川地震诱发大量的崩塌、滑坡, 使严重灾区水土保持设施受损面积达 25.99 万 hm², 水土流失面积较震前增加 6403.54km², 其中高海拔、高地表起伏度的南段区新增水土流失面积占 68.06%。地表起伏度本身就是评价土壤侵蚀敏感性的重要指标, 地表起伏度越高, 越易发生水土流失, 特别是遭遇大地震时, 大量植被被毁坏, 生物和工程治理措施未到位前地震灾区水土流失明显。

总之, 重灾区高海拔-高地表起伏度的地形条件, 直观表现就是山高坡陡, 高海拔伴随着寒冷, 陡坡则伴随着土层不易保存而瘠薄, 且地质条件不稳定, 植物立地条件差, 不利于植被的重建与恢复, 生态环境系统呈现损毁容易恢复难的特点。汶川地震重灾区既是地质灾害多发频发灾区, 也是生态环境受损严重灾区。地震重灾区的南段地区是生态环境受灾最为严重的区域, 与高海拔-高地表起伏度区域重叠。地震灾区生态环境遭受严重破坏, 其因果关系链是：强烈地震＋断层效应＋地形因素等→地质灾害→植被和生态系统受损→生态功能受损。

综上可知, 高地表起伏度地形对次生灾害及生态环境损害产生了某种程度的致灾放大效应, 它们之间存在一定的因果关系。地表起伏度不仅是类似汶川地震重灾区生态环境破坏评估时要考虑的一个重要因素, 也是类似灾区灾后生态重建恢复过程中要注意的影响因素, 具体到汶川地震高烈度区南西段灾后生态重建恢复过程中, 要充分考虑高海拔-高地表起伏度地形潜在的致灾影响因素及生态重建难度和成本。

第 7 章 地表起伏度对财政收支成本的影响

整体来看，地表起伏度差异对政府运转行政成本支出的影响，不如对交通、农业、城镇化建设等行业（领域）的影响那么显著，但仍有较大影响，总体表现为加大了政府运行成本：包括上班和下基层路途的时间成本、油耗成本等；同时地表起伏度较大的地区，基层政府服务的半径较大、服务成本增大；地表起伏度大的地区经济相对滞后，财力不足、经费短缺，自身财力仅能勉强维持基本运转（甚至存在较大缺口），能用于公用支出的资金捉襟见肘，发展性资金严重不足，处于低支出、低效率、低水平、低保障的运行状况，从而制约着政府公共职能的有效体现与履责。例如，根据 2007 年组织的对贵州省某厅局系统财政经费预算调研的相关分析，在"十五"期间相关支出中，人员经费支出实际占到总经费的 70%，公用经费与项目经费被挤占，使得业务开展、装备更新配备等受到较大影响。按照调研分析结论，若要人员经费：公用经费：项目经费按照 1/3：1/3：1/3 的合理结构（仅供参考）和保障履责的合理需要，年度经费实际需求将比现有实际预算超出 50%，这是地表起伏度大、类似贵州省这种财政缺口较大的省份的真实财政需求状况。

从个别要素分析来看，地表起伏度对政府运行成本的影响主要集中反映在交通、差旅、装备、公共宣教、基层建设、人员待遇等方面，表现为：交通燃油消耗比高、路况较差维护费高，公务服务（如下基层等）路途远、耗时多、差旅补助少，下乡野外调研成本高，办公设备落后短缺、信息不畅效率较低，公共宣教分散、费用高，乡镇、村级经费少，公务人员待遇相对低下、保障不足等。

对研究时段内贵州省黔西南州首府驻地兴义市和其下属的晴隆县行政事务用车进行摸底调查，结果表明，地表起伏度较大的晴隆县（地表起伏度指数为 1.3215）比地表起伏度较小的兴义市（地表起伏度指数为 1.2749）油耗高出 21%，平均行程高出 32%，燃油费高出 60%（表 7.1）。事实上，晴隆县过去长期作为国家级贫困县，兴义市作为贵州省比较边远的州首府驻地城市，上述测算的支出数实际是在经费不能充分保障的低水平下的运行支出（即财政紧平衡下的最低必要支出），若要从保障性角度分析，实际支出总量将会超出更多。

表 7.1 贵州省黔西南州县级车辆支出标准测算比较表（2010 年物价）

县（市、区）	合计	车辆支出标准/万元					过路停车费支出定额	维修费支出定额	保险费支出定额	行车补贴支出定额
^	^	燃油费支出定额					^	^	^	^
^	^	小计	行程/百公里	百公里油耗量/L	燃油单价/（元/L）	^	^	^	^	^
晴隆县	3.71	1.93	245	15.74	5	0.2	0.70	0.60	0.15
行政部门	3.92	2.15	260	16.50	5	0.2	0.70	0.60	0.15

续表

县（市、区）	车辆支出标准/万元								
	合计	燃油费支出定额				过路停车费支出定额	维修费支出定额	保险费支出定额	行车补贴支出定额
		小计	行程/百公里	百公里油耗量/L	燃油单价/（元/L）				
公检法部门	3.51	1.74	240	14.50	5	0.2	0.70	0.60	0.15
教育部门	3.71	1.94	250	15.50	5	0.2	0.70	0.60	0.15
农林水气象部门	3.79	2.02	260	15.50	5	0.2	0.70	0.60	0.15
文体广计生部门	3.65	1.88	250	15	5	0.2	0.70	0.60	0.15
卫生部门	3.63	1.86	240	15.50	5	0.2	0.70	0.60	0.15
科学部门	3.03	1.26	180	14	5	0.2	0.70	0.60	0.15
抚恤社保部门	3.5	1.73	230	15	5	0.2	0.70	0.60	0.15
城建部门	3.03	1.26	180	14	5	0.2	0.70	0.60	0.15
其他部门	3.83	2.06	250	16.50	5	0.2	0.70	0.60	0.15
兴义市	3.11	1.21	185.8	13	5	0.2	1	0.40	—
行政部门	3.20	1.30	200	13	5	0.2	1	0.40	—
公检法部门	3.20	1.30	200	13	5	0.2	1	0.40	—
教育部门	2.40	0.52	80	13	5	0.2	1	0.40	—
农林水气象部门	3.20	1.30	200	13	5	0.2	1	0.40	—
文体广计生部门	3.20	1.30	200	13	5	0.2	1	0.40	—
卫生部门	2.40	0.52	80	13	5	0.2	1	0.40	—
科学部门	3.20	1.30	200	13	5	0.2	1	0.40	—
抚恤社保部门	3.20	1.30	200	13	5	0.2	1	0.40	—
城建部门	3.20	1.30	200	13	5	0.2	1	0.40	—
其他部门	3.20	1.30	200	13	5	0.2	1	0.40	—
差额	0.60	0.73	60	3	—	—	−0.30	0.20	0.15
差额率/%	19	60	32	23	0	0	−30	50	—

总体来看，地表起伏度大的地区，财力与经费不足是集中的表现，许多政府机关应做的社会公共事务会受到一定程度限制，被搁置或放弃或只能部分实施或低标准实施，在一定程度上影响政府应履行的公共职能。

地表起伏度对行政成本的影响是客观存在的，这些在对基层工商机关的调研中已有比较明显的实例说明。但限于系统的相关研究需要进行更宽泛深入的剖析，本书研究只做大致趋势的表述。事实上目前已经发生的实际行政运行支出并不能真正说明其真实应有的运行成本，若要进行确切的定量描述，则需要做大量的实证性测试和各种相关因素的综合分析，这也正是贵州等地表起伏度大且经济欠发达省份要应用"零基预算法"做好财政经费预算的难处。

贵州等地表起伏度较大的欠发达省份，其政府运行一直是一种处于财政紧平衡条件下的运行，是在基本公共服务均等化差距较大状况下的运行，若按年度经费实际需求预算则有较大缺口，假设实际需求超出现有预算的50%，这样反推2007年、2008年贵州省各级政府运行成本大约需要1181.39亿元和1580.69亿元，这与贵州省当时的实际一般预算支出787.59亿元和1053.79亿元相比有较大的缺口，差额（财政缺口）分别为393.8亿元和526.9亿元。以2008年实际一般公共性支出（含国安、环保、社区等）340.8亿元计算将需要511.2亿元，差距170.4亿元。从这些年贵州自身地方现有财力来看，地方财政收入仅能满足地方政府财政支出的35%左右，其余超过部分需要依靠中央的财政转移支持。

7.1 地表起伏度与政府财政收支关系的相关性分析

为了直观了解地表起伏度对政府财政收支的影响，以全国31个省（区、市）为研究单元，将第2章中计算得出的地表起伏度分别与全国31个省（区、市）人均财政收入、人均财政支出、人均财政收支缺口、中央财政转移支付强度等指标数据进行相关性分析（表7.2），初步揭示地表起伏度与省级财政收支的关系。

表7.2 全国31个省（区、市）财政收支指标（2012年）

省（区、市）	表面积指数	地表起伏度标准化值	人均财政支出/元	人均财政收入/元	人均财政收支缺口/元	中央财政转移支付强度/%
四川	1.3464	100.00	6747	3008	3739	49.54
云南	1.3260	94.11	7716	2889	4827	50.21
贵州	1.2809	81.09	7936	2923	5013	57.54
重庆	1.2789	80.51	10468	5841	4627	38.67
陕西	1.2655	76.65	8888	4276	4612	46.16
福建	1.2600	75.06	6992	4775	2217	27.09
西藏	1.2437	70.35	29879	2857	27022	82.44
广西	1.2338	67.49	6384	2510	3874	55.23
湖北	1.1946	56.17	6603	3165	3438	50.32
浙江	1.1858	53.64	7618	6299	1319	12.72
北京	1.1850	53.41	18253	16419	1834	9.12
湖南	1.1819	52.51	6184	2702	3482	53.43
山西	1.1687	48.70	7686	4220	3466	39.78
甘肃	1.1646	47.52	8048	2032	6016	68.33
广东	1.1601	46.23	6918	5929	989	10.26
江西	1.1532	44.23	6717	3067	3650	51.16
青海	1.1402	40.47	20915	3282	17633	69.04
新疆	1.1250	36.09	12312	4115	8197	60.28

续表

省（区、市）	表面积指数	地表起伏度标准化值	人均财政支出/元	人均财政收入/元	人均财政收支缺口/元	中央财政转移支付强度/%
河北	1.1105	31.91	5550	2878	2672	44.36
宁夏	1.0852	24.60	13645	4132	9513	59.01
吉林	1.0760	21.94	8989	3788	5201	54.72
海南	1.0607	17.52	10474	4669	5805	45.24
辽宁	1.0590	17.03	10354	7081	3273	29.95
安徽	1.0583	16.83	6596	3004	3592	48.82
河南	1.0433	12.50	5332	2174	3158	51.9
内蒙古	1.0368	10.62	13819	6256	7563	46.81
黑龙江	1.0223	6.45	8272	3034	5238	60.18
山东	1.0192	5.54	6124	4212	1912	25.72
天津	1.0062	1.79	15853	12989	2864	12.76
江苏	1.0027	0.78	8858	7420	1438	11.60
上海	1.0001	0.02	17827	15951	1876	3.79

注：政府财政收支指标来源于《中国统计年鉴（2013）》。

7.1.1 地表起伏度与人均财政收入相关性分析

基于 2012 年统计资料，全国 31 个省（区、市）人均财政收入与地表起伏度标准化值之间具有如图 7.1 所示的相互关系。

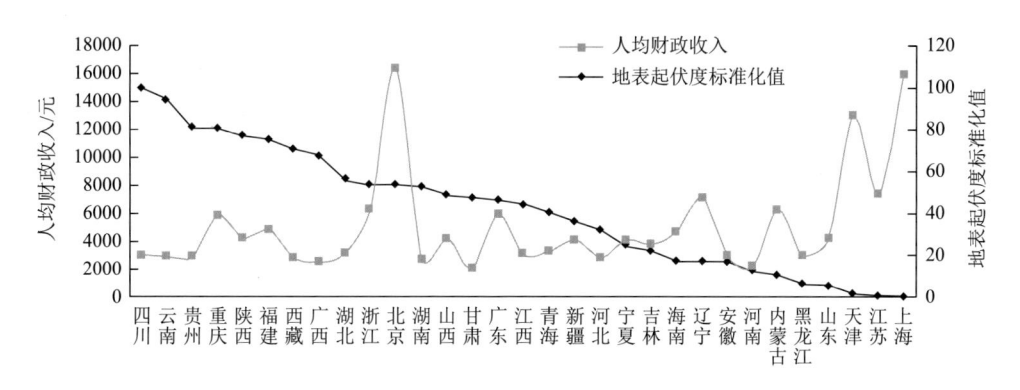

图 7.1 地表起伏度标准化值与人均财政收入的关系

图 7.1 显示地表起伏度标准化值与人均财政收入呈负相关关系，相关系数为 0.526。即地表起伏度标准化值较高的地区，人均财政收入较低。例如，2012 年四川省、贵州省、云南省人均财政收入均低于 3000 元；而在地表起伏度标准化值较低的地区，人均财政收

入较高，例如，华北、华东等省份人均财政收入均在 3000 元以上，上海市、江苏省、天津市人均财政收入超过 7000 元。

7.1.2 地表起伏度与人均财政支出相关性分析

2012 年统计资料显示，全国 31 个省（区、市）人均财政支出与地表起伏度之间具有较显著的负相关关系。

如图 7.2 所示，除青藏高原的青海省、西藏自治区等特殊高寒区（国家安排有较高的高原补贴），以及地表起伏度标准化值总体偏高的北京市（北京市山区面积占全市总面积的 62%）外，全国其他省份地表起伏度标准化值与人均财政支出呈显著的负相关关系，即地表起伏度标准化值较高的地区，人均财政支出较低。例如，四川省、贵州省、云南省人均财政支出均低于 8000 元；而在地表起伏度标准化值较低的地区，人均财政支出较高，如东北三省人均财政支出均在 8000 元以上，辽宁省超过 10000 元，上海市、天津市人均财政支出超过 15000 元。地表起伏度标准化值与人均财政支出呈显著的负相关关系，不是由于其成本较低，而是由于经济欠发达，用于经济发展的财政支出能力较弱。

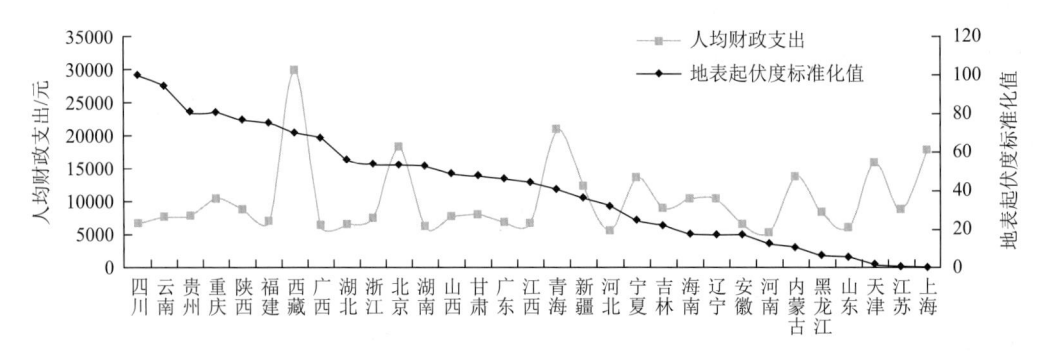

图 7.2 地表起伏度标准化值与人均财政支出的关系

7.1.3 地表起伏度与人均财政收支缺口相关性分析

2012 年统计资料显示，全国 31 个省（区、市）人均财政收支缺口与地表起伏度之间具有正相关关系。

根据图 7.3 可知，地表起伏度标准化值与人均财政收支缺口（这里的财政缺口是按照中央财政返回地方的那部分财政资金计算）呈正相关关系。地表起伏度标准化值越大的地区，自然条件越是特殊或者恶劣，主要包括高原山地地区、沿边地区，这些地区财政收入少、开支大，造成财政收支缺口较大。例如，2012 年西藏自治区人均财政收支缺口达 2.7 万元，青海省人均财政收支缺口达 1.7 万元，云南省人均财政收支缺口为 0.48 万元，贵州省人均财政收支缺口为 0.5 万元；地表起伏度标准化值较小的地区，自然条件相对较好，经济发展较快，财政收入较多，正常情况下，人均财政收支缺口较小。例如,地表起伏度标准化值较小的上海市、江苏省、天津市等地区,人均财政收支缺口均在 3000 元以下。而且特别要说明的是,这个财政缺口对于欠发达省份而言,是一种财政紧平衡下的缺口,若按照实际需求,其真实的财政缺口应该更大。

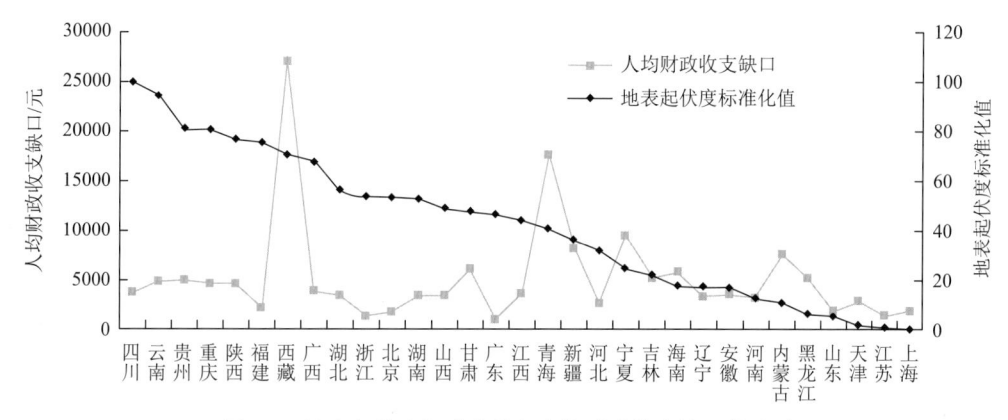

图 7.3 地表起伏度标准化值与人均财政收支缺口的关系

7.1.4 地表起伏度与中央财政转移支付强度的相关性分析

以 2012 年为例,统计资料显示,全国 31 个省(区、市)中央财政转移支付强度与其地表起伏度之间存在着一定的正相关关系。

如图 7.4 所示,地表起伏度标准化值与中央财政转移支付强度呈一定的正相关关系,黑龙江省、吉林省、河南省、安徽省、江西省、湖南省等是我国的农业大省或矿产资源枯竭地区,国家有农业发展专项补贴和资源枯竭城市发展转型等方面的财政扶持;青海、西藏是特殊的高原高寒区,有较多的高原补贴,如果剔除这些地区或这些因素,地表起伏度标准化值与各省份中央财政转移支付强度呈明显的正相关关系,相关系数达 0.601。因此,在基本条件相同的情况下,地表起伏度标准化值越大的地区,中央财政转移支付强度就越大,反之则越小。

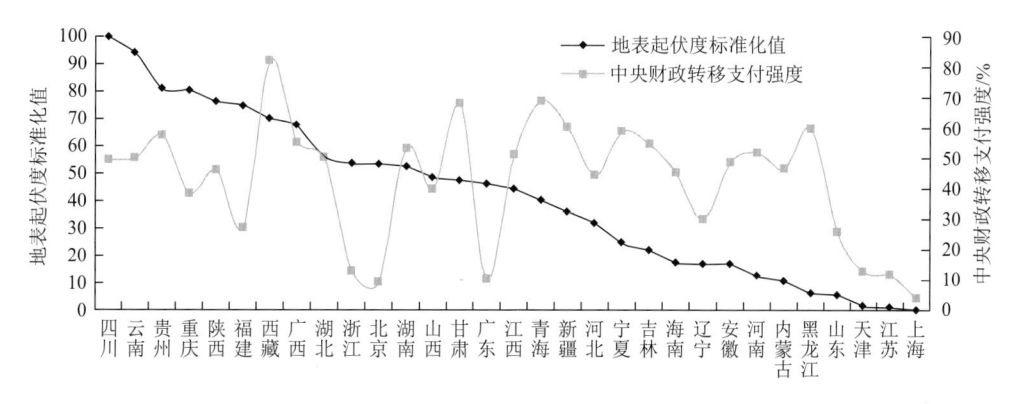

图 7.4 地表起伏度标准化值与各地区中央财政转移支付强度的关系

7.1.5 地表起伏度与公益性资本均等化水平的相关性分析

基于贵州省财政厅支持完成的"申请发行'西部地区特殊建设国债'专题研究——以贵州省为例"课题研究成果资料，本节分析省域公益性资本均等化水平与地表起伏度的相互关系。

如图7.5所示，以地表起伏度为核心的地质地貌约束指数与省域公益性资本均等化水平呈负相关关系，相关系数为–0.58。省域公益性资本均等化水平较低的省（区、市）主要有贵州、新疆、宁夏、青海、甘肃等，大部分处在地表起伏度较大的地区。因此，在其他基本条件相似的情况下，地表起伏度、地质地貌约束越大的地区，省域公益性资本均等化水平就越低，反之则越高。

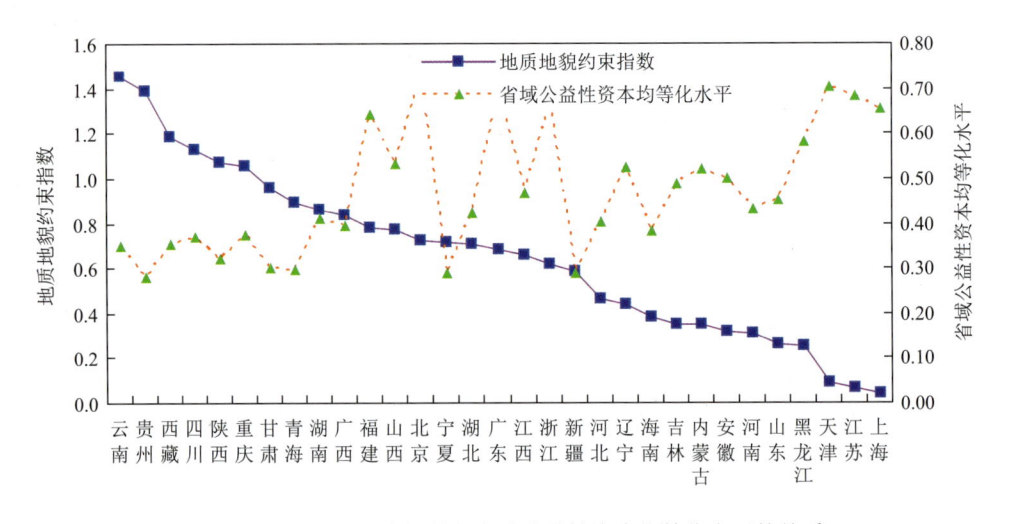

图 7.5 地质地貌约束指数与省域公益性资本均等化水平的关系

综上可知，地表起伏度标准化值与人均财政收支、中央财政转移支付强度等有着较紧密关系。其中，与中央财政转移支付强度呈较高的正相关关系，与人均财政收入、人均财政支出也呈现较高的负相关关系，这表明，与平原丘陵区域相比，地表起伏度较大的山区的人均财政收入、人均财政支出水平均处于相对低水平状态，要实现这类地区的脱贫及其成果巩固拓展、后续持续发展、乡村振兴和地方政府的正常运转需要国家较高的人均转移支付来支撑。

通过对地表起伏特征与财政收支关系的分析发现：地表起伏度的影响既反映在各项经济社会事业发展成本支出方面（如地表起伏度较大的山区、高原区的交通水利等基础设施建设、农林事业发展、社会服务等成本较高），也反映出地表起伏度较大的山区的高投入与低产出、低收益的格局，一定程度上制约了地表起伏度较大区域社会经济的较快发展，导致我国典型山区经济社会发展普遍滞后于平原丘陵区域。

要加快地表起伏度较大区域社会经济的发展步伐，改变欠发达欠开发的状况，国家顶层必须考虑到该类地区地质地貌因素特别是地表起伏度因素对投入、产出的影响，一方面地方政府自身要调整思路和结构，加大发展力度；另一方面国家也需要加大对该类地区的财政转移支付力度，弥补地表起伏度较大区域发展的相对高成本所导致的发展滞后问题。

7.2 地表起伏度对公共服务设施的影响

公共服务是 21 世纪公共行政和政府改革的核心理念，包括加强城乡公共设施建设，发展教育、科技、文化、卫生、体育等公共事业，为社会公众参与社会经济、政治、文化活动等提供保障。公共服务以合作为基础，强调政府的服务性，强调公民的权利。我国公共设施均等化程度差异大，这既有国家投资导向、地方财力等因素的影响，也有区位因素和自然地理条件的影响，其中地表起伏度就是一个重要自然地理综合影响因子。以贵州省为例，简析地表起伏度对教育、文化和医疗等公共基础设施建设支出的影响。

按照 2010 年物价水平，经过初步测算，由于地表起伏，贵州省现有的文教卫公共设施建设中仅土地平整费用就额外需要约 47.17 亿元（表 7.3）；同时由于地势起伏大、地表破碎，居民点和公共设施相对分散造成公共设施资源不能共享，必须额外投入的费用约为 261.99 亿元（按照当时物价水平），才能保障实现与类似发展水平省份的共享程度，共 309.16 亿元。

表 7.3 贵州省地表起伏度对社会服务设施的影响估算结果（2010 年） （单位：亿元）

行业	增加费用 土地平整费	增加费用 额外建设费	合计	实际年文教卫投入
教育	36.35	185.9	222.25	22.23
文化	2.96	16.90	19.86	2.00
医疗	7.86	59.19	67.05	6.71
合计	47.17	261.99	309.16	30.93

从表 7.4 可知，地表起伏度每增加 0.01，其服务体系的土地平整费中教育支出增加 1.29 亿元，文化支出增加 0.11 亿元，医疗支出增加 0.127 亿元；地表起伏度每增加 0.01，额外建设费用中教育支出增加 10.57 亿元，文化支出增加 0.96 亿元，医疗支出增加 3.36 亿元；其中三者相比，地表起伏度对教育支出的影响最大，表现为地表起伏度影响教师资源和学校公共设施的共享状况，影响在校学生生均投入情况，影响人均图书拥有量，影响课本出版量，影响文化企业的数量及辐射人口，同时也影响医疗卫生机构及文化设施的辐射人口。

表 7.4 贵州省地表起伏度对社会服务设施的影响估算结果（2010 年）　（单位：亿元）

行业	地表起伏度增加 0.01		合计
	土地平整费	额外建设费	
教育	1.29	10.57	11.86
文化	0.11	0.96	1.07
医疗	0.127	3.36	3.487
合计	1.527	14.89	16.417

7.2.1　地表起伏度对文化支出成本的影响

贵州是全国地表起伏度最大的省份之一，山地丘陵面积占全省总面积的 92.5%，全省地表平均坡度达到 17.79°，地表崎岖破碎，平川坝子小且分布不连续。因此，文化机构和文化设施布局及建设必然受其影响。例如，在土地平整方面：截至"十一五"末，贵州有文化机构 2041 个，文化设施 361 个，占地面积共 2320hm²，按文化设施布局在平均坡度 15°地表上计算，则需要平整的土地面积为总面积的一半，按平均平整深度 1m，则共需机械平整搬运量 1160 万 m³，按当时土地开发整理定额标准，土地机械平整费为 2110 元/100m³，则土地机械平整费为 2.45 亿元。机械平整后还必须进行人工平整，按土地开发整理定额标准，人工平整费为 220 元/100m²，则人工平整费共需 0.51 亿元。因此，就 2010 年的物价水平看，贵州由于地表起伏问题造成的文化建设成本支出已高于平原地区 2.96 亿元。地表起伏度指数（本节基于地质地貌）每增加 0.01，用于全省文化设施用地土地平整的费用增加 2.96/(1.2809–1)×0.01 = 0.11 亿元。

文化成本支出除了土地平整方面外，还包括文化设施分散造成的难以共享和管理上的成本支出。地势起伏大，地表破碎，文化设施同教育设施一样呈点状分散分布，文化设施及其配套的水利、电力、交通、燃气等布局与建设需额外投入，从而导致更多的投入。结合各省（区、市）地表起伏和全国文化设施共享情况，贵州文化设施因地表破碎导致共享程度低，额外修建的文化设施数量估计占现有总量的 35%，由此推测因地表起伏而额外投入的文化设施或文化机构共 845 个，若按每所投资 200 万元计算，则比平原地区多投 16.9 亿元。如果把总经费平均分配到地表起伏差异上，则相当于基于投影面积比的地表起伏度每增加 0.01，导致多修建文化设施的经费为 16.9/(1.2809–1.105)×0.01 = 0.96 亿元。

从表 7.3 和表 7.4 可知，文化机构设施在高地表起伏度地区（以贵州为例）因地表起伏导致土地平整费增加 2.96 亿元，因共享程度低而多修建的部分文化机构设施的建设费增加 16.9 亿元，共计 19.86 亿元。此费用若按 10 年投入，则因地表起伏度大，贵州每年需增加文化设施投入 2.00 亿元。

1. 地表起伏度与人均图书拥有量的关系

地貌条件不一样，经济发达程度不一样，人均图书拥有量也不一样，见图 7.6。从

图 7.6 中可以看出,地表起伏度指数越大,人均图书拥有量越少,平原地区人均图书拥有量接近 1 册,而山区约 0.5 册,仅为平原地区的一半。

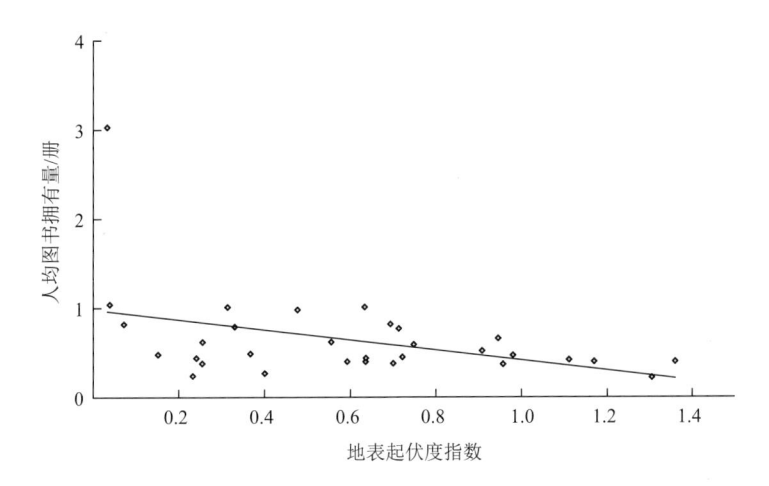

图 7.6　2010 年各省份地表起伏度指数和人均图书拥有量关系

2. 地表起伏度与课本印刷量的关系

统计数据显示,地表起伏度指数大的地区课本印刷量少,且差别比较明显,平原地区可超过 10 亿印张,而山区仅能达到 4 亿印张的水平,见图 7.7。

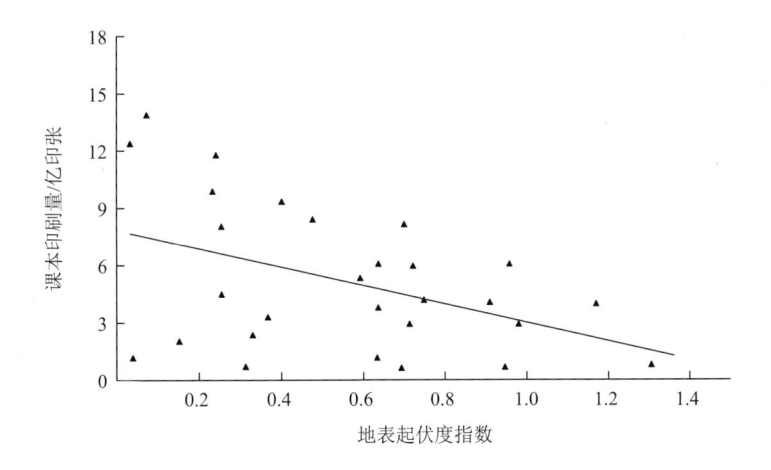

图 7.7　2010 年各省份地表起伏度指数和课本印刷量的关系

3. 地表起伏度与文化企业数量的关系

本书采用企业辐射人口和企业数量两个指标进行分析,见图 7.8。图 7.8 所反映的是企业辐射人口随着地表起伏度指数增大而相应的变化情况,本趋势线呈递增趋势,说明地表起伏度指数大的区域内文化企业数量少,即反映较多的人共享同一个文化企业的服务，或有较多的人游离在文化企业外，不能享受文化企业的辐射，受益人口少，这对地表起伏度指数大的区域是不利的。另一条曲线反映的是地表起伏条件不同的各个省文化企业的数量，从图 7.8 中也可以看出，基本上地表起伏度指数大的区域文化企业的数量分布少。

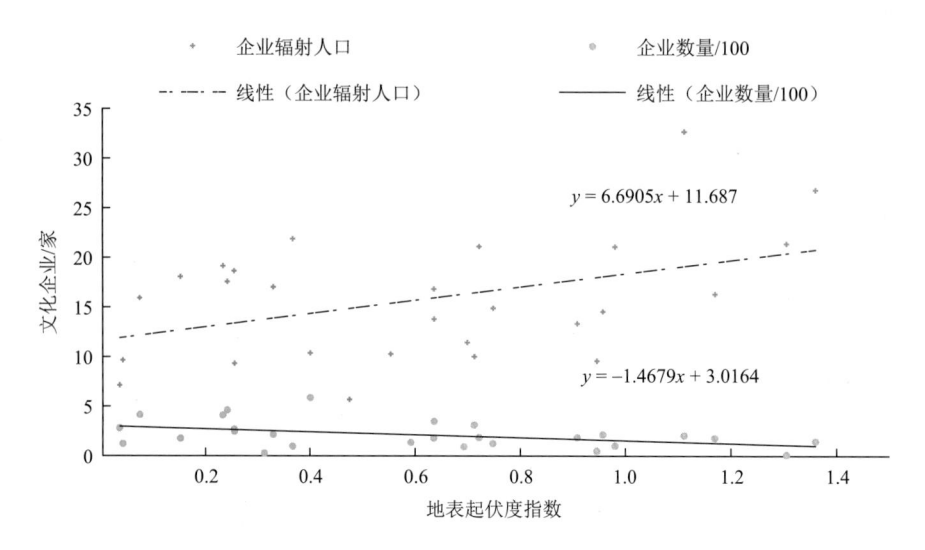

图 7.8　2010 年各省份地表起伏度指数和文化企业关系

7.2.2　地表起伏度对医疗卫生支出成本的影响——以贵州为例

1. 在土地平整方面的投入成本

"十一五"末，贵州有医院、卫生院 5637 所，占地面积约 6160hm^2，根据调研了解，需要平整的土地面积约为总面积的一半，平均平整深度 1m，则共需机械平整搬运量为 3080 万 m^3，按土地开发整理定额标准，土地机械平整费为 2110 元/100m^3，则土地机械平整费为 6.50 亿元（2010 年价格）。机械平整后还必须进行人工平整，按土地开发整理定额标准，人工平整费为 220 元/100m^2，则人工平整费共需 0.68 亿元。因此，截至 2010 年，依据贵州医疗卫生设施占地情况分析，地表起伏问题造成的贵州医疗卫生设施建设成本（仅土地平整部分）支出已高于平原地区约 7.86 亿元。

如果把土地平整的额外总支出平均分配到地表起伏差异上，则地表起伏度每增加 0.01，用于全省医疗卫生设施建设用地的土地平整费用为 7.86/(1.2809−1)×0.01＝0.27 亿元。

2. 医疗机构相对分散造成的成本支出

由于贵州地势起伏大、地表破碎，医疗机构位置相对分散，医疗设施与资源等共享程度低，医疗设施中的水利、电力、交通等也需额外投入，从而在医疗设施建设过程中还需要支付比土地平整费用更多的费用。假设按照平原丘陵地区医疗设施的共享人口数量（考虑聚集、规模效益）来估算，若按每所（个）医疗机构设施投资 300 万元计算，贵州的医疗机构设施建设费用因地表起伏度高、医疗机构分散难以发挥医疗机构的聚集效益和共享效应，分散造成的医疗机构额外投入总成本比类似人口和经济条件下的平原地区多投入约 59.19 亿元。

如果把因地表起伏额外增加的总经费平均分配到地表起伏差异上，则地表起伏度每增加 0.01，修建医疗设施的经费多增加 $59.19/(1.2809-1.105) \times 0.01 = 3.36$ 亿元。

图 7.9 中实线反映的是单个卫生服务站辐射人口随着地表起伏度指数增大而呈递增趋势，这说明地表起伏度指数大的区域单个医疗卫生服务站辐射的人口多（准确地说地表起伏度指数大的地区人均拥有的医疗机构或设施少，许多人很难享受现代化的医疗设施的服务）（图 7.9），反映的是这类地区医疗设施欠账较多，在许多人特别是经济状况相对较差的村民中普遍存在"大病拖着""大病小治""小病不治（不去看医生）"的状况，这对地貌条件复杂、地表起伏度较大的区域是不利的，因此需要国家进一步加大和完善该类地区基础医疗设施建设。

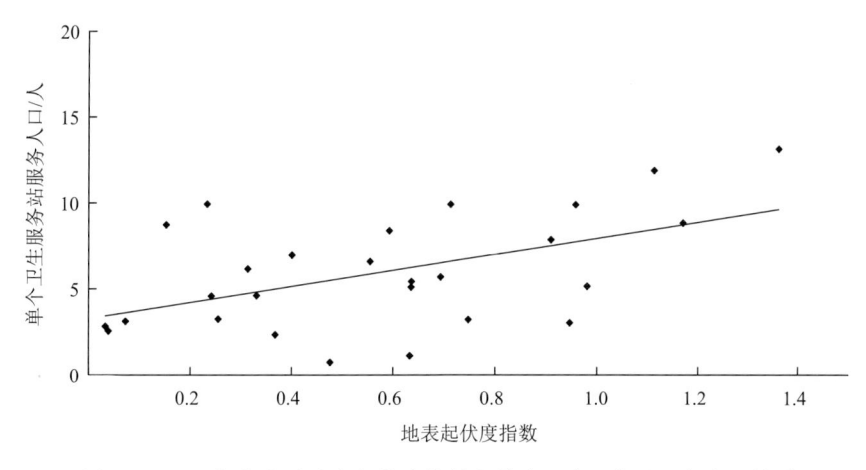

图 7.9　2010 年各省份地表起伏度指数和单个卫生服务站服务人口关系

7.3　下级政府对上级政府转移支付依存度与地表起伏度的关联度

由于我国实行的是国税地税分税制，大部分省（区、市）在上交国税后的地方财政收入难以满足地方财政支出，需要靠中央财政向地方转移支付才能实现地方财政收支平衡；同时省（区、市）内也要在省境内通过省级财政向下级［县（市、区）］进行财政转移，实现下级政府的财政收支平衡，这样在我国除了五六个经济发达、财力雄厚的省（区、市）外，全国大部分省份及其省境内县（市、区）政府分别对上级财政形成一种依赖关系；依赖的程度受多种因素影响，其中地表起伏度是自然影响因素中不可忽视的一个重要因子。本节以地表起伏度较大的贵州省为例，分析下级政府对上级政府财政转移支付依存度与地表起伏的关联性。贵州地形相对高差大（山高谷深），地块分割频度大（地表破碎），坡度较大（荒山地多宜耕地少）的状况，对贵州省本级和县域财政经济状况有着较大的影响。探索其相互间的关联性与影响程度,为科学测定县域经济发展与生态建设成本、保持县域经济稳健高质量发展、确保县乡基层政府正常运转对财政的需求提供测算依据,也是科学测算省级财政对下(县)级财政转移支付的重要依据。

7.3.1 财政预算收支情况分析

1. 贵州自身财政预算收支情况分析

根据贵州2002~2007年财政预算收支执行情况现状数据分析,贵州财政一般预算收入由2002年的108.28亿元增长至2007年的284.94亿元,年均递增率为21.35%;一般预算支出由2002年的314.66亿元增长至2007年的787.59亿元,年均递增率为20.14%(表7.5和表7.6)。

表7.5 2002~2007年贵州财政收支平衡基本现状分析1

序号	财政年度	一般预算收入 金额/亿元	年增长率/%	年递增率/%	中央财政转移支付/亿元	预算收入总计/亿元
1	2002	108.28	—		203.53	311.81
2	2003	124.49	14.97		210.35	334.84
3	2004	149.04	19.72	21.35	267.55	416.59
4	2005	182.41	22.39		325.79	508.20
5	2006	226.60	24.23		382.38	608.98
6	2007	284.94	25.75		534.21	819.15

数据来源:贵州省财政厅。

表7.6 2002~2007年贵州财政收支平衡基本现状分析2

序号	财政年度	一般预算支出 金额/亿元	年增长率/%	年递增率/%	上级中央支出/亿元	预算稳定调节/亿元	预算支出总计/亿元	预算收支结余/亿元
1	2002	314.66	—		1.71	—	316.37	-4.56
2	2003	331.36	5.31		—	—	331.36	3.48
3	2004	416.93	25.82	20.14	0.7	—	417.63	-1.04
4	2005	520.49	24.84		0.29	—	520.78	-12.58
5	2006	608.78	16.96		1.26	—	610.04	-1.06
6	2007	787.59	29.37		1.09	15.15	803.83	15.32

数据来源:贵州省财政厅。

由表7.5和表7.6分析可知,贵州地方一般预算收入只占到一般预算支出的35%左右,贵州自身的财政收入仅能维持其1/3的基本财政支出。

2. 贵州财政预算收支中央财政转移支付情况分析

根据表 7.5 和表 7.6 分析，2002~2007 年，中央财政转移支付由 2002 年的 203.53 亿元增长至 2007 年的 534.21 亿元，每年的中央财政转移支付几乎是贵州自身财政收入的 2 倍，占一般预算支出的比例达到 65%左右。尽管贵州一般预算收入在逐年增长，但一般预算支出也在同样增长，中央财政转移支付也在相应增长，且中央转移支付力度不断提高，递增率由 2003 年的 3.35%提高到 2007 年的 39.71%，年均递增率达到 21.29%（表 7.7）。

表 7.7　2002~2007 年贵州财政收支平衡基本现状分析表

项目	2002 年	2003 年	2004 年	2005 年	2006 年	2007 年	平均
一般预算收入/亿元	108.28	124.49	149.04	182.41	226.60	284.94	179.29
一般预算支付/亿元	314.66	331.36	416.93	520.49	608.78	787.59	496.64
预算收支比率/%	34.41	37.57	35.75	35.05	37.22	36.18	36.10
中央财政转移支付/亿元	203.53	210.35	267.55	325.79	382.38	534.21	320.64
转移支付比率/%	64.68	63.48	64.17	62.59	62.81	67.83	64.56
转移支付递增比率/%	—	3.35	27.19	21.77	17.37	39.71	21.29

可见，贵州每年需要依赖中央的财政补助才能基本维系省级地方财政收支平衡，这一方面充分反映出贵州经济的相对滞后、财力薄弱；另一方面也说明贵州这几年来的较快发展得益于中央财政转移支付力度的不断提高。

3. 贵州现有财力状况及转移情况分析

就贵州省级对地县的转移支付情况来看，省级转移支付随着中央转移支付力度的加大而不断提高，省级财政转移支付占中央财政转移支付的比例由 2002 年的 47.02%提高到 2007 年的 66.89%，年平均比例达到 59.61%，2006 年高达 71.55%；而递增率则由 2003 年的 17.89%提高到 2007 年的 30.60%，年均递增率达到 30.15%，最高的 2006 年达到 53.55%（表 7.8）。

表 7.8　2002~2007 年贵州省级财政转移支付现状分析表

项目	2002 年	2003 年	2004 年	2005 年	2006 年	2007 年	平均
中央财政转移支付/亿元	203.53	210.35	267.55	325.79	382.38	534.21	320.64
省级财政转移支付/亿元	95.69	112.81	128.93	178.42	273.60	357.33	191.13
省级财政转移支付占中央财政转移支付比例/%	47.02	53.63	48.19	54.77	71.55	66.89	59.61
省级财政转移支付递增率/%	—	17.89	14.29	38.39	53.35	30.60	30.15

可见，中央财政转移支付的约 60%需要用于补助地县以平衡地县财政支出。以 2006 年和 2007 年为例，对地县的转移支付额与其一般预算收入相比较，转移支付比例达到一般预算收入的 158.79%和 166.51%（表 7.9），即达到约 1.59 倍和 1.67 倍，这表明贵州地县级的财力相当薄弱，急需加强县域经济的发展。

表 7.9　贵州省地县财政与转移支付基本现状比较分析表

预算级次	2006 年财政状况					2007 年财政状况				
	省本级	地本级	县级	地县合计	全省合计	省本级	地本级	县级	地县合计	全省合计
一般预算收入/亿元	54.30	50.52	121.78	172.30	226.60	70.34	58.40	156.20	214.60	284.94
对地县转移支付/亿元	113.19	13.22	147.19	160.41	273.60	158.96	16.35	182.02	198.37	357.33
占一般预算收入比例/%				158.79					166.51	

7.3.2　地表起伏度对现有财政状况的影响分析

从对贵州现有财政状况及转移情况分析来看，中央对贵州的转移支付中较大部分用于地县级补助，从其表象来看主要是地县自身财力不足，但其根本原因在于：多数地县处于自然经济状况相对较差的山多平地少的区域，其投入高、产出少、效益低，城镇化建设和基础设施建设成本高，县域经济及从业人员中传统农耕业仍然占很大比例。比较效益低、税源少、县域财力不足、缺口很大，对上级财政转移的依赖很大。这种依存关系可从地表起伏度与贵州地方财政状况的关联性和地表起伏度对贵州地方财政状况的影响结果两方面进行分析。

1. 地表起伏度与贵州地方财政状况的关联性分析

平原、丘陵、多山区、重山区等有着不同类型的地质地貌特征，而地表起伏度是一个较为综合的衡量地貌状况的指标，从平原到山区地表起伏度指数相应呈现上升趋势，其数值越大，表明地形相对高差越大，地表破碎程度、地形复杂程度和山地占比也越大；反之，则相反。从国内来看，地表起伏度最高的是云贵川藏等西南地区，其中贵州主要由于海拔平均为 1110m，远低于云南的 1882.30m 和四川的 2580m，因此贵州地表起伏度整体上略低于云南和四川，但是贵州地表起伏频率（山头和洼地的凹凸比）和大于 6°的土地面积占比高于云南和四川，山地（含丘陵）面积比例最大，地表起伏频率极高，俗称"地无三尺平""开门见山、出门爬坡""山连山、峰连峰""山高谷深、交通闭塞"，四川和云南虽然整体上地表起伏度比贵州略高，但四川人口和经济活动主要分布在地势平坦或只略有起伏的四川盆地，云南主要人口及经济活动也集中在坝子较多、高原面保存比贵州更加完整的滇中、滇东一带。因此，相对于云贵川乃至整个中国，贵州的地表相对来说是最不规整、最破碎的，而且贵州人口密度远高于云南和四川（四川人口主要集中分布在地表起伏度较小的四川盆地，而四川省整体地表起伏度高的原因是盆周山地尤其是川西山地地势高、起伏大、面积辽阔，仅三个自治州就占四川总面积的 62%以上，但这些地区人口稀少，因此高起伏的地表形态对四川整体社会经济活动的影响远小于贵州），这种地形既不利于贵州工业、交通、城镇化等建设，也不利于传统农业机械化、规模化耕作。加上受喀斯特地质地貌影响，贵州长期处于较为落后的自然经济状况，成为地域经济欠发达的典型区域。

从表 7.10 的数据来看,以 2006 年为例,除了经济较发达的省会贵阳市和工业强市六盘水市外,其余地(州、市)基本表现出地表起伏度越大,人均 GDP 越低、财政转移支付额越多的趋势。如黔东南州,属低山丘陵与低中山交错山区,地表起伏度为 1.2842;16°~25°的不宜耕种的面积占到 49.21%(全省最高),大于 16°土地面积占比高达 80.5%(全省最高),平均坡度为 21.22°(全省最高),人均 GDP 为 3066 元(全省最低),财政转移支付额为 25.94 亿元,远高于除人口和面积最大的遵义市以外的其他市州。仍以 2006 年为例,从县级区域分析地表起伏度与财政转移支付等的关联性。从整体情况来看,地表起伏度与人均 GDP、一般预算收入、转移支付等存在一定的关联性,基本呈现出以下三方面特征。

表 7.10 贵州地表起伏度与财政转移支付情况分析表

序号	地区名称	地表起伏度(表面面积指数)	地貌类型	坡度面积占比/% 16°~25°	坡度面积占比/% >16°	平均坡度/(°)	喀斯特石漠化面积占比/%	财政转移支付 2006 年/万元	人均 GDP/元
	贵州省	1.2809		38.42	59.64	17.78	21.14		5717
1	贵阳	1.1810	低中山	31.87	37.74	13.11	23.39	124151	15848
2	六盘水	1.2904	低中山/中山	36.14	49.97	15.76	33.00	85564	7799
3	遵义	1.2925	低中山	35.35	50.08	15.93	15.00	281765	5927
4	铜仁	1.2910	低山丘陵/低中山	36.06	56.77	17.54	17.00	194538	3798
5	黔西南	1.3021	低中山	35.4	71.63	21.16	30.00	134371	3397
6	毕节	1.2465	低中山/中山	34.58	45.12	14.92	26.00	211754	3374
7	安顺	1.2582	低中山	33.87	53.86	16.6	32.00	106551	3815
8	黔东南	1.2842	低山丘陵/低中山	49.21	80.5	21.22	6.00	259408	3066
9	黔南	1.2757	低山丘陵/低中山	41.49	68.37	19.49	29.00	205984	4427
	市州合计							1604086	

(1)与人均 GDP 关系。贵州地表起伏度小于 1.2 的县域少,且主要集中在贵阳市辖区和安顺市的平坝区、铜仁市的玉屏县等,而绝大部分县级区域地表起伏度在 1.2 以上。在大于 1.2 的区域中,除各市州政府所在地的中心城区和交通较好、传统工业比例相对较大的县(市)人均 GDP 较高外,其他县(市)人均 GDP 均较低,多数县(市)在 2000~4000 元,最低的为望谟县 1950 元,最高的不超过 6000 元。

(2)与一般预算收入关系。类似于 GDP,在地表起伏度大于 1.1 的区域中,除各市州政府所在地的中心城区和交通较好、传统工业比例相对较大的县(市)一般预算收入较高外,其他县(市)均较低,多数县(市)低于 7000 万元,最低的为丹寨县 2356 万元,最高的不超过 9000 万元。

(3)与转移支付关系。尽管部分县(市)表现有所不一,但多数县(市)均表现出人均 GDP 和一般预算收入越低的,转移支付额度和力度越大。例如,丹寨县转移支付是一般预算收入的 5.32 倍；有的县则一般预算收入高转移支付额度也高，但转移收入比却不高。其原因是与长期的人文经济环境、所处地理位置等有较大关系（表 7.11）。

表 7.11 贵州不同地表起伏度财政转移支付情况分类比较 1（2006 年）

地表起伏度（表面积指数）	县级区域数（合计82个）/个	坡度面积占比/% 16°~25°	坡度面积占比/% >16°	平均坡度范围/(°)	人均GDP/元 最高	人均GDP/元 最低	一般预算收入/万元 最高	一般预算收入/万元 最低	转移支付/万元 最高	转移支付/万元 最低	转移收入比（倍数）
>1.2000	25	25.35~50.11	50.34~93.13	15.74~26.29	11962.00	1950.00	45116.00	2316.00	26142	7259	0.35~5.41
1.1500~1.2000	33	31.77~58.33	40.37~85.26	14.32~22.33	9690.48	2449.95	68566.00	3179.00	29401	9591	0.33~5.57
1.1000~1.1500	20	24.41~58.72	30.56~78.72	12.31~19.77	21797.78	2284.00	39545.00	4517.00	38944	7961	0.25~3.89
<1.1000	4	16.49~42.88	20.65~55.63	10.31~16.10	30843.40	6234.74	73530.00	6581.00	18293	7795	0.13~1.32

若剔除各市州政府所在地的中心城区和交通较好、传统工业占比相对较大的县（市），地表起伏度与人均 GDP、一般预算收入、转移支付、转移收入比的关联性则比较清晰（表 7.12）。

表 7.12 贵州不同地表起伏度财政转移支付情况分类比较 2（2006 年）

地表起伏度（表面积指数）	县级区域数（合计57个）/个	坡度面积占比/% 16°~25°	坡度面积占比/% >16°	平均坡度范围/(°)	人均GDP/元 最高	人均GDP/元 最低	人均GDP/元 平均	一般预算收入/万元 最高	一般预算收入/万元 最低	一般预算收入/万元 平均	转移支付/万元 最高	转移支付/万元 最低	转移支付/万元 平均	转移收入比（倍数） 范围	转移收入比（倍数） 平均
>1.2000	21	25.35~50.11	50.34~93.13	15.74~26.29	5332.08	1950	3101.68	9000	2316	4827.57	26142	7259	16304	1.27~5.41	3.38
>1.1500~1.2000	23	31.77~58.33	40.37~85.26	14.32~22.33	5322.89	2449.95	3584.11	12368	3179	7375.17	29401	9591	17460	0.33~5.57	2.37
>1.1000~1.1500	11	24.41~58.72	30.56~78.72	12.31~19.77	8182	2559	9139.72	20872	4517	11685.91	27752	11534	18877	0.25~3.89	1.62
<1.1000	2	16.49~42.88	20.65~55.63	10.31~16.10	9139.72	6399.76	7769.74	12648	6581	9614.5	16727	7795	12261	0.13~1.32	1.28

注：人均 GDP、一般预算收入、转移支付、转移收入比这 4 项中不含中心城区和交通较好、传统工业占比相对较大的县（市）。

从表 7.12 分析可以明显看出，地表起伏度越大的县（市、区），平均坡度越大，地表坡度大于15°的土地面积占比越高，宜耕种的面积比例越低，耕地资源越匮乏。地表起伏度越大的县（市、区），人均GDP越低，一般预算收入越少，转移支付额度越高，转移收入比越高，表明转移支付力度越大。

2. 地表起伏度对贵州地方财政状况的影响结果分析

通过分析可知，贵州属于地表起伏度相对较大的区域，客观上处于多山、重山丘区域的贵州地表破碎、坡度大、宜耕地少、平地更少，自然经济状况和条件差，使得长期以来贵州农业在国民经济中占有较大比例。现代化手段难以应用，农业生产力落后，生产效率低下，商品化程度低，加上过去长时期的交通闭塞制约，工商业不发达，资源匮乏，财政收入低，财力不足。表现为人均GDP低下，一般预算收入极低，不能支撑一般预算支出需要，需要较多的转移性预算补助，越是工商业基础薄弱的县（市、区），这种现象越突出。

少数中心城区和工业占比较大的县（市）尽管工商业较为发达，但人均GDP仍较低，经济总量小，虽然一般预算收入相对较多些，但也不能保障一般预算支出的需要，也需要较多的转移性预算补助。

总体来看，尽管中央的转移支付额度已达到贵州自身财政收入的2倍，力度也在不断加大，但仅能维系贵州现有的基本预算支出，而发展与建设性投入仍显得匮乏，长期以来面临"勒紧裤腰带过日子"状况，导致欠账太多，基础差，靠自身能力不能尽快扭转日益落后的局面，需要中央在保障合理基本预算需要基础上，增加发展性、建设性投入力度。

本节得出以下三点结论和建议：

（1）地表起伏度对农业占比较大的贵州经济起着较明显的影响。相关性强，相对较大的地表起伏度，表明贵州的自然经济状况长期落后于周边省份，有着其客观的自然成因。

（2）对工商业基础薄弱的农业型县（市、区），其地表起伏度越大，平均坡度越大，大于15°的土地面积占比越高，宜耕种的土地面积比例越低，耕地资源越匮乏，人均GDP越低，一般预算收入越少，转移支付额度越高，转移收入比越高，需要的转移支付力度越大。

（3）地表起伏度越大的区域，工商业基础越差，自身财力越弱，公共基础设施相对滞后，很大程度上制约着区域经济发展，依存于中央的转移支付力度越大。依据相关数据分析，从中央对贵州的转移支付2倍（于地方财力）的力度来看还是略显不足，应在2.7~3.5倍比较合理。

建议应对贵州的合理需求预算进行全面的考虑与论证，以期获得编制预算所需的科学与可行的客观依据。

第 8 章　地表起伏度与人口及区域发展的相关性分析

8.1　地表起伏度与人口的相关性分析

8.1.1　中国地表起伏度及其与人口的相关性分析

地形条件是影响区域人口分布和社会经济发展的主要因子之一。如表 8.1 所示，中国地表起伏度呈西高东低、南高北低的空间格局，最高值分布在西南地区—横断山区，除一些巨大的盆地外，由此处向外侧逐渐降低，东北平原、内蒙古地区、江南丘陵、东南沿海地区次低，华北平原、长江中下游平原等最低。

表 8.1　2014 年全国 31 个省（区、市）地表起伏度与人口密度、人均 GDP 指数

省（区、市）	等级	表面积指数标准化值	基于平均相对高差、坡度和表面积指数的地表起伏度综合评价指数	基于海拔、平均相对高差、坡度和表面积指数的地表起伏度综合评价指数	人均 GDP /元	人口密度 /(人/km²)
四川	I 级	100	0.97	1.7846	35128	169.58
云南	I 级	94.11	0.95	1.7045	27264	124.05
贵州	I 级	81.09	0.84	1.5065	26437	206.35
重庆	I 级	80.51	0.82	1.4549	47850	363.43
陕西	II 级	76.65	0.75	1.4044	46929	198.68
福建	II 级	75.06	0.64	1.1975	63472	317.17
西藏	II 级	70.35	0.70	1.6986	29252	2.65
广西	II 级	67.49	0.67	1.2514	33090	206.7
湖北	III 级	56.17	0.52	1.0757	47145	323.11
浙江	III 级	53.64	0.60	1.1769	73002	550.8
北京	III 级	53.41	0.53	1.0872	99995	1280.95
湖南	III 级	52.51	0.57	1.1454	40271	320.81
山西	III 级	48.7	0.57	1.2306	35070	243.2
甘肃	III 级	47.52	0.50	1.2337	26433	66.44
广东	III 级	46.23	0.52	1.0772	63469	595.78
江西	III 级	44.23	0.41	0.9402	34674	283.88
青海	IV 级	40.47	0.47	1.3958	39671	8.1
新疆	IV 级	36.09	0.28	0.9432	40648	14.36
河北	IV 级	31.91	0.36	0.9311	39984	388.63

续表

省（区、市）	等级	表面积指数标准化值	基于平均相对高差、坡度和表面积指数的地表起伏度综合评价指数	基于海拔、平均相对高差、坡度和表面积指数的地表起伏度综合评价指数	人均GDP/元	人口密度/(人/km²)
宁夏		24.6	0.32	0.9959	41834	100.3
吉林		21.94	0.29	0.8512	50160	152.89
海南		17.52	0.25	0.7836	38924	265.59
辽宁		17.03	0.26	0.8033	65201	292.73
安徽		16.83	0.20	0.7124	34425	467.92
河南	V级	12.5	0.18	0.7154	37072	589.75
内蒙古		10.62	0.16	0.7658	71046	22.77
黑龙江		6.45	0.18	0.7315	39226	83.33
山东		5.54	0.08	0.5811	60879	652.6
天市		1.79	0.09	0.5953	105231	1379.09
江苏		0.78	0.01	0.4934	81874	796
上海		0.02	0.01	0.4858	97370	4182.76

1. 地表起伏度与人口分布的相关性分析

以省（区、市）为基本单元，制成地表起伏度标准化值与人口密度关系散点图。京津沪三个直辖市由于其特殊的政治地位、区位条件、经济结构、就业结构等，相比于其余省（区、市）来说，优势较明显，对周围地区吸引力相对较大，经济发展快（基本上实现了城镇化），人口密度较大，不具有代表性，将其剔除之后进行分析。结果如图8.1所示，以2014年统计人口数据为标准，随着地表起伏度标准化值的增加，人口密度逐渐降低，关系表达式为 $y = -132.1\ln x + 792.47$（$R = 0.46$），全国省域地表起伏度与人口密度在0.001水平下呈显著负相关。由此可见，地表起伏度是影响人口分布的重要因素之一，应成为人居环境自然评价的一个重要指标。

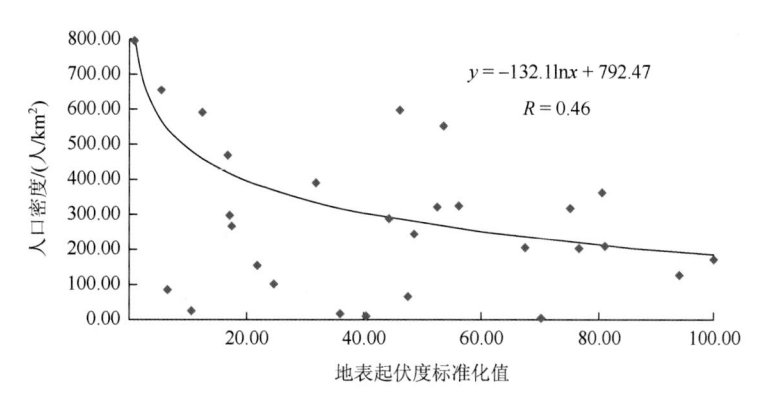

图8.1　28个省（区、市）地表起伏度标准化值与人口密度变化趋势图

再从地表起伏度的重要因子——海拔来看，海拔对人口分布的影响也较为显著，全国大部分人口集中分布在地表起伏较小的低海拔地区。在海拔≤300m，即平原低丘为主的地区，相应的人口数为5.23亿人，占当时全国人口总量的38.35%；在海拔≤600m，即平原低山丘陵为主的地区，人口总数为10.42亿人，占当时全国人口总数比例达到77%；在海拔<800m，即平原（盆地）中低山丘陵为主的地区，相应的人口总数为11.69亿人，占当时全国人口总数比例为85.8%；当海拔≥800m时，高原、中山、中高山区的人口只有1.93亿人，仅占当时全国总人口比例的14.2%，即全国85.8%的人口居住在海拔<800m的地区，只有15%的人口居住在海拔大于≥800m高原山地区域。

2. 地表起伏度与经济分布的相关性分析

地表起伏度是一个重要的自然地理要素，在影响人口分布的同时也影响地区经济的发展。如图8.2所示，以2014年28个省（区、市）人均GDP为标准，建立人均GDP和地表起伏度标准化值的曲线拟合关系，地表起伏度标准化值与人均GDP呈负相关关系，拟合曲线为$y=-7218\ln x+70165$。随着地表起伏度的增加，人均GDP呈逐渐下降的趋势，地表起伏度高的西部地区，人均GDP较低，反之则较高。由此可见，地表起伏度是地区经济发展的重要影响因素，因此，自然因素在一定程度上制约一个地区经济的发展。

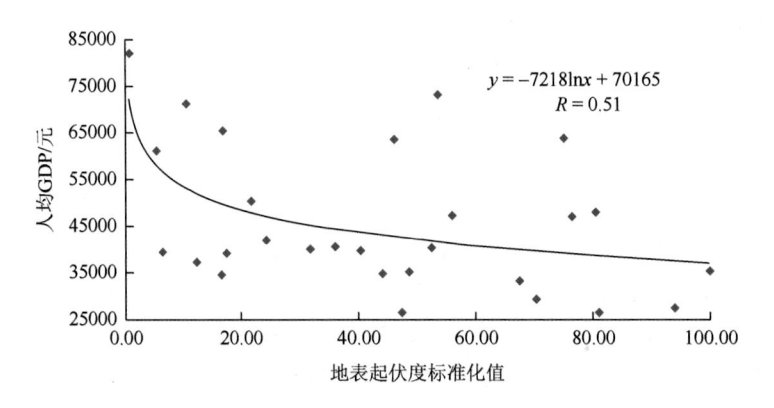

图8.2 28个省（区、市）地表起伏度标准化值与人均GDP变化趋势图

3. 地表起伏度与人口分布相关性的区域空间差异

整体而言，在全国大部分地区，随着地表起伏度的增大，人口密度有减小的趋势，但是仍存在区域差异。如表8.2所示，东北、华北、华中和华南区域内的平均海拔均在800m以下，二者的拟合度均在0.6以上，其中华中地区拟合度最高，华中是指我国中部黄河中下游和长江中游地区，地貌以平原为主，人口多分布在平原地区，因此，两者相关性较大，拟合度为0.89；华北地区为0.83，华北地区主要包括北京市、天津市、山西省、河北省、内蒙古自治区5个省份，华北平原是黄河、淮河、海河三大河系冲积平原，是我国人口密度最大的区域之一，人口主要集中在河流冲积平原形成的地势平坦地区；华南地区以低山丘陵为主，人口多分布在海拔较低的低山丘陵地区，两者之间的拟合度为0.78；

东北地区自然地理单元完整,拥有东北平原,但是相比于其他平原地区,由于纬度较高,自然气候条件较为恶劣,人口多集中分布在纬度较低的平原地区,整体来说,东北地区人口密度较小,两者之间的拟合度为 0.64。我国西南地区地势起伏较大,地表复杂,大部分属于中高山深谷区,具有独特的人口垂直分布现象,人口分布与地表起伏度的相关性为 0.58;西北地区水分条件是影响人口分布的主要因子,大量人口集中分布于盆地绿洲内,地表起伏度与人口密度的线性拟合度为 0.55。内蒙古高原地区和青藏高原地区人口密度与地表起伏度关系不明显,因为人口的分布更多地受气候和植被覆盖等自然条件的制约。

表 8.2 中国不同地区地表起伏度与人口分布的相关性

自然地理区	地表起伏度变化幅度/rad	平均海拔/m	与人口密度的相关程度
东北区	0~2.28	417	0.64
华北区	0~4.10	663	0.83
华中区	0~8.15	525	0.89
华南区	0~2.89	207	0.78
西北区	0~6.28	1877	0.55
西南区	0~6.89	1865	0.58
内蒙古高原地区	0~3.75	1062	0.18
青藏高原地区	0~9.05	4536	0.12

注:地表起伏度基于式(2.22)计算。

(1)地表起伏度是影响人口分布、区域经济发展的重要因素之一。地表起伏度与人口密度和人均 GDP 呈显著负相关关系。地表起伏度与人口密度二者的对数曲线拟合度 R 为 0.46;地表起伏度与经济指标在 0.01 水平下显著相关,二者的对数曲线拟合度 R 为 0.51;相比于人口分布,区域经济发展与地表起伏度相关性更为显著,经济发展水平较高的地区主要集中在低地表起伏度地区。另外,地表起伏度与人口分布的相关性地区(空间)差异性较显著。东北、华北、华中和华南地区地表起伏度与人口分布相关性显著,青藏地区地表起伏度与人口分布相关性较弱。

(2)实证分析表明,地表起伏度是影响人口分布的重要因素之一,应该成为人居环境自然方面评价的一个重要指标。地表起伏度在大尺度和区域人居环境自然评价方面具有很强的实用性,但在小尺度人居环境自然评价方面的准确性和实际应用价值尚有待进一步探讨。

8.1.2 云南省县域地表起伏度与人口的耦合研究

云南省位于 97°31'E~106°12'E 和 21°09'N~29°15'N,东西横跨 865km,南北纵跨 990km,全省总面积约为 39.4 万 km²。目前下辖 16 个地级行政单位,包括 8 个地级市、8 个自治州,2012 年底总人口为 4659 万人。从地表上看,云南省是一个以高原山地为主的省份，大部分处于我国地势的第二阶梯，属于滇东高原，从周围分别向东北面的四川盆地、东面的贵州山原、东南面的广西低山丘盆等过渡；西北是青藏高原东南部及横断山脉的一部分，是青藏高原和云贵高原的中间地带，地表起伏度大且空间差异显著，自然地理要素和景观的垂直带谱分异典型，对人口分布及经济社会发展均有重要影响。

基于1:25万的云南省DEM，以ArcGIS10.0为软件平台，利用空间分析中的栅格邻域统计工具提取云南省县域尺度地形起伏度，见式（2.37），得到云南省地表起伏度（表2.20和图2.19）。

1. 云南省地表起伏度及其空间格局

从表2.20可知，云南省地表起伏度在0.082~7.378，最大值与最小值差异显著，图8.3显示，云南省地表起伏度的空间布局整体走向为西北高于东南，北部高于南部，滇中地区居中，云南省各市州地表起伏度值域在1.56~4.36，最高值分布在云南省西北部，主要是迪庆藏族自治州、怒江傈僳族自治州、丽江市北部，这里矗立着如梅里雪山、哈巴雪山这样的独立高大山体，导致地表起伏度很大。最低值分布在滇南地区，如西双版纳傣族自治州、德宏傣族景颇族自治州；同时滇东北地区的绥江县、水富市、盐津县、滇中地区的元谋县地形起伏度值也较小。

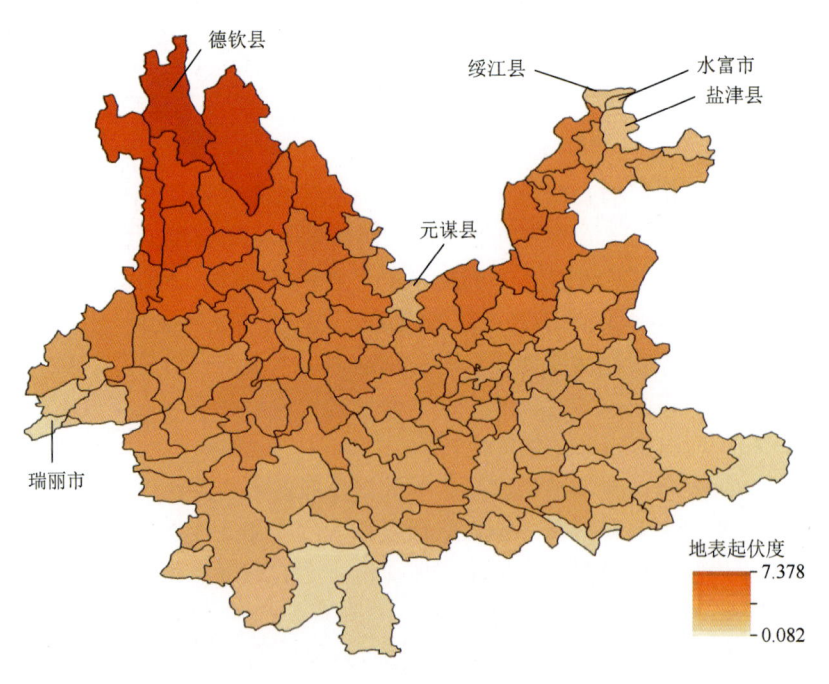

图8.3 云南省平均地表起伏度（县级行政单元）

2. 云南省地表起伏度与人口密度相关性分析

根据计算结果，结合人口密度及经济数据，分析 RDLS 与二者的相关性。经计算得出地表起伏度与人口密度的回归方程为 $y = -47.89x^2 + 267.27x - 236.95$，其中，$x$ 为云南省的某市州的地表起伏度数值；y 为该地（州、市）的人口密度；相关系数 R^2 为 0.5217，说明地表起伏度与人口密度存在负相关性（图 8.4）。其中，昆明市作为云南省省会，且属滇池平原，地表平坦，曲靖市交通发达，是云南连接内地的重要陆路通道，这两个城市的人口比较集中，经济发达，地表起伏度的作用相对减弱，因此在计算地表起伏度与人口密度相关性时未将这两个城市计入范围。

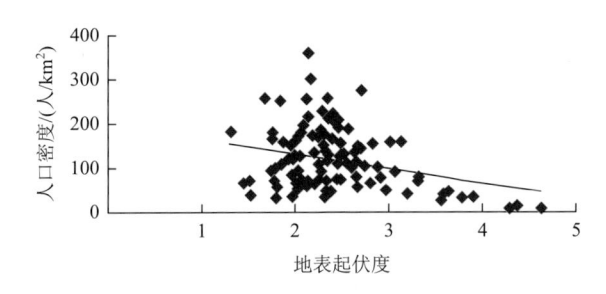

图 8.4 云南省县域地表起伏度与人口密度相关性（2013 年人口资料）

3. 云南省地表起伏度与人口分布的空间耦合分析

为进一步说明云南省地表起伏度与人口分布的相关性，按照耦合指数 $I =$ 地表起伏度/人口密度，对云南省县域地表起伏度与人口密度进行空间自相关分析（表 8.3），结果如下。

表 8.3 云南省各县（市、区）地表起伏度与人口密度耦合指数

县（市、区）	耦合指数	县（市、区）	耦合指数	县（市、区）	耦合指数	县（市、区）	耦合指数
香格里拉市	0.2907	耿马县	0.0273	勐海县	0.0331	水富市	0.0064
维西县	0.1081	沧源县	0.0315	思茅区	0.0242	马关县	0.0156
德钦县	0.5763	双江县	0.0319	西盟县	0.0309	丘北县	0.0210
宁蒗县	0.0830	隆阳区	0.0130	澜沧县	0.0372	砚山县	0.0172
华坪县	0.0317	施甸县	0.0151	孟连县	0.0284	绿春县	0.0352
永胜县	0.0367	腾冲市	0.0229	江城县	0.0524	泸西县	0.0098
丽江市	0.1315	龙陵县	0.0236	镇沅县	0.0494	元阳县	0.0123
泸水市	0.0409	昌宁县	0.0322	景谷县	0.0560	蒙自市	0.0105
福贡县	0.1145	芒市	0.0011	景东县	0.0326	个旧市	0.0082
贡山县	0.5338	陇川县	0.0184	墨江县	0.0329	开远市	0.0114
兰坪县	0.0741	梁河县	0.0161	普洱市	0.0398	弥勒市	0.0163
大理市	0.0061	盈江县	0.0304	玉溪市	0.0046	石屏县	0.0236
鹤庆县	0.0258	瑞丽市	0.0071	江川区	0.0065	富源县	0.0109
漾濞县	0.0580	元江县	0.0285	澄江市	0.0099	师宗县	0.0156
祥云县	0.0135	临翔区	0.0184	通海县	0.0056	陆良县	0.0071
宾川县	0.0196	凤庆县	0.0159	华宁县	0.0131	会泽县	0.0180

续表

县（市、区）	耦合指数	县（市、区）	耦合指数	县（市、区）	耦合指数	县（市、区）	耦合指数
弥渡县	0.0116	云县	0.0204	永善县	0.0188	马龙区	0.0207
南涧县	0.0239	永德县	0.0227	大关县	0.0143	红河县	0.0164
巍山县	0.0181	镇康县	0.0344	鲁甸县	0.0098	金平县	0.0223
永平县	0.0459	易门县	0.0203	盐津县	0.0097	河口县	0.0221
云龙县	0.0760	峨山县	0.0285	绥江县	0.0106	屏边县	0.0292
洱源县	0.0326	新平县	0.0321	彝良县	0.0121	景洪市	0.0217
剑川县	0.0470	楚雄市	0.0192	威信县	0.0073	勐腊县	0.0397
南华县	0.0264	牟定县	0.0172	巧家县	0.0190	建水县	0.0154
大姚县	0.0412	姚安县	0.0236	镇雄县	0.0059	禄劝县	0.0282
永仁县	0.0494	双柏县	0.0676	文山州	0.0127	寻甸县	0.0228
元谋县	0.0163	麒麟区	0.0130	富宁县	0.0208	宜良县	0.0124
武定县	0.0327	宣威市	0.0117	西畴县	0.0118	石林县	0.0111
禄丰市	0.0202	罗平县	0.0119	广南县	0.0178	昭阳区	0.0070
昆明市	0.0012	富民县	0.0189	晋宁区	0.0107	安宁市	0.0091
麻栗坡县	0.0169	东川区	0.0194	呈贡区	0.0069	嵩明县	0.0115

（1）德钦县地表起伏度与人口密度的耦合指数最高，芒市耦合指数最低，除省会城市和地级市的建成区（县级行政单元）外，县域地表起伏度与人口密度的空间耦合关系具有较显著的负相关关系。

（2）利用 Geoda095i 软件建立空间邻接权重，计算研究区地表起伏度与人口密度耦合指数的 Global Moran's I 并进行 Z 检验，结果表明，云南省地表起伏度与人口密度耦合指数的 Global Moran's I 指数为 0.5822（表 8.4），通过显著性水平 $\alpha = 0.05$ 的检验，即在 95%置信区间其指数大于 0，表示云南省各县（市、区）地表起伏度与人口密度的空间分布存在较显著的空间自相关，具有较强的空间集聚性，即地表起伏度与人口密度耦合指数大的地区，周边区域的耦合指数也大，耦合指数小的地区周边县（市、区）的耦合指数也小。云南总体上属于云贵高原西部，滇中滇东地区（昆明—曲靖一带）大多位于高原面，地表起伏度小，在这一整个区域内地表起伏度与人口密度耦合指数相差不大。

表 8.4　云南省地表起伏度与人口密度耦合指数的 Global Moran's I 值与 Z 检验

Moran's I	$E(I)$	Z_{Score}	阈值（$\alpha = 0.05$）
0.5822	−0.0094	7.94	1.96

（3）对地表起伏度与人口密度耦合指数局域空间的 Local Moran's I 值进行显著性检验，在 0.01 水平下显著的县（市、区）有 9 个（图 8.5），空间分布属于低-高集聚分布，说明低值区域被高值区域包围，局域空间相关存在差异性，在 0.05 水平下显著的县（市、区）有 29 个，属于低-低分布类型。

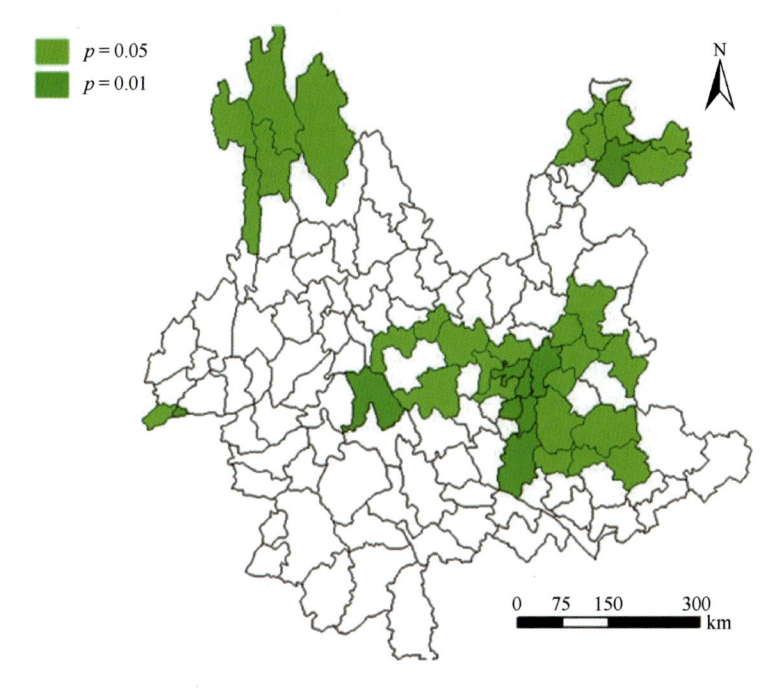

图 8.5　云南省地表起伏度与人口密度耦合指数 LISA 显著示意图

8.1.3　重庆市地表起伏度及其与人口的相关性分析

重庆市地处我国西南部、长江上游，面积为 8.24 万 km²，2014 年户籍总人口为 3375.2 万人，下辖 38 个县（区），拥有丰富的生物资源、矿产资源、水能资源和独具特色的旅游资源，具有极大的开发潜力。重庆是中国西南地区和长江上游的经济中心、重要的交通枢纽和内河口岸，经济实力相对较强。2012~2018 年连续多年经济增速位于全国前列，2014 年重庆市地区总产值为 14265.40 亿元，同比增长 10.9%，较全国高 3.5 个百分点。

1. 地表起伏度的分布规律及其与人口分布的相关性分析

2014 年重庆市户籍人口密度为 409.6 人/km²。其中，渝中区人口密度为 22905 人/km²，人均 GDP 为 159956.58 元，是全市人口密度最大、人均 GDP 最高的区域；城口县人口密度为全市最低值，人口密度为 76.73 人/km²；巫溪县人均 GDP 为全市最低值，仅为 12164.1021 元。

地形条件是影响重庆市人口分布的主要因素之一。重庆市西北部和中部以低山、丘陵为主，东北部和南部为大巴山、武陵山脉，人口分布整体特征是中低山、山岭的人口密度低，平行谷地、平坝人口密度高。如表 8.5 所示，重庆市地表起伏度随着海拔的升高呈逐渐增加的趋势，按照邻域窗口法计算各县（区）地表起伏度介于 0.25~1.56，表现为东部高于西部，南部高于北部；以中低值为主，最高值分布在渝东北地区的城口县，最低值分布在渝中区。都市功能核心区和都市功能拓展区地表起伏度均值为 0.34，城市发展新区均值为 0.46，渝东北生态涵养发展区均值为 0.82，渝东南生态保护发展区均值为 0.89，地表起伏度与重庆市地表地势分布格局基本一致。

表 8.5 2014 年重庆市各县（区）地表起伏度与人口密度、人均 GDP 指数

县（区）	地表起伏度	人口密度/(人/km²)	人均 GDP/元	县（区）	地表起伏度	人口密度/(人/km²)	人均 GDP/元
渝中区	0.25	24686.36	133588	忠县	0.48	461.77	28668
江北区	0.28	2676.02	72443	梁平区	0.54	491.48	32685
大渡口区	0.29	2442.72	45226	秀山县	0.57	271.27	25751
南岸区	0.30	2421.17	72848	涪陵区	0.58	396.03	67215
潼南区	0.32	603.22	35840	万州区	0.60	508.45	48201
合川区	0.33	659.72	33020	开州区	0.65	426.29	25771
铜梁区	0.33	629.43	43242	云阳县	0.66	374.13	18908
九龙坡区	0.33	2047.45	78199	綦江区	0.68	555.32	32777
沙坪坝区	0.35	2084.33	73063	丰都县	0.68	287.85	21972
璧山区	0.36	699.56	47352	酉阳县	0.81	166.33	19609
永川区	0.37	717.70	47629	黔江区	0.86	230.83	40960
北碚区	0.39	836.82	54238	彭水县	0.90	179.99	20903
荣昌区	0.39	785.36	44112	南川区	0.90	263.87	31212
江津区	0.39	469.47	43389	巫山县	1.01	218.53	17369
长寿区	0.4	639.08	52163	奉节县	1.08	263.10	23274
渝北区	0.4	806.34	75143	武隆区	1.09	144.64	34404
大足区	0.41	756.12	44138	石柱县	1.12	182.61	30321
巴南区	0.46	494.25	52798	巫溪县	1.31	136.10	16889
垫江县	0.46	642.75	32784	城口县	1.56	76.87	24283

注：重庆的地表起伏度数据由谢晓议等（2014）、李月臣等（2009）的研究成果整理。

重庆市人口总量较大，人口密度较大，空间差异显著。整体而言，地形条件是影响重庆市人口分布的主要因素之一，海拔较高的山地区域人口密度低，平行谷地、山间谷地区域的人口密度高。渝中区是重庆市人口密度最大的核心建成区（已经全部城镇化），将其剔除之后进行分析。如图 8.6 所示，地表起伏度与人口密度的拟合曲线 $y = 1981.9e^{-2.29x}$，相关系数 R 为 0.86，两者呈显著负相关关系，随着地表起伏度的增大，人口密度降低。如图 8.7 所示，地表起伏度与人均 GDP 对数拟合曲线 $y = 70763e^{-1.014x}$（$R = 0.68$），呈显著负相关关系，地表起伏度较低的地区，经济发展水平相对较高，渝东北和渝东南地区地表起伏度较高，经济发展相对落后。地表起伏度与人口密度两者之间的相关性大于与人均 GDP 的相关性，说明地表起伏度对人口分布影响更为显著，经济的发展除了受自然条件的约束之外，受社会经济因素（交通条件、港口位置等）影响更明显。这表明：地表起伏度在一定程度上制约着区域经济的发展，地表起伏度小的渝西北

地区，人口密度较大，经济相对发达；相反，地表起伏度大的渝东南和渝东北地区，人口密度较小，经济发展较落后。

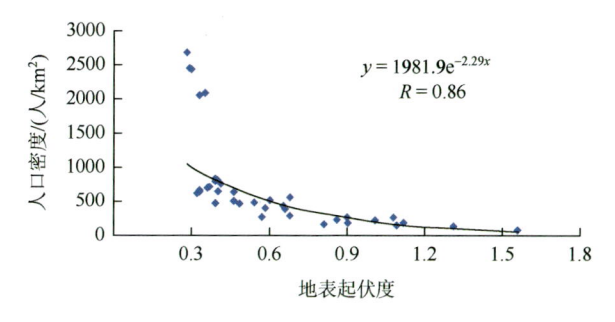

图 8.6　重庆市各县（区）地表起伏度与人口密度关系图

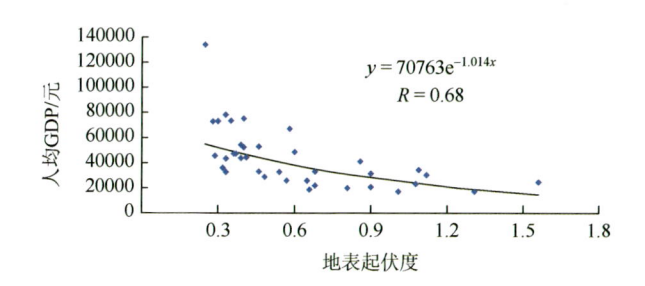

图 8.7　重庆市各县（区）地表起伏度与人均 GDP 关系图

2. 地表起伏度对三峡库区人口、经济分布的影响

三峡库区地跨川、鄂中低山峡谷和川东平行岭谷低山丘陵区，北靠大巴山脉，南依云贵高原北缘。强烈的造山运动所引起的海陆变迁和江水下切，形成了独特的峡谷地貌，同时也构成了一个相对独立的地理单元。三峡库区山地和丘陵占库区总面积的 95.7%，河谷平坝地仅占总面积的 4.3%。三峡水库水面总面积达 $1084km^2$，自宜昌三斗坪三峡大坝坝址起，涉及长江干流长度 600 多公里，覆盖 20 多个县级行政区域。

三峡库区的地表起伏度介于 0.28～1.31。自东向西呈现先增大后减小的空间格局，地表起伏度大的区域主要分布在武陵山区和秦巴山区，巫溪县地表起伏度最大，重庆主城区的地表起伏度较低。

地表起伏度是影响三峡库区人口分布和经济发展的重要因素之一。人口密度随着地表起伏度的增大而降低。如图 8.8 和图 8.9 所示：与人口密度呈负相关关系，指数拟合曲线为 $y = 2717.1e^{-2.57x}$，相关系数 R 为 0.87；地表起伏度与人均 GDP 呈负相关关系，对数拟合曲线为 $y = -33738\ln x + 24744$，相关系数 R 为 0.77。与整个重庆一样，地表起伏度与人口密度相关性更为显著，表明地表起伏度是影响三峡库区人口分布的最主要因素，综上所述：地表起伏度对三峡库区人口分布的影响较为显著，在一定程度上制约区域经济的发展，地表起伏度大的区域，人口密度较小，经济发展相对滞后，农村居民生活相对贫困；地表起伏度小的区域，人口密度较大，经济发展较快，居民生活相对富裕。

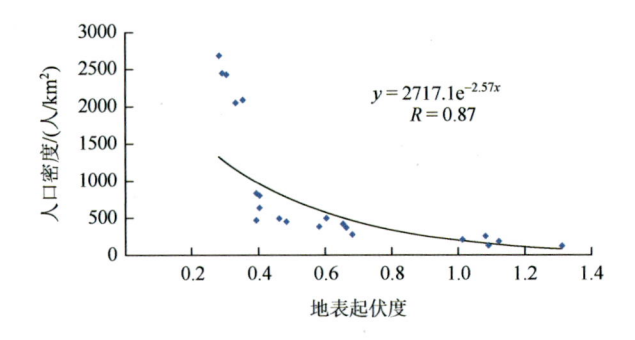

图 8.8　三峡库区地表起伏度与人口密度关系图

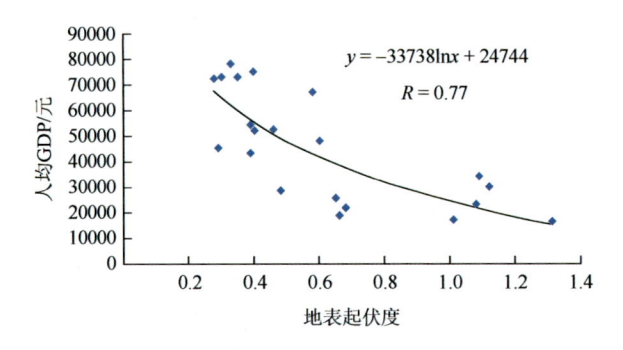

图 8.9　三峡库区地表起伏度与人均 GDP 关系图

8.2　地表起伏度与区域发展滞后的相关性分析

虽然我国已于 2020 年取得脱贫攻坚战的全面胜利，消除了绝对贫困，但是相对贫困（欠发达情况）依然是各个国家和国际组织关注的重点问题。一般来说，贫困主要集中出现在发展中国家的农村地区，这些地区受自然地理环境影响很大。国内外有不少文献探讨自然地理环境对经济发展和贫困的影响，但相关研究以定性描述或理论模型分析为主，仅有极少量研究采用实证分析的方法。近 20 年来，结合发展经济学和经济地理学来解释经济发展，以及收入不平等和贫困产生的原因，这些领域正逐渐成为经济学界研究的一个热点。

中国地势西高东低，山地、高原和丘陵约占陆地面积的 67%，盆地和平原约占陆地面积的 33%。西部有世界上最高的青藏高原，平均海拔 4000m 以上，称为"世界屋脊"，构成了中国地形的第一阶梯。第二阶梯由黄土高原、内蒙古高原、云贵高原、四川盆地、准噶尔盆地和塔里木盆地组成，平均海拔 1000～2000m。跨过第二阶梯东缘的大兴安岭、太行山、巫山和雪峰山，向东直达太平洋沿岸是第三阶梯，此阶梯地势下降到 500～1000m 以下，自北向南分布着东北平原、华北平原、长江中下游平原，平原的边缘镶嵌着低山和丘陵。

贵州位于中国西南部，属亚热带湿润季风气候，境内地势西高东低，自中部向北、东、南三面倾斜,平均海拔在 1100m 左右,全省高原山地居多,素有"八山一水一分田"之说,是全国唯一没有平原支撑且农业占比较大的省份,也是世界上喀斯特地貌发育最典型的地区之一。

8.2.1 发展滞后指标分析

1. 地表起伏度计算

通过投影面积比法,采用 SRTM 90m DEM 数据,分别计算得出贵州省 88 个县(市、区)和全国 31 个省(区、市)的地表起伏度,再将其进行标准化处理,结果详见第 2 章。

2. 选取指标

依据指标选取原则,即包括:①目的性,选取的发展滞后指标主要围绕过去农村的贫困性来体现;②科学性,指标含义明确,具有一定的外延性;③可操作性,计算所需数据资源可获取性、可靠性,资料数据的搜集、统计、加工等程序简便易行,使研究具有实际应用价值。

根据以上原则,选取了 2014 年《中国统计年鉴》中农村居民人均纯收入、人均消费合计、人均消费合计中的食品消费、人均现金消费合计、人均现金消费合计中的食品消费五项指标(表 8.6)。

表 8.6 我国 25 个省(区、市)发展滞后性指标数据

地区	农村居民人均纯收入/元	人均消费合计/元	人均消费合计中的食品消费/元	人均现金消费合计/元	人均现金消费合计中的食品消费/元
四川	7895.3	6308.5	2665.0	5406.1	1817.8
云南	6141.3	4743.6	2097.6	3953.0	1393.6
贵州	5434.0	4740.2	2036.2	3888.3	1230.1
重庆	8332.0	5796.4	2539.0	5057.8	1835.1
陕西	6502.6	5724.2	1821.3	5420.7	1585.4
西藏	6578.2	3574.0	1938.9	2661.5	1037.4
广西	6790.9	5205.6	2084.7	4547.0	1530.3
湖北	8867.0	6279.5	2308.5	5531.1	1692.5
湖南	8372.1	6609.5	2537.0	5854.2	1857.9
山西	7153.5	5812.7	1920.7	5463.2	1711.2
甘肃	5107.8	4849.6	1798.5	4393.7	1362.4
江西	8781.5	5653.6	2389.1	4910.1	1767.8
青海	6196.4	6060.2	1872.0	5506.6	1319.9

续表

地区	农村居民人均纯收入/元	人均消费合计/元	人均消费合计中的食品消费/元	人均现金消费合计/元	人均现金消费合计中的食品消费/元
新疆	7296.5	6119.1	2072.0	5519.9	1620.0
河北	9101.9	6134.1	1963.3	5969.6	1813.6
宁夏	6931.0	6489.7	2021.8	5942.1	1565.5
吉林	9621.2	7379.7	2438.5	6827.6	2183.4
海南	8342.6	5465.6	2625.0	5090.7	2335.1
辽宁	10522.7	7159.0	2518.9	6864.9	2261.4
安徽	8097.9	5724.5	2269.7	5344.9	1970.5
河南	8475.3	5627.7	1938.5	5353.0	1707.1
内蒙古	8595.7	7268.3	2583.5	6763.3	2090.3
黑龙江	9634.1	6813.6	2397.7	6542.1	2212.6
山东	10619.9	7392.7	2553.7	7184.2	2352.8
江苏	13597.8	9909.8	3283.2	9486.9	2925.1

其中，北京、上海、天津属于直辖市，农业面积比例小，而广东、福建和浙江的农村居民的生活来源除了农业生产，还有其他的副业，且副业带来的收入大于当时农业生产。因此在研究地表起伏度对发展滞后性（原来农村贫困性）的影响时，暂不考虑这些省（区、市），只选择表 8.6 中 25 个省（区、市）作为研究对象。

8.2.2 地表起伏度与农村发展滞后性的关系

将地表起伏度与农村发展滞后性指标进行线性回归分析，其结果分为省域尺度和县域尺度。省域尺度是以中国 25 个省（区、市）为研究对象，县域尺度是以地表起伏度较高的贵州省为研究对象，得到如下结果。

1. 省级尺度

将中国 25 个省（区、市）的地表起伏度标准化值分别与农民人均纯收入、农民人均消费合计、农民人均现金消费、食品现金消费占食品总消费比例合计这四项指标进行线性分析。

从图 8.10 可以看出，地表起伏度标准化值与农民人均纯收入呈负相关关系，这表明在地表起伏度大的地区，道路不畅通，农民收入来源相对单一，除了外出务工，在家乡农民以传统农业为主，比较效益低，农民人均收入少；第二，地表起伏度较大的地区，种的粮食不能及时卖出，农产品"买难卖难"、变现问题较突出；同时地表起伏度大的地区，粮食单产低、耕地分散、农业规模效益差等，导致农民人均纯收入与地表起伏度呈明显的负相关关系。

如图 8.11 所示，地表起伏度标准化值与农民人均消费也呈负相关关系，这是由于地表起伏度大的省份农村交通落后，将货物运输到农村成本高，能买到的东西较少，农民自己外出购买也不方便，且收入低，人均购买能力低。

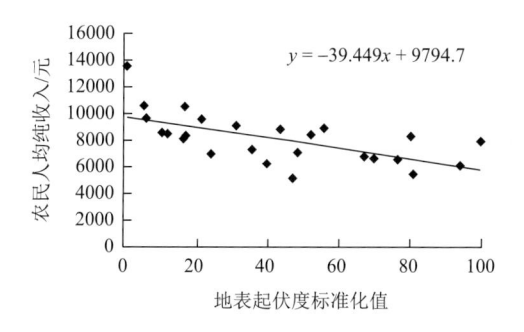

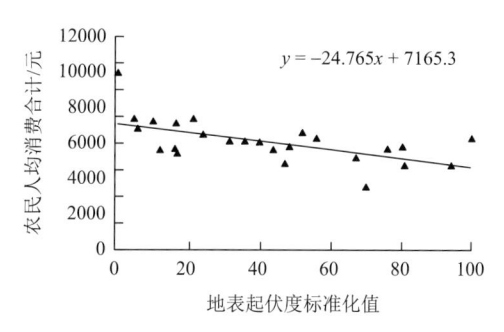

图 8.10　农民人均纯收入与地表起伏度标准化值之间的关系图

图 8.11　农民人均消费合计与地表起伏度标准化值之间的关系

随着地表起伏度标准化值的增加，农民人均现金消费合计减少，如图 8.12 所示。地表起伏度大的省份农村交通不发达，农民自己外出购买商品所花费的时间成本和交通成本高，且农村售卖的商品种类和数量少，加上人均纯收入低，导致人均现金消费低。

图 8.13 显示：随着地表起伏度标准化值的增大，食品现金消费占食品总消费比例减少，这是由于地表起伏度大的省份农村交通不方便，或者外出时间成本高，农民平时吃的食材，主要是靠自家耕作获得，很少到集市上买，食品现金消费占食品总消费比例小。

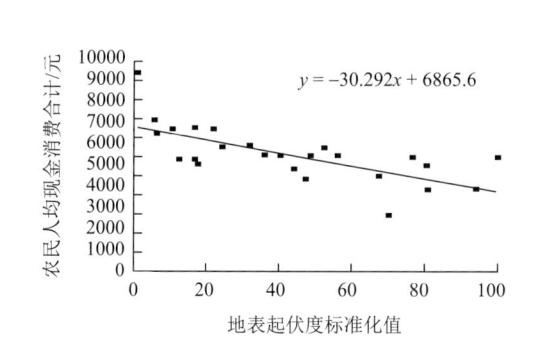

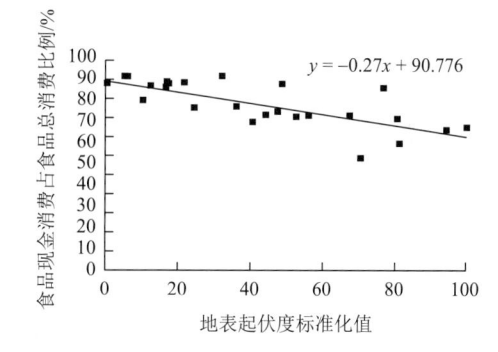

图 8.12　农民人均现金消费合计与地表起伏度标准化值的关系

图 8.13　食品现金消费占食品总消费比例与地表起伏度标准化值的关系

2. 县级尺度

将贵州省 85 个县（市、区）的地表起伏度标准化值分别与农民人均纯收入指标进行线性分析。

图 8.14 显示，县域尺度的研究中农村人均收入与地表起伏度标准化值的关系和省域尺度的研究结果一致。这表明在地表起伏度大的地区，道路修建成本高，交通不发达，农民外出不方便，农产品外销困难，变现难；同时地表起伏度大的地区，农业生产条件

差，易受旱涝灾害影响，农作物单产低而不稳，规模效益差、农业比较效益低，因此农民人均纯收入随地表起伏度的增大而降低。

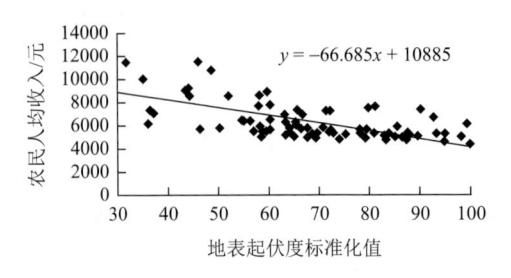

图 8.14　农民人均收入与地表起伏度标准化值的关系

因此，过去的贫困问题，现在的欠发达问题，在一定程度上还是一个生态环境问题；欠发达地区农民拥有的资产（土地）质量差，加之社会保障体系缺失，医疗、社保程度低，导致其抗风险能力严重不足，因病和灾害导致的发展滞后等问题相对突出。研究时段在不同的体制机制、资本运作和扶贫模式条件下，随着扶贫力度不断加大，2020 年已经取得脱贫攻坚的全面胜利，但扶贫成果的巩固拓展依然需要下大力气，而且相对贫困（欠发达）问题仍将长期存在。其中的原因除了制度、政策、资本、教育、人力资源等诸多经济社会因素的影响外，包括地表起伏度的自然地理环境的约束效应，即自然地理环境的破碎性、制约经济发展、导致发展相对滞后，仍然是一个至关重要、不可回避的现实问题。

第 9 章 地表起伏度与农业生产的相关性分析

9.1 三峡库区（重庆段）地表起伏度与农业生产的关系

目前国内外针对地表起伏度与农业相关的研究主要涉及地表起伏度对耕地生产潜力和农业机械化的影响等，且以省域作为研究单元，这方面总体研究较薄弱。

中国是一个多山地丘陵的国家，农村人口多，农业占比大，地表起伏度对农业生产环境有较大影响。但目前缺乏基于县域尺度内的地表起伏度对农业支出、粮食产量、农业产值、农作物播种面积等方面的影响研究。

重庆地处三峡库区，属于典型的山区内陆特大城市，具有大城市带大农村格局，除传统的主城六区外，其他县（区）如三峡库区、渝东南地区的县（区）农业生产仍占有很大比例，受自然环境条件，尤其是地形地貌特别是地表起伏度的影响很大。例如，农业生产布局、生产结构、产量和产值等均深受地表起伏度的影响。故选择重庆作为研究对象，以县（区）作为研究单元，在计算出重庆地表起伏度的基础上，定量分析重庆市地表起伏度对农业生产的影响，为发挥山地农业的优势、科学合理布局山地现代特色农业，以及相关部门科学分配涉农财政资金提供某些依据，也可为云贵川等周边类似山区农业生产空间布局和立体农业结构优化提供借鉴意义。

9.1.1 重庆市农业生产概况与数据处理

重庆山水纵横交错，地貌类型复杂多样、地表起伏度大，截至 2013 年底，农业人口为 2014.37 万人，占全市总人口的 60%。研究范围是重庆市内所有县（区），包括渝中区、大渡口区、江北区、沙坪坝区、九龙坡区、南岸区、北碚区、渝北区、巴南区、涪陵区、长寿区、江津区、合川区、永川区、南川区、綦江区、大足区、潼南区、铜梁区、荣昌区、璧山区、万州区、梁平区、城口县、丰都县、垫江县、忠县、开州区、云阳县、奉节县、巫山县、巫溪县、黔江区、武隆区、石柱县、秀山县、酉阳县、彭水县、双桥区、万盛经济技术开发区，共计 40 个县（区）城市［由于双桥区属于工业新区、万盛经济技术开发区是老工矿区，一般不单列，合计就是 38 个县（区）］。重庆市的农业产值、粮食单产、人均粮食产量、农民人均纯收入在中国处于中等略偏下位置（表 9.1）。

表 9.1 重庆市农业生产主要指标及其与全国比较（2013 年）

	农业产值/亿元	粮食单产/(t/hm^2)	人均粮食产量/kg	农民人均纯收入/元
中国	51497.40	5.38	443	8895.90
重庆	909.20	5.09	388	8331.97

1. 农业指标数据来源及处理

选取农业生产指标,遵循:①科学性原则,指标选取应能够较客观、真实地反映农业生产的内涵;②主导性和综合性原则,选取指标时应尽量选择对农业生产起主导作用的指标,用以反映地表起伏对农业收入与支出的影响;③可操作性原则,计算所需数据资源较容易得到,资料数据的搜集、统计、加工等程序简便易行,使研究具有实际应用价值。

地表起伏度的计算来源于第2章,农业相关数据源于《重庆市统计年鉴》,选取数据为2008~2013年逐年各县级地方财政支出、农林水支出、农林牧渔业总产值指数、农业产值、农作物播种面积、粮食播种面积、粮食产量这七项指标。

由于沙坪坝、江北、渝中、南岸、大渡口、九龙坡为重庆老主城六区,渝北和双桥为工业新区,万盛经济技术开发区作为老工矿区,这9个区的农业占比很小,故选取除这9区(沙坪坝、江北、渝中、南岸、大渡口、九龙坡、渝北、双桥、万盛)外剩下的31个县(区)作为地表起伏度与农业生产相关分析的研究区域(表9.2)。各项指标数据的计算公式为

$$单位面积农业产值 = 农业产值可比价 / 农作物播种面积 \quad (9.1)$$

$$农业产值可比价 = (上一年农业产值 \times 农林渔业总产值指数) / 100 \quad (9.2)$$

$$粮食单产 = 粮食产量 / 粮食播种面积 \quad (9.3)$$

$$农林水支出比 = 农林水支出 / 财政支出 \quad (9.4)$$

$$播种面积比 = 农作物播种面积 / 总面积 \quad (9.5)$$

式中,农林渔业总产值指数为农林渔业GDP指数,计算农业产值可比价是为了消除价格变动因素的影响,便于对不同时期进行对比,此次计算得到的农业产值均以2008年的价格作为标准。按照式(9.1)和式(9.3)~式(9.5)分别得到2008~2013年的单位面积农业产值、粮食单产、农林水支出比、播种面积比数据,再分别对这四项指标六年数据进行多相关样本检验,其渐进显著性均为0.00,远小于0.05,表明这六年指标数据变化趋势相同,可相互替代。因此将取各项指标六年平均值(表9.2)与地表起伏度值进行对比分析,这样可消除偶然性,且更真实,更具代表性。

表9.2 重庆市40个县(区)地表起伏度与对应的农业生产指标

县(区)名称	地表起伏度标准化值(LD_j)	地表起伏度(表面积指数)	粮食单产/(t/hm²)	单位面积农业产值/(万元/hm²)	播种面积比	农林水支出比	农业产出投入比指数(TC_j)	农业产出投入比标准化值(LT_j)
城口县	1.00	1.2275	3.12	0.47	0.12	0.20	0.03	0.02
巫溪县	0.97	1.2207	3.29	0.70	0.17	0.18	0.07	0.05
巫山县	0.78	1.1774	3.72	0.86	0.26	0.16	0.14	0.09
奉节县	0.65	1.1478	4.81	1.20	0.27	0.14	0.25	0.17
云阳县	0.59	1.1342	4.30	1.11	0.32	0.15	0.24	0.16

续表

县（区）名称	地表起伏度标准化值（LD_j）	地表起伏度（表面积指数）	粮食单产/(t/hm²)	单位面积农业产值/(万元/hm²)	播种面积比	农林水支出比	农业产出投入比指数（TC_j）	农业产出投入比标准化值（LT_j）
武隆区	0.58	1.1316	3.49	1.02	0.25	0.19	0.14	0.09
开州区	0.55	1.1257	4.70	1.20	0.38	0.14	0.35	0.23
酉阳县	0.55	1.1242	4.21	0.79	0.22	0.17	0.11	0.07
黔江区	0.53	1.1216	4.39	0.76	0.33	0.15	0.17	0.11
彭水县	0.53	1.1211	3.66	1.00	0.26	0.18	0.15	0.10
石柱县	0.53	1.1197	4.73	1.13	0.26	0.16	0.19	0.13
万盛经济技术开发区	0.52	1.1173	—	—	—	—	—	—
秀山县	0.46	1.1043	5.80	1.03	0.36	0.17	0.23	0.15
南川区	0.45	1.1030	6.01	1.58	0.32	0.13	0.42	0.28
万州区	0.42	1.0950	4.59	1.40	0.45	0.09	0.76	0.51
綦江区	0.41	1.0923	5.26	1.42	0.48	0.09	0.77	0.51
丰都县	0.40	1.0910	4.52	1.00	0.34	0.16	0.23	0.15
涪陵区	0.31	1.0695	4.51	1.36	0.54	0.08	0.98	0.65
江津区	0.29	1.0661	6.48	2.07	0.44	0.09	1.03	0.69
忠县	0.29	1.0649	5.10	1.47	0.45	0.13	0.52	0.35
巴南区	0.28	1.0647	5.74	2.40	0.49	0.11	1.14	0.76
渝北区	0.27	1.0623	—	—	—	—	—	—
梁平区	0.26	1.0592	5.15	1.69	0.48	0.14	0.61	0.41
北碚区	0.25	1.0565	4.82	2.42	0.41	0.08	1.34	0.89
江北区	0.24	1.0544	—	—	—	—	—	—
长寿区	0.22	1.0503	5.39	1.53	0.58	0.09	1.07	0.71
渝中区	0.22	1.0503	—	—	—	—	—	—
南岸区	0.22	1.0500	—	—	—	—	—	—
大渡口区	0.17	1.0392	—	—	—	—	—	—
垫江县	0.17	1.0389	6.00	1.54	0.53	0.13	0.65	0.43
合川区	0.16	1.0366	5.93	1.65	0.67	0.08	1.35	0.90
沙坪坝区	0.16	1.0364	—	—	—	—	—	—
双桥区	0.15	1.0330	—	—	—	—	—	—
铜梁区	0.14	1.0327	5.93	1.47	0.60	0.12	0.75	0.50
璧山区	0.14	1.0316	6.01	1.53	0.54	0.08	1.04	0.69
永川区	0.13	1.0306	7.20	2.19	0.62	0.09	1.50	1.00
九龙坡区	0.13	1.0303	—	—	—	—	—	—

续表

县（区）名称	地表起伏度标准化值（LD$_j$）	地表起伏度（表面积指数）	粮食单产/(t/hm²)	单位面积农业产值/(万元/hm²)	播种面积比	农林水支出比	农业产出投入比指数（TC$_j$）	农业产出投入比标准化值（LT$_j$）
大足区	0.13	1.0293	6.86	1.83	0.69	0.10	1.36	0.91
潼南区	0.12	1.0271	6.17	1.78	0.80	0.15	1.02	0.68
荣昌区	0.08	1.0183	6.24	1.63	0.74	0.11	1.11	0.74

2. 建立农业生产综合指标

在已阐述的反映农业生产的四项单项指标的基础上，为综合反映农业生产与地表起伏的关系，需集成一个能反映农业生产发展的综合指标。其中四项单项指标中的单位面积农业产值反映了单位面积土地农业生产能力（已经包含粮食单产这一指标），因此决定保留单位面积农业产值这项指标，去除粮食单产这项指标。播种面积比表示地区农作物播种面积占该区总面积比例，农林水支出比表示农林水支出占财政总支出的比例。由于只考虑单位面积农业产值或播种面积比，不能反映该县域总的农业生产能力，故将式（9.6）进行改进，得到式（9.7）。

$$\text{农业总产值} = \text{单位面积农业产值} \times \text{农业播种面积} \quad (9.6)$$

$$\text{农业产出指数} = \text{单位面积农业产值标准化值} \times \text{播种面积比标准化值} \quad (9.7)$$

$$\text{农业投入指数} = \text{农林水支出比标准化值} \quad (9.8)$$

按式（9.9）将单位面积农业产值标准化，按式（9.10）将播种面积比标准化，按式（9.11）将农林水支出比标准化。

$$LC_j = (NC_j - k)/(NC_{max} - k) \quad (9.9)$$

$$LZ_j = (NZ_j - k)/(NZ_{max} - k) \quad (9.10)$$

$$LS_j = (NS_j - k)/(NS_{max} - k) \quad (9.11)$$

式中，NC_j、NZ_j 和 NS_j 分别为第 j 个县（区）的单位面积农业产值、播种面积比和农林水支出比；k_{NC}、k_{NZ}、k_{NS} 为理想化状态下单位面积农业产值、播种面积比和农林水支出比（取值 0）；NC_{max}、NZ_{max} 和 NS_{max} 分别为各县（区）单位面积农业产值最大值、播种面积比最大值和农林水支出比的最大值；LC_j、LZ_j 和 LS_j 分别是单位面积农业产值标准化值、播种面积比标准化值和农林水支出比标准化值。

最后通过式（9.14）集成一个综合指标，即农业产出投入比指数。

$$TC_j = \frac{LC_j \times LZ_j}{LS_j} \quad (9.12)$$

$$LT_j = (TC_j - 0)/(TC_{max} - 0) \quad (9.13)$$

式中，$LC_j \times LZ_j$ 为农业产出指数；LS_j 为农业投入指数；TC_j 是第 j 个县（区）的农业产出投入比指数；0 是为理想化状态下农业产出投入比指数；TC_{max} 为各县（区）的农业产出投入比指数的最大值；LT_j 为农业产出投入比标准化值。

9.1.2 重庆市地表起伏度对农业生产的影响

对表 9.2 中 31 个县（区）的粮食单产、单位面积农业产值、播种面积比、农林水支出比、农业产出投入比指数按照表 9.3 分级，得到图 9.1，可以大致了解各农业指标受地表起伏度的影响在空间位置上的分布情况。为了定量了解地表起伏度对农业生产的影响，将地表起伏度标准化值分别与各项农业指标进行分析，并对所得模型进行显著性检验，5 个模型的显著性水平均为 0.00，小于 0.05，即模型通过显著性检验。

表 9.3 农业指标分级

指标	一级	二级	三级	四级	五级
粮食单产/（t/hm²）	[0, 4]	(4, 4.5]	(4.5, 5]	(5, 5.5]	(5.5, ∞]
单位面积农业产值/（万元/hm²）	[0, 0.5]	(0.5, 1]	(1, 1.5]	(1.5, 2]	(2, ∞]
播种面积比	[0, 0.3]	(0.3, 0.4]	(0.4, 0.5]	(0.5, 0.6]	(0.6, 1]
农林水支出比	[0, 0.1]	(0.1, 0.12]	(0.12, 0.14]	(0.14, 0.16]	(0.16, ∞]
农业产出投入比指数	[0, 0.25]	(0.25, 0.5]	(0.5, 0.75]	(0.75, 0.1]	(0.1, ∞]

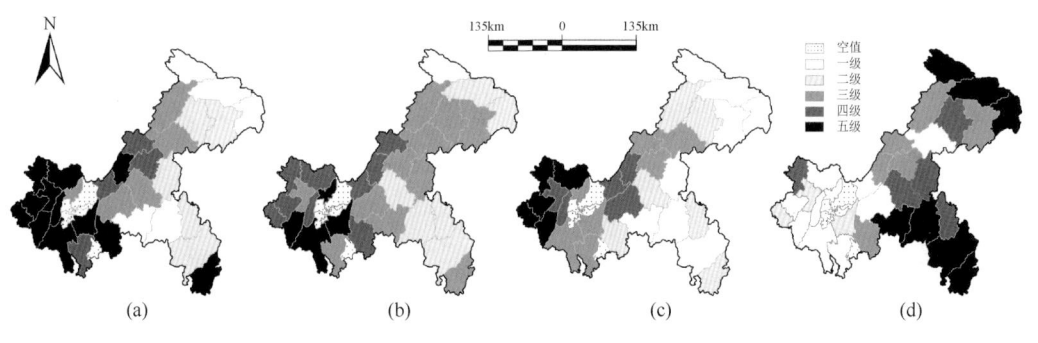

图 9.1 重庆市各县（区）农业指标等级图

1. 地表起伏度对农业产量的影响

根据表 9.2，将粮食单产与地表起伏度标准化值进行线性回归分析，得到模型 1。

$$y_1 = -3.6726x + 6.5662 \tag{9.14}$$

式中，y_1 为粮食单产；x 为地表起伏度标准化值，其取值范围是[0, 1]；该模型 R^2 为 0.6997。从图 9.2（a）可知，随着地表起伏度标准化值不断增加，粮食单产在逐渐减少，表现为地表起伏度标准化值每增加 0.1，粮食单产减少约 0.37t/hm²。从图 9.1（a）可知，粮食单产最高的县（区）是巴南、秀山、铜梁、合川、垫江、璧山、南川、潼南、荣昌、江津、大足、永川；而最低县（区）是城口、巫溪、巫山、武隆、彭水。说明受地表起伏度影响，重庆多数区域山高坡陡，土地贫瘠，住户分散，交通不便，地表起伏度高的地区农民对农业生产缺乏积极性，且有部分农民只种和收，缺乏大田管理环节，耕作粗放，从而使得农业生产仍处于较原始状态，导致粮食单产低。

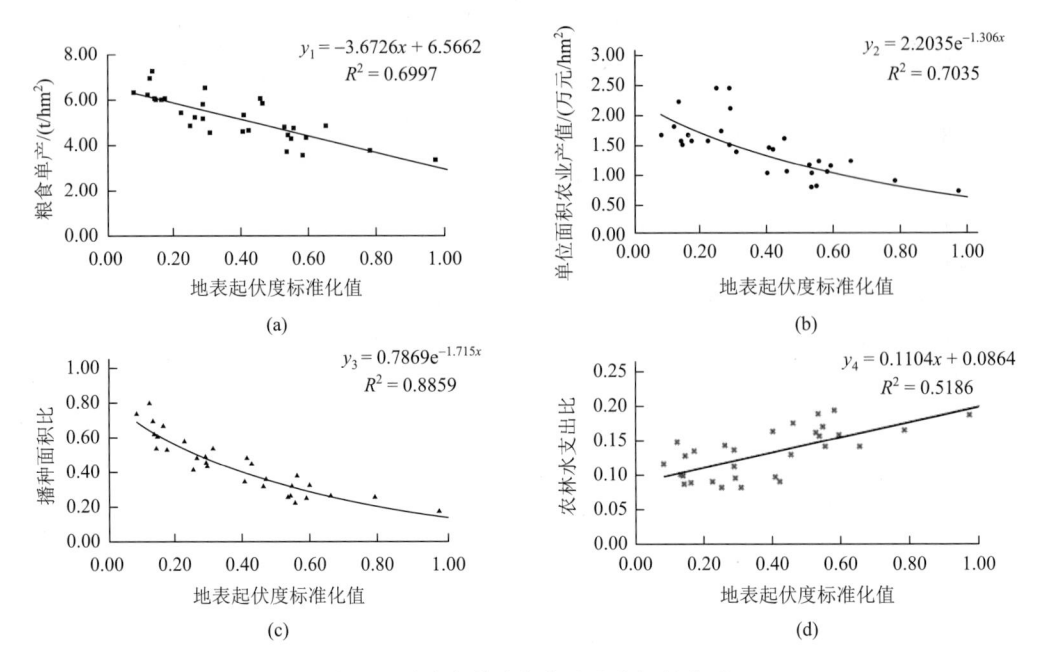

图 9.2 地表起伏度与各农业指标的关系

农作物除了粮食，还包括蔬菜、水果等，因此需进一步分析地表起伏度对单位面积农作物产值的影响。根据表 9.2，将单位面积农业产值与地表起伏度标准化值进行分析，得到模型 2。

$$y_2 = 2.2035\text{e}^{-1.306x} \tag{9.15}$$

式中，y_2 为单位面积农业产值；x 为地表起伏度标准化值，其取值范围是[0, 1]；该模型 R^2 为 0.7035。从图 9.2（b）可得出，单位面积农业产值随地表起伏度标准化值的增加呈指数级减少。从图 9.1（b）可知，单位面积农业产值最高的县（区）是北碚、巴南、永川、江津；而最低的县（区）是城口；其次是巫山、巫溪、渝东南的酉阳等高起伏地区。

2. 地表起伏度对农作物播种面积比的影响

根据表 9.2，将农作物播种面积比与地表起伏度标准化值进行指数分析，得到模型 3。

$$y_3 = 0.7869\text{e}^{-1.715x} \tag{9.16}$$

式中，y_3 为播种面积比；x 为地表起伏度标准化值，其取值范围是[0, 1]；该模型 R^2 为 0.8859。从图 9.2（c）可知，播种面积比受地表起伏度的影响大，农作物播种面积占总面积比例随着地表起伏度标准化值的增加呈指数降低。从图 9.1（c）可知，播种面积比最高的县（区）是潼南、荣昌、大足、合川、永川；而最低的县（区）是城口、巫溪、巫山、奉节、石柱、武隆、彭水、酉阳。说明地表起伏度大，造成山大沟深，农业区位偏僻封闭，农业生产的自然条件相对较差，农产品存在"买难卖难"、农业生产效益较低等问题，加上很多坡地坡度陡峻，无法耕作，耕地分布比较零星，人均耕地量少质差，这种状况必然影响农作物播种面积。

3. 地表起伏度对农林水支出比的影响

将表 9.2 中农林水支出比与地表起伏度标准化值进行线性回归分析，得到模型 4。

$$y_4 = 0.1104x + 0.0864 \tag{9.17}$$

式中，y_4 为农林水支出比；x 为地表起伏度标准化值，其取值范围是[0, 1]；该模型 R^2 为 0.5186，该指标的相关系数较前三个农业生产指标低，其原因是该指标反映了农林水支出指标（不单是农业生产指标）。从图 9.2（d）可看出，农林水支出比随着地表起伏度标准化值的增加呈线性增加，表现为地表起伏度标准化值每增加 0.1，农林水支出比增加约 1.1%。从图 9.1（d）可知，农林水支出比最高的县（区）是城口、巫溪、巫山、秀山、酉阳、武隆、彭水；而最低的县（区）是涪陵、北碚、璧山、合川、万州、长寿、江津、綦江、永川、大足。说明地表起伏度越大，地质地貌越复杂，地表坡度较大，山体的大小、数量也呈现复杂的态势，因而坡耕地占比大，水资源利用困难，农田水利工程成本、人工成本等各项成本均呈不同程度的增加，导致农林水支出比增大。这使得地表起伏度越大的县（区）在农林水方面支出比越大，而在其他方面可利用资金越少，不利于这些县（区）其他行业的建设与发展。

4. 地表起伏度对农业生产的综合影响

将表 9.2 中农业产出投入标准化值与地表起伏度标准化值进行分析，得到模型 5。

$$y = 1.3362e^{-3.85x} \tag{9.18}$$

式中，y 为反映农业生产综合指标，即农业产出投入比标准化值；x 为地表起伏度标准化值；y 与 x 取值范围均是[0, 1]。该模型 R^2 为 0.8296，说明相关性高，能够较好地反映农业产出投入比（图 9.3）与地表起伏度之间的关系。从图 9.4 可知，地表起伏度标准化

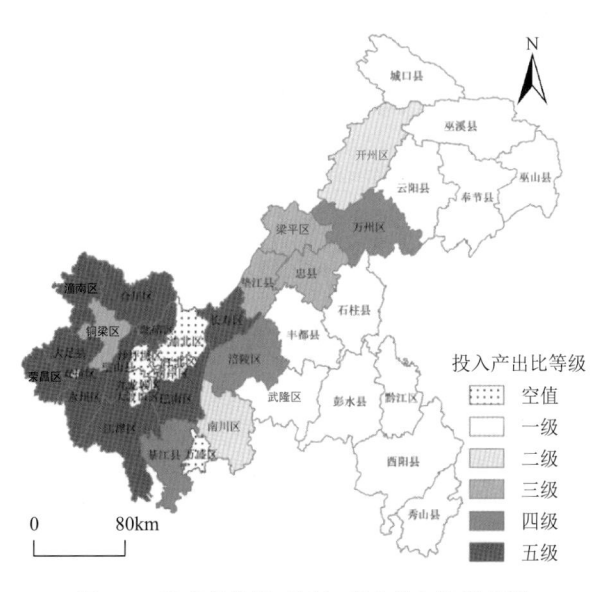

图 9.3 重庆市各县（区）产出投入比等级图

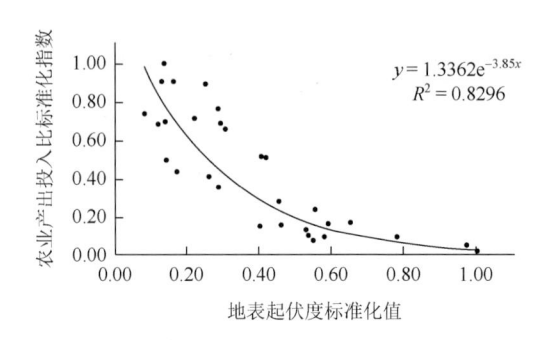

图 9.4 地表起伏度标准化值与农业产出投入比的关系图

值越大,农业产出投入比越低,具体表现为:当农业产出不变时,农业投入随着地表起伏度的增大而增加;当农业投入不变时,农业产出随着地表起伏度的增大而减少。从图9.3可知,农业产出投入比最低的县(区)是城口、巫溪、巫山、云阳、奉节、石柱、丰都、武隆、彭水、黔江、酉阳、秀山,说明这些地区农业生产受地表起伏度影响最大。

9.1.3 结论与讨论

重庆地表起伏度从西部向东部逐渐变大,导致东部县(区)比中、西部县(区)粮食单产低、单位面积农业产值低、播种面积比例低、农林水支出比高。其中,地表起伏度最大的城口县与地表起伏度最小的荣昌区相比,地表起伏度增大 0.2092,粮食单产降低 3.12t/hm^2,单位面积农业产值减少 1.02 万元/hm^2,农作物播种面积比降低 62%,农林水支出占财政支出比例增高 9%。

随着地表起伏度的增大,粮食单产降低,单位面积农业产值降低,播种面积比降低,农林水支出比例增高,其中地表起伏度对播种面积比的影响最大,其次为单位面积农业产值,再次是粮食单产的影响,地表起伏度影响相对较小的是对农林水支出比的影响(但相关系数 R^2 仍然达到 0.5184)。

重庆东部县(区)农林水支出比大于中西部,导致这些县(区)其他行业(领域)可利用资金比例相对减少,使得东部县(区)在教育、水利、交通等社会发展、城市建设方面比中、西部县(区)差。

农业产出投入比指数综合反映了农业生产各项指标。图 9.3 中等级为一级的县(区)农业产出投入比最低,且地表起伏度较大,不适合开展传统农业生产,该区域的渝东北地区既是三峡库区,又是"十二五""十三五"时期秦巴山连片特困地区,生态保护任务最重,发展压力最大,属于生态涵养发展区;而渝东南地区人均资源相对不足,地区差异较大,生态环境脆弱,部分地区局部生态环境恶化的趋势仍未得到有效遏制,属于生态保护区。图 9.3 中等级为五级和四级的县(区)农业产出投入比最高,适合机械化农业生产,提高农业产值,该区域地表起伏度较小,也是城市发展新区,在现有基础上可同步推进新型工业化、信息(数字)化、新型城镇化和农业现代化。

农业生产布局和农业种植结构的调整要严格遵守地表起伏规律。例如,在地表起伏度大于 1.15 的地区(表 9.2)不宜进行粮食播种,可栽种经果林,以提高农业产值,其中的相对高差大于 740m,坡度大于 6°的土地面积占 94%以上的县(区)(如城口、巫溪、巫山),不适合开展传统农业生产,可种植高山蔬菜或者中药材、茶叶及其他经果林等。

本节研究依旧存在一些不足:首先,在计算地表起伏度时只考虑了表面积指数,若要更加全面细致刻画地表起伏状况对农业生产的影响,可综合考虑坡度、高程、相对高差或地表破碎度等地表起伏度影响因素。其次,空间数据分辨率也是影响地表起伏度精度的重要因素,以重庆市武隆为例,在计算表面积比指数时,采用 30m 空间分辨率的 DEM 得到的地表起伏度为 1.1316,而采用 90m 空间分辨率的 DEM 得到的地表起伏度却为 1.0929。最后,地表起伏度还对农业生产的抗旱能力、农业生态环境的脆弱性均有显著影响,这些问题有待下一步深入开展工作。

9.2 地表起伏度对扶持农业生产支出的影响——着重以贵州为例

地表起伏度对政府在扶持农业生产支出方面的影响,主要体现在对国家财政支农支出上。财政支农支出在改善农业生产条件和为农业生产服务方面发挥着重要作用。由于农业是国民经济基础产业,同时又是弱质产业,通过财政支农支出扶持农业生产,有利于巩固农业的基础地位,有利于促进农业发展,有利于解决国内"三农"问题,更好地保障国民经济又好又快发展。

本节以全国各省份为样本,并和贵州进行对比分析,由于涉及空间范围广,各省份地表等自然环境及农业结构差异极大,为便于讨论和从宏观上说明地表起伏对农业生产与财政支农的影响,本节概略性把平原、丘陵和山区三种不同地貌类型理解为低、中高、高三种地表起伏度类型区,考察它们对农业生产和财政支农支出的一般影响,在此基础上结合贵州农业发展的实际情况,通过与相关省份的比较,分析不同地表起伏度对农业生产和财政支农支出的影响,为我国和相关省(区、市)科学制定财政扶持农业发展的相关政策提供参考依据。

在县(市)经济和农村经济统计中,按照地貌类型(地表起伏概略情况),统计部门把全国 2000 多个县(市)划分为低(平原)、中高(丘陵)和高(山区)三种不同地表起伏区,按照这类分组分别考察其农业和财政经济状况,全国地表分组及比例见表 9.4。

表 9.4 全国地表分组及比例

地貌类型	县(市)个数/个	各组所占比例%	平均每个县(市)面积/km²
低起伏区(平原)	646	31.2	4071
中高起伏区(丘陵)	531	25.6	3842
高起伏区(山区)	895	43.2	4782
合计	2072	100	—

来源:根据《中国县(市)社会经济统计年鉴》和《中国农村经济年鉴》2004~2007 年资料整理。

9.2.1 三种地表起伏分组类型对农业生产的影响

1. 地表起伏度对农业增加值的影响

以每公顷农作物播面农业增加值过去三年（2004~2006年，以下同）的平均数来考察，低起伏区（平原）由于有利于农业生产，该项指标明显要高于中高起伏区（丘陵）和高起伏区（山区），平均要高1200多元，而丘陵和山区之间差别不大，说明在全国同样的农业经济政策条件下，低起伏区（平原）具有较高农业综合净产出，中高起伏区（丘陵）和高起伏区（山区）农业综合净产出相对较低，见表9.5。

表9.5 每公顷农作物播面农业增加值　　　（单位：万元）

地貌类型	2004年	2005年	2006年	三年平均
低起伏区（平原）	0.823	0.873	0.938	0.878
中高起伏区（丘陵）	0.716	0.758	0.792	0.755
高起伏区（山区）	0.686	0.748	0.793	0.742

来源：根据《中国县（市）社会经济统计年鉴》和《中国农村经济年鉴》2004~2007年资料整理。

2. 地表起伏度对平均粮食单产的影响

高起伏区（山区）三年平均粮食单产要低于低起伏区（平原）104kg，低于中高起伏区（丘陵）44kg。低起伏区（平原）平均每亩粮食单产2006年比2004年增加了20kg，而高起伏区（山区）仅增加5kg，中高起伏区（丘陵）持平，见表9.6。

表9.6 不同地表起伏区平均粮食单产值　　　（单位：kg/亩）

地貌类型	2004年	2005年	2006年	三年平均单产	2006年比2004年增加
低起伏区（平原）	378	380	398	385	20
中高起伏区（丘陵）	324	328	324	325	0
高起伏区（山区）	278	282	283	281	5

来源：根据《中国县（市）社会经济统计年鉴》2004~2007年资料整理。

3. 地表起伏度对人均肉类产量的影响

高起伏区（山区）饲养业发展水平较低，三年平均人均肉类产量仅有68kg，比中高起伏区（丘陵）低21kg，比低起伏区低16kg；同时增长速度较慢，以2000年为基数，6年间高起伏区（山区）年均增长率仅5.7%，而中高起伏区（丘陵）和低起伏区（平原）年均分别增长6.7%和5.9%，见表9.7。中高起伏区（丘陵）高于低起伏区（平原）的主要原因是以江南丘陵、川中丘陵为代表的湘赣、川渝等省（区、市）粮食自给有余，传统生猪养殖业发达；东北等低起伏区（平原）虽然粮食有余，但不是传统的生猪养殖区。而猪肉在我国除内蒙古、新疆、西藏、青海等牧区外的绝大多数地区肉类消耗中占主导地位。

表 9.7　不同地表起伏区人均肉类产量

地貌类型	2004 年/(kg/人)	2005 年/(kg/人)	2006 年/(kg/人)	三年平均数/(kg/人)	年均增长率%
低起伏区（平原）	80	85	87	84	5.9
中高起伏区（丘陵）	82	90	94	89	6.7
高起伏区（山区）	64	69	72	68	5.7

来源：根据《中国县（市）社会经济统计年鉴》2004~2007 年资料整理。说明：年均增长率以 2000 年为基数，按 2006 年计算。

4. 地表起伏度对农业现代化程度的影响

以每公顷播面平均装备农业机械总动力来表示，低起伏区（平原）两年平均是 5.2kW/hm^2，远高于高起伏区（山区）3.2kW/hm^2，而中高起伏区（丘陵）与高起伏区（山区）相差 0.3kW/hm^2，说明两者装备水平差距不大（表 9.8）。从总体上看，2005 年每公顷播面平均装备农业机械总动力比 2004 年高，说明各个地区的经济状况有所提升。

表 9.8　每公顷播面平均装备农业机械总动力　　（单位：kW/hm^2）

地貌类型	2004 年	2005 年	两年平均
低起伏区（平原）	5.1	5.3	5.2
中高起伏区（丘陵）	3.3	3.6	3.5
高起伏区（山区）	3.0	3.3	3.2

来源：根据《中国县（市）社会经济统计年鉴》2004~2007 年资料整理。

5. 地表起伏度对农业内部结构的影响

以农林牧渔业增加值结构衡量，低起伏区（平原）农业（种植业）增加值比例要占 60%以上，远高于中高起伏区（丘陵）和高起伏区（山区）（表 9.9），说明低起伏区（平原）在农业结构布局中充分发挥了地形便利的优势，合理利用了土地资源，特别是对耕地基本实现了集约节约利用。低起伏区（平原）牧业占 27%，渔业占 10%，牧业渔业也得到了较好发展，是一个比较合理的内部结构。反之高起伏区（山区）和中高起伏区（丘陵）农业内部结构，林业增加值比例偏低，种植业仍占较大比例，而饲养业所占比例仍然较小（特别是高起伏的牧区），未能充分发挥山区和丘陵优势，合理利用高起伏区（山区）和中高起伏区（丘陵）草山草坡，进一步扩大人均肉类产量。通过对比可以看出，高起伏区（山区）和中高起伏区（丘陵）未能充分利用土地资源优势，仍然面临着进一步调整农业内部结构的压力，同时也说明高起伏区（山区）和中高起伏区（丘陵）农业内部结构的调整仍然有较大潜力。

表 9.9 不同起伏区的农业内部结构占比、人均第一产业增加值

地貌类型	农业（2004 年）		林业（2005 年）		牧业（2006 年）		渔业（三年平均）	
	内部结构占比/%	人均第一产业增加值/元	内部结构占比/%	人均第一产业增加值/元	内部结构占比/%	人均第一产业增加值/元	内部结构占比/%	人均第一产业增加值/元
低起伏区（平原）	61	2128	2	2309	27	2469	10	2302
中高起伏区（丘陵）	54	1900	4	2081	30	2208	12	2063
高起伏区（山区）	49	1557	8	1711	25	1826	5	1698

注：农业结构内部占比以 2004 年、2005 年、2006 年三年平均值计算；人均第一产业增加值根据《中国县（市）社会经济统计年鉴》2004~2007 年资料整理。此外高起伏区（山区）副业占有一定比例。

6. 地表起伏度对人均第一产业增加值的影响

通过对人均第一产业增加值的分析来考察不同地表起伏区对人均农业产出水平的影响。2004~2007 年人均第一产业增加值见表 9.9。低起伏区（平原）三年平均人均第一产业增加值要比中高起伏区（丘陵）和高起伏区（山区）分别高出 11.6%和 35.6%，中高起伏区（丘陵）比高起伏区（山区）又要高 21.5%，尤其是高起伏区（山区）与低起伏区（平原）相比渔业增加值差距更大，两者人均相差 604 元。

9.2.2 三种地表起伏区财政支出和农业生产的关系

1. 人均财政支出和财力转移力度

区域财政支出是保证一个地区政府行使职能的基础，可以使用人均财政支出这一指标来反映区域财政支出水平。人均财政支出在低起伏区（平原）、中高起伏区（丘陵）和高起伏区（山区）三种地貌类型条件下表现出一定差异性（表 9.10）。

表 9.10　2004~2006 年三种地表起伏类型人均财政支出　　　（单位：元）

地貌类型	2004 年	2005 年	2006 年	三年平均
低起伏区（平原）	715	898	1114	909
中高起伏区（丘陵）	677	830	1048	852
高起伏区（山区）	751	910	1134	932

来源：根据《中国县（市）社会经济统计年鉴》2004~2007 年资料整理。财政支出为地方一般预算支出。

从研究的样本时段人均财政支出来看，高起伏区（山区）比低起伏区（平原）和中高起伏区（丘陵）分别多出 23 元和 80 元，低起伏区（平原）又比中高起伏区（丘陵）多 57 元，即高起伏区（山区）＞低起伏区（平原）＞中高起伏区（丘陵）。由于低起伏区（平原）、中高起伏区（丘陵）和高起伏区（山区）经济在我国处于不同的发展阶段，一般而言，低起伏区（平原）自然条件较好，发展相对较快，高起伏区（山区）和中高起伏区（丘陵）

自然条件较差,发展相对较慢,低起伏区(平原)人均财政支出一般应相对较多,但由于我国高起伏区(地区)大多是民族地区、边疆地区,有特殊的高原补贴、边远地区补贴、民族地区补贴等,人均财政支出相对反而更高。至于人均财政转移支付力度,一般来说,地表起伏越大的地区,财政收支缺口越大,为支持各级地方政府正常运行之需,中央对高起伏区(地区)的财政转移支付力度较大(表9.11),其中高海拔的青藏地区是我国中央财政转移支付力度最大的地区。

表9.11　2004~2006年人均财政转移支付力度　　　　　　　　　　(单位:元)

地貌类型	2004年	2005年	2006年	三年平均
低起伏区(平原)	345	418	515	426
中高起伏区(丘陵)	382	461	586	476
高起伏区(山区)	497	598	744	613

来源:根据《中国县(市)社会经济统计年鉴》2004~2007年资料整理。

2. 保持较高水平的财政投入

高起伏区(山区)人均财政支出需要保持较高水平。通过不同地表起伏类型(地貌类型)对农业影响的考察,可以看出,由于受地表起伏的不利影响,高起伏区(山区)经济社会发展在我国还处于相对落后的阶段,土地资源没有得到合理利用,农业产出、结构、效益和农业现代化都还处于相对较低的水平,加之高起伏区(山区)财政收入能力较弱,靠自身财力对农业投入有限,需要财政多方面加大投入力度,才能保证高起伏区(山区)农业有能力调整内部结构(如发展混农林牧业等),实现可持续发展。比较而言,低起伏的地区(平原)由于其农业产出、结构、效益和农业现代化都处于较高水平,农业自身发展能力较强,中央和省级财政投入比较低。这种区域性差距,充分反映我国现阶段经济发展的不平衡性。中央财政还需要加大对高起伏区(山区)和中高起伏区(丘陵)的现代农业投入,逐步提高高起伏区(山区)和中高起伏区(丘陵)现代农业发展的水平。

9.2.3　高地表起伏度对农业和县级人均财政支出的影响——以贵州为例

贵州高起伏区(山地)和中高起伏区(丘陵)面积占92.5%,低起伏区(平原)仅占7.5%,是全国唯一没有大平原支撑且农业占比较大的省份。故选择贵州为高起伏区的代表,考察高起伏区(山区)(地貌类型区)农业生产和人均财政支出的一般规律性。

1. 平地面积比例大的低起伏区(平原)农业产出水平相对较高

由于贵州是山区,平地匮乏,仅有的平地资源大多被开辟为城镇所在地(贵州大部分城镇分布在喀斯特山间盆地、谷地、高原台地等相对平缓的地区),从而带动了城郊农业发展,其农业产出水平相对较高。以平地面积占比排列全省前十位的县(市、区)单位面积农业总产值来表述,见表9.12。

表 9.12　平地占比与单位面积农业总产值关系

县（市、区）	平地面积占比/%	2012 年农业产值/(万元/km²)
小河区	44.6	144.12
南明区	44.6	78.32
白云区	36.7	105.36
西秀区	27.7	66.12
红花岗区	27.6	119.62
花溪区	27.0	82.16
平坝区	25.0	50.77
玉屏县	22.4	75.81
汇川区	22.0	79.08
乌当区	19.0	98.03

来源：《贵州省地表自然形态信息数据量测研究》和 2013 年《贵州统计年鉴》。

从表 9.12 中可以看出，平地面积占比高的前十位县（市、区），其单位面积农业总产值也比较高，排位中有八个进入全省前十位，说明关联性还是比较强。低起伏的平地地貌类型提供了发展农业的较好条件，但其作用还无法与我国中东部地表起伏度小的平原缓丘地区相比。

2. 人均财政支出明显低于全国水平

贵州作为典型的高起伏区（山区）省份，省内县级人均财政支出 2004 年、2005 年、2006 年三年人均财政支出分别是 543 元、694 元、843 元（三年平均 693 元）与全国山区三年 751 元、910 元、1134 元（三年平均 932 元）相比，明显偏低，三年平均低 34.5%，其中 2004 年差距达到 38.3%；即使同全国人均财政支出最低的中起伏丘陵地区同年相比，绝对差距都是较大的，三年平均相差 163 元，幅度达 22.9%。据此可以看出，贵州作为一个典型山区省份，县级人均财政支出严重不足，是一种财政紧平衡下的发展，和全国不同地表起伏度的山区、丘陵及平原相比，贵州在研究时段以前均在全国处于下游水平，严重制约了贵州社会经济的发展。

3. 财政支农支出占比小

贵州县（市）级人均财政支出严重不足，分配到人均财政支农支出就更少了，见表 9.13。

表 9.13　贵州县（市）级人均财政农业支出

项目	2004 年	2005 年	2006 年
贵州县级财政人均农业支出/元	52	72	85
占全国县级人均财政支出的比例/%	6.9	7.9	7.5

来源：根据《贵州统计年鉴》2004~2006 年整理。说明：不含市辖区，人口为县级年末总人口，财政支农支出仅为狭义财政支农支出，即农、林生产支出和农业各部门事业费三部分。

县域经济是贵州山区经济的基础，农业又是县域经济的基础。以贵州为例，21世纪初县域生产总值要占全省生产总值的 60%～70%，而在县域经济结构中第一产业又要占 30%左右。但贵州县级财政人均农业支出只占全国县级人均财政支出的 6.9%～7.9%，这一比例相对其地位而言严重偏低。结合贵州山区农业资源禀赋特点和山区自然条件优势，应大力发展适合市场需求山地特色农业、山地现代农业、生态农业，包括生态林业和食草养殖业、山地生态型农旅产业等，促使山区经济朝着良性循环发展。因此，高起伏区（山区）财政扶持农业的力度不仅不应减弱，而且还要加强，其占财政支出的比例应进一步提高，逐步与农业在县域经济中的地位和作用相适应。

9.2.4 贵州财政支农支出与农业发展的关系

1. 贵州财政支农支出状况

1）财政支农支出增长较快

进入 2000 年以后贵州财政支农支出有了较快增长，从 2000 年的 31.9 亿元增加到 2006 年 91.2 亿元，名义年均增长率为 19.12%，与同期全省财政总支出年均增长率 20.22%相当。财政扶持农业与全省财政总支出基本保持同步，保持了较快增长，其弹性比率达到 0.95。与全国财政支农支出同期名义年均增长率 17.1%相比较，贵州省要高出 2 个百分点，财政支农支出与全国保持同步增长。

2）财政扶持农业力度增强

为便于比较，先考察财政支农支出占比和人均财政支农支出情况（表 9.14）。贵州省财政支农支出占比在样本时段平均数是 15.51%，2004～2006 年与 2000 年基本持平。农业人口人均广义财政支农支出三年平均数为 245 元，是 2000 年的 2.43 倍。

表 9.14 贵州财政支农支出占比及人均财政支农支出

年份	全省财政支出/亿元	全省财政支农支出/亿元	占比/%	农业人口/万人	人均财政支农支出/元
2000	201.57	31.9	15.83	3144.98	101
2004	418.42	72.3	17.28	3224.62	224
2005	520.73	76.6	14.71	3258.04	235
2006	608.78	91.2	14.98	3295.08	277
平均	—	—	15.51	—	245

来源：《贵州统计年鉴》2006 年、2007 年。说明：农业人口为全省农业人口。平均人均财政支农支出为 2004～2006 年的平均。

用财政支农支出占同期农业总产值和农业增加值比例两个指标来总体表示财政扶持农业的强度，用单位粮食产量和单位肉类产量平摊财政支农支出两个实物相对指标，表示对粮食生产和畜牧业的扶持强度，见表 9.15。

表 9.15　贵州财政扶持农业强度

年份	占农业总产值比例/%	占农业增加值比例/%	单位粮食产量平摊财政支农支出/(元/kg)	单位肉类产量平摊财政支农支出/(元/kg)
2004	13.8	21.2	0.63	4.23
2005	13.4	20.8	0.66	4.10
2006	15.15	23.2	0.81	4.51
平均	14.1	21.7	0.70	4.28

来源:《贵州统计年鉴》2006 年、2007 年。说明:实物相对指标主要是通过考察财政支农支出规模与实物产量相比的变化规律,从总体上反映政府为服务和支撑农业的相对效果,以此来研究地貌类型的影响,不能理解为对粮食和肉类生产的直接补贴。

从表 9.14 和表 9.15 可以看出,财政扶持农业的力度增强。从财政支农支出占农业总产值的比例看,接近财政支农支出占财政总支出的比例关系,三年平均数为 14.1%,仅低于财政支农支出占财政总支出的比例 1.4 个百分点;占农业增加值的比例,三年平均值也基本稳定在 20%以上。从农业实物产出看,单位粮食产量平摊财政支农支出比较大,三年内从 0.63 元/kg 增加到 0.81 元/kg,增加 28.6%。单位肉类产量平摊财政支农支出则相对稳定,仅增加 6.6%。虽然财政扶持农业的力度比较大,但高起伏区(山区)农业的发展对财政的依赖性也在增强。

3) 农业科技支出明显偏低

从财政支农支出内部结构的分析可以看出,农业支出(支援农村生产和各项农业事业费)占了很大比例,三年平均数达到 70%,但所占比例略有下降。农业基本建设支出三年平均保持在 10%左右,农业科技三项费用三年平均保持在 0.24%,明显偏低,农村其他支出所占比例逐年提高,见表 9.16。

表 9.16　贵州财政支农支出结构变化情况

年份	贵州财政支农支出/亿元	农业支出/%	基本建设支出/%	科技三项费用/%	农村救济/%	其他/%
2004	72.3	72.4	10.3	0.19	0.64	16.47
2005	76.6	69.6	9.7	0.26	3.32	17.12
2006	91.2	67.5	10.6	0.26	3.08	18.56
三年平均	—	70	—	0.24	—	—

来源:《贵州统计年鉴》2007 年、2006 年。其他项包括补助村委会和新型农村合作医疗及各种农业补贴等。

对农业支出内部结构分析(表 9.17)可以看出,农业生产和林业支出占较大比例,两者合计三年平均数达 86.4%,其中农业支出占比三年平均为 42.1%,林业支出占比为 44.3%。各项农业事业费(主要是人头费)增长较快,所占比例逐年增加。

表 9.17　贵州狭义财政支农支出结构变化情况

年份	合计/亿元	农业支出/亿元	占比/%	林业支出/亿元	占比/%	农林水气事业费/亿元	占比/%
2004	52.3	17.3	33.1	29.5	56.4	5.5	10.5
2005	53.3	24.6	46.2	21.3	40.0	7.4	13.9
2006	61.6	28.9	46.9	22.5	36.5	10.2	16.6
三年平均	—	—	42.1	—	44.3	—	13.7

来源:《中国统计年鉴》2005 年、2006 年、2007 年。本表为狭义财政支农支出。

通过分析可以看出，作为高起伏的典型山区省份的贵州近几年财政支农支出总体特点是：财政支农支出增长较快，县级人均财政支农支出水平较低，财政扶持农业力度相对增强，财政扶持农业支出所占比例较大，农业基本建设支出占比稳定，但农业科技投入占比太低，不利于山区特色农业、生态农业的开发和增强农业可持续发展后劲。林业建设近几年投入较高，对改善贵州省生态环境给予了积极的财政支持，但所占比例有下降趋势。农林水气事业费增长较快，农村其他支出比例逐步提高，有利于促进贵州省农村公共事业发展。

2. 高起伏的贵州与低起伏和中起伏的平原、丘陵省份的比较

对贵州财政支农支出结构及其增长、财政扶持农业强度的变化等情况进行分析，初步揭示了对财政支农支出的特点。在此基础上对比分析高、中、低不同地貌类型起伏状况对省级财政支出的影响程度。

1）选择标准

低起伏的平原地区选择江苏和山东，中起伏的丘陵地区选择浙江和陕西，高起伏区以贵州为案例。因为除上海、天津两个直辖市外，江苏和山东平原面积所占比例是全国最高的、起伏度在全国属于最低之列，同样浙江和陕西丘陵面积所占比例也处在全国排名靠前位置，是典型中起伏地区，具有很好代表性。但所选的浙江、陕西两个中起伏的丘陵省份从其地貌内部构成看，这两个省份高、中、低三种起伏的地貌类型分布相对均衡，因此其影响综合了三种地表起伏类型，中起伏的丘陵地貌的影响只是相对而言。贵州处于中国欠发达的西部地区，是全国典型的山区省份，山地面积占全省面积比例在全国排第一位。因此，在经济社会发展过程中这五省都具有一定的典型性，其各种起伏的地貌类型所占比例见表9.18。

表 9.18　不同地表起伏区五省份地貌类型比例　　　　（单位：%）

地貌类型	江苏（低起伏）	山东（低起伏）	浙江（中起伏）	陕西（中高起伏）	贵州（高起伏）
低起伏区（平原、盆地）	94.95	86.34	30.91	16.63	4.35
中起伏区（丘陵）	4.8	6.63	47.28	41.23	7.69
高起伏区（山区）	0.1	6.47	21.81	42.00	87.96
合计	99.85	99.44	100	99.86	100

来源：中国科学院地理科学与资源研究所《中国自然资源数据库》(http://www.data.ac.cn/filter/9201)。说明：有的省地貌类型所占比例加起来不到100%，因为该省有少量沙漠（或沙质裸地）面积在该数据库中独立于上述三种地貌类型之外。该数据库使用平地概念含义更广泛，如贵州比较大的山间平坝也包含在内。

2）贵州省与四个省的比较

选择狭义财政支农支出规模及其占财政支出和农业总产值比例、农业人口人均财政支出以及单位农业实物产出所需财政农业投入强度等指标进行比较。

为了反映近几年的情况和尽量消除年度差额以及考虑资料收集难度，使用2004年、2005年和2006年的平均数。贵州省与四个典型省份的比较见表9.19和表9.20。

表 9.19 不同地表起伏区五省份狭义财政支农支出规模统计

年份和其他项	低起伏平原省份		中高起伏丘陵省份		高起伏山区省份
	江苏	山东	浙江	陕西	贵州
2004 年/亿元	75.68	73.11	75.1	74.83	52.32
2005 年/亿元	97.57	89.58	86.15	61.99	53.29
2006 年/亿元	122.5	108.38	101.87	81.17	61.55
三年平均数/亿元	98.6	90.4	87.7	72.7	55.7
名义年均增长/%	27.2	21.8	16.5	4.2	8.5
两年平均增长数/%	23.41	17.64	13.39	3.55	4.6
按地表起伏程度（地貌类型）平均/亿元	20.5		8.47		4.6

说明：本表使用狭义财政支农支出概念，主要是受限于仅能收集到各省这部分数据。名义年均增长是以 2004 年为基期的。两年平均增长数为 2005 年、2006 年增长规模按两年平均。按地表起伏程度（地貌类型）平均是将两年平均增长数一栏中两省份平均。来源：《中国财政年鉴》2005 年、2006 年和各省三年的统计年鉴。

表 9.20 不同地表起伏下典型省份财政扶持农业强度比较

地表起伏类型	省份	狭义财政支农支出占财政总支出比例/%	狭义财政支农支出占农业总产值比例/%	人均狭义财政支农支出/元	单位粮食产量狭义财政支农支出/（元/kg）	单位肉类产量狭义财政支农支出预算/（元/kg）
低起伏区（平原）	江苏	5.9	3.8	239.9	0.3	2.8
	山东	6.1	2.4	148.1	0.2	1.2
中高起伏区（丘陵）	浙江	6.9	6.1	263.1	1.0	6.6
	陕西	11.4	10.0	263.3	0.6	5.4
高起伏区（山区）	贵州	10.9	9.8	170.9	0.5	3.0

来源：2005 年、2006 年、2007 年上述五省统计年鉴和《中国人口年鉴》。说明：本表中使用三年平均数为计算依据；人均狭义财政支农支出使用各省农业人口数；2006 年山东省农业人口是江苏省农业人口的 1.4 倍，财政支农支出却只有江苏省的 92%，故其数据相对较低，在地表起伏度归类中陕西省更接近贵州省。

从表 9.19 可以看出，低起伏（平原）省份狭义财政支农支出规模较大，增长快；中高起伏（丘陵）省份狭义财政支农支出规模较小、增长慢。三年平均财政支农支出规模从低起伏平原省份依次向丘陵、山区省份递减。以 2004 年为基期，从 2005 年、2006 年两年平均增长数来看，狭义财政支农支出山区省份平均每年增加 4.6 亿元，中高起伏丘陵省份平均每年增加 8.47 亿元，低起伏平原省份平均每年增加 20.5 亿元。如果以低起伏平原省份的年均狭义财政支农支出增加额为衡量标准，高起伏山区省份年均增加额的差额为 15.9 亿元，中高起伏丘陵省份年均增加额的差额为 12.03 亿元。

再从财政扶持农业发展的强度来看，西部中高起伏区（丘陵）要占 11% 左右，远高于低起伏区（平原），差距十分明显。这一方面说明东部低起伏区财政对农业投入在财政总支出中的地位在下降，同时这些低起伏区（平原）农业的自身投入能力较强；反过来也说明高起伏区（山区）农业的自身投入能力较弱，农业发展对财政的依赖性更大，财政农业投入在财政支出中仍处于较重要地位，西部山区的山地农业、特色农业的发展需要国家大力扶持。

狭义财政支农支出占财政总支出比例东部低起伏区（平原）和中起伏区（丘陵）省

份只占 6.3%左右，高起伏区（山区）占 11%左右；而从狭义财政支农支出占农业总产值比例看，低起伏区（平原）省份农业对财政的依赖性更小，所占比例只有 2.4%~3.8%，而高起伏区（山区）和中起伏区（丘陵）省份农业对财政的依赖性更大一些，所占比例为 6.1%~10.0%。实际上从国际上来看，发达国家对农业的各种扶持比例也很高，据统计，2001 年政府对农业的支持（含补贴）占农业收入的比例，美国为 20%左右，欧盟为35%，日本、韩国在 60%以上。

从单位粮食产量的狭义财政支农支出来看，低起伏区（平原）省份每公斤在 0.2~0.3 元，中高起伏区（丘陵）和高起伏区（山区）则高达 0.5~1.0 元，是低起伏区（平原）省份的 2~3 倍，说明高起伏区（山区）和中高起伏区（丘陵）地区粮食生产更加依赖政府的投入，但政府投入的效果却不如低起伏区（平原）省份；从单位肉类产量的狭义财政支农支出来看，低起伏区（平原）省份每公斤在 1.2~2.8 元、平均为 2.0 元，中高起伏区（丘陵）省份每公斤在 5.4~6.6 元、平均为 6.0 元，高起伏区（山区）省份每公斤在3.0 元，丘陵省份平均是平原省份的 3 倍，山区省份平均是平原省份的 1.5 倍，说明中高起伏区（丘陵）地区和高起伏区（山区）肉类产量对政府的依赖性更大，但政府投入的效果不如低起伏区（平原）地区。从农业实物形态来看，高起伏区（山区）和中高起伏区（丘陵）多数指标和低起伏区（平原）省份相比差距都比较大，政府需要在农业服务和支撑上投入更多，农业的依赖性比平原省份强，政府农业投入的效果不如地表起伏小的平原地区，同时也说明不同地貌类型不同地表起伏度对政府农业投入产出的效果不同。

从人均狭义财政支农支出看，五省份人均狭义财政支农支出平均在 217.06 元；中高起伏区（丘陵）省份人均狭义财政支农支出普遍较高（可能与该区域农业多种经营有关），平均为 263.2 元；低起伏区（平原）平均为 194 元，高起伏区（山区）省份（贵州）为170.9 元，均处于平均数之下（全国按农业人口计算，2005 年人均财政支农支出是 206元）。可见无论与低、中起伏区平均数比较，还是与全国平均水平比较，高起伏区（山区）的典型区（山区）省份（贵州）平均人均狭义财政支农支出偏低，说明研究时段政府对山区省份农业人均财政投入不足。

3）典型省份农产品成本比较

下面以中籼稻和散养生猪这两个在各地农村比较普遍的产品为例，对比分析不同地表起伏度区农产品成本，分别见表 9.21、表 9.22。

表 9.21 不同地表起伏度区三省份每公顷中籼稻成本收益比较

省份	年份	总成本/元	人工成本/元	机械费/元	成本利润率%	用工量/d
江苏 （低起伏区）	2006	33.80	8.40	5.31	44.89	6.98
	2007	38.80	10.33	6.75	44.91	7.63
陕西 （中高起伏区）	2006	35.87	21.27	0.85	45.99	18.17
	2007	40.73	23.47	0.22	52.44	19.15
贵州 （高起伏区）	2006	43.53	25.27	0.22	16.62	22.22
	2007	45.80	27.20	0.36	29.12	21.21

来源：《全国农产品成本收益资料汇编》2007 年、2008 年。因无山东、浙江两省数据，只对三省进行比较。

表 9.22　不同地表起伏度区五省份每 50kg 散养生猪主产品成本比较

地表起伏情况	省份	年份	总成本/元	人工成本/%	成本利润率/%	用工量/d
低起伏区	江苏	2006	332.36	19.1	10.66	3.86
		2007	487.24	14.9	33.52	3.92
	山东	2006	317.80	14.1	16.54	2.75
		2007	486.32	12.5	32.4	3.30
	平均		406	15	23	3.5
中高起伏区	浙江	2006	319.83	11.0	25.63	2.10
		2007	452.75	8.8	62.34	2.15
	陕西	2006	310.20	35.4	21.67	6.68
		2007	474.18	30.6	39.66	7.90
	平均		389	21	37	4.7
高起伏区	贵州	2006	285.81	24.7	43.23	4.29
		2007	455.41	15.7	52.09	3.85
	平均		371	20	48	4.1

来源：《全国农产品成本收益资料汇编》2007 年、2008 年。散养生猪指每户饲养生猪不超过 30 头。受 2006 年和 2007 年生猪价格变动较大影响，成本利润率表现不稳定。

从表 9.21 中可以看出，每公顷中籼稻总成本高起伏区省份要高于中高起伏区省份，中高起伏区省份要高于低起伏区的平原省份。同年相比，高起伏区省份总成本要比中高起伏区省份高出 5.07~7.66 元，比低起伏平原省份要高出 7~9.73 元。若以高出部分为标准与低起伏平原省份比较，按贵州 2006 年中籼稻播种面积 1014.2 万亩计算，贵州中籼稻总成本要额外增加 14.8 亿元的支出。高起伏区省份用工量大，平均是低起伏区的 3 倍。按全国统一工价计算，地表破碎、起伏大的山区省份种植粮食的人工成本非常高，对总成本的影响比较大，人工成本占总成本的 59%。由于山区不利于机械作业的展开，使用机械的数量相对较少，其机械作业费只相当于平原省份的 1/20，从机械作业上去降低成本难度较大。从成本利润率比较上也可以看出高起伏区省份投入大产出少。地表起伏中等的丘陵省份在总成本、人工成本和用工上处于山区省份和平原省份之间，成本利润率和平原省份持平。如果仅从粮食作物中籼稻投入产出来看，不同地貌类型不同地表起伏度对投入产出的影响非常大，高起伏山区种粮成本最高。

根据表 9.22 统计的结果，不同地表起伏区对生猪散养各项指标也有一定影响。从总成本来看，平均每 50kg 散养生猪两年平均总成本高起伏区为 371 元，中高起伏区为 389 元，低起伏区为 406 元，依次递增；从人工成本占总成本比例来看，高起伏区和中高起伏区差别不大，分别占到 20% 和 21%（但丘陵地区内部差额较大——实际上中起伏的浙江省和中偏高起伏的陕西省各方面相差较大，见表 9.22），低起伏区占到 15%；从成本利润率来看，两年平均成本利润率在高起伏区为 48%，中高起伏区为 37%，低起伏区为 23%，依次递减。从用工量上来讲，两年平均每 50kg 散养生猪用工量在低起伏区为 3.5d，高起伏区为 4.1d，中高起伏区为 4.7d，依次相差 0.6d（但丘陵省份内部差额十分突出，发达丘陵省份平均为 2.1d，欠发达丘陵省份平均为 7.3d）。一般来说，总成本低、其成本利润率上升,高起伏区由于总成本相对较低,其成本利润率也就较高。

不同于粮食生产,生猪散养用工量对总成本的影响不大,低起伏区用工量最少,但其总成本最高,中高起伏区用工量最多,但其总成本并不是最高,说明非人工成本的因素影响较大。一般认为由于饲养业相对集约化经营(这里未做规模化经营分析,因山区省份缺乏这方面资料,生猪饲养以散养为主),其受地表自然形态影响,相对粮食生产较小。但依然看到不同于粮食生产的相反现象,生猪饲养的总成本从山区到平原是在上升的。但由于考察对象的局限性,生猪散养没有规模经营效益,不能说明平原地区生猪饲养总成本普遍较高。考虑到生猪散养在全国的普遍存在,把本节的分析与不同地貌类型(起伏状况)对饲养业一般分析的结论进行对比,可以看出,高起伏区生猪饲养业的发展尽管有其成本较低、成本利润率较高的特点,但由于散养的局限性和山区粮食产量低等因素的影响,高起伏区饲养业的发展受到影响,其发展较慢,人均产肉量较低。

3. 贵州省财政支农支出规模对农业发展的影响程度

1) 1978 年以来贵州省农业总产出和财政支农支出的增长情况

农业总产值是集中衡量农业经济增长的主要指标。以 1978 年贵州省农业总产值为基期指标,通过价格平减处理,计算其年平均增长率(表 9.23)。

表 9.23 贵州 1978~2007 年农业总产值、财政支农支出增长速度

年份	农业总产值	财政支农支出/亿元	平减指数/%	农业实际总产值/亿元	财政支农实际值/亿元	农业年均实际增长/%	财政支农年均实际增长/%
1978	27.46	2.77	100	27.46	2.77	4.72	5.51
2007	697.01	87.53	667	104.49	13.12		

来源:2008 年《贵州统计年鉴》。

通过对贵州农业总产值实际值的计算可以看出,1978~2007 年贵州农业年均实际增长率只有 4.72%。而同期从财政支农年均实际增长角度来看,对贵州财政支农支出平滑后,年均实际增长率为 5.51%,其增长速度略高于农业产值的增长,说明财政对农业增长给予了一定支持,但两者增长速度都较慢。

2) 构建财政支农支出对农业总产出影响模型

影响农业增长的因素有多方面的,从农业生产来看,资本和劳动力的投入是主要因素,但其他因素也发挥了作用。因此,在构建模型时不仅要考虑资本和劳动力的投入,也需考虑财政支农支出、天气、地表起伏等因素。

在科布-道格拉斯生产函数(Cobb-Douglas production function)基础上,构建财政支农支出对农业总产值影响的多元回归时间序列组合模型。

科布-道格拉斯生产函数:

$$Y_t = AL_t^{\alpha} K_t^{\beta} \mu \tag{9.19}$$

式中,Y 为产出;L 为劳动力;K 为资本;A 为综合技术水平;α 为劳动力产出弹性系数;β 为资本产出弹性系数;μ 为随机干扰项;t 为时间因素。

将财政支农支出和天气灾害的影响因素纳入模型:

$$Y_t = AL_t^\alpha K_t^\beta F_t^\gamma W_t^\delta \mu_t \tag{9.20}$$

式中，F 为政府财政支农支出投入；W 为灾害天气影响因素；γ 为财政支农支出的边际产出弹性；δ 为灾害天气弹性；其余符号含义与式（9.19）相同。

对式（9.20）两边取对数，得到计量经济模型：

$$\ln Y_t = \ln A + \alpha \ln L_t + \beta \ln K_t + \gamma \ln F_t + \delta \ln W_t + \mu_t \tag{9.21}$$

式中，Y 为农业总产值（亿元）；L 为农业劳动量投入（亿 d）；K 为农村固定资产投资（亿元）；F 为财政支农支出投入（亿元）；W 为农业受灾面积百分比（%）；以此综合反映灾害天气的负面影响，其他符号的意义与式（9.19）和式（9.20）相同。原始数据取自 1978～2007 年《贵州统计年鉴》，农业劳动量根据贵州省农产品成本收益调查换算，其中林业和渔业劳动量因林业和渔业在农业总产值中所占比例较小，根据其与种植业和畜牧业比例关系换算（本模型未使用农业劳动力人数，因为农村农业劳动力严重过剩，对构建模型意义不大；也暂时未考虑地表起伏度的影响，因为这里把贵州省作为一个整体，未与其他省份比较，仅探讨高起伏山区这一背景下贵州财政支出与农业发展需求的缺口问题）。变量中凡名义值均以农业总产值平减指数换算成实际值。

原始数据经过计算后的模型采用数据表见表 9.24。

表 9.24　模型采用数据表

年份	ln$Y$	ln$L$	ln$K$	ln$F$	ln$W$
1978	3.31	2.68	0.08	1.02	−1.67
1979	3.32	2.63	0.31	1.03	−0.70
1980	3.37	2.48	0.53	0.81	−1.32
1981	3.43	2.38	0.70	0.63	−1.14
1982	3.61	2.29	0.93	0.49	−1.78
1983	3.64	2.30	1.22	0.55	−1.25
1984	3.75	2.29	1.57	0.66	−1.60
1985	3.75	2.40	1.86	0.47	−0.85
1986	3.83	2.36	1.78	0.66	−1.75
1987	3.87	2.44	2.00	0.70	−1.11
1988	3.89	2.44	1.36	0.58	−1.35
1989	3.94	2.46	1.33	0.86	−0.97
1990	3.96	2.48	1.55	0.81	−1.11
1991	4.09	2.50	1.60	0.94	−1.42
1992	4.09	2.60	1.75	0.93	−0.66
1993	4.14	2.60	1.92	0.93	−1.06
1994	4.17	2.60	2.07	0.76	−1.41
1995	4.20	2.67	2.10	0.71	−1.32
1996	4.25	2.63	2.21	1.03	−1.28
1997	4.29	2.63	2.38	1.16	−1.45

续表

年份	ln$Y$	ln$L$	ln$K$	ln$F$	ln$W$
1998	4.30	2.49	2.56	1.42	−1.76
1999	4.33	2.48	2.56	1.61	−1.32
2000	4.37	2.45	2.60	1.81	−1.23
2001	4.38	2.41	2.63	2.09	−0.98
2002	4.41	2.43	2.68	2.22	−0.91
2003	4.46	2.47	2.70	2.13	−1.07
2004	4.51	2.41	2.69	2.53	−1.61
2005	4.57	2.44	3.00	2.56	−1.31
2006	4.62	2.33	3.19	2.73	−1.26
2007	4.65	2.23	3.40	2.57	−2.14

说明：本表原始数据来源于 2008 年《贵州统计年鉴》，农业用工量根据历年《全国农产品成本收益资料汇编》贵州部分计算，然后再按农业产业结构比例关系计算总用工量。

3）贵州省财政支农支出最优比例与农业财政缺口估算

财政支农支出最优比例的确定依据以下假设：财政支出的边际收益等于财政支出的边际成本，源自巴罗的自然效率条件（孙长清和李晖，2006），在不存在扭曲性税收的前提下，最优财政支农支出规模的自然效率条件为边际产出 MPF=1，即财政每增加 1 元支出时产出也提高 1 元。根据以上假设，设 γ 为财政支农支出的边际产出弹性，由 $\dfrac{\mathrm{d}\ln Y}{\mathrm{d}\ln F}=\dfrac{\mathrm{d}Y}{\mathrm{d}F}\dfrac{F}{Y}$ 可知，$\gamma = \mathrm{MPF}\dfrac{F}{Y}$，当 MPF=1，$\gamma = \dfrac{F}{Y}$，即 γ 为财政支农支出占农业总产值的最优比例。对式（9.21）进行估计，求出 $\gamma=0.166$，即 1978~2007 年贵州省财政支农支出规模占同期农业总产值的最优比例为 16.6%。

一方面，从该模型估计结果来看，贵州农业增长与贵州财政支农支出有一定关系，即财政支农支出每增长 1%，贵州农业总产值增长 0.166%。在只考虑农业实际增长和财政支农支出实际增长两个因素的情况下，根据表 9.23 可以计算财政支农支出的弹性系数为 0.86，但综合考虑其他影响因素后，该模型给出了财政支农支出的弹性系数仅有 0.166。模型显示，对农业总产值增长影响最大的因素主要是农业实际投入劳动量，其弹性系数达到 $L=0.45$，其次是农村固定资产投入，弹性系数达到 $K=0.23$，说明贵州农业的投入主要是人工投入，典型主要农产品（稻谷）成本分析也说明在种植业投入中人工成本要占 50%以上。受灾面积对农业增长的负面影响为每增加 1%受灾面积，农业总产值要减少 0.06%。

另一方面，从优化理论和边际效应角度来看，财政支农支出弹性系数为 0.166，表明财政支农支出规模占农业总产值 16.6%是一个相对最优比例。从 1978~2007 年来看，财政投入农业的最优支出规模保持在同期农业总产值的 16.6%，是一个投入的最优界线，低于 16.6%说明投入不足，高于 16.6%说明效率不高。从 1978~2007 年，这 30 年中财政支农支出占农业总产值的比例平均值为 6.85%，其中有 19 年投入比例低于平均值。该比例最低年份为 1995 年的 3%，最高年份为 2006 年的 15%。30 年来看没有一年达到 16.6%的最优比例关系，说明研究时段贵州省财政在农业投入上存在明显不足。如按此比例标准来计算，30 年农业发展资金差额年均为 21.22 亿元（表 9.25）。以 2007 年为例，当年农业总产值为 697.01 亿元，按 16.6%比例财政应投入农业 115.70 亿元，而实际投入只有 87.53 亿元，财政资金差额（缺口）达 28.17 亿元。在改革开放的前 30 年里，财政对农业投入明显不足。

表 9.25　贵州 1978~2007 年财政支农支出资金差额测算

年份	农业总产值/亿元	最优比例%	最优支出/亿元	实际支出/亿元	差额/亿元
1978	27.46	0.166	4.56	2.77	−1.79
1979	31.74	0.166	5.27	3.22	−2.05
1980	36.44	0.166	6.05	2.82	−3.23
1981	41.93	0.166	6.96	2.55	−4.41
1982	51.49	0.166	8.55	2.28	−6.27
1983	52.66	0.166	8.74	2.40	−6.34
1984	63.09	0.166	10.47	2.88	−7.59
1985	70.24	0.166	11.66	2.65	−9.01
1986	79.34	0.166	13.17	3.34	−9.83
1987	92.25	0.166	15.31	3.88	−11.43
1988	123.39	0.166	20.48	4.47	−16.01
1989	133.69	0.166	22.19	6.15	−16.04
1990	145.53	0.166	24.16	6.24	−17.92
1991	165.34	0.166	27.45	7.13	−20.32
1992	176.73	0.166	29.34	7.48	−21.86
1993	201.40	0.166	33.43	8.20	−25.23
1994	277.13	0.166	46.00	9.14	−36.86
1995	344.85	0.166	57.25	10.52	−46.73
1996	388.29	0.166	64.46	15.59	−48.87
1997	417.54	0.166	69.31	18.26	−51.05
1998	402.32	0.166	66.79	22.65	−44.14
1999	407.12	0.166	67.58	26.84	−40.74
2000	412.97	0.166	68.55	31.90	−36.65
2001	418.61	0.166	69.49	42.50	−26.99
2002	431.39	0.166	71.61	48.56	−23.05
2003	466.72	0.166	77.48	45.31	−32.17
2004	524.64	0.166	87.09	72.31	−14.78
2005	571.84	0.166	94.93	76.59	−18.34
2006	601.54	0.166	99.86	91.18	−8.68
2007	697.01	0.166	115.70	87.53	−28.17
30 年平均		—	—	—	−21.22

来源：历年《贵州统计年鉴》。

2000年以来随着我国各地工业化、城镇化进程的推进,国家越来越重视农业发展,一系列一号文件和惠农政策的出台与实施,这一比例关系得到了改善,从表9.15可以看出,贵州省近几年财政投入农业比例达到农业总产值的13.4%~15.15%,接近最优比例关系。研究时段至2020年期间随着国家大力实施精准扶贫工程,若把扶贫资金全部计入的话,贵州财政支农支出比例已经达到甚至超出最优比例,急需寻找符合贵州山区特点和市场需求的好项目,防止财政支农资金边际效益的下降。

总之,一般来说从贵州山区农业较脆弱的特点来看,其粮食生产成本高、产量低,饲养业人均产肉少,传统林业投入大,收益相对慢(在兼顾生态效益的前提下,调整林业产业结构,因地制宜发展特色林业经济);为夯实贵州省农业基础地位,财政支农支出应长期保持接近最优比例关系是适宜的。

9.2.5 基本结论

通过对低起伏区(平原)、中高起伏区(丘陵)和高起伏区(山区)三种不同地貌类型(不同地表起伏度区)的比较,可以看出地表起伏度与农业生产的关系具有以下特点:

(1) 高起伏区每公顷农业增加值和人均农业(第一产业)增加值水平都较低,在研究时段(2004~2006年,下同)分别比低起伏区低1200元和604元。

(2) 高起伏区粮食单产增产幅度小。

(3) 高起伏区人均肉类产量低,比中高起伏区三年平均少20多公斤。

(4) 高起伏区农业现代化程度不高,每公顷播面平均装备农业机械总动力比低起伏区少2kW。

(5) 高起伏区农业内部结构有待优化,研究时段种植业占比大(49%)。

(6) 高起伏区人均财政支出高,对政府的财政转移依赖度大。

高起伏区农业投入产出效益较低。对贵州内部而言,平地所占面积较大的县(区)农业产出水平较高,如原小河区、红花岗区和玉屏县等,发展山地现代农业需要保持较高的财政投入水平。

地表起伏度大的贵州省县级财政年人均财政支出严重不足,研究时段仅有693元,与同期全国山区、丘陵区及平原地区相比,在全国处于下游水平。贵州县级财政支农支出额及其所占比例较小,贵州县级财政支农支出比例较当时农业在县域国民经济体系中的地位而言偏低。

随着国家加大对西部地区的投入,财政扶持农业力度日益增强,研究时段贵州省财政支农支出占同期农业总产值三年平均数为14.1%,接近全省财政支农支出占财政总支出三年平均15.5%的比例。从农业实物产出看,贵州单位粮食产量平摊财政支农支出增加比较大,三年内从0.63元增加到0.81元,增加28.6%,单位肉类产量平摊财政支农支出相对稳定,三年仅增加6.6%。

在贵州财政支农(大农业)支出结构中,支援农业的支出占比有所下降,从72.4%下降到67.5%,农业科技投入明显不足,仅占研究时段支出的0.2%左右。在狭义财政支农支出(农业支出、林业支出和农林水气事业费支出)中,林业支出占比下降,研究时段三年内下降20个百分点。与低中起伏度的丘陵区、平原区省份比较，贵州狭义财政支农支出规模较小，增长慢，研究时段三年平均规模为55.7亿元，2005~2006年支出规模年均仅增加4.6亿元。增量只相当于地表起伏低的平原区省份增量的1/3到1/4。贵州省人均狭义财政支农支出相对较低，人均仅有170.9元，低于地表起伏度小的平原区和丘陵区省份的平均值。

从微观层面来看，高起伏区粮食生产投入要比其他地貌类型高，以每亩中籼稻为例，2006年贵州总成本是653元，是所有比较省份中最高的，其中人工成本，贵州要比低起伏区（如江苏、山东等）高出146元，若以高出部分为标准与平原省份比较，按贵州2006年中籼稻播种面积1014.2万亩计算，贵州中籼稻总成本要额外增加14.8亿元的支出。贵州省单位面积耕地用工量是平原省份的3倍，而其安排的机械作业费仅有低起伏区省份的1/20。从养殖业（散养）来看，山区投入成本较低、成本利润率相对较高，但由于受散养经营规模小和山区粮食产量低等因素的影响，其人均产肉量较低。

从省级财政支农支出与农业增长的关系来看，以地表起伏度大的贵州省为例，1978年以来贵州财政对农业增长给予支持，财政支农支出增长略高于农业增长，但多年来贵州农业总体上投入不足，财政支农支出占农业总产值比例平均仅有6.85%。通过模型优化计算，贵州财政支农支出每增长1%，农业产出增长0.166%，财政支农支出最优比例应为农业总产值的16.6%，从改革开放30年（1978~2007年）来看，没有一年达到这个比例关系，如按此比例来计算，30年来资金差额年均为21.22亿元。随着国家高度重视农业发展和脱贫攻坚的需要，一系列惠农政策的出台和实施，这一比例关系得到了改善，贵州省2004~2006年财政投入农业比例达到农业总产值的13.4%~15.15%，接近最优比例关系。从高起伏度山区农业较脆弱的特点来看，其粮食生产成本高、产量低，饲养业人均产肉少，林业投入大，收益较慢。为巩固贵州省农业基础地位和脱贫攻坚成果，缩小与平原地区的差距，保持对农业发展支持的力度，贵州财政支农支出应长期保持接近最优比例关系。

从上述基本结论来看，要保持贵州山区农业高质量发展、促进乡村振兴，就要进一步克服地表起伏度大给山区带来的不利影响，充分发挥山区的优势和特点，加大财政转移支付力度，提高贵州人均财政支农支出比例，使财政支农支出占农业产值比例保持较高水平。要进一步调整财政支农支出结构，加大对农业科技投入，扶持和发展贵州现代山地特色农业，保持和提高对林业投入比例，支持养殖业规模化经营，改进和创新适合山区农业生产的机械技术，提高农业现代化水平。要增加对农村公共事业的支出，为农业的持续发展创造良好支撑条件。

第10章　三峡库区（重庆段）地表起伏度与生态系统服务功能的相关性分析

地表起伏度作为区域地形特征的宏观表现因子，对土地利用、植被类型与分布等有重要影响。地表起伏度空间特征影响着土地利用的方式和空间格局的分布，建设用地多分布在地表起伏度较小的地区，林地主要分布在地形复杂地区，耕地、城镇村及工矿用地、交通运输用地、水利设施用地及其他建设用地多集中在地表起伏和缓区。地表起伏影响森林生物量及其空间分布。地表起伏度作为影响植被生长状况最重要的因素之一，从根本上决定了植被的空间分布与变化轨迹。地表起伏对针叶林和阔叶林影响最大，其次为草地、灌木林和园地。

如前所述，目前关于地表起伏度的影响研究主要集中在研究样区地表起伏度计算及其对人口分布、经济发展、人居环境适宜性、灾害危险性划分与防灾、地貌制图等方面。但是关于地表起伏度对生态系统服务价值影响方面的研究则十分薄弱。

三峡库区（重庆段）作为长江流域重要生态走廊，地表起伏度大，地貌类型和生态系统极为复杂。以三峡库区为实证案例，开展地表起伏度对生态系统服务价值的影响研究，对三峡库区（重庆段）及其整个长江上游的生态建设及生态工程的科学布局、因地制宜地维护和改善生态系统服务功能有重要现实意义。

生态系统服务（ecosystem service）指生态系统为人类社会的生产、消费、流通、还原和调控活动提供的有形或无形的自然产品、环境资源和生态损益的能力。自然生态系统不仅可以为人们的生存直接提供各种原料或产品（食品、水、氧气、木材、纤维等），而且在大尺度上具有调节气候、净化污染、涵养水源、保持水土、防风固沙、保护生物多样性、固碳等功能，进而为人类的生存与发展提供良好的生态环境。影响生态系统服务价值的因素很多，本章在简要介绍生态系统服务价值概念、功能模块、评估方法的基础上，对地表起伏度对生态系统服务功能的影响及其空间耦合关系方面进行阐述。

10.1　生态系统服务的概念与内涵

生态系统服务的概念最早由 Holdren 和 Ehrlich（1974）提出，指出生物多样性的丧失将直接影响生态系统服务功能。Daliy 等（1997）提出的"生态系统服务功能是指生态系统与生态过程所形成的，维持人类生存的自然环境条件及其效用"。Daily 将生态系统服务功能分为 13 类，包括缓解干旱和洪水、废物的分解和解毒、产生和更新土壤及土壤肥力、植物授粉、农业害虫的控制、稳定局部气候、支持不同的人类文化传统、提供美学和文化、娱乐等（不包括产品）。同年，Constanza 等（1997）提出生态系统服务功能是由自然生态系统的生境、物种、生物学状态、性质和生态过程所产生的物质和维持的良好生活环境对人类提供的直接福利。他将生态系统服务分为 17 类，包括气体调节、气候调节、干扰调节、水调节、水供给、基因资源、休闲娱乐、文化等。欧阳志云和王如松（2000）参考了 Daily 的定义，认为生态系统服务功能不仅为人类提供了食品、医药及其他生产生活原料，还创造与维持了地球生态支持系统，形成了人类生存所必需的环境条件。谢高地等（2001）认为，生态系统服务功能是通过生态系统的功能直接或间接得到的产品和服务，是由自然资本的能流、物流、信息流构成的生态系统服务和非自然资本结合在一起所产生的人类福利。2005 年千年生态系统评估(millennium ecosystem assessment, MA) 认为，生态系统服务功能是人类从生态系统获取的惠益，它包括供给服务、调节服务、文化服务和支持服务。由此 MA 将生态系统服务功能划分为四类：供给服务、调节服务、文化服务和支持服务。供给服务指由生态系统生产的或提供的服务，如食物、纤维、淡水等。调节服务指从生态系统过程的调节功能所得到的惠益，如调节大气质量、净化水质、水源涵养等。文化服务指从生态系统获取的非物质惠益，如休闲和生态旅游等。支持服务为提供其他服务而必需的一种服务，如生产生物量、养分循环、水循环、碳循环及提供栖息地。

国内学者认为生态系统服务功能的内涵可以包括有机质的合成与生产、生物多样性的产生与维持、气候调节、营养物质储存与循环、土壤肥力的更新与维持、环境净化与有害有毒物质的降解、植物花粉的传播与种子的扩散、有害生物的控制、减轻自然灾害等方面。尽管国内外对于生态系统服务功能的概念和内涵表述都有所差异，但现阶段大多数学者都采用 Costanza 对生态系统服务功能的定义和分类。Costanza 关于生态系统服务功能的见解对生态系统服务价值评估的发展产生了深远影响，并为国内学者深入剖析生态系统服务功能及其价值提供了概念基础和理论支持。

10.2 生态系统服务功能的构成

生态系统是一个生命与非生命系统（环境）在固定的空间形成稳定结构的功能系统。生态系统服务功能指的是有机与无机相互进行物质能量的转化过程中所产生的对人类有利用价值的功能，包括以下 10 个方面。

1）原材料生产

植被在生长过程中吸收太阳能转化为自身所需要的有机物质，经氧化消耗一部分，剩余的供自身成长，也为人类提供食物，不同的生态系统有不同的产品，如森林可以提供木材、能源材料、药用材料等功能价值。

2）维持生物多样性

生态系统使有机体能够生存，通过物质循环和能量、信息的流动维持平衡，使不同的物种在复杂的环境中保存下来。

3）气候调节

地球上的绿色植物经叶绿体在光合作用下缓慢地释放氧气，对一氧化碳、甲烷、氨气产生氧化作用,形成氮气、水和二氧化碳,形成以氧气和氮气为主的大气圈。在大气循环过程中,植物可调节大气中温室气体的含量,植物的叶片蒸腾散发水分,保持空气中的水分,增加降水量,改善局部地区的小气候。

4) 水文调节

水文调节作为生态系统的效益之一被称为具有非消耗性特点的自然资源,也在生态系统这个大调节机器的运作中为地球水循环贡献力量。生态系统中的植被尤其是森林对水源的涵养作用非常强大,主要表现为树冠及分布密度不同的低矮植被对降雨的截流蓄水,枯枝落叶层还能抑制水分蒸发,延长或增加地表径流的入渗时间,起着"森林水库"的作用。

5) 保持土壤

生态系统保持土壤功能主要表现为植被能减少雨水对土壤的直接冲击、减缓地面径流带走表层土壤、植被的根系对土壤的抓力这三个方面。土壤形成过程中的有机物质多数来自植被的落叶层,进而增加土壤肥力,改善土壤结构。

6) 食物生产

生态系统将太阳能转化为能食用的植物,同时为食草性动物提供原料,间接提供动物产品。

7) 空气调节

从整个地球生态系统及其演进来看,空气中各成分组成比例、环境中的各种化学反应都是由生物生长代谢控制的。目前适于人类生活的环境在地球形成之初是不存在的,空气中氧气的含量不断增加,孕育出地球上最简单的生命,再不断演变。例如,空气中的氧气含量为21%,供给人们自由地呼吸,这都是因为绿色植物的叶绿体可以进行光合作用,释放出氧气。

8) 碳汇作用

生态系统中各组分在碳循环中扮演重要角色,森林植被通过吸收大气中的二氧化碳并将其固定在植被或土壤中,从而减少该气体在大气中的含量。土壤是陆地生态系统中最大的碳库,在降低大气中温室气体浓度、减缓全球气候变暖中,具有十分重要的独特作用。

9) 废物处理

自然环境通过大气、水的扩散,细菌、真菌的分解,将污染物变为正常的化合物。自净能力是环境本身所具有的特点,环境污染问题通过生态(环境)系统一些自然过程和生物的参与,恢复到原来的状态。一般情况下,各种环境要素对污染物的自净作用主要是微生物分解、氧化还原反应和水解扩散等,通过这些物理化学反应,减少污染物的浓度,减少甚至消除其毒性。

10) 提供美学景观

生态系统在为人类提供必不可少的生存食物的同时,其产生的一些产品也可作为美的享受,如美丽的生物风景(如观赏植物、鸟类、特殊的自然生态系统——森林公园提供康养等)。同时还有重要的科研和教育价值。

10.3 数据来源与处理方法

10.3.1 数据来源及预处理

1) 地表起伏度数据

地表起伏度数据基于分辨率为 30m 的重庆数字高程数据和三峡库区（重庆段）矢量数据。首先在地理空间数据云平台（http://www.gscloud.cn）下载整个三峡库区（重庆段）ASTER GDEM V2 全球 DEM 数据，然后采用 ENVI5.0 软件进行拼接，并用 ArcGIS 10.0 软件进行投影转换，提取三峡库区（重庆段）DEM 数据，为下一步研究做准备。

2) 土地利用数据

土地利用数据来自重庆市 2010 年土地利用专题图，比例尺为 1∶10 万。采用 ArcGIS 10.0 软件建立研究区土地利用数据库，按照国家土地分类系统标准，结合研究区实际情况，将土地利用类型分为耕地（水田和旱地）、林地、草地、水域、建设用地和未利用地 6 种，以此作为研究生态系统服务价值的基础数据。

10.3.2 处理方法

1) 地表起伏度计算方法

在第 2 章地表起伏度计算方法——RDLS（窗口分析法）的基础上，结合相关研究（封志明等，2007）及重庆地形实际情况，将其计算公式进行修正。将三峡库区（重庆段）坡度小于 5°的土地面积统称为平地面积，利用 ArcGIS 10.0 的邻域统计工具，采用修正后的公式进行地表起伏度计算（表 10.1）：

$$RDLS = ALT/1000 + [(\max(H) - \min(H)) \times (1 - P(A)/A)]/500 \quad (10.1)$$

式中，ALT 为一定区域内的平均海拔（m）；$\max(H)$ 为区域内的最高海拔（m）；$\min(H)$ 为区域内的最低海拔（m）；$P(A)$ 为区域内的平地面积（km^2）；A 为区域总面积。

表 10.1 三峡库区（重庆段）各县（区）地表起伏度（封志明等，2007）

县（区）	地表起伏度	平均海拔/m	生态区位	县（区）名	地表起伏度	平均海拔/m	生态区位
渝中区	0.2890	249	0.0007	江津区	0.4214	457	0.3462
大渡口区	0.3062	283	0.0128	万州区	0.6216	602	0.2175
江北区	0.3054	270	0.0130	丰都县	0.7214	741	1.4536
沙坪坝区	0.3594	350	0.0185	忠县	0.4844	450	0.5316
九龙坡区	0.3399	323	0.0769	开州区	0.6835	752	0.6973
南岸区	0.3246	299	0.1718	云阳县	0.6917	648	1.4159
北碚区	0.4074	419	0.2794	奉节县	1.0915	974	0.3589

续表

县（区）	地表起伏度	平均海拔/m	生态区位	县（区）名	地表起伏度	平均海拔/m	生态区位
渝北区	0.4227	399	0.1234	巫山县	1.0771	989	1.9254
巴南区	0.4718	436	0.2651	巫溪县	1.3603	1316	3.7629
涪陵区	0.5847	565	0.2156	武隆区	1.1014	988	1.3023
长寿区	0.4153	391	0.4266	石柱县	1.1509	1109	1.5046

2）生态系统服务功能计算方法

本书借鉴新修订的中国生态系统单位面积生态服务价值当量因子表（谢高地等，2001），并结合三峡库区（重庆段）具体情况进行修正。根据重庆市 2010 年统计年鉴，统计出 2010 年各县（区）人口数量、重庆市粮食平均收购价格（2.06 元/kg）和重庆市单位面积粮食产量（5152.4kg/hm²）。根据 1 个生态服务价值当量因子的经济价值量等于平均粮食单产市场价值的 1/7，计算出三峡库区（重庆段）1 个生态服务价值当量因子的经济价值量为 1516.28 元。根据相关研究，把每种土地利用类型与最接近的生态系统类型联系起来：其中耕地对应农田，林地对应森林，水域对应水体，未利用地对应荒漠（石漠化或裸地），建设用地生态系统服务价值均取值为 0，计算研究区不同土地利用类型单位面积生态系统服务价值，如表 10.2 所示。考虑到研究县（区）人口差异大，为消除区域差异对结果可信度的影响，以人均享有价值来反映各县（区）的生态系统服务价值，计算出各县（区）人均生态系统服务价值，以下结果分析中所指生态系统服务价值均为人均生态系统服务价值。具体计算公式为

$$\mathrm{ESV}_k = \sum(A_k \times \mathrm{VC}_k) \tag{10.2}$$

$$\mathrm{ESV}_f = \sum(A_k \times \mathrm{VC}_{fk}) \tag{10.3}$$

$$\mathrm{ESV}_{fP} = \mathrm{ESV}_f / P \tag{10.4}$$

式中，ESV_f 和 ESV_k 分别为第 f 项和第 k 类土地的服务价值（元）；A_k 为研究区第 k 类型的土地利用面积（hm²）；VC_k 为第 k 类型土地利用单位面积的服务价值系数[元/(hm²·a)]；VC_{fk} 为第 k 类型土地利用对应的第 f 项生态功能的单位面积服务价值系数[元/(hm²·a)]；ESV_{fP} 为第 f 项生态系统服务的人均享有价值量；P 为各县（区）人口。

表 10.2 2010 年不同土地利用类型单位面积生态系统服务价值　　[单位：元/(hm²·a)]

一级类型	二级类型	草地	水域	耕地	林地	未利用地
供给服务	食物生产	652.00	803.63	1516.28	500.37	30.33
	原材料生产	545.86	530.70	591.35	4518.51	60.65
调节服务	气体调节	2274.42	773.30	1091.72	6550.33	90.98
	气候调节	2365.40	3123.53	1470.79	6171.26	197.12
	水文调节	2304.75	28460.58	1167.54	6201.59	106.14
	废物处理	2001.49	22516.76	2107.63	2608.00	394.23

续表

一级类型	二级类型	草地	水域	耕地	林地	未利用地
支持服务	保持土壤	3396.47	621.67	2228.93	6095.45	257.77
	维持生物多样性	2835.44	5200.84	1546.61	6838.42	606.51
文化服务	提供美学景观	1319.16	6732.28	257.77	3153.86	363.91
合计		17694.99	68763.30	11978.61	42637.79	2107.63

3）生态区位计算

为更好地说明地表起伏度对生态系统服务价值空间差异性的影响，本书通过生态区位方面的内容，探讨不同地表起伏度区域生态区位与生态服务价值的关系。生态区位用生态经济协调度指数（V_{EEH}）来衡量。V_{EEH}指研究期内单位面积生态系统服务价值的变化率（V_{ES}, Pr）与单位面积 GDP 变化率（V_{GDP}, Pr）之比。由于研究数据为一期，用同一期数据，即 2010 年生态系统服务价值（ESV）与 GDP 之比作为生态经济协调度指数来反映生态区位。

10.4 三峡库区（重庆段）地表起伏度与生态系统服务价值计算与结果分析

10.4.1 三峡库区地表起伏度及空间分布特征

1）三峡库区（重庆段）各县（区）地表起伏度

按照式（10.1）计算得到三峡库区（重庆段）各县（区）地表起伏度，如表 10.1 所示。

2）三峡库区（重庆段）地表起伏度空间分布特征

从图 10.1 和表 10.1 可知，三峡库区（重庆段）22 个县（区），地表起伏度空间差异大。地表起伏度从东到西、从南到北有降低的趋势，具体来讲地表起伏度较大的包括渝东北地区的巫山、巫溪、奉节等及渝东南武陵山区的石柱、武隆等，起伏度介于 1.08～1.36，这些地区属于大巴山和大娄山区，山地多、坡度大，地形破碎、崎岖，故地表起伏度大；地表起伏度居中的是位于三峡库区腹地的开州区、云阳县、万州区、涪陵区、丰都县等五县（区），地表起伏度介于 0.5847～0.7214，这些地区处于山区向都市区过渡地段，属于川东平行岭谷地区，以低山丘陵为主，故地表起伏度居中；地表起伏度较小的位于西部的重庆主城区（渝中区、大渡口区、江北区、沙坪坝区、九龙坡区、南岸区、北碚区、渝北区、巴南区）以及江津区、长寿区、忠县等，属于低缓丘陵宽谷坝子，地势相对低平，地表起伏度较小，大多介于 0.29～0.48。

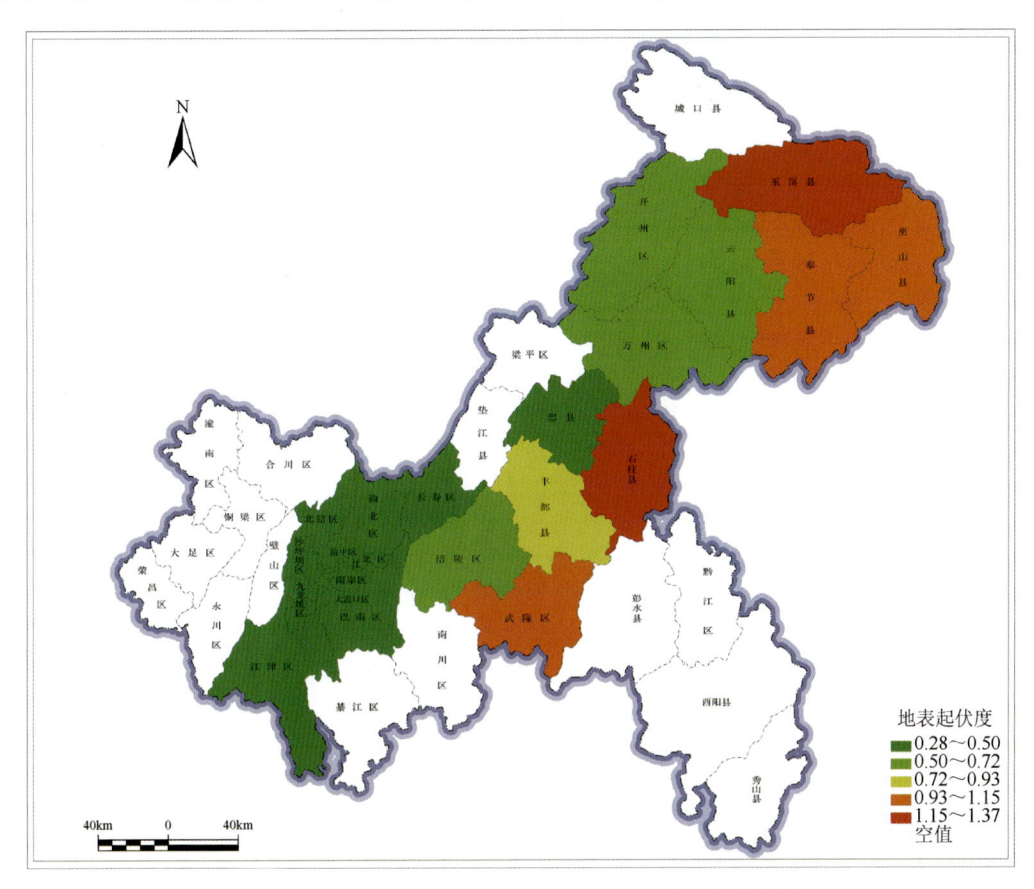

图 10.1 三峡库区（重庆段）各县（区）地表起伏度图

海拔是地表起伏度的重要表征因子之一，它不仅反映地表的切割剥蚀程度，还表征区域内构造活动强度的差异状况，同时也是影响生态系统服务价值的重要因子。由表 10.1 可以看出，海拔与地表起伏度的分布情况具有一致性，平均海拔较高的区域亦为地表起伏度较大的区域，分别是渝东北地区的巫山、巫溪和奉节以及渝东南武陵山区的石柱和武隆，平均海拔为 974～1316m；海拔居中的县（区）包括位于三峡重庆库区腹地的开州区、云阳县、万州区、涪陵区和丰都县，平均海拔为 565～762m，这些地区也是地表起伏度居中的区域；海拔较低的县（区）包括位于西部的重庆主城区（渝中区、大渡口区、江北区、沙坪坝区、九龙坡区、南岸区、北碚区、渝北区和巴南区）以及江津、长寿区和忠县等，平均海拔为 249～457m，这些地区多为地表起伏度小的都市区。

表 10.1 显示，三峡库区（重庆段）各县（区）不同地表起伏度地区的生态区位状况各不相同。渝东北的巫山县、巫溪县和渝东南的石柱县、武隆区、丰都县以及云阳县这 6 个地表起伏度大的县（区）生态区位（以生态经济协调度指数来衡量）较大，介于 1.3023～3.7629；库区腹地的开州区、忠县、长寿区、万州区、涪陵区和西部主城区的北碚区、巴南区以及奉节县、江津区 9 个县（区）地表起伏度居中，其生态区位亦处于中位，介于 0.2156～0.6973；地表起伏度较小的西部主城区包括渝中区、大渡口区、江北区、沙坪坝区、九龙坡区、渝北区和南岸区 7 个地区，其生态区位也较小，介于 0.0007～0.1718。

10.4.2 生态系统服务价值计算

1) 三峡重庆库区生态系统服务价值计算

按照生态系统服务功能四大模块,基于 GIS 等技术和各类相关数据,结合式(10.2)～式(10.4),计算得到三峡库区(重庆段)各主要土地利用类型单位面积生态系统服务价值,如表 10.2 所示。

2) 人均生态系统服务价值特征

由表 10.3 可以看出,三峡库区(重庆段)各县(区)地表起伏度差异大,土地利用特征不同,功能定位不同,故生态系统服务价值有差异。总体来说,东部多天然林保护区和水源涵养区,林地和水域比例大且人口密度较小,其生态系统服务价值高。西部多为都市区,建设用地和交通用地比例大且人口密度较大,其生态系统服务价值低。人均生态系统服务价值的空间分布与重庆五大生态功能区的划分具有高度一致性,将生态功能区中的都市功能核心区与都市功能拓展区合为都市重点开发区,与城市发展新区、渝东北水源涵养林区、渝东南生态保护发展区共同构成了库区人均生态系统服务价值空间分布格局。

表 10.3 2010 年三峡库区各县(区)人均生态系统服务价值　　(单位:元)

县(区)	价值总量	食物生产	原材料生产	气体调节	气候调节	水文调节	废物处理	保持土壤	维持生物多样性	提供美学景观
渝中区	66	1	2	3	5	23	17	3	6	6
大渡口区	959	27	69	102	110	201	143	109	128	70
江北区	934	37	63	96	107	187	145	113	123	63
沙坪坝区	982	40	81	123	128	154	112	139	142	62
九龙坡区	5511	45	53	299	496	839	1051	540	1315	805
南岸区	9923	32	269	643	994	2013	773	1864	2437	899
北碚区	10224	117	402	917	1624	912	1477	2212	1979	584
渝北区	6908	146	376	974	392	1214	1022	1179	817	788
巴南区	9270	219	750	412	1159	1797	915	918	2076	974
涪陵区	8098	265	205	840	1144	1086	587	1503	1580	762
长寿区	10813	176	709	1443	1257	1043	1196	1830	2128	700
江津区	7028	234	585	754	503	1201	749	1175	910	645
万州区	6277	189	435	415	955	1131	597	711	1235	371
丰都县	13300	333	566	1976	1938	2273	912	2326	1731	786
忠县	5793	229	475	716	747	937	676	807	834	369
开州区	6370	87	637	926	887	997	480	873	989	471
云阳县	9092	200	844	1240	1223	1468	837	236	1368	644
奉节县	3509	146	163	256	297	471	416	339	336	151

续表

县（区）	价值总量	食物生产	原材料生产	气体调节	气候调节	水文调节	废物处理	保持土壤	维持生物多样性	提供美学景观
巫山县	15333	299	1344	1971	1929	2215	1217	1951	2150	1000
巫溪县	26488	482	2579	3771	3621	3691	1808	3671	4007	1803
武隆区	22852	564	2224	3275	3196	3307	1807	3308	3535	1560
石柱县	15007	383	1451	2139	2093	2175	1208	2173	2315	1019

都市重点开发区，包括主城区的渝中区、大渡口区、江北区、沙坪坝区、九龙坡区、南岸区、北碚区、渝北区、巴南区。该功能区人口密度大，林地和农用地比例极小，食物生产、原材料生产为薄弱点。由于该区林地比例较小，在气体调节、气候调节和提供美学景观方面缺乏优势。建设用地和交通用地所占面积大，在保持土壤、水文调节、废物处理和维持生物多样性方面不够突出。

城市发展新区是未来工业化和新型城镇化发展的主战场，包括涪陵区、长寿区、江津区。该功能区是都市延伸区，为城市和农村的过渡区，各类生态系统服务价值在 22 个县（区）中属于中等。因紧邻都市重点开发区，农用地多转化为其他地类，故在食物生产和原材料生产方面处于劣势，在其他方面处于中等水平。

重要生态功能区作为在涵养水源、保持水土、调蓄洪水、防风固沙和维系生物多样性等方面具有重要作用的生态功能区域，其对于防止和减轻自然灾害，协调流域及区域生态保护与经济社会发展，保障国家和地方生态安全具有重要意义。渝东北水源涵养林区，是长江上游重要生态屏障，侧重三峡库区水源"涵养"，包括万州区、丰都县、忠县、开州区、云阳县、奉节县、巫山县、巫溪县。该功能区各类生态系统服务价值高，在维持生物多样性、保持土壤、水文调节、气体调节和气候调节方面占有绝对优势。其中，巫溪县除食物生产外，其他各类生态系统服务价值在 22 个县（区）中均是第一位。

三峡库区（重庆段）位于典型的生态过渡带上，生态环境脆弱，人类不合理开发使得一些区域植被覆盖率下降。由于植被的地域性和一些地域性强的特有品种具有不可移动性等特点，结合重庆生态文明建设，建立各种类型的保护区是植被保护的主要途径。渝东南生态保护发展区（武陵山区），包括武隆、石柱县，是国家重点生态功能区与重要生物多样性保护区。这两个县（区）各类生态系统服务较均衡，总体生态系统服务价值在 22 个县（区）中处于上等。保护区内村镇建设用地所占面积相对较小，林地和农用地面积大，食物生产方面优势明显，其中武隆区食物生产处于 22 个县（区）前列。

10.4.3 地表起伏度与生态系统服务价值空间分布特征的耦合情况

把计算得到的三峡库区（重庆段）各县（区）地表起伏度和生态系统服务价值制图，如图 10.2 所示。

从生态系统服务价值与地表起伏度冷热点分布图对比可得，两者的冷点区都集中在重庆主城九区，生态系统服务价值的冷点区是在 0.05 置信水平下，地表起伏度的冷点区是在 0.01 的置信水平下，两者均形成一个低值的集聚区，且地表起伏度与生态系统服务价值冷点区基本完全重合，从两者的冷点区重合程度来看，重庆市区地表起伏度低的地区，对应的生态系统服务价值也低，两者的关联度很强。地表起伏度的冷点区在 0.01 置信水平下，置信水平度较高，可以发现市区除了几条相对低缓的平行山岭（如缙云山、中条山、铜锣山等）外，大部分的地形比较平缓，且呈现集中连片的态势。这是由于地形比较平缓的地区，更加适宜人类活动，人类活动强度大，其生态环境受到一定影响，其生态系统服务价值也相应下降。在重庆的东北部，地表起伏度形成一个高区，分布在重庆东北部的巫溪县、巫山县、奉节县，这三个县远离市区，其地表相对复杂，且巫山县的热点区是在 0.05 置信水平下，巫溪县和奉节县是在 0.01 置信水平下。可以发现远离市区的地方，地表起伏度越高，地形越复杂。巫山县、巫溪县及另外两个地表起伏度大的区（石柱县、武隆区）的人均生态系统服务价值位居三峡库区（重庆段）前 4 位（表 10.3）。尽管生态系统服务价值尚未达到高值聚集区程度，但仍清楚表明：地表起伏度大的地区，生态系统服务价值相对较高（表 10.3），市区内地表起伏度与生态系统服务价值具有较高的相关性。

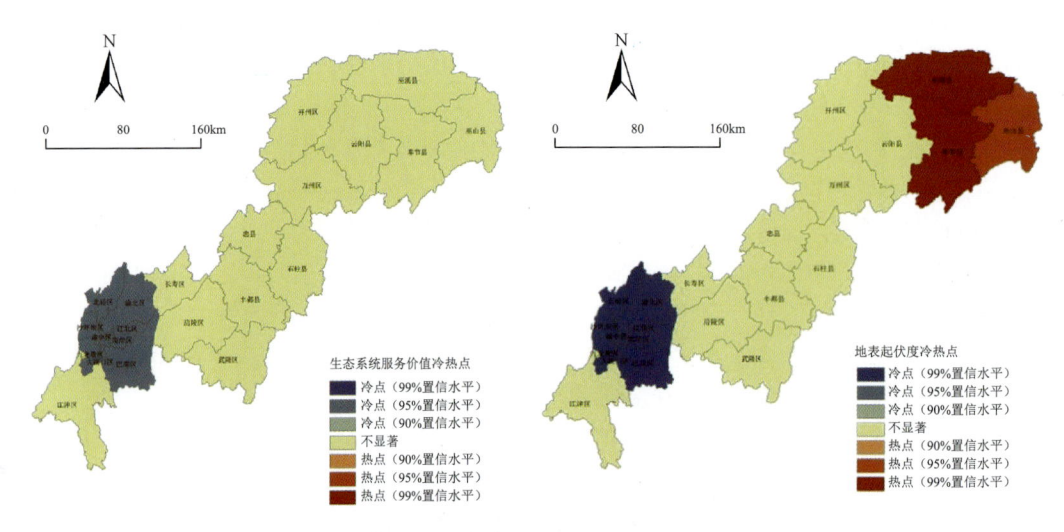

图 10.2　生态系统服务价值与地表起伏度冷热点分析

10.4.4　地表起伏度对生态系统服务价值的影响

由表 10.4 可以看出，在回归分析中，显著性水平 α 均小于 0.05，即模型通过显著性检验，可以进行回归分析。

表 10.4　地表起伏度与生态系统服务价值的相关性

	显著性水平（α）	回归方程	相关系数（R^2）
价值总量	0.000	$y=15393x-686.44$	0.5653
食物生产	0.000	$y=367.78x-34.617$	0.6384

续表

	显著性水平（α）	回归方程	相关系数（R^2）
原材料生产	0.000	$y = 1701x-404.7$	0.6565
气体调节	0.000	$y = 2430.5x-447.36$	0.6168
气候调节	0.000	$y = 2245.1x-263.62$	0.5811
水文调节	0.000	$y = 2127.8x-15.03$	0.5149
废物处理	0.003	$y = 879.57x + 279.77$	0.323
保持土壤	0.001	$y = 1986.4x + 86.408$	0.4115
维持生物多样性	0.001	$y = 1994.8x + 224.95$	0.3713
提供美学景观	0.001	$y = 882.15x + 113.95$	0.3872

注：x 为地表起伏度，y 为生态系统服务价值。

1）地表起伏对生态系统服务价值总量的影响

地表起伏度与生态系统服务价值总量拟合方程为（图10.3）：$y = 15393x-686.44$，$α$ 为 0.000，小于 0.001，故地表起伏度与生态系统服务价值总量呈极显著的正相关，通过显著性检验。又因 $R^2 > 0.5$，可见地表起伏度对生态系统服务价值总量影响大。三峡库区（重庆段）地表起伏度大的地区多为生态保护区和水源涵养林区，故生态系统服务价值总量大。地表起伏度小的地区多为重庆重点开发区，建设用地、交通和水利、健身广场等基础设施用地较大，故生态系统服务价值总量小。

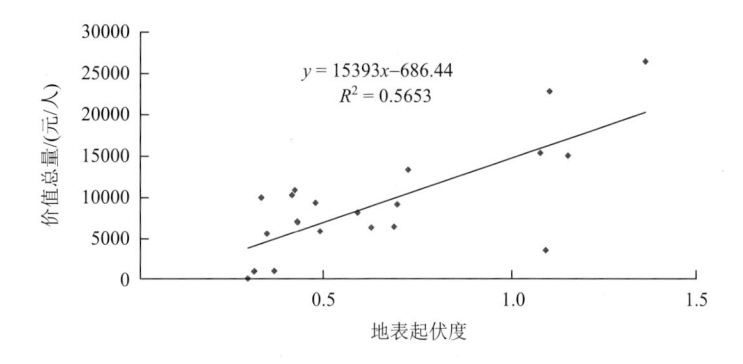

图 10.3 地表起伏度与价值总量

2）地表起伏度对食物生产和原材料生产的影响

供给服务包括食物生产和原材料生产。食物生产定义为：通过太阳能直接或间接转化为能食用的植物和动物产品。在回归分析中，地表起伏度分别与食物生产、原材料生产呈极显著相关（$α$ 均小于 0.01）；由图 10.4 和图 10.5 可以看出，R^2 均在 0.6 以上，说明地表起伏度与食物生产、原材料生产有显著关联。地表起伏度大的地区多为农村山区，农用地和林地占比大，故食物生产和原材料生产量高，地表起伏度小的地区多为城建区（建设用地和交通用地比例大），食物生产和原材料生产量相对较低。

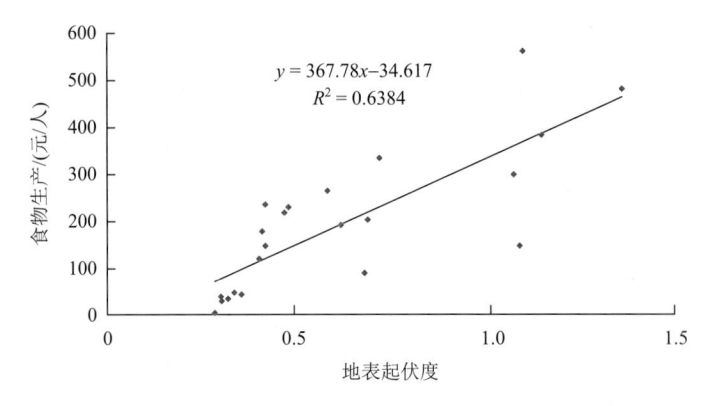

图 10.4　地表起伏度与食物生产

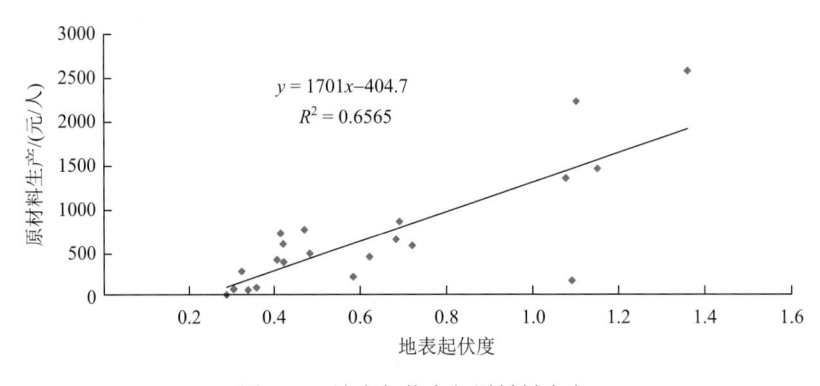

图 10.5　地表起伏度与原材料生产

3）地表起伏度对气体调节、气候调节、水文调节和废物处理的影响

调节服务在生态系统服务价值中占有较大比例,由表 10.4 和图 10.6~图 10.8 可知,地表起伏度与气体调节、气候调节、水文调节和废物处理之间均呈极显著相关（α 均小于 0.01）;地表起伏度与气体调节、气候调节和水文调节之间的 R^2 分别为 0.6168、0.5811 和 0.5149,与废物处理之间的 R^2 为 0.323,说明地表起伏度与气体调节的拟合效果最理想,与气候调节的拟合效果次之,与水文调节的拟合效果适中,与废物处理的拟合效果一般。地表起伏度大的地区多林地和水域,调节服务能力强。地表起伏度小的地区多人工设施,下垫面受到较大人为改变,调节能力相对较弱。库区所在的重庆市为中国内陆山水城市,森林覆盖率较高,环境自净能力强,因此主城与县（区）废物处理差别较小。

4）地表起伏度对保持土壤和维持生物多样性的影响

由表 10.4 可以看出,地表起伏度与保持土壤、维持生物多样性均呈极显著相关（$\alpha<0.01$）,但地表起伏度与保持土壤和维持生物多样性的拟合系数 R^2 分别为 0.4115 和 0.3713,均小于 0.5,说明地表起伏度对保持土壤和维持生物多样性的影响又相对较小。库区地表起伏度大的地区多为山区,植被覆盖度大,生物种类多,保持土壤能力强,但也正是因为地表起伏度大,客观上不利于土壤保持和水分涵养,斜坡上土体易流失,土层变薄,涵养水分能力减弱,影响生态系统稳定性,因此地表起伏度对保持土壤、维持生物多样性有双重性:既不利于人类开发,有利于保持水土和生态原生性,促进土壤保

持和维护生物多样性，又因坡度越陡的地方，生态越脆弱，客观上不利于水土保持进而生态系统稳定性降低（斜坡上生态系统抗旱能力差、易受破坏、恢复难、稳定性较差等），生物多样性受损。

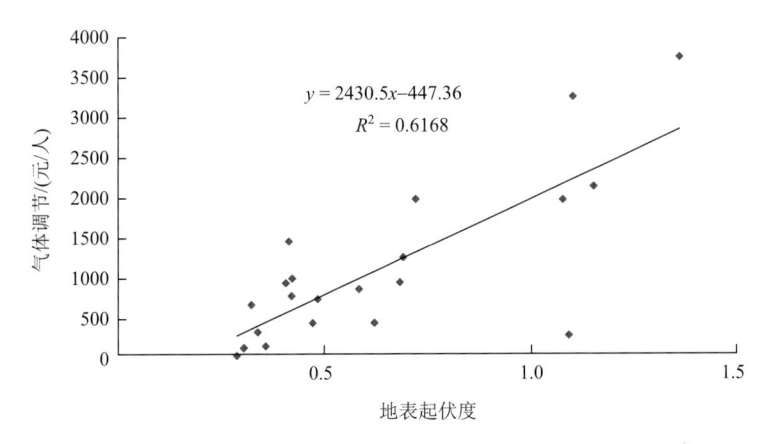

图 10.6　地表起伏度与气体调节

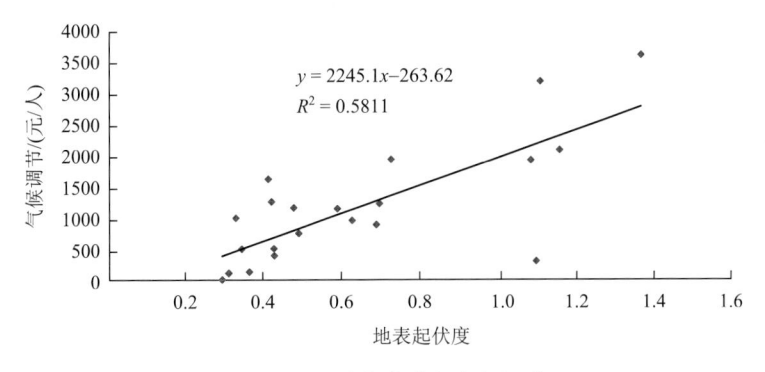

图 10.7　地表起伏度与气候调节

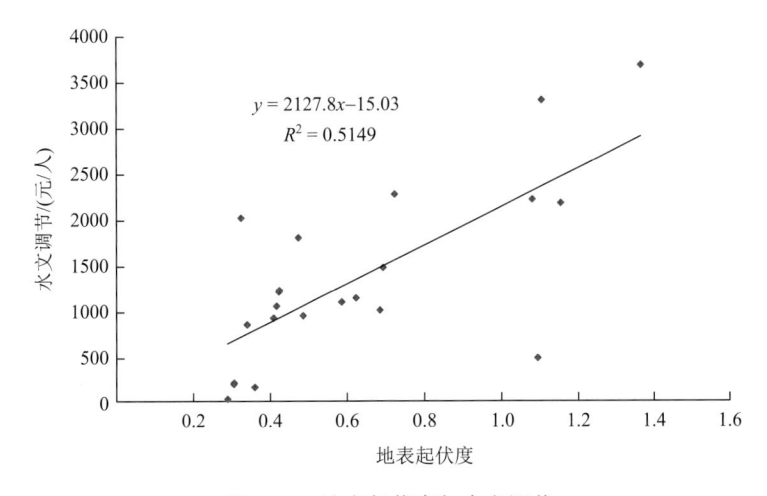

图 10.8　地表起伏度与水文调节

5）地表起伏度对提供美学景观的影响

由表 10.4 可以看出，地表起伏度与提供美学景观之间呈极显著相关（$\alpha<0.01$），地表起伏度与提供美学景观的拟合公式为：$y = 882.15x + 113.95$（$R^2 = 0.3872$），$R^2<0.5$，可见地表起伏度对提供美学景观的影响并不很强。三峡库区（重庆段）山水纵横，集山水林田湖于一体（典型的山水林田湖城生命共同体系统），地表起伏度大的地区提供自然景观，地表起伏度小的地区提供自然和人文景观，故无论地表起伏度大小，美学价值均较高。

10.4.5 海拔对生态系统服务价值的影响

由表 10.5 可知，海拔与生态系统服务价值呈极显著正相关，α 值均远小于 0.05。海拔作为地表起伏度的一个重要指标因子，同样对生态系统服务价值有重要影响。其中，海拔对生态系统服务价值总量有重大影响，R^2 在 0.5 以上。库区海拔高的地区多自然山水，故生态系统服务价值总量大。海拔低的地区多建设用地，故生态系统服务价值总量小；海拔与食物生产和原材料生产的 R^2 均在 0.6 以上，说明海拔对二者影响较大。海拔高的地区农用地被挤占少、林地广泛分布，故食物生产和原材料生产量高，海拔低的地区多城建用地，下垫面发生改变，故食物生产和原材料生产量低。在调节服务中，海拔对气体调节影响最大（$R^2 = 0.6354$），对气候调节影响次之（$R^2 = 0.5982$），对水文调节影响一般（$R^2 = 0.5272$），对废物处理影响较小（$R^2 = 0.3274$）。海拔高的地区多山水林地，调节服务能力强。海拔低的地区多水泥硬化设施，下垫面发生极大改变，调节气候能力差。研究区山水相间，植被丰富，净化环境能力强，故全区废物处理差异小；海拔对保持土壤和维持生物多样性的影响相对较小，R^2 分别为 0.4340 和 0.3778。海拔高的地区植被繁多，物种多样，保持土壤能力强。海拔低的地区人工开发建设力度大，保持土壤和维持生物多样性能力相对较弱；海拔对提供美学景观影响相对较小（$R^2 = 0.3966$），海拔高的地区多山、水、林、泉、瀑、峡、洞等自然景观，海拔低的地区多文化景观，故研究区无论海拔高低，美学价值都较高。

表 10.5 海拔与生态系统服务价值的相关性

项目	显著性水平（α）	回归方程	决定系数（R^2）
价值总量	0.000	$y = 16.514x-913.99$	0.5788
食物生产	0.000	$y = 0.3901x-37.474$	0.6382
原材料生产	0.000	$y = 1.8517x-438.4$	0.6376
气体调节	0.000	$y = 2.6178x-489.38$	0.6354
气候调节	0.000	$y = 2.4171x-301.91$	0.5982
水文调节	0.000	$y = 2.2847x-17.678$	0.5272
废物处理	0.005	$y = 0.9397x + 269.08$	0.3274
保持土壤	0.000	$y = 2.1645x + 37.29$	0.4340
维持生物多样性	0.002	$y = 2.1352x + 198.28$	0.3778
提供美学景观	0.001	$y = 0.4187x + 314.78$	0.3966

注：x 为平均海拔；y 为生态系统服务价值。

10.4.6 生态区位对生态系统服务价值的影响

由表 10.1 和表 10.3 可知，不同生态区位其生态系统服务价值不同，总体来说生态区位由都市重点开发区经城市发展新区向渝东北水源涵养林区、渝东南生态保护发展区方向增大，生态系统服务价值也是如此。表 10.6 显示，生态区位与各类生态系统服务价值呈极显著正相关，α 值均远小于 0.05。生态区位对食物生产、原材料生产、气体调节、气候调节影响较大，R^2 均在 0.7 以上。生态区位对价值总量、水文调节、保持土壤、维持生物多样性、提供美学景观影响次之，R^2 均在 0.5~0.7。生态区位对废物处理的影响最小，R^2 为 0.4202。

表 10.6 生态区位与生态系统服务价值的相关性

项目	显著性水平（α）	回归方程	决定系数（R^2）
价值总量	0.000	$y = 6287x + 4530$	0.6603
食物生产	0.000	$y = 126x + 106$	0.7633
原材料生产	0.000	$y = 667x + 190$	0.7811
气体调节	0.000	$y = 996x + 374$	0.7153
气候调节	0.000	$y = 907x + 504$	0.7112
水文调节	0.000	$y = 877x + 730$	0.5687
废物处理	0.001	$y = 365x + 573$	0.4202
保持土壤	0.000	$y = 854x + 730$	0.5740
维持生物多样性	0.000	$y = 849x + 876$	0.5080
提供美学景观	0.000	$y = 376x + 401$	0.5333

注：x 为生态区位；y 为生态系统服务价值。

参 考 文 献

毕晓玲. 2011. 地形因子在四川省滑坡灾害敏感性评价中的适用性分析. 北京: 首都师范大学硕士学位论文.

毕晓玲, 李小娟, 胡卓玮, 等. 2011. 地形起伏度提取及其在区域滑坡灾害评价中的应用: 以四川省为例. 安徽农业科学, 39(4): 2413-2416, 2441.

曹婉如. 1950. 福建省东部的相对地势. 地理学报, 16(1): 97-110.

曹伟超, 陶和平, 孔博, 等. 2011. 基于DEM数据分割的西南地区地貌形态自动识别研究. 中国水土保持(3): 38-41.

车家骧, 彭熙, 龙秀琴, 等. 2013. 地表起伏度对农业生态环境的影响. 中国水土保持(4): 49-51.

陈彩媛, 杨少辉, 吴照章. 2014. 山地贫困地区城镇化特征与交通发展策略: 以湖北省恩施州为例. 城市交通, 12(4): 46-54.

陈法杨, 张长印, 牛志明. 2003. 全国水土保持生态修复分区探讨. 中国水土保持, (8): 2-3.

陈国阶. 2004. 2003中国山区经济发展报告. 北京: 商务印书馆.

陈群, 刘平辉, 朱传民. 2022. 基于MCR模型的江西省抚州市生态安全格局构建. 水土保持通报, 42(2): 210-218.

陈述彭. 1947. 贵州遵义附近之相对地势. 地理学报, 2(2): 1-11.

陈学兄, 常庆瑞, 郭碧云, 等. 2013. 基于SRTM DEM数据的中国地形起伏度分析研究. 应用基础与工程科学学报, 21(4): 670-678.

陈学兄, 张小军, 常庆瑞. 2016. 陕西省地形起伏度最佳计算单元研究. 水土保持通报, 36(3): 265-270, 370.

陈洋, 杜宏颖. 2014. 我国财政教育支出现状、问题及对策. 北方经贸(10): 121-122.

陈志明. 1993. 1∶400万中国及其毗邻地区地貌图说明书. 北京: 中国地图出版社.

程瑞媛. 2014. 我国财政教育支出的现状分析及对策研究. 知识经济(14): 94-95.

程维明, 周成虎, 柴慧霞, 等. 2009. 中国陆地地貌基本形态类型定量提取与分析. 地球信息科学学报, 11(6): 725-736.

崔鹏, 王道杰, 范建容, 等. 2008. 长江上游及西南诸河区水土流失现状与综合治理对策. 中国水土保持科学, 6(1): 43-50.

德梅克. 1984. 详细地貌制图手册. 陈志明, 尹泽生, 译. 北京: 科学出版社.

邓培雁, 屠玉麟, 陈桂珠. 2003. 贵州省水土流失中土壤侵蚀经济损失估值. 农村生态环境, 19(2): 1-5.

第宝锋, 崔鹏, 艾南山. 2008. 中国水土保持生态修复分区. 四川大学学报（工程科学版）, 40(5): 32-37.

杜鹏, 王利. 2010. 基于GIS的营口市地形起伏度分析. 科技信息(23): 564-565.

杜可心, 张福平, 冯起, 等. 2023. 黑河流域生态系统服务的地形梯度效应及生态分区. 中国沙漠, 43(2): 139-149.

范广洲. 2004. 亚马逊流域生态系统生理过程对气候变化的影响. 中国造纸学报, 19(S1): 444-446.

方琼, 段中满. 2012. 湖南省地形地貌与地质灾害分布关系分析. 中国地质灾害与防治学报, 23(2): 83-88.

方自力, 王庆安, 罗孟华, 等. 2008. 四川省汶川地震灾区生态环境承载力评估. 四川环境(27): 3-6, 14-23.

封志明, 唐焰, 杨艳昭, 等. 2007. 中国地形起伏度及其与人口分布的相关性. 地理学报, 62(10): 1073-1082.
封志明, 张丹, 杨艳昭. 2011. 中国分县地形起伏度及其与人口分布和经济发展的相关性. 吉林大学社会科学学报, 51(1): 146-151, 160.
封志明, 李文君, 李鹏, 等. 2020. 青藏高原地形起伏度及其地理意义. 地理学报, 75(7): 1359-1372.
贵州省国土资源厅. 2005. 贵州省地质环境公报 2004 年. 贵阳: 贵州省国土资源厅.
贵州省国土资源厅. 2006. 贵州省地质环境公报 2005 年. 贵阳: 贵州省国土资源厅.
贵州省国土资源厅. 2007a. 贵州省地质环境公报 2006 年. 贵阳: 贵州省国土资源厅.
贵州省国土资源厅. 2007b. 贵州省地质灾害防治规划. 贵阳: 贵州省国土资源厅.
贵州省国土资源厅. 2008. 贵州省地质环境公报 2007 年. 贵阳: 贵州省国土资源厅.
贵州省国土资源厅. 2010. 贵州省地质灾害防治规划(2006—2015). 贵阳: 贵州省国土资源厅.
贵州省民政厅. 2008. 贵州省农村危房改造工程建设规划方案. 贵阳: 贵州省民政厅.
贵州省人民政府. 2008. 贵州省地质灾害有哪些特点. 贵阳: 贵州省人民政府.
贵州省水利厅. 2005. 贵州省水土流失公告. 贵阳: 贵州省水利厅.
贵州省统计局. 2008. 贵州统计年鉴 2008. 贵阳: 贵州省统计局.
贵州师范大学地理研究所, 贵州省农业资源区划办公室. 2000. 贵州省地表自然形态信息数据量测研究. 贵阳: 贵州科技出版社.
郭春艳, 苏维词, 李安定. 2015. 地表起伏度对林业生产成本的影响. 贵州科学, 33(6): 58-61, 66.
郭芳芳, 杨农, 孟晖, 等. 2008. 地形起伏度和坡度分析在区域滑坡灾害评价中的应用. 中国地质, 35(1): 131-143.
郭晓娜, 苏维词, 李强, 等. 2016. 三峡库区(重庆段)地表起伏度及其对生态系统服务价值的影响. 生态与农村环境学报, 32(6): 887-894.
郭宗亮, 刘亚楠, 张璐, 等. 2022. 生态系统服务研究进展与展望. 环境工程技术学报, 12(3): 928-936.
国家发展和改革委员会价格司. 2010. 全国农产品成本收益资料汇编（2010 年）北京: 中国统计出版社.
国家铁路局. 2015. 铁道统计公报 2015. 北京: 国家铁路局.
国家统计局. 2010. 中国统计年鉴 2010. 北京: 中国统计出版社.
国家统计局. 2011. 中国统计年鉴 2011. 北京: 中国统计出版社.
国家统计局. 2012. 中国统计年鉴 2012. 北京: 中国统计出版社.
国家统计局. 2013. 中国统计年鉴 2013. 北京: 中国统计出版社.
国家统计局. 2014. 中国统计年鉴 2014. 北京: 中国统计出版社.
韩海辉, 高婷, 易欢, 等. 2012. 基于变点分析法提取地势起伏度: 以青藏高原为例. 地理科学, 32(1): 101-104.
何启仁. 1982. 丽江地区粮作比重、单产及稳产性的垂直变化规律. 农业现代化研究, 3(2): 9-13.
何哲, 桂居铎, 于宁, 等. 2014. 基于主成分分析-熵权-相关性分析法的水生态功能及驱动因子综合评价. 中国农学通报, 30(26): 178-183.
何振国. 2005. 财政支农规模与结构问题研究. 北京: 中国财政经济出版社.
胡良军, 邵明安. 2001. 区域水土流失研究综述. 山地学报, 19(1): 69-74.
胡雪峰, 杨燕燕, 任宏磊. 2022. 基于 DEM 的地形地质特征对地质灾害影响研究: 以沙河市为例. 地下水, 44(2): 144-145, 177.
黄润本, 梁国昭. 1964. 广东坡地辐射状况与农业生产. 中山大学学报(自然科学版), 3(3): 403-419.
贾丽艳, 杜强. 2010. SPSS 统计分析标准教程. 北京: 人民邮电出版社.
贾兴利. 2010. 公路自然区划地表破碎程度评价指标体系研究. 西安: 长安大学硕士学位论文.
贾兴利, 许金良, 杨宏志, 等. 2012. 基于 GIS 的地表破碎指数计算. 重庆大学学报, 35(11): 126-130.

江冲亚, 方红亮, 魏珊珊. 2012. 地表粗糙度参数化研究综述. 地球科学进展, 27(3): 292-303.
姜瑾斐, 公培臻, 王栋, 等. 2021. 基于 SRTM 的山东省地形起伏度研究. 河北地质大学学报, 44(3): 71-75.
蒋好忱, 杨勤科. 2014. 基于 DEM 的地形起伏度算法的比较研究. 水土保持通报, 34(6): 162-166.
交通运输部. 2015. 2015 年 10 月交通运输运行分析报告.
金德武. 1986. 为什么规定 25 度以上坡耕地要退耕. 草与畜杂志(2): 37-38.
郎玲玲, 程维明, 朱启疆, 等. 2007. 多尺度 DEM 提取地势起伏度的对比分析: 以福建低山丘陵区为例. 地球信息科学, 9(6): 1-6, 135-136.
孔雪松, 朱芷晴, 刘殿锋. 2020. 江苏省乡村聚落演化的多尺度特征与空间关联性分析. 农业工程学报, 36(12): 247-256, 329.
李传华, 赵军. 2012. 基于 GIS 的方向异性地形起伏度的地理日照时数计算. 地理科学进展, 31(10): 1334-1340.
李欢欢. 2022. 地形差异视角下的平顶山传统村落公共空间研究. 郑州: 华北水利水电大学硕士学位论文.
李瑞娥, 王娟娟, 谢永利, 等. 2015. 黄土地区地表形态指数的构建与实现. 西安建筑科技大学学报(自然科学版), 47(2): 229-234.
李文楷, 李天宏, 钱征寒. 2008. 深圳市土地利用变化对生态服务功能的影响. 自然资源学报, 23(3): 440-446.
李月臣, 刘春霞, 赵纯勇, 等. 2009. 重庆市三峡库区水土流失特征及类型区划分. 水土保持研究, 16(1): 13-17.
李志林, 朱庆. 2000. 数字高程模型. 2 版. 北京: 科学出版社.
李智广, 曹炜, 刘秉正, 等. 2008. 我国水土流失状况与发展趋势研究. 中国水土保持科学, 6(1): 57-62.
梁心蓝, 赵龙山, 吴佳, 等. 2014. 模拟条件下不同耕作措施和雨强对地表糙度的影响. 中国农业科学, 47(24): 4840-4849.
刘爱利. 2004. 基于 1∶100 万 DEM 的我国地形地貌特征研究. 西安: 西北大学硕士学位论文.
刘斌涛, 刘邵权, 陶和平, 等. 2011. 基于 GIS 的山区土地资源安全定量评价模型: 以四川省凉山州为例. 地理学报, 66(8): 1131-1140.
刘成奎, 王朝才. 2011. 城乡基本公共服务均等化指标体系研究. 财政研究(8): 25-29.
刘海天. 2011. 我国教育支出现状分析. 赤峰学院学报(科学教育版), 3(5): 87-88.
刘冀彦, 毛龙江, 牛涛, 等. 2013. 地形对 2011 年 9 月华西致灾暴雨强迫作用的数值模拟研究. 气象, 39(8): 975-987.
刘玲, 王英杰. 2009. 贫困地区耕地的地形和土壤肥力特征分析与质量评价. 地球信息科学报, 11(6): 744-752.
刘晓菲, 张朝, 帅嘉冰, 等. 2012. 黑龙江省冷害对水稻产量的影响. 地理学报, 67(9): 1223-1232.
刘新华, 杨勤科, 汤国安. 2001. 中国地形起伏度的提取及在水土流失定量评价中的应用. 水土保持通报, 21(1): 57-59, 62.
刘训美. 2014. 基于县域尺度重庆市地表起伏度的计算及其与滑坡灾害频次的空间耦合关系研究. 重庆: 重庆师范大学硕士学位论文.
刘焱序, 任志远. 2012. 基于区域地形起伏度模型的陕西农村劳动力时空格局. 山地学报, 30(4): 431-438.
刘振东, 涂汉明. 1989. 中国地势起伏度统计单元的初步研究. 热带地理, 9(1): 31-38.
刘振东, 孙玉柱, 涂汉明. 1990. 利用 DTM 编制小比例尺地势起伏度图的初步研究. 测绘学报, 19(1): 57-62.

卢洪友, 祁毓. 2013. 中国教育基本公共服务均等化进程研究报告. 学习与实践(2): 129-140.

卢华兴, 刘学军, 汤国安. 2012. 地形复杂度的多因子综合评价方法. 山地学报, 30(5): 616-621.

罗万纯. 2014. 中国农村生活环境公共服务供给效果及其影响因素: 基于农户视角. 中国农村经济(11): 65-72.

罗毅, 李昱龙. 2013. 基于熵权法和灰色关联分析法的输电网规划方案综合决策. 电网技术, 37(1): 77-81.

罗娅, 杨建红, 周秋文, 等. 2021. 贵州高原山区正负地形特征及其对人口分布的影响. 世界地理研究, 30(1): 204-212.

吕炜, 刘国辉. 2010. 中国教育均等化若干影响因素研究. 数量经济技术经济研究, 27(5): 20-33.

马冰, 张志. 1986. "三通"与开发贵州山区. 中国农村经济(8): 30-32.

马晓微. 2000. 基于GIS的中国潜在水土流失宏观分析与评价. 咸阳: 中国科学院水利部水土保持研究所硕士学位论文.

马宇, 李德平, 周亮, 等. 2022. 长沙市人口空间分布与地形起伏度关系分析. 湖南师范大学自然科学学报, 45(6): 12-20.

毛海凌. 2021. 云南省森林碳储量动态变化趋势及对策. 中南林业调查规划, 40(1): 56-59.

缪小林, 张静. 2022. 地形起伏度、转移支付与城乡医疗卫生服务差距. 云南财经大学学报, 38(8): 1-18.

孟庆华, 孙炜锋, 王涛. 2011. 陕西凤县地质灾害易发性评价研究. 工程地质学报, 19(3): 388-396.

牛全福, 冯尊斌, 党星海, 等. 2017. 黄土区滑坡研究中地形因子的选取与适宜性分析. 地球信息科学学报, 19(12): 1584-1592.

牛叔文, 李景满, 李升红, 等. 2014. 基于地形复杂度的建设用地适宜性评价: 以甘肃省天水市为例. 资源科学, 36(10): 2092-2102.

牛文元. 2001. 中国生态环境对经济发展的总体影响. 第二届环境保护市场化暨资本运营与环保产业发展高级研讨会论文汇编: 339-343.

牛文元. 2007. 中国可持续发展总纲(第1卷): 中国可持续发展总论. 北京: 科学出版社.

牛文元. 2015. 谈新常态下的可持续发展. [2015-03-19]. http://cn.chinagate.cn/webcast/2015-03/19/content_35103111.htm.

牛玉欣. 2011. 基于GIS的公路自然区划方法研究. 西安: 长安大学博士学位论文.

欧阳志云, 王如松. 2000. 生态系统服务功能、生态价值与可持续发展. 世界科技研究与发展, 22(5): 45-50.

欧阳志云, 徐卫华, 王学志, 等. 2008. 汶川大地震对生态系统的影响. 生态学报, 28(12): 5801-5809.

彭珂珊. 2001. 中国水土流失的概况及其综合治理. 广西经济管理干部学院学报, 13(3): 4-8.

彭熙, 车家骧, 苏维词, 等. 2013. 地表起伏度对农业生产条件的影响. 贵州农业科学, 41(5): 186-188, 193.

钱骏, 叶宏, 邓晓钦, 等. 2008. 四川省汶川地震灾区环境承载力评估. 北京: 中国环境科学学会环境规划专业委员会2008年学术年会.

秦天天, 齐伟, 李云强, 等. 2012. 基于生态位的山地农村居民点适宜度评价. 生态学报, 32(16): 5175-5183.

任继周, 李向林, 侯扶江. 2002. 草地农业生态学研究进展与趋势. 应用生态学报, 13(8): 1017-1021.

任幼蓉. 2003. 城市地质环境复杂程度与灾害的相关性. 地质灾害与环境保护, 14(3): 1-4.

斯皮利顿诺夫. 1956. 地貌制图学. 北京地质学院译. 北京: 地质出版社.

石忆邵. 1994. 中国农业生产地域分工问题研究. 农业现代化研究, 15(5): 284-287.

苏时雨, 李钜章. 1999. 地貌制图. 北京: 测绘出版社.

苏维词, 张贵平. 2012. 地表起伏对区域发展成本影响浅析: 以贵州为例. 经济研究导刊(6): 144-146, 156.

隋刚, 郝兵元, 彭林. 2010. 利用高程标准差表达地形起伏程度的数据分析. 太原理工大学学报, 41(4): 381-384, 401.

孙丕苓, 许月卿, 王数. 2014. 环京津贫困带土地利用变化的地形梯度效应分析. 农业工程学报, 30(14): 277-288.

孙石磊, 段玉贵. 2006. 论地质灾害与地质环境的关系. 科技情报开发与经济, 16(15): 143-144.

孙长清, 李晖. 2006. 基于经济增长的财政支出最优化. 北京: 中国经济出版社.

唐飞, 陈曦, 程维明, 等. 2006. 基于DEM的准噶尔盆地及其西北山区地势起伏度研究. 干旱区地理, 29(3): 388-392.

田瑞云, 王玉宽, 傅斌, 等. 2013. 基于DEM的地形单元多样性指数及其算法. 地理科学进展, 32(1): 121-129.

田卫堂, 胡维银, 李军, 等. 2008. 我国水土流失现状和防治对策分析. 水土保持研究, 15(4): 204-209.

涂汉明, 刘振东. 1990. 中国地势起伏度最佳统计单元的求证. 湖北大学学报(自然科学版), 12(3): 266-271.

涂汉明, 刘振东. 1991. 中国地势起伏度研究. 测绘学报, 20(4): 311-319.

万晔, 杨秀萍, 秦百顺. 2007. 我国水土流失区域分异宏观特征、规律和水土保持生态建设方略探讨. 资源环境与发展(2): 24-29.

王成, 魏朝富, 邵景安, 等. 2006. 区域生态服务价值对土地利用变化的响应: 以重庆市沙坪坝区为例. 应用生态学报, 17(8): 1485-1489.

王礼先. 1995. 水土保持学. 北京: 中国林业出版社.

王利, 王慧鹏, 任启龙, 等. 2014. 关于基准地形起伏度的设定和计算: 以大连旅顺口区为例. 山地学报, 32(3): 277-283.

王玲, 同小娟. 2007. 基于变点分析的地形起伏度研究. 地理与地理信息科学, 23(6): 65-67.

王玲, 吕新. 2009. 基于DEM的新疆地势起伏度分析. 测绘科学, 34(1): 113-116.

王慧鹏. 2014. 大连旅顺口区基准地形起伏度与人口分布的空间关联研究. 大连: 辽宁师范大学硕士学位论文.

王庆安, 毛竹, 张翔, 等. 2009. 汶川地震极重灾区地形起伏度特征及其与生态环境受损关联分析. 四川环境, 28(5): 44-49.

王文杰, 潘英姿, 徐卫华, 等. 2008. 四川汶川地震对生态系统破坏及其生态影响分析. 环境科学研究, 21(5): 110-116.

王燕, 高吉喜, 王金生, 等. 2013. 生态系统服务价值评估方法述评. 中国人口·资源与环境, 23(S2): 337-339.

王永丽, 戚鹏程, 李丹, 等. 2013. 陕西省地形起伏度和人居环境适宜性评价. 西北师范大学学报(自然科学版), 49(2): 96-101, 106.

王志恒, 胡卓玮, 赵文吉, 等. 2014. 应用累积和分析算法的地形起伏度最佳统计单元确定. 测绘科学, 39(6): 59-64.

吴俊铭, 杨炯湘. 1999. 贵州气象灾害发生规律及防灾减灾对策. 农村经济与技术(3): 16-18.

吴佩林, 鲁奇, 甘红. 2005. 重庆市水土流失的影响因素及防治对策. 长江科学院院报, 22(1): 21-24.

吴战平, 许丹. 2007. 贵州气候变化的科学事实. 贵州气象, 31(4): 3-4.

伍剑波, 孙强, 张泰丽, 等. 2022. 地形起伏度与滑坡发育的相关性: 以丽水市滑坡为例. 华东地质, 43(2): 235-244.

谢高地, 鲁春霞, 成升魁. 2001. 全球生态系统服务价值评估研究进展. 资源科学, 23(6): 5-9.

谢高地, 甄霖, 鲁春霞, 等. 2008. 一个基于专家知识的生态系统服务价值化方法. 自然资源学报, 23(5): 911-919.

谢晓议, 李月臣, 曾囿. 2014. 重庆市地形起伏度及其与人口、经济的相关性研究. 资源开发与市场, 30(6): 656-659, 770.

辛吉武, 许向春. 2007. 我国的主要气象灾害及防御对策. 灾害学, 22(3): 85-89.

熊黑钢, 邹桂红, 崔建勇. 2012. 城市化过程中地形因素对城市空间结构演变的影响: 以乌鲁木齐市为例. 地域研究与开发, 31(1): 55-59.

徐吉山. 2013. 云南拟步甲区系与地理分布特征(鞘翅目: 拟步甲总科). 保定: 河北大学博士学位论文.

徐网谷, 秦卫华, 刘晓曼, 等. 2015. 中国国家级自然保护区人类活动分布现状. 生态与农村环境学报, 31(6): 802-807.

颜建超. 2013. 我国公共教育支出对城镇居民教育支出的影响研究. 上海: 复旦大学硕士学位论文.

杨勤科, 李锐, 李智广, 等. 1999. 区域水土流失快速调查研究初报. 水土保持通报, 19(3): 36-42, 46.

杨顺泉, 杨培焱, 李佐海, 等. 2000. 湖南地质灾害. 长沙: 湖南科学技术出版社.

杨维忠, 张甜. 2013. SPSS统计分析与行业应用案例详解. 2版. 北京: 清华大学出版社.

杨晓英, 汪镜仁, 刘福昌. 2002. 贵州自然条件与农业可持续发展. 贵阳: 贵州科技出版社.

杨长根, 郭江, 游为. 2009. DEM分辨率对计算地形起伏引起的高程异常的影响. 科学之友(B版)(2): 146-147, 151.

杨吉, 苏维词. 2016. 重庆市地表起伏度及其对农业生产的影响分析. 中国农业资源与区划, 37(7): 140-149.

姚静, 李小建. 2009. 地理环境对农户外出务工行为的影响探析. 经济地理, 29(4): 635-639, 594.

尹晓科. 2010. 基于GIS的湖南省人居环境适宜性研究. 长沙: 湖南师范大学硕士学位论文.

尹泽生. 1982. 1∶250万《欧洲国际地貌图》评介. 地理译报, 1(2): 28-35.

于慧, 邓伟, 刘邵权. 2013. 地势起伏度对三峡库区人口及经济发展水平的影响. 长江流域资源与环境, 22(6): 686-690.

郁淑华. 2003. 四川盆地泥石流、滑坡的时空分布特征及其气象成因分析. 高原气象, 22(S1): 83-89.

袁子峰, 周亮, 黄春林, 等. 2022. 欠发达山地城市人居环境适宜性综合评价: 以云南省临沧市为例. 地球科学进展, 37(10): 1079-1087.

岳健, 杨发相, 穆桂金, 等. 2009. 关于中国1∶100万数字地貌制图若干问题的讨论. 干旱区研究, 26(4): 591-598

云中雪. 2010. 地表的起伏度分析. 地理教师网. [2010-01-29]. http://www.dljs.net/dlsk/lilun/7462.html.

查瑞生, 陈梦琳, 赵晓雪. 2014. 基于地形起伏度的南川区人居环境地形适宜性评价. 西南大学学报(自然科学版), 36(10): 150-156.

张超, 陈丙咸, 邬伦. 1995. 地理信息系统. 北京: 高等教育出版社.

张凡, 赵卫权, 张凤太, 等. 2010. 基于地形起伏度的贵州省土地利用/土地覆盖空间结构分析. 资源开发与市场, 26(8): 737-739.

张建华, 赵燮京, 林超文, 等. 2001. 川中丘陵坡耕地水土保持与农业生产的发展. 水土保持学报, 15(1): 81-84.

张锦明, 游雄. 2011. 地形起伏度最佳分析区域研究. 测绘科学技术学报, 28(5): 369-373.

张锦明, 游雄. 2013. 地形起伏度最佳分析区域预测模型. 遥感学报, 17(4): 728-741.

张婧, 王国梁. 2015. 忻州乡村聚落空间分布与地形起伏度关系. 信阳师范学院学报(自然科学版), 28(2): 195-198.

张磊. 2009. 基于地形起伏度的地貌形态划分研究: 以京津冀地区为例. 石家庄: 河北师范大学硕士学位论文.

张梁, 张建军. 2005. 地质灾害防治投资机制研究. 地质灾害与环境保护, 16(3): 250-254.

张伟, 李爱农. 2012. 基于DEM的中国地形起伏度适宜计算尺度研究. 地理与地理信息科学, 28(4): 8-12.

张晓平, 邹自力, 刘红芳. 2012. 基于城乡建设用地增减挂钩的农村居民点整理现实潜力研究. 中国农学通报, 28(2): 125-128.

张学儒, 官冬杰, 牟凤云, 等. 2012. 基于ASTER GDEM数据的青藏高原东部山区地形起伏度分析. 地理与地理信息科学, 28(3): 11-14.

张迅, 司泽宽, 彭熙. 2013. 地表起伏度对耕地生产潜力的影响. 贵州农业科学, 41(10): 197-199.

张玉梅, 陈志钢. 2015. 惠农政策对贫困地区农村居民收入流动的影响: 基于贵州3个行政村农户的追踪调查分析. 中国农村经济(7): 70-81.

张志兼, 黄勋, 蔡雨微, 等. 2022. 三峡库区武隆段滑坡灾害驱动因子演变格局与人类活动的影响. 中国地质灾害与防治学报, 33(3): 39-50.

张娜娜, 王兵, 张宝琦, 等. 2020. 地表糙度测定方法研究. 水土保持学报, 34(1): 135-140, 148.

赵建芳. 2014. 我国典型岩溶区滑坡灾害时空分布及灾情分析: 以贵州省为例. 济南: 山东师范大学硕士学位论文.

赵芹, 卿太明, 曹叔尤. 2009. 汶川特大地震对四川水土流失的影响及其经济损失评估. 中国水土保持(3): 5-7, 60.

赵卫权, 苏维词, 袁俊. 2010. 基于地形起伏度的贵州省景观空间格局分异特征. 水土保持研究, 17(2): 105-110.

郑林昌. 2010. 中国自然地形、交通运输成本与区域经济发展作用机理研究. 北京: 北京交通大学博士学位论文.

中国社会科学院经济学部. 2008. 中国经济研究报告(2007~2008). 北京: 经济管理出版社.

周彬, 余新晓, 陈丽华, 等. 2010. 基于InVEST模型的北京山区土壤侵蚀模拟. 水土保持研究, 17(6): 9-13, 19.

周大庆, 夏欣, 张昊楠, 等. 2015. 中国自然植被就地保护现状评价. 生态与农村环境学报, 31(6): 796-801.

周侗, 龙毅, 汤国安, 等. 2006. 面向DEM地形复杂度分析的分形方法研究. 地理与地理信息科学, 22(1): 26-30.

周佩华, 李银锄, 黄义端, 等. 1988. 2000年中国水土流失趋势预测及其防治对策. 中国科学院西北水土保持研究所集刊(1): 57-71.

周启鸣, 刘学军. 2006. 数字地形分析. 北京: 科学出版社.

周万村. 2001. 三峡库区土地自然坡度和高程对经济发展的影响. 长江流域资源与环境, 10(1): 15-21.

周永娟, 仇江啸, 王姣, 等. 2010. 三峡库区消落带生态环境脆弱性评价. 生态学报, 30(24): 6726-6733.

周自翔, 李晶, 任志远. 2012. 基于GIS的关中-天水经济区地形起伏度与人口分布研究. 地理科学, 32(8): 951-957.

朱红春, 陈楠, 刘海英, 等. 2005. 自1:10000比例尺DEM提取地形起伏度: 以陕北黄土高原的实验为例. 测绘科学, 30(4): 86-88.

朱梅, 李发源. 2009. 坡度分级对地面坡谱的影响研究. 测绘科学, 34(6): 165-167.

朱守谦, 喻理飞. 1989. 以生态学理论为指导营造速生丰产林: 速生丰产林营造中几个生态学课题. 贵州林业科技, 17(4): 5-11.

朱文泉. 2005. 中国陆地生态系统植被净初级生产力遥感估算及其与气候变化关系的研究. 北京: 北京师范大学博士学位论文.

朱芷晴. 2021. 江苏省乡村聚落演化的多尺度特征及分区优化. 武汉: 武汉大学硕士学位论文.

朱忠飞. 2020. 基于MCR模型的生态安全格局构建研究: 以新安江流域安徽省段为例. 广州: 广州大学硕士学位论文.

邹长新, 徐梦佳, 高吉喜, 等. 2014. 全国重要生态功能区生态安全评价. 生态与农村环境学报, 30(6): 688-693.

Assessment M E. 2005. Ecosystems and human well-being: biodiversity synthesis. Washington DC: World Resources Institute.

Barral M P, Oscar M N. 2012. Land-use planning based on ecosystem service assessment: a case study in the Southeast Pampas of Argentina. Agriculture, Ecosystems and Environment, 154: 34-43.

Clerici A, Perego S, Tellini C, et al. 2006. A GIS-based automated procedure for landslide susceptibility mapping by the conditional analysis method: the Baganza valley case study(Italian Northern Apennines). Environmental Geology, 50(7): 941-961.

Costanza R, D'Arge R, de Groot R, et al. 1997. The value of the world's ecosystem services and natural capital. Nature, 387: 253-260.

Daily G C. 1997. Nature's services: societal dependence on natural ecosystems. New Haven: Yale University Press.

Fernandes-da-Silva P C, Vedovello R, Ferreira C J, et al. 2010. Geo-environmental mapping using physiographic analysis: constraints on the evaluation of land instability and groundwater pollution hazards in the Metropolitan District of Campinas, Brazil. Environmental Earth Sciences, 61(8): 1657-1675.

Guerry A D, Ruckelshaus M H, Arkema K K, et al. 2012. Modeling benefits from nature: using ecosystem services to inform coastal and marine spatial planning. International Journal of Biodiversity Science Ecosystem Services and Management, 8(1-2): 107-121.

Hobson R D. 1972. Spatial Analysis in Geomorphology. New York: Harper and Row.

Holdren J P, Ehrlich P R. 1974. Human population and the global environment. American Scientist, 62(3): 282-292.

Jie S, Zaheer M, Hussain E. 2003. Study on accuracy of 1-degree dem versus topographic complexity using GIS zonal analysis. Journal of Surveying Engineering, 129(2): 85-89.

Kodagali V. 1988. Influence of regional and local topography on the distribution of polymetallic nodules in Central Indian Ocean Basin. Geo-Marine Letters, 8(3): 173-178.

Krebs N. 1922. Beiträge zur geographie serbiens and rasciens. Los Angeles: University of California Libraries.

Melton M A. 1965. The geomorphic and paleoclimatic significance of alluvial deposits in Southern Arizona. The Journal of Geology, 73(1): 1-38.

Niu W Y, Harris W M. 1996. China: The forecast of its environmental situation in the 21st century. Journal of Environmental Management, 47: 101-114.

Pachauri A K, Gupta P V, Chander R. 1998. Landslide zoning in a part of the Garhwal Himalayas. Environmental Geology, 36(3): 325-334.

Saha A K, Gupta R P, Sarkar I, et al. 2005. An approach for GIS-based statistical landslide susceptibility zonation: With a case study in the Himalayas. Landslides, 2(1): 61-69.

Shary P A, Sharaya L S, Mitusov A V. 2002. Fundamental quantitative methods of land surface analysis. Geoderma, 107(1-2): 1-32.

Smith G H. 1935. The relative relief of Ohio. Geographical Review, 25(2): 272-284.

Tucker G E, Bras R L. 1998. Hillslope processes, drainage density, and landscape morphology. Water Resources Research, 34(10): 2751-2764.

Viglizzo E, Carre O L, Volante J, et al. 2011. Valuación Debienes yservi-cios Ecosistémicos: Verdad Objetiva o cuento de la buena pipa //Laterra P, Jobbágy E, Paruelo J. Valoración de Servicios Ecosistémicos, Conceptos, Herramientas y Aplicaciones Para Elordenamiento Territorial. Buenos Aires: Ediciones, INTA.

Villa F, Ceroni M, Bagstad K, et al. 2009. ARIES(Artificial Intelligence for Ecosystem Services): a new tool for ecosystem services assessment, planning, and valuation. Venice: 11th International BIOECON

Conference on Economic Instruments to Enhance the Conservation and Sustainable Use of Biodiversity.

Xu L, Li M Y. 2011. The evolution of drought in China and its impact on agriculture in recent years. Agricultural Science and Technology, 12(11): 1699-1702.

Zhang C Q, Li W H, Zhang B, et al. 2012. Water yield of Xitiaoxi River Basin based on InVEST Modeling. Journal of Resources and Ecology, 3(1): 50-54.

Zhang Z, Liu J G. 2011. Progress in the valuation of ecosystem services. Acta Scientiae Circumstantiae, 31(9): 1835-1842.